Linguagem e Legislação:
Análise Sintático-Semântica dos Códigos Penais de Portugal e do Brasil

Iva Svobodová

Linguagem e Legislação

Análise Sintático-Semântica dos Códigos Penais de Portugal e do Brasil
(estudo contrastivo-textual)

PETER LANG

Bibliographic Information published by the Deutsche Nationalbibliothek

The Deutsche Nationalbibliothek lists this publication in the Deutsche Nationalbibliografie; detailed bibliographic data is available online at http://dnb.d-nb.de.

This publication was printed with the support of Faculty of Arts. Masaryk University.

MUNI
ARTS

Cover Illustration: © Alan Kašpar

ISBN 978-3-631-84041-2 (Print)
E-ISBN 978-3-631-84322-2 (E-PDF)
E-ISBN 978-3-631-84323-9 (EPUB)
E-ISBN 978-3-631-84324-6 (MOBI)
DOI 10.3726/b17902

Peter Lang – Berlin · Bern · Bruxelles · New York · Oxford · Warszawa · Wien

This publication has been peer reviewed.

www.peterlang.com

Dedico este livro à minha mãe e ao meu pai (in memoriam)
com toda a gratidão.

I. PREFÁCIO

Neste tempo que é o nosso, e neste mundo em que vivemos, as abordagens sintáticas e semânticas ganham uma insuspeita modernidade, ou, melhor dito, uma surpreendente pós-modernidade.

No tempo da comunicação instantânea e da informação permanente, e no mundo que inexoravelmente se perfila, ainda mais marcado do que hoje já é, se não mesmo dominado, pela exponencial evolução da computação e da inteligência artificial, uma análise sintático-semântica, como a que esta obra da Professora Iva Svobodová magistralmente realiza, inscreve-se num universo intelectual mais vasto que vai para além das questões de língua e de linguística, mesmo que vistas estas numa perspectiva holística que uma análise sintático-semântica, em particular no contexto de uma Língua de sistema gramatical íntegro como a Língua portuguesa, sempre implicaria.

Com efeito, uma abordagem sintático-semântica tem hoje, ainda mais do que *até hoje*, inescapáveis implicações lógicas e filosóficas.

Desde logo lógicas, porque a tensão entre o método sintático, privilegiando o apriorístico, e o método semântico, assente na concepção de necessidade, indiciam outros debates como, por exemplo, os que opõem a "teoria computacional da mente tradicional" à "hipótese de modelos mentais" nas ciências cognitivas, ou os que confrontam a "concepção herdada" e o "estruturalismo" na filosofia da ciência.

Depois filosóficas, justamente porque aquela aludida tensão entre os métodos "sintáticos" e os métodos "semânticos" se reproduz na filosofia da ciência e na filosofia da mente, apontando, no fim do caminho, para a distinção fundamental entre as abordagens que privilegiam os aspectos epistemológicos e as que enfatizam os seus aspectos metafísicos.

E que melhor domínio do que uma análise comparativa no quadro de uma Língua como a portuguesa? E, ainda para mais, pondo em diálogo as suas variantes europeia e latino-americana? E, mais ainda, tendo como pano de fundo o Direito, e no seio deste, muito elucidativamente, o Direito Penal, ramo do Direito no qual o epistemológico e o metafísico se confrontam como em nenhum outro, para pôr em relevo, aquela tensão e aquela distinção?

É por isto, também por isto, que esta obra da Professora Svobodová se inscreve num plano mais vasto do que o plano da análise linguística e pode, e deve, reclamar invulgares créditos nos domínios da lógica e da filosofia.

Tudo isto, também tudo isto, perpassa pela excelente obra da Professora Doutora Iva Svobodová, "Linguagem e Legislação, análise sintático-semântica dos Códigos Penais de Portugal e do Brasil".

Trata-se pois de uma obra notável a muitos títulos e para mim, como Embaixador de Portugal na República Checa e, portanto, como circunstancial arauto da importância estratégica, global e crescente, da Língua portuguesa, é um especial prazer e uma singular oportunidade poder associar-me à sua edição.

Luís de Almeida Sampaio

Praga, 28 de novembro de 2020

II. PREFÁCIO

O meu primeiro encontro com os trabalhos de Iva Svobodová foi no já longínquo ano de 2007 quando ela desenvolvia os seus estudos em estilística do artigo português que posteriormente culminaram em doutoramento. Tive o ensejo de conhecer também as suas monografias sobre morfossintaxe do português que ando a consultar e amiúde ajudam a orientação das minhas próprias pesquisas. Tenho tido ao longo dos anos a oportunidade de discutir com a autora diversas dúvidas de língua e linguística portuguesas e as nossas conversas sempre foram elucidativas, oferecendo-me novos olhares linguísticos e didáticos num contexto alheio aos territórios histórico-culturais da sua difusão. O livro de linguística portuguesa que a pesquisadora checa apresenta por meio desta edição com o título de *Linguagem e Legislação (Análise sintático-semântica dos Códigos Penais de Portugal e do Brasil. Estudo contrastivo-textual)* reúne os seus conhecimentos, experiência científica e interesses na área da estilística, das abordagens de pragmática linguística e da análise sintático-semântica num estudo comparado de natureza polifacetada. Este trabalho monográfico, portanto, situa-se numa área de interesse linguístico que contém vários aspetos cognitivos, teóricos e metodológicos que com certeza irão enriquecer a linguística portuguesa feita no mundo lusófono. Para além de aportarem aos estudos do português a rica e longa tradição da linguística geral e portuguesa que tem encontrado realização na tradição científica checa.

No foco da pesquisa são colocados tópicos relacionados com a integridade e a diversidade do português enquanto uma língua policêntrica. O contraste entre a semântica e a realização formal das estruturas hipotáticas no Código Penal de Portugal e no Código Penal do Brasil permite recolher informação abundante, sistematizada e verificada, cujo excelente processamento quantitativo demonstra de forma evidente e fiável que os textos legislativos operam com os moldes gramaticais e semântico-pragmáticos de um sistema linguístico desenrolado em duas (e, se calhar, em mais do que duas) normas-padrão de uma língua de sistema gramatical íntegro. As diferenças detetadas a nível dos períodos subordinados relativos e na distribuição dos predicados com forma verbal finita *vs.* infinitiva, fletiva e não fletiva, igualmente confirmam a sistematicidade da oposição modal entre indicativo e conjuntivo e a função neutralizadora dos infinitivos do sistema verbal do português contemporâneo em ambas as variantes do texto legal que é objeto da pesquisa e nos *corpora* de textos jornalísticos de ambas as variedades do português contempladas no livro.

Para além de ressaltar os problemas da delimitação da língua policêntrica, a autora leva o estudo comparativo a contrastar diferentes tipos de texto/discurso: por um lado, os códigos penais português e brasileiro, por outro, o discurso jornalístico do português europeu e do português brasileiro por meio dos *corpora* CETEMPúblico e CETENFolha. Este elemento insere a pesquisa na metodologia da linguística do texto. O desenvolvimento das teorias linguísticas dos séculos XX e XXI tem vindo a contribuir para a descrição cada vez mais profunda, pormenorizada e variada do fenómeno linguístico e de todas as estruturas sintagmáticas, paradigmáticas e não paradigmáticas que as línguas naturais usam, levando à conclusão de que a unidade semântico-formal a veicular a comunicação e a construir os conteúdos discursivos é precisamente o texto/discurso.

Os objetivos e o objeto desta monografia colocam-na numa área de interesse científico que goza de atualidade nacional e internacional como é a «linguística forense» ou «linguística legislativa». É relevante o intuito de orientar a investigação sintático-semântica no registo estilístico dos géneros textuais e discursivos que poderia abranger uma «jurislinguística» com todas as particularidades que a distinguem de outros registos de textos/discursos jornalísticos, publicitários, eclesiásticos, ficcionais, científicos etc.

O livro informa com rigor científico, sugere ideias e oferece resultados que abrem portas e janelas para novas pesquisas de natureza inovadora, eclética e comparatista.

Vesela Chergova
Universidade de Sófia Sv. Kliment Ohridski

PRÓLOGO

Grammatici certant, et adhuc sub iudice lis est.
Quinto Horácio Flaco, Arte poética

A presente monografia é o resultado de uma pesquisa realizada entre 2017–2020 no âmbito do processo das Provas de Agregação, na Faculdade de Letras da Universidade de Masaryk, em Brno, na República Checa e tem como objetivo principal analisar as propriedades sintáticas e semânticas da linguagem utilizada na legislação de dois países que têm o português como língua oficial: Portugal e o Brasil. Antes de penetrar diretamente nesta temática, que continua ainda pouco conhecida no contexto da linguística geral e portuguesa, procurei encontrar os pilares básicos que confinassem propriamente as minhas hipóteses, passando por várias fases de profunda reflexão que me fizeram regressar a tempos mais remotos.

Esta pré-fase científica da organização das ideias fez-me lembrar o desafio experienciado no meu primeiro contacto com Portugal, quando, há 25 anos, viajei para o país para aprender a língua camoniana, que, na altura, era para mim completamente nova e de extensão não apreensível do ponto de vista da sua expansão mundial. Para melhor me orientar no mapa, até então para mim desconhecido, procurava pontos de referência nos quais me pudesse apoiar. Ao tempo, eram-no os meus amigos algarvios e lisboetas a quem me dirijo com um grande obrigado por me terem acolhido calorosamente, criando ótimas condições de trabalho e de estudo e motivando-me durante toda a minha carreira profissional. Gostaria de nomear todos, mas como a minha obra é orientada para a linguística, sinto-me compelida a mencionar, sobretudo, o casal Guerra (Fátima e Valério) que possuíam profundíssimos conhecimentos de língua e literatura portuguesas. Foram eles os meus principais mestres na altura em que trabalhava, numa das praias meridionais, na sua loja de artesanato com um armazém cheio dos mais diversificados objetos de recordação com uma variável *taxonomia*, cuja organização e complexidade, à época, seria difícil de compreender para qualquer estrangeiro. Mas, com o decorrer do tempo, consegui mover-me com fluidez na rede dos diferentes artigos de cortiça, de ourivesaria, de olaria e de cerâmica de diferentes origens lusófonas. Retrospetivamente posso dizer que naquela fase "mais valeu a experiência que a ciência" como diz a sabedoria portuguesa.

Agora, vinte e cinco anos volvidos, a investigação descrita nos capítulos seguintes baseia-se num princípio praticamente idêntico, ainda que a um outro nível de pensamento. No momento, a ferramenta exponencialmente mais importante é a ciência, que com as suas leis e métodos nos permite formular a compartilhar as experiências linguísticas. Assim passa o provérbio a adquirir outra forma: "Mais vale a ciência baseada na experiência".

De entre os pilares básicos em que assenta a presente pesquisa, gostaria de destacar, principalmente, os trabalhos desenvolvidos por Rui Vieira Marques e Bohumil Zavadil, cuja lógica de pensamento me é muito próxima e que me inspiraram cientificamente durante muitas fases da pesquisa e do ensino na Universidade de Masaryk. Outros autores contribuíram igualmente de modo significativo para a realização da investigação aqui apresentada: Eduardo Buzaglo Paiva Raposo, Fátima Oliveira, Vivian Meira de Oliveira, Flávia de Bezerra de Menezes Hirata Vales, Rita Veloso, Maria Lobo e Metoděj Polášek.

O que me motivou e me fez enveredar por esta área da linguística foi a minha experiência pessoal. Como tradutora e intérprete oficial da língua portuguesa tenho passado por uma série de momentos de incerteza no que diz respeito à tradução adequada não só da terminologia jurídica como também das construções mais complexas. Foram precisamente estas dúvidas, relativas à formulação das unidades superiores à palavra isolada consoante os hábitos linguísticos típicos da legislação das diferentes variedades da língua, que me levaram à ideia de realizar um estudo mais detalhado e aprofundado. O trabalho que apresento é fruto de três anos de investigação e destina-se a qualquer tradutor e intérprete oficial, que partilhe das mesmas preocupações e que procure materiais pertinentes de apoio. "Mais vale uma hora de ciência do que cem de ignorância."

Estou ciente do facto de não responder, no livro, a todas as questões e de algumas das minhas visões poderem gerar polémicas e discussões entre os peritos na área da linguística, da lei e do direito. Como se subentende do trecho citado de Horatio, muito ainda fica por resolver. Por exemplo, no que diz respeito à interpretação de línguas multicêntricas, oferecem-se mais alternativas do que nos impõem os estereótipos adotados. São, realmente, línguas cujas variedades se baseiam num único sistema linguístico? Ou no tocante à variabilidade textual existente dentro da linguagem jurídica e legislativa, ainda falta colmatar muitas lacunas e analisar outros géneros e amostras textuais para podermos extrair conclusões mais gerais do que nos é possível na presente publicação. Mas, enfim, é justamente este o meu propósito. Desejaria que estas dúvidas despertassem interesse científico e que fossem percebidas como impulso para outras futuras investigações "Faz tu que eu te ajudarei".

A falta de alguns aspetos que poderiam ter contribuído, nalgumas partes, para um maior aprofundamento e para dar respostas a questões levantadas, vê-se justificada, para além de outras razões, também pela exigência temporal da metodologia aplicada. Esta assentou num método quantitativo, em que, praticamente todos os dados chave foram tratados manualmente. Sendo assim, alguns críticos vão poder impugnar a sua qualidade conservadora, pouco típica da era atual, que oferece uma infindável série de instrumentos inovativos e eficientes. No entanto, após uma longa reflexão sobre como aplicar o processamento computacional e tendo consultado esta alternativa com vários peritos na área da linguística quantitativa, cheguei à conclusão de que tal não me possibilitaria analisar as construções mais complexas com o cuidado e cautela necessários. Apostei, portanto, no caminho que julguei ser o mais seguro e correto para alcançar o principal objetivo da pesquisa, a comparação quantitativa e qualitativa das orações hipotáticas em dois textos pertencentes à área do Direito Penal, isto é, dos Códigos Penais de Portugal e do Brasil.

Analisaremos os seus traços caraterísticos a nível da distribuição dos valores modais, do uso das frases finitas e não finitas, dos processos de determinação ou, por último, mas não menos importante, do emprego dos conetores. Realizaremos, ao mesmo tempo, um estudo contrastivo-textual baseado na análise dos ditos aspetos para além da linguagem jurídica nas variedades europeia e brasileira da língua portuguesa. Para este fim, recorreremos aos *corpora* CETENFolha e CETEMPúblico, ambos integrados no *corpus* Linguateca. Com os resultados da pesquisa desejaria constituir uma base sólida de reflexão sobre a neutralização semântica dos modos verbais, sobre as transformações semânticas das frases através do uso de diferentes nexos ou, também, sobre a já aludida (não) unificação do Português. As temáticas mencionadas poderão ainda ser um contributo importante para a linguística forense (em particular, para a parte que se ocupa da linguagem da legislação, nalguns países conhecida como linguística judicial), contrastiva (observando a variação geográfica do Português) e para a análise do discurso (procurando as especificidades linguísticas em dois registos diferentes).

Caros leitores, desejo-vos a todos uma boa leitura.

Iva Svobodová
autora

AGRADECIMENTOS

A presente monografia é a versão modificada e atualizada do meu trabalho de habilitação, que defendi em 11 de abril de 2019, na Faculdade de Letras da Universidade de Masaryk, em Brno, na República Checa, e contou com importantes apoios e incentivos sem os quais dificilmente se teria tornado uma realidade. Gostaria, portanto, de dirigir um agradecimento especial a todos os que, de alguma forma, contribuíram para que chegasse a esta meta final. Desejaria assim fazer nomeadamente, mas um livro não seria suficiente para exprimir, explicitamente, a minha gratidão a todos.

Um grande e particular obrigado gostaria de deixar ao Senhor Embaixador de Portugal na República Checa, Luís de Almeida Sampaio, pelo grande comprometimento, interesse, envolvimento e dedicação diligente à promoção da língua portuguesa no nosso país e por ter aceitado ser autor do Prefácio.

Estarei, também, eternamente grata à Professora Doutora Vesela Petrova Chergova da Universidade de Sv. Kliment Ohridski em Sófia, eminente especialista na área de linguística geral e portuguesa, autora do Prefácio do livro e do parecer da tese de habilitação. A sua avaliação junto com todas as suas observações e sugestões foram relevantíssimas não só para a modificação da versão final do livro como também para uma autorreflexão científica mais profunda.

Ao mesmo tempo, gostaria de dirigir um grande obrigado ao professor doutor Rui João Baptista Soares, diretor da Associação Internacional de Paremiologia, por ter aceitado o convite para ser o autor do Posfácio. Como professor de matemática e especialista na área de paremiologia ensinou-me a olhar para a realidade dos mais diversificados pontos de vista, mostrando-me as possíveis direções da minha atividade académica.

Agradeço, do fundo do meu coração, ao Professor Doutor Bohumil Zavadil da Universidade Carolina em Praga, não só por ser parecerista desta minha pesquisa como também por ter contribuído, significativamente, para a minha formação tanto profissional como pessoal, motivando-me, como professor, linguista, mas também como pessoa de altas qualidades humanas a desenvolver investigações científicas sobre a língua portuguesa com uma sincera curiosidade, grande empenho e coração aberto.

O meu sincero obrigado gostaria de deixar ao Professor Doutor Johannes Kabatek da Universidade de Zurique pelas suas avaliações profissionais que, igualmente, me abriram novos horizontes sobretudo no que diz respeito às reflexões sobre a unificação da língua portuguesa e que também influíram sobre a modificação final do livro.

Estarei eternamente grata ao Professor Doutor Rui Marques da Universidade de Lisboa, à Professora Doutora Vivian Meira de Oliveira da Universidade do Estado da Bahia e à Professora Doutora Flávia Bezerra de Menezes Hirata Vale da Universidade Federal da Santa Catarina pela revisão da versão original do meu trabalho de habilitação e por todos os conselhos que levaram a melhorar, sobretudo (mas não só) a parte teorética da minha pesquisa.

Ao mesmo tempo, gostaria de agradecer todo o apoio científico, todas as recomendações, comentários e ajuda, que me foram prestados, ao longo da realização do meu trabalho, pelo Professor Doutor Joaquim José de Sousa Coelho Ramos, diretor do Instituto Português no Oriente, pela Professora Doutora Alice Margarida Veiga Simões de Jesus da Universidade Nova de Lisboa e pela Professora Doutora Diana Sousa Marques Santos da Universidade de Oslo.

Fico, particularmente, agradecida aos meus caros colegas Professor Doutor João Veloso, Pró-Reitor da Universidade do Porto, e à Professora Doutora Sandra Pereira, por me terem apoiado e inspirado profissionalmente ao longo de toda a minha carreira académica e por me terem intermediado contatos e informações indispensáveis para a elaboração da presente publicação. As palavras de incentivo e de apoio moral e profissional contribuiriam significativamente para a autoconsciência de qualquer investigador e foram elas, muitas vezes, os principais motores da minha pesquisa.

Um grande e sincero obrigado gostaria de deixar, também, a Alan Kašpar, o autor da efígie na capa do livro. Os símbolos da Justiça, que foram usados pelo pintor metaforicamente, refletem as principais caraterísticas da minha pesquisa, em que se correlacionam duas áreas, a Lei e a Linguagem. A espada representa a força da ordem e a sua insistência nas regras em ambos os domínios. A balança, o instrumento para pesar os dados numéricos, simboliza a relação de confronto entre as duas variedades e leva-nos a refletir sobre a natureza unificada ou não unificada do Português no campo da legislação. A venda como sinal de objetividade, científica, no nosso caso, conota a extração das conclusões exatas, baseada nos dados numéricos. E, finalmente, a figura mulata, coberta das cores nacionais, simboliza as variedades europeia e brasileira da língua portuguesa, nas quais se centrará toda a nossa investigação. A imagem, no entanto, oferece muitas mais interpretações, deixando um desafio à fantasia de cada leitor.

Estarei eternamente grata, também, à minha colega Maria de Fátima Baptista Néry Plch da Universidade de Masaryk por se mostrar sempre disponível a prestar qualquer tipo de ajuda, por me ter servido de apoio moral e ético na vida tanto académica como pessoal e, sobretudo, por contribuir, significativamente, para o desenvolvimento do Departamento da Língua e Literatura Portuguesas da mesma Universidade.

Agradeço, igualmente, às minhas queridas amigas da Biblioteca Pública de Masaryk da cidade de Vsetín (*Masarykova veřejná knihovna Vsetín*) por me terem dado todo o apoio, mantendo dinâmico o meu pensamento e disponibilizando-me o espaço de trabalho necessário para poder desenvolver as minhas ideias ao longo de toda a investigação.

Por último, tendo consciência que sozinha nada disto teria sido possível, dirijo um agradecimento especial à minha família, isto é, ao meu querido marido Tomáš Svoboda, que me ajudou a modificar a parte gráfica do livro, e aos meus queridos filhos Tomáš Svoboda e Martin Svoboda. A todos eles fico grata pelo apoio incondicional, incentivo, amizade e paciência demonstrados e total ajuda na superação dos obstáculos que ao longo desta caminhada foram surgindo.

ÍNDICE

ABREVIATURAS E SIGLAS, SÍMBOLOS E CONVENÇÕES

ABREVIATURAS E SIGLAS

a.	= anterior (p.ex. p.a. = página anterior)
antec.	= antecedente (p. ex. $SN^{antecedente}$ = sintagma nominal antecedente)
Art.	= artigo
Cap.	= capítulo
cf.	= conferir
compl.	= completiva (p. ex. F^{-compl}. ou f. compl. = frase completiva)
Conj.	= conjunção
CP	= Código Penal
CPB	= Código Penal do Brasil
CPP	= Código Penal de Portugal
Det.	= determinante
e.g.	= exempli gratia (por exemplo)
et. al.	= et alii (e outros)
etc.	= et cetera, et ceatera (quanto ao mais)
f.	= frase, frases
F^+	= frase subordinante
F^-	= frase subordinada
FIN.	= verbo numa forma finita
Flex.	= flexionado
FUT.SUBJ.	= futuro do conjuntivo
FUT.PERIF.	= futuro perifrástico (ir+infinitivo)
i.e.	= isto é (redução do latim *id est*)
INFIN.	= verbo no infinitivo
inf.	= verbo no infinitivo
leit.	= leitura do operados dos processos de determinação
N	= nome
Obj.	= objeto
OD	= objeto direto
OI	= objeto indireto
org.	= organizador
p	= oração adverbial condicional (prótase)

p.	= página
pp.	= páginas
PB	= Português do Brasil
PE	= Português Europeu
p.ex.	= por exemplo
Pred.	= predicado
Prep.	= preposição
PRES. DO IND.	= presente do indicativo
Pron.	= pronome
q	= oração principal condicionada pela frase condicional (apódose)
qu-	= pronome relativo
rel.	= relativo (p. ex. $F^{-\,rel}$.= frase relativa)
Sadj	= sintagma adjetival
Sadv	= sintagma adverbial
SN	= sintagma nominal
SN's	= sintagmas nominais
Sprep.	= sintagma preposicional
s	= seguinte (p.s. = página seguinte)
ss	= seguintes (pp. ss.= páginas seguintes)
SU	= sujeito
SV	= sintagma verbal
tmb.	= também
t.n.	= tradução nossa
V	= verbo
vs.	= *versus*

SÍMBOLOS E CONVENÇÕES

*	antecede frases ou expressões gramaticalmente não aceitáveis (agramaticais)
?	antecede frases ou expressões de gramaticalidade duvidosa
??	antecede frases ou expressões de gramaticalidade muito duvidosa
II	relação lógica ou sincrónica entre duas unidades sintagmáticas
X	relação ilógica e de assincronia entre duas unidades sintagmáticas
→	relação semântica mono-direcional de condição suficiente, quando a veracidade do antecedente (da prótase) influi sobre a veracidade consequente (da apódose)
¬	relação semântica mono-direcional de condição necessária, quando a veracidade do antecedente (da prótase) determina a veracidade do consequente (da apódose), mas também a verdade do antecedente é assegurada pela verdade do consequente.
/	assinala expressões ou frases alternativas
[...]	assinala a supressão de parte de um texto citado
-	assinala posições vazias associadas
“”	introduzem todas as citações
	assinalam os conceitos destacados no texto
« »	delimitam frases citadas inseridas no texto
[]	- na área da sintaxe, delimitam constituintes gramaticais relevantes
	- enquadram designações de propriedades semânticas (a presença o ausência da propriedade é assinalada, respetivamente, pelos sinais + e -)
>	símbolo matemático – maior que
<	símbolo matemático – menor que
=	símbolo matemático – igual a
≈	símbolo matemático – aproximadamente igual a
{}	assinala a possível presença de um elemento (p. ex. {então})
(-)	assinala a ausência do elemento (p. ex. do determinante)

Itálico assinala:

a) palavras ou expressões exemplificadas
b) exemplos integrados em texto
c) palavras ou expressões relevantes
d) palavras ou termos usados num sentido figurado

Negrito assinala:

a) os nomes dos gráficos, quadros e esquemas
b) os diferentes itens nos quadros

<u>Sublinhado</u> assinala:

a) as referências para as páginas de *web* utilizadas
b) as questões de controle nas orações condicionais circunstanciais e epistémicas

INTRODUÇÃO

Todas as línguas podem ser vistas como um conjunto de regras existentes a diferentes níveis da sua hierarquia com diversificadas propriedades tipológicas, centrais ou periféricas. A sua variabilidade pode manifestar-se em duas direções: ou no eixo horizontal, definido pela sua extensão geográfica, ou no eixo vertical, em que coexistem inúmeras camadas sociolinguísticas (gíria, jargão, bordão, calão, etc.), registos linguísticos (formal, informal, falado, oral, etc.) ou gêneros textuais (jornalístico, administrativo, poético, literário, etc.). Cada um é caracterizado pelos seus próprios traços específicos, que foram denominados pelo linguista eslovaco Ján Findra (2002) como *estilemas*. O seu repertório, que se altera de acordo com o referido fator diatópico, cria uma diferença abissal entre as variantes dentro mas também fora do seu principal território (no caso das línguas mundiais). Há a notar que este facto, que impede de entender qualquer língua como um organismo homogéneo e unificado, tem levado, em casos extremos, a defender ideias relativas à separação oficial de algumas das suas variedades.

Uma das questões que nos têm chamado, em especial, a atenção nos últimos anos, refere-se ao uso da linguagem na área da Lei e do Direito em diferentes variedades geográficas do Português. Através da procura e da comparação dos traços específicos dos textos legislativos e jurídicos, que têm sido um dos temas fulcrais da nossa recente pesquisa, vimos oferecer, no presente livro, a imagem mais completa e exata possível de um alto estilo administrativo e suprir, em parte, as necessidades das áreas científicas que se ocupam da mesma matéria.

O seu vasto espectro de textos, em princípio, conduz à divisão da linguagem em dois tipos: a legal (ou jurídica) e a forense, de acordo com p. ex. Joaquim J. S. C. Ramos (2017), Edmundo Dantes Nascimento (2007) ou Ronaldo Caldeira Xavier (2003). A linguagem legal ou jurídica, típica do registo escrito, inclui os textos legislativos, jurídicos, doutrinários, cartorários ou notariais e poderia ser caracterizada como pura, ortodoxa e correta (embora, por ser muitas vezes redundante e pouco compreensível, seja chamada *juridiquês*). Ao contrário, a linguagem forense, típica de registo falado, entre outros, inclui os depoimentos, as audiências públicas e as declarações pronunciadas no foro e é, portanto, mais benevolente e flexível no que diz respeito à admissão de desvios à norma ou outras incorreções cometidas pelos participantes dos processos. No entanto, ambos os tipos se afiguram, ao mesmo tempo, como um conjunto internamente heterogêneo, possuindo cada um dos seus subgêneros as suas próprias características, o que obsta a generalizar, de qualquer modo, as suas descrições.

O facto de dedicarmos o livro ao dito tema não prescinde de uma explicação mais detalhada. Como já adiámos no prólogo, para além da necessidade de identificar as especificidades da linguagem usada na legislação, é um dos objetivos da pesquisa, também, contribuir para a área de tradutologia oficial. Devido ao crescente fluxo de migração, registamos cada vez maior demanda pelas traduções e interpretações oficiais em diferentes línguas e em diversas áreas da Lei e do Direito. Por exemplo, no que aos luso-imigrantes diz respeito, nos últimos dez anos, na República Checa, o seu número quadruplicou: em 2008, a Autoridade Estatística Checa (https://www.czso.cz/csu/czso/population) registou 451 migrantes dos países da língua portuguesa, subindo este número a 1800, em 2018. Noutros países também foi confirmado um aumento. Por exemplo, várias fontes jornalísticas e estatísticas publicaram, em 2018, a notícia de mais de 80 000 habitantes de nacionalidade portuguesa terem emigrado para vários países europeus, ocorrendo a subida mais expressiva em Espanha, no Luxemburgo, na Noruega, na Suécia, na Dinamarca e na Islândia. Para além disso, também a Alemanha e o Reino Unido têm recebido, no total, quase 20 000 portugueses nos últimos anos. Quanto à nacionalidade brasileira, os números indicam que nos países europeus vivem quase 900 000 e, nos Estados Unidos da América, aproximadamente, 1 400 000 habitantes brasileiros (os dados referem-se só ao ano de 2014 e estão disponíveis na página do Ministério das Relações Exteriores do Brasil: http://www.brasileirosnomundo.itamaraty.gov.br/) Quanto à imigração cabo-verdiana, hoje admite-se que existem cerca de 400 mil cabo-verdianos nos Estados Unidos, a grande maioria na nova Inglaterra. E a lista continua. A crescente tendência reflete-se, infelizmente, na frequência daquele tipo de situações de conflito na vida social e quotidiana (entre muitas outras, os litígios, divórcios, assaltos, roubos, guarda de menores, etc.) que só podem ser resolvidas, com eficácia de coisa julgada, pelos órgãos da administração de justiça, sendo indispensável a assistência dos tradutores e intérpretes oficiais, e isso praticamente em todos os casos em que a língua materna dos participantes é outra que a do país de destino. As suas diferentes nacionalidades suscitam dificuldades a todos os níveis da língua, sobretudo, do ponto de vista diatópico.

A variegada e complexa natureza da linguagem jurídica impede qualquer cientista de realizar estudos demasiadamente gerais. Limitámos, por conseguinte, o nosso estudo apenas a uma espécie de texto, a ser, porém, comparado em duas variedades. Trata-se do Código Penal de Portugal e do Código Penal do Brasil (nas suas versões atualizadas, datadas de 2017 e doravante designadas como CPP e CPB, respetivamente). A esta opção levou-nos a nossa experiência pessoal, já que é na área da lei penal que está a ser cada vez mais necessária a presença dos tradutores e intérpretes. Ao mesmo tempo, no âmbito da linguística contrastiva, em nossa opinião, os Códigos constituem um material linguístico adequado para o dito fim por várias razões: possuem um percurso histórico comum, partem da mesma filosofia e lógica penal, seguem uma linha nomológica muito semelhante, baseiam-se nas mesmas premissas e hipóteses, descrevem, afinal, modelos situacionais parecidos e muitas vezes idênticos, apresentando, consequentemente, um teor e uma estrutura afins. Ou seja, no âmbito de uma análise contrastiva, os ditos textos representam um *corpus* ideal, que permite comparar a formulação sintática das diferentes componentes semânticas de acordo com a norma culta em duas diferentes variedades de uma língua. Em vários momentos da pesquisa entraremos na análise do discurso para confirmar se as convergências ou divergências verificadas se manifestam, também, fora da linguagem jurídica, recorrendo ao *corpus* de Linguateca e aos seus *subcorpora* CETENFolha, que nos fornece dados relativos ao português brasileiro, e CETEMPúblico, que nos permite realizar a procura dos diferentes fenómenos linguísticos no português europeu.

Regressando ainda à delimitação do nosso objetivo, ao nosso modo de ver, qualquer texto legislativo pode ser analisado a dois níveis contrastivos:

1. o lexicológico (com destaque na terminologia jurídica) e
2. o sintático-semântico (focalizando as propriedades dos períodos complexos em que assenta a sua formulação).

A primeira opção, que envolve o aspeto onomatológico, em nossa opinião, pertence à competência dos especialistas na área da Lei e do Direito habilitados a comentar a equivalência definitória dos termos aplicados. Como se pode observar nos Códigos a nível comparativo, a sua nomenclatura conta com diferentes graus de assimetria. Depois de uma prévia sondagem, poderíamos sugerir três agrupamentos:

a) terminologia comum de ambos os Códigos, incluindo as colocações (p. ex. *o crime consumado, a tentativa, o arrependimento, o erro sobre a ilicitude, a legítima defesa*);
b) terminologia parcialmente comum, existindo, para as mesmas realidades, expressões lexicologicamente ou sintaticamente diferentes como, por exemplo, *a anomalia psíquica* (CPP) *vs. a doença mental* (CPB); *a ofensa à integridade física* (CPP) *vs. a lesão corporal* (CPB); *o abuso sexual* (CPP) *vs. a exploração sexual* (CPB); *o fraude sexual* (CPP) *vs. a violação sexual mediante fraude* (CPB);

c) terminologia completamente diferente, causada, entre outras razões, por uma diferente hierarquia. Por exemplo, no tocante à tipologia do crime, CPP conta com *o crime doloso* e *negligente* e, CPB, com *o crime doloso* e *culposo*, quando este último é submetido a mais uma divisão conforme se é causado por *imperícia*, *imprudência* ou *negligência*. Consequentemente, o *crime negligente*, segundo a interpretação portuguesa, teoreticamente, poderia corresponder a apenas um dos hipónimos do crime culposo na interpretação brasileira, isto é, *crime culposo causado por negligência*, não tendo as outras denominações brasileiras (*crime culposo causado por imperícia ou imprudência*) equivalentes exatamente correspondentes à sua contrapartida portuguesa.

No entanto, como já ficou dito, nós seguimos o segundo caminho, orientando a nossa pesquisa para a área sintático-semântica e focalizando uma série de aspetos ligados com a formulação sintática e com as restrições semânticas dos diferentes tipos de subordinação.

Quanto à estrutura da publicação apresentada, para além do capítulo 1 (Considerações iniciais), em que introduzimos o leitor às questões relacionadas com a Linguística Forense e com as propriedades textuais gerais dos Códigos, do livro constam três capítulos principais (Cap. 2. Orações completivas; Cap. 3. Orações relativas; Cap. 4. Orações adverbiais). Estes são subdivididos, conforme as fases da pesquisa, em diferentes secções que envolvem o enquadramento teórico, a descrição da metodologia aplicada e o tratamento dos dados adquiridos, havendo, no fim de cada capítulo, considerações parciais, das quais as mais importantes perfazem o capítulo 5 (Conclusão).

No capítulo 2 analisamos os períodos que contêm as orações completivas. O principal aspeto a ser levado em consideração é o da base modal das frases subordinantes (designadas como F^{+}) e a sua influência na seleção do modo (indicativo *versus* conjuntivo) e da forma (finita *versus* infinitiva) do predicador da frase subordinada (designada como F^{-}). Assim, este capítulo apresenta a seguinte estrutura: as secções que descrevem os aspetos teóricos (a caraterização semântica, funcional e formal das frases completivas) e metodológicos (o procedimento aplicado à análise quantitativa e qualitativa) são seguidas de subcapítulos dedicados à análise detalhada das frases completivas de acordo com a natureza lexical do antecedente, sendo prestada a atenção aos fatores que acabámos de mencionar: ao valor modal do núcleo lexical que representa o antecedente da frase completiva, aos modos indicativo *versus* conjuntivo e às formas finita *versus* infinitiva do predicador da F^{-} com e sem marcas de flexão. As conclusões parciais encontram-se no último subcapítulo e são seguidas de um quadro que mostra as ocorrências das expressões antecedentes em combinação com as frases finitas ou infinitivas tanto nos Códigos como nos *corpora* CETEMPúblico e CETENFolha.

No capítulo 3 focalizamo-nos nos períodos de que fazem parte as orações relativas. Analisamo-las não só enquanto unidades isoladas com a sua própria estrutura interna mas, também, enquanto unidades que se relacionam referencialmente com o seu antecedente, o qual, de acordo com o tipo de determinação atribui à relação hipotática diferentes valores modais. Estes, como vamos propor, no contexto estudado, acabarão por ser semanticamente neutralizados. Este capítulo foi, portanto, organizado de seguinte modo: para além das secções que descrevem os aspetos teóricos e metodológicos, há outros três subcapítulos que refletem a tipologia das orações relativas, divididas em livres, restritivas e apositivas. Todas são tratadas tanto quantitativa como qualitativamente e seguidas de considerações parciais, formuladas na última secção.

No capítulo 4, o objetivo foi observar o comportamento das orações adverbiais. Analisamos a ocorrência dos diferentes conetores, a distribuição modo-temporal dos predicadores de F^- e as frases finitas e não finitas. Depois das secções em que abordamos os aspetos teóricos e metodológicos, seguem dois subcapítulos em que visamos investigar as orações mais frequentes em CPB e CPP, isto é: as condicionais e as temporais. A seguir, são tratadas as restantes orações adverbiais (concessivas, conformativas, explicativas, de causa) e as frases gerundivas e participiais. Os resultados encontram-se resumidos na última secção. Durante a análise levamos em consideração tanto os diferentes valores modais veiculados pelo predicador (o valor modal factual *versus* hipotético) como a possibilidade da sua neutralização semântica, aludida no capítulo anterior. Ao mesmo tempo, estudamos a ocorrência de diferentes valores semânticos dos períodos inteiros (canónicos, epistémicos e preditivos). Em várias fases da pesquisa recorremos ao *subcorpora* da Linguateca para confirmarmos o grau de *con* ou divergência fora da linguagem jurídica.

Relativamente à metodologia utilizada, para os fins da nossa análise foram utilizados os textos dos Códigos Penais de ambos os países na versão atualizada do ano de 2017, disponíveis em www.planalto.gov.br e www.codigopenal.pt. Para consultar as alterações da lei até a data, recorremos à página do Diário da República Eletrónico (https://dre.pt/). Depois de estes terem sido convertidos em documento *doc.x*, obtivemos os seguintes dados relativos às suas propriedades textuais: O CPP contém 49 542 palavras e 2368 frases subordinadas enquanto o CPB contém 31 120 palavras e 1010 orações subordinadas. Há a notar que a classificação, seleção e valorização das frases foi realizada manualmente. O maior benefício deste método, em nossa opinião, consiste no cuidado e cautela com que podem ser valorizadas individualmente todas as construções hipotáticas do texto, o que nos garante uma análise qualitativa mais segura do que se as ocorrências fossem analisadas separadamente do contexto e tratadas computacionalmente. Quanto às deficiências, para além do fator temporal, mencionemos o de erro humano, que pode desaguar numa eventual existência de desvios matemáticos, os quais, porém, resultariam insignificantes para as nossas conclusões. Estas deveriam apontar, principalmente, para o uso tendencial dos ditos fenómenos linguísticos no contexto da legislação da lei penal. Apesar disso, o nosso objetivo foi trabalhar com os dados mais exatos possível, sendo os valores numéricos utilizados nos quadros e nos gráficos sempre o valor médio adquirido de duas ou (no caso de a diferença entre as duas contagens ser maior de o aceitável) três contagens. Advertimos, portanto, que por se tratar de valor médio, o valor real pode diferir, levemente, daquele que se encontra na nossa base de dados.

Ao mesmo tempo, devemos antecipar que todas as frases citadas dos Códigos, dos *corpora* CETEMPúblico e CETENFolha ou das outras fontes correspondem, na íntegra, com o original, não sendo modificadas de acordo com a Reforma Ortográfica de 2009. Os artigos que perfazem a disposição legal são, no nosso livro, utilizados exclusivamente para os fins científicos, isto é, para ilustrar os fenómenos abordados, sendo as interpretações descritas no livro meramente linguísticas e não afetando elas o fundamento, o princípio nem o significado jurídico-legislativos. E, como já tinha sido indicado no prólogo, podem as nossas visões não ser as únicas possíveis, abrindo um espaço para discussões, polémicas, futuros estudos ou outro tipo de respostas.

1. CONSIDERAÇÕES INICIAIS

1.1. Linguística Forense

Na parte introdutiva fizemos uma breve menção à tipologia da linguagem usada na área da Lei e do Direito. Definimos as suas duas principais componentes: a legal /jurídica/ e a forense, pertencendo ambas ao principal objeto de estudo da disciplina linguística denominada *Linguística Forense* e conhecida, nalguns países, como *Linguística Judicial*. No entanto, como veremos adiante, a sua natureza polifacetada poderia conduzir à implantação de uma nova terminologia nalgumas das suas subáreas, sobretudo nas que colocam, no centro de atenções, a linguagem na legislação. Vesela Chergova (2020) fala, no Prefácio, da *Linguística Legislativa*, que é, em nossa opinião, o termo mais apto para designar a sua principal mensagem.

Regressando ao conceito *forense*[1], este tem suscitado, entre vários linguistas, algumas dúvidas no sentido de ser ou não ser apropriado para designar uma disciplina que, como já aludimos, tem uma vasta gama interesses. No entanto, relembremos que a dita palavra foi derivada do nome *foro* (do latim *forum,-i,* praça pública), cujo significado lexical abrange não só os tribunais judiciais (deduza-se que a linguagem forense é aquela que é usada "no foro", isto é, perante os tribunais) como também todo o escopo das leis e dos direitos (do qual se depreende o seu significado mais geral, associado ao sistema legislativo).[2] Sendo assim, a *Linguística Forense* poderia ser concebida de dois modos: ou num sentido mais restrito da palavra, isto é, como uma ciência que se ocupa, sobretudo, da linguagem individual de testemunhas (sobretudo falada) enquanto material de evidência nos processos judiciais, ou, num sentido mais geral, designadamente como uma disciplina multifacetada que se ocupa, para além do dito, também da relação entre a linguagem, a Lei e o Direito, ganhando esta área o atributo acima proposto.

Advirta-se que a *Linguística Forense* foi criada, primeiramente, no primeiro sentido referido, sendo o seu início associado ao termo inglês *Forensic Linguistics* e, ao mesmo tempo, a dois cientistas: Jan Svartvik e Donald Foster.

Jan Svartvik, professor emérito da Universidade de Lund, na Suécia, foi, de facto, o primeiro em utilizar o dito termo. Em 1968 analisou, no livro *Case for*

---

1 https://dicionario.priberam.org/forense [consultado em 23-06-2020].
2 https://dicionario.priberam.org/foro [consultado em 23-06-2020].

Forensic Linguistics, o caso de um motorista inglês, Timothy Evans, que tinha sido condenado e executado pela morte de sua filha. Depois de Svartvik chamar a atenção para as incongruências judiciais, o governo britânico comissionou a sua revisão, da qual participou o próprio autor, que analisou a linguagem do condenado, verificando expressões atípicas e de mínima previsibilidade na fala de uma pessoa da classe trabalhadora, com o que colocou em dúvida a integridade da versão apresentada pela polícia. Trata-se de um caso que captou a atenção dos meios de comunicação como a TV e rádio, além de livros e até mesmo um filme (10 Rillington Place, lançado em 1971).

O segundo nome mencionado é o de Donald Foster, linguista americano especializado na área de análise textual e literária, que começou a ficar célebre em associação com o caso de Theodor Kaczynski, matemático e cientista americano, mais conhecido como Unabomber (abreviação de University and Airline Bomber), condenado a prisão perpétua pela sua participação numa série de atentados à bomba. Foster contribuiu para a sua identificação quando, em 1995, reconheceu, num manifesto publicado por Kaczynski, as caraterísticas relevantes dele (idade, educação, opinião, interesses), o que levou os investigadores a tomarem o rumo certo.

De entre os outros nomes mais importantes deste ramo linguístico destaquem-se, também, os seguintes: Malcolm Coulthard, um dos linguistas forenses britânicos mais importantes, que coparticipou na fundação da Associação Internacional de Linguística Forense; Roger Shuy, o primeiro linguista que contribuiu para que a análise discursiva forense fizesse parte da investigação de uma comunicação (gravada e escrita) ligada a atividades criminais; Harry Hollien, pioneiro na área da identificação de falantes por meio da análise acústica e do som; Carole Chaski, pioneira na análise da sintaxe autoral; Gerald McMenamin, autor de várias publicações relacionadas com a estilística forense (p. ex. McMENAMIN, 2002) e, a seguir ainda, John Olson, John Gibbons, Janet Cotterill ou Hannes Kniffka, entre outros.

Relativamente à posição da Linguística Forense no campo de linguística, como se pode depreender do anteriormente dito, enquanto nos países anglo-saxónicos a sua importância foi geralmente reconhecida já na segunda metade do século XX, noutros países, como a Itália, Espanha ou França, o conceito em questão tem começado a surgir, em trabalhos científicos, só nos últimos anos. Em Portugal, igualmente, começou a ser reconhecido relativamente há pouco tempo sendo associado ao nome de Rui Sousa-Silva[3], cuja atividade científica

3 Ruis Sousa-Silva é professor auxiliar da Faculdade de Letras da Universidade do Porto, o primeiro linguista forense português a quem foi dada luz verde para analisar

orbita, particularmente, em torno do tema de plágio e de cibercrime, problemas graves nas mais diversas esferas sociais e profissionais.

Apesar de termos referido, embora muito concisamente, dois modos de como poderia ser concebida a *Linguística Forense* e a despeito de esta ter sido caracterizada como uma disciplina científica multifacetada com representantes de alto renome, devemos constatar que se trata de uma área ainda em desenvolvimento no que diz respeito à definição exata do seu estatuto, à delimitação mais precisa do objeto e da matéria de estudos, à unificação dos métodos de trabalho e ao estabelecimento de um plano sistemático das investigações, cuja descrição se encontra espalhada em obras dos citados autores. É com base nelas que foram estabelecidas, pela associação *International Association of Forensic Linguists* (IAFL)[4], quatro áreas de interesse. A extensão de aspetos nelas abordados parece infinita, o que nos permite localizar, neste quadro panorâmico, também, a nossa pesquisa. São, portanto, as seguintes esferas:[5]

---

casos em investigação pelo Gabinete Cibercrime da Procuradoria-Geral da República. Ao mesmo tempo, é coeditor, com o Professor Malcolm Coulthard, da revista internacional bilingue *Language and Law – Linguagem e Direito* e autor e coautor de uma série de trabalhos científicos na dita área, p. ex. (2016, 2017, 2018, 2020).

4 http://www.iafl.org/forensic.php

5 A tradução dos objetos de estudo da Linguística Forense para o português é nossa, encontrando-se o texto original nas páginas do IAFL (ver a referência anterior).

1. **Language and Law**: legislation; comprehensibility of legal documents; analysis and interpretation of legal texts; legal genres; history of legal languages; legal discourse; multilingual matters in legal contexts; discourse analysis of legal resources; language and disadvantage before the law; language minorities and the legal system; language rights; power and the law; intercultural matters and mediation in legal contexts.
2. **Language in the Legal Process:** interviews with vulnerable witnesses; communicative challenges of vulnerable witnesses; police interviews; investigative interviewing; language testing of asylum seekers; bilingual courtrooms and second-language issues; courtroom interpreting; courtroom interaction; courtroom translating; courtroom language; police language; prison language; language addressed to judge and jury in common and civil law courtrooms.
3. **Language as Evidence:** authorship analysis and attribution; plagiarism; speaker identification and voice comparison; compiling corpora (statements, confessions, suicide notes); computational author identification or profiling; consumer product warnings; language as evidence in civil cases (trademark, contract disputes, defamation, product liability, deceptive trade practices, copyright infringement); dialectology and sociolinguistics; semantics; pragmatics and speech act analysis.

1. *Linguagem e Lei*: linguagem utilizada na legislação, compreensão de documentos jurídicos, análise e interpretação de textos jurídicos, géneros da linguagem jurídica, história da linguagem jurídica, discurso jurídico, matérias multilingues em contextos jurídicos, análise textual das fontes jurídicas, linguagem e as suas desvantagens perante a lei, minorias linguísticas e o sistema jurídico, direitos linguísticos, o poder e a lei, matérias interculturais e intermediação em contextos jurídicos. (t.n.)
2. *Discurso Forense*: interrogatórios de testemunhas, capacidade comunicativa de testemunhas, interrogatórios e investigação policiais, exames de língua dos pedintes de auxílio, audiências bilingues e as línguas estrangeiras, interpretação e tradução oficial, interação na sala de audiência, linguagem policial e linguagem presidiária, linguagem dirigida ao juiz e ao júri em processos da lei civil, linguagem de audiência. (t.n.)
3. *Língua como Material de Evidência*: análises e atribuição de autorias, plagiarismo, identificação dos falantes e comparação da voz, criação de *corpora* (declarações, confissões, notas de suicídio), identificação computacional do autor, alertas para riscos de consumo, perfilhação, linguagem como evidência nos casos da lei civil (marcas registadas, desacordos contratuais, difamação, responsabilidade pelo facto do produto, práticas de comércio fraudulentas, infração dos direitos autorais), dialetologia, sociolinguística, semântica, pragmática, análise do discurso e dos atos de fala. (t.n.)
4. *Investigação/Ensino*: práticas e ética do depoimento dos peritos, apresentação de evidências linguísticas, linguistas como testemunhas periciais, ensino da linguagem forense, provas da linguística forense, linguagem jurídica, educação linguística para os profissionais da lei e do direito. (t.n.)

Segundo esta classificação, o objetivo da nossa investigação encaixa-se nos pontos 1,2,4. Conforme já constatámos, o nosso estudo não visa analisar o discurso oral da língua que decorre a nível de *performance* na área da lei e do direito (como são os interrogatórios, audiências públicas, condenações, confissões, notas, etc.) mas sim a linguagem da legislação oficial (ponto 1). Ao mesmo tempo, visamos contribuir para a área de tradutologia oficial (ponto 2) e do ensino da linguagem jurídica (ponto 4). É que, tal como já ficou dito,

---

4. **Research/Teaching:** practice and ethics of expert testimony; presentation of linguistic evidence; linguists as expert witnesses; teaching/testing of forensic linguistics/language and law; language education for law professionals.

há situações em que as audiências e os documentos emitidos pelos órgãos de justiça precisam de ser traduzidos para outras línguas, incluindo, na sua parte tanto escrita como oral, citações das disposições legais dos respetivos Códigos, o que, como já referimos várias vezes, pode conduzir não só a dúvidas terminológicas como também a hesitações sobre a organização sintática do texto. Há a notar que as mesmas ideias podem ser formuladas, em cada variedade, de forma distinta, o que implica, no entanto, igualmente diferentes interpretações semânticas como nos irão mostrar os seguintes capítulos 2–4. Mas antes de mergulharmos na parte fulcral da obra, conheçamos, ainda, algumas das principais caraterísticas dos Códigos penais que nos interessam, i.e., o de Portugal e o do Brasil. Estas justificar-nos-ão a viabilidade da análise contrastiva de dois textos de igual índole formulados nas duas variedades do Português.

1.2. Código Penal

O Código Penal pode ser definido, a nível geral, como um conjunto de normas codificadas que tem o objetivo de determinar e regulamentar as infrações penais, assim como definir as sanções correspondentes. Não obstante este variar de um país para o outro, as suas "variantes geográficas" assentam na mesma linha lógica, baseada no mesmo *substrato*, i.e. nos mesmos princípios e modelos situacionais criados pela história da humanidade. E, para uma melhor elucidação do facto de os Códigos Penais de tais países como Portugal e o Brasil repousarem nas mesmas qualidades gerais, consideramos idóneo incluir, nesta secção, também algumas informações sobre a sua estrutura e caracterização linguística.

Quanto às informações relativas à publicação, o atual Código Penal de Portugal foi aprovado na sua versão original em 1982 (pelo Decreto-Lei nº 400/82) e republicado em 2007 (pelo Decreto-Lei nº 59/2007). Nas referências bibliográficas que, em nosso trabalho acompanham as citações dos diferentes artigos, mencionar-se-á a data de 1982, tendo incluído, no entanto, as redações, alterações e atualizações realizadas até a data de 23 de agosto de 2017, consultando todas as disposições citadas, igualmente, no Diário Eletrónico da República.

O Código Penal vigente no Brasil foi criado pelo decreto-lei nº 2.848, de 7 de dezembro de 1940, pelo então presidente Getúlio Vargas durante o período do Estado Novo. Desde então, passou, por uma série de modificações com o propósito de ser modernizado e adaptado à evolução e aos problemas da sociedade atual. Nas referências bibliográficas, citadas ao longo do nosso trabalho, utilizaremos a data de 1940. Trabalhamos, porém, também com as redações e alterações realizadas até a data de 10 de fevereiro de 2017. O Código Penal (Direito Penal fundamental) não esgota toda a matéria penal prevista na lei brasileira e há uma quantidade extraordinária de leis penais especiais (Direito Penal complementar), as quais, no entanto, não vão fazer parte do nosso *corpus*.

1.2.1. Estrutura textual

Os Códigos Penais de Portugal e do Brasil apresentam uma estrutura muito semelhante. Ambos são divididos em duas partes: a geral e a especial (no Código Penal português chamados livro I e livro II, respetivamente). Ambas são divididas em títulos, cada título tem capítulos divididos em secções, das quais algumas estão subdivididas, ainda, em várias subsecções.

Na parte geral, em ambos os Códigos, são definidas as disposições legais que se referem à lei criminal ou penal em geral, incluindo tais termos como são, por exemplo, o facto, o crime, a queixa e acusação particular, a extinção da responsabilidade do crime, a indemnização de perdas e danos por crime, as medidas de segurança, a imputabilidade, a inimputabilidade, a ação penal, atos preparatórios, o crime consumado e a tentativa, entre outros. A segunda parte contém títulos, que correspondem à tipologia dos crimes, como veremos adiante. Toda a estrutura dos Códigos pode ser consultada no Quadro 1.1, em que indicamos os nomes de todos os títulos, capítulos, secções, subsecções e artigos.

No entanto, como podemos reparar, na hierarquia dos diferentes tipos de crime e na terminologia existem relevantes diferenças. Para ilustrar, os crimes dirigidos contra o sentimento religioso e contra o respeito aos mortos constituem, no Código Penal brasileiro, um título separado, sendo, no entanto, na sua contrapartida portuguesa, tratados em conjunto como *Crimes contra a vida em sociedade*. Ou os chamados *Crimes contra a dignidade sexual*, que estabelecem um título separado em CPB, são subordinados, em CPP, ao título de *Crimes contra as pessoas*. A título de exemplo, mencione-se ainda a conceção da vida humana. Por um lado, ambos os ordenamentos jurídicos consideram que a vida humana tem início a partir do nascimento e termina com a morte encefálica (DALTÓE, MÜLLER 2016, p. 187), no entanto, a legislação penal portuguesa adotou a posição de diferenciar a vida humana chamada como *vida ao bem jurídico extrauterina* (protegida do homicídio) e *vida intrauterina* (protegida do aborto). Esta diferenciação não ocorre em CPB, em que os crimes contra a vida estão todos incluídos num único capítulo e os demais delitos em que sobrevenha a morte do agente como o resultado constituem *Crimes qualificados pelo resultado*. E a mesma assimetria verifica-se no caso dos homicídios, os quais, em ambos os Códigos, consistem no ato de matar outra pessoa pondo fim à sua vida, seja sob a forma simples, seja nas modalidades qualificada, privilegiada ou negligente/culposa. No entanto, em CPB, o homicídio constitui apenas um artigo (art. 121°) enquanto, em CPP, as modalidades de homicídios constituem tipos penais autónomos, definidos por artigos diversos (131°-139°).

Para além do exposto, podem ser observadas, obviamente, divergências definitórias dos crimes e das penas. Por exemplo, no que ao já mencionado crime contra o sentimento religioso diz respeito, este, em CPB, é definido da seguinte maneira:

DOS CRIMES CONTRA O SENTIMENTO RELIGIOSO
Ultraje a culto e impedimento ou perturbação de ato a ele relativo

Art. 208 **Escarnecer** de alguém publicamente, por motivo de crença ou função religiosa; **impedir** ou **perturbar** cerimônia ou prática de culto religioso; **vilipendiar** publicamente ato ou objeto de culto religioso:
Pena detenção: de um mês a um ano, ou multa.
Parágrafo único: Se há emprego de **violência**, a pena é aumentada de um terço, sem prejuízo da correspondente à violência.

Por um lado, as expressões *escarnecer por motivo de crença ou função religiosa, impedir* ou *perturbar cerimônia ou prática de culto religioso, vilipendiar ato ou objeto de culto religioso* encontram os seus equivalentes no artigo 251 de CPP e que são: *ofender a pessoa ou dela escarnecer em razão da sua crença ou função religiosa, perturbar a paz pública, profanar lugar ou objeto de culto religioso,* como podemos observar a seguir:

DOS CRIMES CONTRA O SENTIMENTO RELIGIOSO
Artigo 251º
Ultraje por motivo de crença religiosa
1 - Quem publicamente **ofender** outra pessoa ou dela **escarnecer** em razão da sua crença ou função religiosa, por forma adequada a **perturbar** a paz pública, é punido com pena de prisão até 1 ano ou com pena de multa até 120 dias.
2 - Na mesma pena incorre quem **profanar** lugar ou objecto de culto ou de veneração religiosa, por forma adequada a **perturbar** a paz pública.

Por outro lado, o que faz distinguir as duas definições é o uso de meios de *violência*, que, em CPB, faz aumentar a pena de um terço, enquanto que, em CPP, não se veem explicitamente distinguidas as situações em que a violência foi usada para cometer o crime das situações em que não o foi.

Para melhor compararmos a hierarquia e a tipologia do crime dos Códigos, elaborámos o Quadro 1.1. que apresenta, na primeira coluna, os títulos de todas as disposições legais portuguesas, e, na segunda, as suas contrapartidas brasileiras.

Quadro 1.1: Índice dos Códigos Penais de Portugal e do Brasil

CPP	**CPB**
LIVRO I. PARTE GERAL	**PARTE GERAL**
TÍTULO I. DA LEI CRIMINAL CAPÍTULO ÚNICO: PRINCÍPIOS GERAIS Artigo 1.º Princípio da legalidade Artigo 2.º Aplicação no tempo Artigo 3.º Momento da prática do facto Artigo 4.º Aplicação no espaço: princípio geral Artigo 5.º Factos praticados fora do território português Artigo 6.º Restrições à aplicação da lei portuguesa Artigo 7.º Lugar da prática do facto Artigo 8.º Aplicação subsidiária do Código Penal Artigo 9.º Disposições especiais para jovens **TÍTULO II. DO FACTO** CAPÍTULO I. PRESSUPOSTOS DA PUNIÇÃO Artigo 10.º Comissão por ação e por omissão Artigo 11.º Responsabilidade das pessoas singulares e coletivas Artigo 12.º Atuação em nome de outrem Artigo 13.º Dolo e negligência Artigo 14.º Dolo Artigo 15.º Negligência Artigo 16.º Erro sobre as circunstâncias do facto Artigo 17.º Erro sobre a ilicitude Artigo 18.º Agravação da pena pelo resultado Artigo 19.º Inimputabilidade em razão da idade Artigo 20.º Inimputabilidade em razão de anomalia psíquica CAPÍTULO II. FORMAS DO CRIME Artigo 21.º Atos preparatórios Artigo 22.º Tentativa Artigo 23.º Punibilidade da tentativa Artigo 24.º Desistência Artigo 25.º Desistência em caso de comparticipação Artigo 26.º Autoria	**TÍTULO I. DA APLICAÇÃO DA LEI PENAL** Artigo 1.º Anterioridade da Lei Artigo 2.º Lei Penal no Tempo Artigo 3.º Lei excepcional ou temporária Artigo 4.º Tempo do crime Artigo 5.º Territorialidade Artigo 6.º Lugar do crime Artigo 7.º Extraterritorialidade Artigo 8.º Pena cumprida no estrangeiro Artigo 9.º Pena cumprida no estrangeiro Artigo 10.º -A. Contagem de prazo Artigo 11.º -A. Contagem de prazo Artigo 12.º -A. Contagem de prazo **TÍTULO II. DO CRIME** Artigo 13.º Relação de causalidade Artigo 14.º Crime consumado Artigo 15.º Desistência voluntária e arrependimento eficaz Artigo 16.º Arrependimento posterior Artigo 17.º Crime impossível Artigo 18.º Crime doloso. Crime culposo. Artigo 19.º Agravação pelo resultado Artigo 20.º Erro sobre elementos do tipo Artigo 21.º Erro sobre a ilicitude do fato Artigo 22.º Coação irresistível e obediência hierárquica Artigo 23.º Exclusão de ilicitude Artigo 24.º Estado de necessidade Artigo 25.º Legítima defesa **TÍTULO III. DA IMPUTABILIDADE PENAL** Artigo 26.º Inimputáveis Artigo 27.º Menores de dezoito anos Artigo 28.º Emoção, Paixão e Embriaguez **TÍTULO IV. DO CONCURSO DE PESSOAS** Artigo 29.º Concurso de pessoas Artigo 30.º Circunstâncias incomunicáveis Artigo 31.º Casos de impunibilidade

Artigo 55.º Falta de cumprimento das condições da suspensão Artigo 56.º Revogação da suspensão Artigo 57.º Extinção da pena SECÇÃO III. PRESTAÇÃO DE TRABALHO A FAVOR DA COMUNIDADE E ADMOESTAÇÃO Artigo 58.º Prestação de trabalho a favor da comunidade Artigo 59.º Suspensão provisória, revogação, extinção e substituição Artigo 60.º Admoestação . SECÇÃO IV. LIBERDADE CONDICIONAL Artigo 61.º Pressupostos e duração Artigo 62.º Adaptação à liberdade condicional Artigo 63.º Liberdade condicional em caso de execução sucessiva de várias penas Artigo 64. º Regime da liberdade condicional CAPÍTULO III. PENAS ACESSÓRIAS E EFEITOS DAS PENAS Artigo 65.º Princípios gerais Artigo 66.º Proibição do exercício de função Artigo 67.º Suspensão do exercício de função Artigo 68.º Efeitos da proibição e da suspensão do exercício de função Artigo 69.º Proibição de conduzir veículos com motor Artigo 69.º - A Declaração de indignidade sucessória CAPÍTULO IV. ESCOLHA E MEDIDA DA PENA SECÇÃO I. REGRAS GERAIS Artigo 70.º Critério de escolha da pena Artigo 71.º Determinação da medida da pena Artigo 72.º Atenuação especial da pena Artigo 73.º Termos da atenuação especial Artigo 74.º Dispensa de pena SECÇÃO II. REINCIDÊNCIA Artigo 75.º Pressupostos Artigo 76.º Efeitos	Artigo 61.º Circunstâncias agravantes Artigo 62.º Agravantes no caso de concurso de pessoas Artigo 63.º Reincidência Artigo 64.º Para efeito de reincidência: Artigo 65.º Circunstâncias atenuantes Artigo 66.º Circunstâncias atenuantes Artigo 67.º Concurso de circunstâncias agravantes e atenuantes Artigo 68.º Cálculo da pena Artigo 69.º Concurso material Artigo 70.º Concurso formal Artigo 71.º Crime continuado Artigo 72.º Multas no concurso de crimes Artigo 73.º Erro na execução Artigo 74.º Resultado diverso do pretendido Artigo 75.º Limite das penas Artigo 76.º Concurso de infrações CAPÍTULO IV. DA SUSPENSÃO CONDICIONAL DA PENA Artigo 77.º Requisitos da suspensão da pena Artigo 78.º Requisitos da suspensão da pena Artigo 79.º Requisitos da suspensão da pena Artigo 80.º Requisitos da suspensão da pena Artigo 81.º Revogação obrigatória Artigo 82.º Cumprimento das condições CAPÍTULO V. DO LIVRAMENTO CONDICIONAL Artigo 83.º Requisitos do livramento condicional Artigo 84.º Soma de penas Artigo 85.º Especificações das condições Artigo 86.º Revogação do livramento Artigo 87.º Revogação facultativa Artigo 88.º Efeitos da revogação Artigo 89.º Extinção Artigo 90.º Extinção CAPÍTULO VI. DOS EFEITOS DA CONDENAÇÃO Artigo 91.º Efeitos genéricos e específicos Artigo 92.º São também efeitos da condenação

SECÇÃO I. INTERNAMENTO DE INIMPUTÁVEIS Artigo 91.º Pressupostos e duração mínima Artigo 92.º Cessação e prorrogação do internamento Artigo 93.º Revisão da situação do internado Artigo 94.º Liberdade para prova Artigo 95.º Revogação da liberdade para prova Artigo 96.º Reexame da medida de internamento Artigo 97.º Inimputáveis estrangeiros SECÇÃO II. SUSPENSÃO DA EXECUÇÃO DO INTERNAMENTO Artigo 98.º Pressupostos e regime SECÇÃO III. EXECUÇÃO DA PENA E DA MEDIDA DE SEGURANÇA PRIVATIVAS DA LIBERDADE Artigo 99.º Regime SECÇÃO IV. MEDIDAS DE SEGURANÇA NÃO PRIVATIVAS DA LIBERDADE Artigo 100.º interdição de atividades Artigo 101.º Cassação do título e interdição da concessão do título de condução de veículo com motor Artigo 102.º Aplicação de regras de conduta Artigo 103.º Extinção das medidas CAPÍTULO VIII. INTERNAMENTO DE IMPUTÁVEIS PORTADORES DE ANOMALIA PSÍQUICA Artigo 104.º Anomalia psíquica anterior Artigo 105º Anomalia psíquica posterior Artigo 106.º Anomalia psíquica posterior sem perigosidade Artigo 107.º Revisão da situação Artigo 108.º Simulação de anomalia psíquica CAPÍTULO IX. PERDA DE INSTRUMENTOS, PRODUTOS E VANTAGENS Artigo 109.º Perda de instrumentos e produtos Artigo 110.º Perda de produtos e vantagens Artigo 111.º Perda de vantagens	

Artigo 111.º Instrumentos, produtos ou vantagens pertencentes a terceiro Artigo 112.º Pagamento diferido ou a prestações e atenuação Artigo 112.º -A Pagamento de valor declarado perdido a favor do Estado **TÍTULO IV. QUEIXA E ACUSAÇÃO PARTICULAR** Artigo 113.º Titulares do direito de queixa Artigo 114.º Extensão dos efeitos da queixa Artigo 115.º Extinção do direito de queixa Artigo 116.º Renúncia e desistência da queixa Artigo 117.º Acusação particular **TÍTULO V. EXTINÇÃO DA RESPONSABILIDADE CRIMINAL** CAPÍTULO I. PRESCRIÇÃO DO PROCEDIMENTO CRIMINAL Artigo 118.º Prazos de prescrição Artigo 119.º Início do prazo Artigo 120.º Suspensão da prescrição Artigo 121.º Interrupção da prescrição CAPÍTULO II. PRESCRIÇÃO DAS PENAS E DAS MEDIDAS DE SEGURANÇA Artigo 122.º Prazos de prescrição das penas Artigo 123.º Efeitos da prescrição da pena principal Artigo 124.º Prazos de prescrição das medidas de segurança Artigo 125.º Suspensão da prescrição Artigo 126.º Interrupção da prescrição CAPÍTULO III. OUTRAS CAUSAS DE EXTINÇÃO Artigo 127.º Morte, amnistia, perdão genérico, indulto e extinção Artigo 128.º Efeitos **TÍTULO VI. INDEMNIZAÇÃO DE PERDAS E DANOS POR CRIME** Artigo 129.º Responsabilidade civil emergente de crime Artigo 130.º Indemnização do lesado	

LIVRO II **PARTE ESPECIAL** **TÍTULO I. DOS CRIMES CONTRA AS PESSOAS** CAPÍTULO I. DOS CRIMES CONTRA A VIDA Artigo 131.º Homicídio Artigo 132.º Homicídio qualificado Artigo 133.º Homicídio privilegiado Artigo 134.º Homicídio a pedido da vítima Artigo 135.º Incitamento ou ajuda ao suicídio Artigo 136.º Infanticídio Artigo 137.º Homicídio por negligência Artigo 138.º Exposição ou abandono Artigo 139.º Propaganda do suicídio CAPÍTULO II. DOS CRIMES CONTRA A VIDA INTRAUTERINA Artigo 140.º Aborto Artigo 141.º Aborto agravado Artigo 142.º Interrupção da gravidez não punível CAPÍTULO III. DOS CRIMES CONTRA A INTEGRIDADE FÍSICA Artigo 143.º Ofensa à integridade física simples Artigo 144.º Ofensa à integridade física grave Artigo 144.º - A Mutilação genital feminina Artigo 145.º Ofensa à integridade física qualificada Artigo 146.º Ofensa à integridade física privilegiada Artigo 147.º Agravação pelo resultado Artigo 148.º Ofensa à integridade física por negligência Artigo 149.º Consentimento Artigo 150.º Intervenções e tratamentos médico-cirúrgicos Artigo 151.º Participação em rixa Artigo 152.º Violência doméstica CAPÍTULO IV. DOS CRIMES CONTRA A LIBERDADE PESSOAL Artigo 153.º Ameaça Artigo 154.º Coação Artigo 155.º Agravação	**PARTE ESPECIAL** **TÍTULO I. DOS CRIMES CONTRA AS PESSOAS** CAPÍTULO I. DOS CRIMES CONTRA A VIDA Artigo 121.º Homicídio simples Artigo 122.º Induzimento, instigação ou auxílio a suicídio Artigo 123.º Infanticídio Artigo 124.º Aborto provocado pela gestante ou com seu consentimento Artigo 125.º Aborto provocado por terceiro Artigo 126.º Provocar aborto com o consentimento da gestante Artigo 127.º Forma qualificada Artigo 128.º Aborto necessário CAPÍTULO II. DAS LESÕES CORPORAIS Artigo 129. Lesão corporal CAPÍTULO III. DA PERICLITAÇÃO DA VIDA E DA SAÚDE Artigo 130.º Perigo de contágio venéreo Artigo 131.º Perigo de contágio de moléstia grave Artigo 132.º Perigo para a vida ou saúde de outrem Artigo 133.º Abandono de incapaz Artigo 134.º Exposição ou abandono de recém-nascido Artigo 135.º Omissão de socorro Artigo 136.º Maus tratos CAPÍTULO IV. DA RIXA Artigo 137.º Rixa CAPÍTULO V. DOS CRIMES CONTRA A HONRA Artigo 138.º Calúnia Artigo 139.º Difamação Artigo 140.º Injúria Artigo 141.º Disposições comuns Artigo 142.º Exclusão do crime Artigo 143.º Retratação Artigo 144.º Retratação Artigo 145.º Retratação

Artigo 156.º Intervenções e tratamentos médico-cirúrgicos arbitrários Artigo 157.º Dever de esclarecimento Artigo 158.º Sequestro Artigo 159.º Escravidão Artigo 160.º Tráfico de pessoas Artigo 161.º Rapto Artigo 162.º Tomada de reféns CAPÍTULO V. DOS CRIMES CONTRA A LIBERDADE E AUTODETERMINAÇÃO SEXUAL SECÇÃO I. CRIMES CONTRA A LIBERDADE SEXUAL Artigo 163.º Coação sexual Artigo 164.º Violação Artigo 165.º Abuso sexual de pessoa incapaz de resistência Artigo 166.º Abuso sexual de pessoa internada Artigo 167.º Fraude sexual Artigo 168.º Procriação artificial não consentida Artigo 169.º Lenocínio Artigo 170.º Importunação sexual SECÇÃO II. CRIMES CONTRA A AUTODETERMINAÇÃO SEXUAL Artigo 171.º Abuso sexual de crianças Artigo 172.º Abuso sexual de menores dependentes Artigo 173.º Atos sexuais com adolescentes Artigo 174.º Recurso à prostituição de menores Artigo 175.º Lenocínio de menores Artigo 176.º Pornografia de menores Artigo 177.º Agravação Artigo 178.º Queixa CAPÍTULO VI. DOS CRIMES CONTRA A HONRA Artigo 180.º Difamação Artigo 181.º Injúria Artigo 182.º Equiparação Artigo 183.º Publicidade e calúnia Artigo 184.º Agravação Artigo 185.º Ofensa à memória de pessoa falecida Artigo 186.º Dispensa de pena	CAPÍTULO VI. DOS CRIMES CONTRA A LIBERDADE INDIVIDUAL SECÇÃO I. DOS CRIMES CONTRA A LIBERDADE PESSOAL Artigo 146.º Constrangimento ilegal Artigo 147.º Ameaça. Artigo 148.º Seqüestro e cárcere privado Artigo 149.º Redução a condição análoga à de escravo SECÇÃO II. DOS CRIMES CONTRA A INVIOLABILIDADE DO DOMICÍLIO Artigo 150.º Violação de domicílio SECÇÃO III. DOS CRIMES CONTRA A INVIOLABILIDADE DE CORRESPONDÊNCIA Artigo 151.º Violação de correspondência Artigo 152.º Correspondência comercial SECÇÃO IV. DOS CRIMES CONTRA A INVIOLABILIDADE DOS SEGREDOS Artigo 153.º Divulgação de segredo Artigo 154.º Violação do segredo profissional **TÍTULO II. DOS CRIMES CONTRA O PATRIMÔNIO** CAPÍTULO I. DO FURTO Artigo 155.º Furto Artigo 156.º Furto de coisa comum CAPÍTULO II. DO ROUBO E DA EXTORSÃO Artigo 157.º Roubo Artigo 158.º Extorsão Artigo 159.º Extorsão mediante sequestro Artigo 160.º Extorsão indireta CAPÍTULO III. DA USURPAÇÃO Artigo 161.º Alteração de limites Artigo 162.º Supressão ou alteração de marca em animais CAPÍTULO IV. DO DANO Artigo 163.º Dano Artigo 164.º Introdução ou abandono de animais em propriedade alheia Artigo 165.º Dano em coisa de valor artístico, arqueológico ou histórico

Artigo 187.º Ofensa a organismo, serviço ou pessoa coletiva Artigo 188.º Procedimento criminal Artigo 189.º Conhecimento público da sentença condenatória CAPÍTULO VII. DOS CRIMES CONTRA A RESERVA DA VIDA PRIVADA Artigo 190.º Violação de domicílio ou perturbação da vida privada Artigo 191.º Introdução em lugar vedado ao público Artigo 192.º Devassa da vida privada Artigo 193.º Devassa por meio de informática Artigo 194.º Violação de correspondência ou de telecomunicações Artigo 195.º Violação de segredo Artigo 196.º Aproveitamento indevido de segredo Artigo 197.º Agravação Artigo 198.º Queixa CAPÍTULO VIII. DOS CRIMES CONTRA OUTROS BENS JURÍDICOS PESSOAIS Artigo 199.º Gravações e fotografias ilícitas Artigo 200.º Omissão de auxílio Artigo 201.º Subtração às garantias do Estado de direito Português **TÍTULO II. DOS CRIMES CONTRA O PATRIMÓNIO** CAPÍTULO I. DISPOSIÇÃO PRELIMINAR Artigo 202.º Definições legais CAPÍTULO II. DOS CRIMES CONTRA A PROPRIEDADE Artigo 203.º Furto Artigo 204.º Furto qualificado Artigo 205.º Abuso de confiança Artigo 206.º Restituição ou reparação Artigo 207.º Acusação particular Artigo 208.º Furto de uso de veículo Artigo 209.º Apropriação ilegítima em caso de acessão ou de coisa achada Artigo 210.º Roubo Artigo 211.º Violência depois da subtração Artigo 212.º Dano Artigo 213.º Dano qualificado	Artigo 166.º Alteração de local especialmente protegido Artigo 167.º Ação penal CAPÍTULO V. DA APROPRIAÇÃO INDÉBITA Artigo 168.º Apropriação indébita Artigo 168.º A. Apropriação indébita previdenciária Artigo 169.º Apropriação de coisa havida por erro, caso fortuito ou força da natureza Artigo 170.º Aplicação do Artigo 155.º CAPÍTULO VI. DO ESTELIONATO E OUTRAS FRAUDES Artigo 171.º Estelionato Artigo 172.º Duplicata simulada Artigo 173.º Abuso de incapazes Artigo 174.º Induzimento à especulação Artigo 175.º Fraude no comércio Artigo 176.º Outras fraudes Artigo 177.º Fraudes e abusos na fundação ou administração de sociedade por ações Artigo 178.º Emissão irregular de conhecimento de depósito ou "warrant" Artigo 179.º Fraude à execução CAPÍTULO VII. DA RECEPTAÇÃO Artigo 180.º Receptação Artigo 180.º A. Receptação de animal CAPÍTULO VIII. DISPOSIÇÕES GERAIS Artigo 181.º Disposições gerais Artigo 182.º Disposições gerais Artigo 183.º Disposições gerais **TÍTULO III. DOS CRIMES CONTRA A PROPRIEDADE IMATERIAL** CAPÍTULO I. DOS CRIMES CONTRA A PROPRIEDADE INTELECTUAL Artigo 184.º Violação de direito autoral Artigo 185.º Usurpação de nome ou pseudônimo alheio Artigo 186.º Usurpação de nome ou pseudônimo alheio CAPÍTULO II. DOS CRIMES CONTRA O PRIVILÉGIO DE INVENÇÃO (revogado) Artigo 187.º Violação de privilégio de invenção

Artigo 214.º Dano com violência
Artigo 215.º Usurpação de coisa imóvel
Artigo 216.º Alteração de marcos

CAPÍTULO III. DOS CRIMES CONTRA O PATRIMÓNIO EM GERAL
Artigo 217.º Burla
Artigo 218.º Burla qualificada
Artigo 219.º Burla relativa a seguros
Artigo 220.º Burla para obtenção de alimentos, bebidas ou serviços
Artigo 221.º Burla informática e nas comunicações
Artigo 222.º Burla relativa a trabalho ou emprego
Artigo 223.º Extorsão
Artigo 224.º Infidelidade
Artigo 225.º Abuso de cartão de garantia ou de crédito
Artigo 226.º Usura dos crimes contra direitos patrimoniais

CAPÍTULO IV.
Artigo 227.º Insolvência dolosa
Artigo 227.º -A. Frustração de créditos
Artigo 228.º Insolvência negligente
Artigo 229.º Favorecimento de credores
Artigo 229.º Agravação
Artigo 230.º Perturbação de arrematações
Artigo 231.º Recetação
Artigo 232.º Auxílio material
Artigo 233.º Âmbito do objeto da recetação

CAPÍTULO V. DOS CRIMES CONTRA O SETOR PÚBLICO OU COOPERATIVO agravados pela qualidade do agente
Artigo 234.º Apropriação ilegítima
Artigo 235.º Administração danosa

TÍTULO III. DOS CRIMES CONTRA A IDENTIDADE CULTURAL E INTEGRIDADE PESSOAL
Artigo 236.º Incitamento à guerra (revogado pela Lei n. 31/2004)
Artigo 237.º Aliciamento de forças armadas (revogado pela Lei n. 100/2003)

Artigo 188.º Falsa atribuição de privilégio
Artigo 189.º Usurpação ou indevida exploração de modelo ou
Artigo 190.º Falsa declaração de depósito em modelo ou desenho
Artigo 191.º (revogado)

CAPÍTULO III. DOS CRIMES CONTRA AS MARCAS DE INDÚSTRIA E COMÉRCIO (revogado)
Artigo 192.º Violação do direito de marca
Artigo 193.º Uso indevido de armas, brasões e distintivos públicos
Artigo 194.º Marca com falsa indicação de procedência
Artigo 195.º Marca com falsa indicação de procedência

CAPÍTULO IV. DOS CRIMES DE CONCORRÊNCIA DESLEAL (revogado)
Artigo 196.º Concorrência desleal

TÍTULO IV. DOS CRIMES CONTRA A ORGANIZAÇÃO DO TRABALHO
Artigo 197.º Atentado contra a liberdade de trabalho
Artigo 198.º Atentado contra a liberdade de contrato de trabalho e boicotagem violenta
Artigo 199.º Atentado contra a liberdade de associação
Artigo 200.º Paralisação de trabalho, seguida de violência ou perturbação da ordem
Artigo 201.º Paralisação de trabalho de interesse coletivo
Artigo 202.º Invasão de estabelecimento industrial, comercial ou agrícola. Sabotagem.
Artigo 203.º Frustração de direito assegurado por lei trabalhista
Artigo 204.º Frustração de lei sobre a nacionalização do trabalho
Artigo 205.º Exercício de atividade com infração de decisão administrativa
Artigo 206.º Aliciamento para o fim de emigração
Artigo 207.º Aliciamento de trabalhadores de um local para outro do território nacional

Artigo. 238.° Genocídio (revogado pela Lei n. 31/2004) Artigo. 239.° Recrutamento de mercenários (revogado pela Lei n. 31/2004) Artigo 240.° Discriminação racial, religiosa ou sexual Artigo 241.° Crimes de guerra contra civis (revogado pela Lei n. 31/2004) Artigo 242.° Destruição de monumentos (revogado pela Lei n. 31/2004) Artigo 243.° Tortura e outros tratamentos cruéis, degradantes ou desumanos Artigo 244.° Tortura e outros tratamentos cruéis, degradantes ou desumanos graves Artigo 245.° Omissão de denúncia Artigo 246.° Incapacidades **TÍTULO IV. DOS CRIMES CONTRA A VIDA EM SOCIEDADE** CAPÍTULO I. Dos crimes contra a família, os sentimentos religiosos e o respeito devido aos mortos SECÇÃO I. DOS CRIMES CONTRA A FAMÍLIA Artigo 247.° Bigamia Artigo 248.° Falsificação de estado civil Artigo 249.° Subtração de menor Artigo 250.° Violação da obrigação de alimentos SECÇÃO II. DOS CRIMES CONTRA SENTIMENTOS RELIGIOSOS Artigo 251.° Ultraje por motivo de crença religiosa Artigo 252.° Impedimento, perturbação ou ultraje a ato de culto SECÇÃO III. DOS CRIMES CONTRA O RESPEITO DEVIDO AOS MORTOS Artigo 253.° Impedimento ou perturbação de cerimónia fúnebre Artigo 254.° Profanação de cadáver ou de lugar fúnebre CAPÍTULO II. DOS CRIMES DE FALSIFICAÇÃO SECÇÃO I. DISPOSIÇÃO PRELIMINAR Artigo 255.° Definições legais	**TÍTULO V. DOS CRIMES CONTRA O SENTIMENTO RELIGIOSO E CONTRA O RESPEITO AOS MORTOS** CAPÍTULO I. DOS CRIMES CONTRA O SENTIMENTO RELIGIOSO Artigo 208.° Ultraje a culto e impedimento ou perturbação de ato a ele relativo CAPÍTULO II. DOS CRIMES CONTRA O RESPEITO AOS MORTOS Artigo 209.° Impedimento ou perturbação de cerimônia funerária Artigo 210.° Violação de sepultura Artigo 211.° Destruição, subtração ou ocultação de cadáver Artigo 212.° Vilipêndio a cadáver **TÍTULO VI. DOS CRIMES CONTRA A DIGNIDADE SEXUAL** CAPÍTULO I. DOS CRIMES CONTRA A LIBERDADE SEXUAL Artigo 213.° Estupro Artigo 214.° Atentado violento ao pudor Artigo 215.° Violação sexual mediante fraude Artigo 216.° Atentado ao pudor mediante fraude CAPÍTULO II. DA SEDUÇÃO E DA CORRUPÇÃO DE MENORES Artigo 217.° Sedução Artigo 218.° Corrupção de menores CAPÍTULO III. DO RAPTO Artigo 219.° Rapto violento ou mediante fraude Artigo 220.° Rapto consensual Artigo 221.° Diminuição de pena Artigo 222.° Concurso de rapto e outro crime CAPÍTULO IV. DISPOSIÇÕES GERAIS Artigo 223.° Formas qualificadas Artigo 224.° Presunção de violência Artigo 225.° Ação penal Artigo 226.° Aumento de pena CAPÍTULO V. DO LENOCÍNIO E DO TRÁFICO DE PESSOA PARA FIM DE PROSTITUIÇÃO OU OUTRA FORMA DE EXPLORAÇÃO SEXUAL Artigo 227.° Mediação para servir a lascívia de outrem

Artigo 279.º- A. Atividades perigosas para o ambiente Artigo 280.º Poluição com perigo comum Artigo 281.º Perigo relativo a animais ou vegetais Artigo 282.º Corrupção de substâncias alimentares ou medicinais Artigo 283.º Propagação de doença, alteração de análise ou de receituário Artigo 284.º Recusa de médico Artigo 285.º Agravação pelo resultado Artigo 286.º Atenuação especial e dispensa de pena CAPÍTULO IV. DOS CRIMES CONTRA A SEGURANÇA DAS COMUNICAÇÕES Artigo 287.º Captura ou desvio de aeronave, navio, comboio ou veículo de transporte coletivo de passageiros Artigo 288.º Atentado à segurança de transporte por ar, água ou caminho de ferro Artigo 289.º Condução perigosa de meio de transporte por ar, água ou caminho de ferro Artigo 290.º Atentado à segurança de transporte rodoviário Artigo 291.º Condução perigosa de veículo rodoviário Artigo 292.º Condução de veículo em estado de embriaguez ou sob a influência de estupefacientes ou substâncias psicotrópicas Artigo 293.º Lançamento de projétil contra veículo Artigo 294.º Agravação, atenuação especial e dispensa de pena CAPÍTULO V SECÇÃO I. DOS CRIMES DE ANTI-SOCIALIDADE PERIGOSA Artigo 295.º Embriaguez e intoxicação Artigo 296.º Utilização de menor na mendicidade SECÇÃO II. DOS CRIMES CONTRA A PAZ PÚBLICA Artigo 297.º Instigação pública a um crime Artigo 298.º Apologia pública de um crime Artigo 299.º Associação criminosa Artigo 300.º Organizações terroristas Artigo 301.º Terrorismo	**TÍTULO VIII. DOS CRIMES CONTRA A INCOLUMIDADE PÚBLICA** CAPÍTULO I. DOS CRIMES DE PERIGO COMUM Artigo 250.º Incêndio Artigo 251.º Explosão Artigo 252.º Uso de gás tóxico ou asfixiante Artigo 253.º Fabrico, fornecimento, aquisição posse ou transporte de explosivos ou gás tóxico, ou asfixiante Artigo 254.º Inundação Artigo 255.º Perigo de inundação Artigo 256.º Desabamento ou desmoronamento Artigo 257.º Subtração, ocultação ou inutilização de material de salvamento Artigo 258.º Formas qualificadas de crime de perigo comum Artigo 259.º Difusão de doença ou praga CAPÍTULO II. DOS CRIMES CONTRA A SEGURANÇA DOS MEIOS DE COMUNICAÇÃO E TRANSPORTE E OUTROS SERVIÇOS PÚBLICOS Artigo 260.º Perigo de desastre ferroviário Artigo 261.º Atentado contra a segurança de transporte marítimo, fluvial ou aéreo Artigo 262.º Atentado contra a segurança de outro meio de transporte Artigo 263.º Forma qualificada Artigo 264.º Arremesso de projétil Artigo 265.º Atentado contra a segurança de serviço de utilidade pública Artigo 266.º Interrupção ou perturbação de serviço telegráfico, telefônico, informático, telemático ou de informação de utilidade pública CAPÍTULO III. DOS CRIMES CONTRA A SAÚDE PÚBLICA Artigo 267.º Epidemia Artigo 268.º Infração de medida sanitária preventiva Artigo 269.º Omissão de notificação de doença Artigo 270.º Envenenamento de água potável ou de substância alimentícia ou medicinal Artigo 271.º Corrupção ou poluição de água potável

Artigo 302.º Participação em motim
Artigo 303.º Participação em motim armado
Artigo 304.º Desobediência a ordem de dispersão de reunião pública
Artigo 305.º Ameaça com prática de crime
Artigo 306.º Abuso e simulação de sinais de perigo

SECÇÃO III. DOS CRIMES CONTRA SINAIS DE IDENTIFICAÇÃO
Artigo 307.º Abuso de designação, sinal ou uniforme

TÍTULO V. DOS CRIMES CONTRA O ESTADO

CAPÍTULO I. DOS CRIMES CONTRA A SEGURANÇA DO ESTADO

SECÇÃO I. DOS CRIMES CONTRA A SOBERANIA NACIONAL

SUBSECÇÃO I. DOS CRIMES CONTRA A INDEPENDÊNCIA E A INTEGRIDADE NACIONAIS
Artigo 308.º Traição à pátria
Artigo 309.º Serviço militar em forças armadas inimigas
Artigo 310.º Inteligências com o estrangeiro para provocar guerra
Artigo 311.º Prática de atos adequados a provocar guerra
Artigo 312.º Inteligências com o estrangeiro para constranger o Estado Português
Artigo 313.º Ajuda a forças armadas inimigas
Artigo 314.º Campanha contra esforço de guerra
Artigo 315.º Sabotagem contra a defesa nacional
Artigo 316.º Violação do segredo de Estado
Artigo 317.º Espionagem
Artigo 318.º Meios de prova de interesse nacional
Artigo 319.º Infidelidade diplomática
Artigo 320.º Usurpação de autoridade pública portuguesa
Artigo 321.º Entrega ilícita de pessoa a entidade estrangeira

Artigo 272.º Falsificação, corrupção, adulteração ou alteração de substância ou produtos alimentícios
Artigo 273.º Falsificação, corrupção, adulteração ou alteração de produto destinado a fins terapêuticos ou medicinais
Artigo 274.º Emprego de processo proibido ou de substância não permitida
Artigo 275.º Invólucro ou recipiente com falsa indicação
Artigo 276.º Produto ou substância nas condições dos dois artigos anteriores
Artigo 277.º Substância destinada à falsificação
Artigo 278.º Outras substâncias nocivas à saúde pública
Artigo 279.º Substância avariada
Artigo 280.º Medicamento em desacordo com receita médica Pena detenção,

CAPÍTULO IV. COMÉRCIO, POSSE OU USO DE ENTORPECENTE OU SUBSTÂNCIA QUE DETERMINE DEPENDÊNCIA FÍSICA OU PSÍQUICA.
Artigo 281.º. Revogado pela Lei
Artigo 282.º Exercício ilegal da medicina, arte dentária ou farmacêutica
Artigo 283.º Charlatanismo
Artigo 284.º Curandeirismo
Artigo 285.º Forma qualificada

TÍTULO IX. DOS CRIMES CONTRA A PAZ PÚBLICA
Artigo 286.º Incitação ao crime
Artigo 287.º Apologia de crime ou criminoso
Artigo 288.º Associação Criminosa
Artigo 288.º A. Constituição de milícia privada

TÍTULO X. DOS CRIMES CONTRA A FÉ PÚBLICA

CAPÍTULO I. DA MOEDA FALSA
Artigo 289.º Moeda Falsa
Artigo 290.º Crimes assimilados ao de moeda falsa
Artigo 291.º Petrechos para falsificação de moeda
Artigo 292.º Emissão de título ao portador sem permissão legal

SUBSECÇÃO II. DOS CRIMES CONTRA ESTADOS ESTRANGEIROS E ORGANIZAÇÕES INTERNACIONAIS

Artigo 322.º Crimes contra pessoa que goze de proteção internacional
Artigo 323.º Ultraje de símbolos estrangeiros
Artigo 324.º Condições de punibilidade e de procedibilidade

SECÇÃO II. DOS CRIMES CONTRA A REALIZAÇÃO DO ESTADO DE DIREITO

Artigo 325.º Alteração violenta do Estado de direito
Artigo 326.º Incitamento à guerra civil ou à alteração violenta do Estado de direito
Artigo 327.º Atentado contra o Presidente da República
Artigo 328.º Ofensa à honra do Presidente da República
Artigo 329.º Sabotagem
Artigo 330.º Incitamento à desobediência coletiva
Artigo 331.º Ligações com o estrangeiro
Artigo 332.º Ultraje de símbolos nacionais e regionais
Artigo 333.º Coação contra órgãos constitucionais
Artigo 334.º Perturbação do funcionamento de órgão constitucional
Artigo 335.º Tráfico de influência

SECÇÃO III. DOS CRIMES ELEITORAIS

Artigo 336.º Falsificação do recenseamento eleitoral
Artigo 337.º Obstrução à inscrição de eleitor
Artigo 338.º Perturbação de assembleia eleitoral
Artigo 339.º Fraude em eleição
Artigo 339.º Fraude em eleição
Artigo 340.º Coação de eleitor
Artigo 341.º Fraude e corrupção de eleitor
Artigo 342.º Violação do segredo de escrutínio
Artigo 343.º Agravação

SECÇÃO IV. DISPOSIÇÕES COMUNS

Artigo 344.º Atos preparatórios
Artigo 345.º Atenuação especial
Artigo 346.º Penas acessórias

CAPÍTULO II. DOS CRIMES CONTRA A AUTORIDADE PÚBLICA

Artigo 347.º Resistência e coação sobre funcionário

CAPÍTULO II. DA FALSIDADE DE TÍTULOS E OUTROS PAPÉIS PÚBLICOS

Artigo 293.º Falsificação de papéis públicos
Artigo 294.º Petrechos de falsificação
Artigo 295.º Petrechos de falsificação

CAPÍTULO III. DA FALSIDADE DOCUMENTAL

Artigo 296.º Falsificação do selo ou sinal público
Artigo 297.º Falsificação de documento público
Artigo 298.º Falsificação de documento
Artigo 299.º Falsidade ideológica
Artigo 300.º Falso reconhecimento de firma ou letra
Artigo 301.º Certidão ou atestado ideologicamente falso
Artigo 302.º Falsidade de atestado médico
Artigo 303.º Reprodução ou adulteração de selo ou peça filatélica
Artigo 304.º Uso de documento falso
Artigo 305.º Supressão de documento

CAPÍTULO IV. DE OUTRAS FALSIDADES

Artigo 306.º Falsificação do sinal empregado no contraste de metal precioso ou na fiscalização alfandegária, ou para outros fins
Artigo 307.º Falsa identidade
Artigo 308.º Falsa identidade
Artigo 309.º Fraude de lei sobre estrangeiro
Artigo 310.º Fraude de lei sobre estrangeiro
Artigo 311.º Adulteração de sinal identificador de veículo automotor

CAPÍTULO V. DAS FRAUDES EM CERTAMES DE INTERESSE PÚBLICO

Artigo 311.º Fraudes em certames de interesse público

TÍTULO XI. DOS CRIMES CONTRA A ADMINISTRAÇÃO PÚBLICA

CAPÍTULO I. DOS CRIMES PRATICADOS POR FUNCIONÁRIO PÚBLICO CONTRA A ADMINISTRAÇÃO

EM GERAL

Artigo 312.º Peculato
Artigo 313.º Peculato mediante erro de outrem
Artigo 313.º A Inserção de dados falsos em sistema de informações

CAPÍTULO IV. DOS CRIMES COMETIDOS NO EXERCÍCIO DE FUNÇÕES PÚBLICAS

SECÇÃO I. DA CORRUPÇÃO

Artigo 372.º Recebimento indevido de vantagem
Artigo 373.º Corrupção passiva
Artigo 374.º Corrupção ativa

SECÇÃO II. DO PECULATO

Artigo 375.º Peculato
Artigo 376.º Peculato de uso
Artigo 377.º Participação económica em negócio

SECÇÃO III. DO ABUSO DE AUTORIDADE

Artigo 378.º Violação de domicílio por funcionário
Artigo 379.º Concussão
Artigo 380.º Emprego de força pública contra a execução da lei ou de ordem legítima
Artigo 381.º Recusa de cooperação
Artigo 382.º Abuso de poder
Artigo 382.º-A. Violação de regras urbanísticas por funcionário

SECÇÃO IV. DA VIOLAÇÃO DE SEGREDO

Artigo 383.º Violação de segredo por funcionário
Artigo 384.º Violação de segredo de correspondência ou de telecomunicações

SECÇÃO V. DO ABANDONO DE FUNÇÕES

Artigo 385.º Abandono de funções

SECÇÃO VI. DISPOSIÇÃO GERAL

Artigo 386.º Conceito de funcionário

TÍTULO VI. DOS CRIMES CONTRA ANIMAIS DE COMPANHIA

Artigo 387.º Maus tratos a animais de companhia
Artigo 388.º Abandono de animais de companhia.
Artigo 389.º Conceito de animal de companhia

CAPÍTULO III. DOS CRIMES CONTRA A ADMINISTRAÇÃO DA JUSTIÇA

Artigo 338.º Reingresso de estrangeiro expulso
Artigo 339.º Denunciação caluniosa
Artigo 340.º Comunicação falsa de crime ou de contravenção
Artigo 341.º Autoacusação falsa
Artigo 342.º Falso testemunho ou falsa perícia
Artigo 343.º Falso testemunho ou falsa perícia
Artigo 344.º Coação no curso do processo
Artigo 345.º Exercício arbitrário das próprias razões
Artigo 346.º Exercício arbitrário das próprias razões
Artigo 347.º Fraude processual
Artigo 348.º Favorecimento pessoal
Artigo 349.º Favorecimento real
Artigo 350.º Exercício arbitrário ou abuso de poder
Artigo 351.º Fuga de pessoa presa ou submetida a medida de segurança
Artigo 352.º Evasão mediante violência contra a pessoa
Artigo 353.º Arrebatamento de preso
Artigo 354.º Motim de presos
Artigo 355.º Patrocínio infiel
Artigo 356.º Sonegação de papel ou objeto de valor probatório
Artigo 357.º Exploração de prestígio
Artigo 358.º Violência ou fraude em arrematação judicial
Artigo 359.º Desobediência a decisão judicial sobre perda ou suspensão de direito

CAPÍTULO IV. DOS CRIMES CONTRA AS FINANÇAS PÚBLICAS

Artigo 359.º A. Contratação de operação de crédito
Artigo 359.º B. Inscrição de despesas não empenhadas em restos a pagar
Artigo 359.º C. Assunção de obrigação no último ano do mandato ou legislatura
Artigo 359.º D. Ordenação de despesa não autorizada)
Artigo 359.º E. Prestação de garantia graciosa
Artigo 359.º F. Não cancelamento de restos a pagar
Artigo 359.º G. Aumento de despesa total com pessoal no último ano do mandato ou legislatura
Artigo 359.º H. Oferta pública ou colocação de títulos no mercado

DISPOSIÇÕES FINAIS

Artigo 360. º
Artigo 361.º

1.2.2. Propriedades textuais

Assim como existem afinidades e diferenças a nível onomatológico, hierárquico e definitório dos Códigos, também se encontram patentes, ao longo do texto, traços convergentes e divergentes a nível sintático-semântico. No tocante às propriedades paralelas, avancemos que estas foram registadas logo na primeira fase da nossa pesquisa contrastiva, em que se realizou a categorização das estruturas hipotáticas segundo o critério funcional, isto é, as orações subordinadas, em ambos os textos, foram divididas em completivas, relativas e adverbiais. Como os Gráficos 1.1. (p.s.) sinalizam, as frases mais frequentemente registadas, em ambos os Códigos, são as relativas e as adverbiais, sendo a ocorrência das orações completivas a mais reduzida.

A formulação dos Códigos Penais, assente na prevalente maioria das frases relativas e adverbiais, reflete, naturalmente, a sua linha nomológica, contornada pelas circunstâncias históricas do direito e da humanidade. Os Códigos definem os crimes e determinam as penas que lhes são aplicáveis[6], resolvendo aquelas situações em que *a pessoa que comete (cometer) um crime sob circunstâncias descritas, é (será) punida*. Por mais simplificado que seja, do ponto de vista linguístico, resulta óbvia e compreensível a referida distribuição hipotática e, no que às orações adverbiais (circunstanciais) se refere, antecipemos para já que, de todas as frases adverbiais, serão as condicionais e as temporais que exercerão o papel primordial.

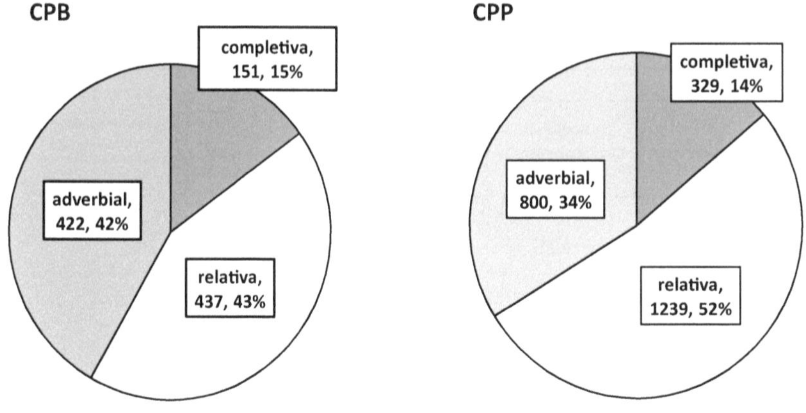

Gráficos 1.1: Distribuição das frases subordinadas em CPB e em CPP

6 https://www.priberam.pt/dlpo/c%C3%B3digo%20penal [consultado em 27-07-2017].

Os Gráficos 1.1. demonstram os nossos primeiros resultados, por enquanto só quantitativos, porque a sua análise qualitativa seguirá nos respetivos capítulos. Como se pode observar, entre a distribuição percentual das frases subordinadas nos textos-alvo da pesquisa, não existe uma diferença marcante.

Destes primeiros dados apresentados pode-se depreender que o Código, em princípio, responde a três perguntas básicas:

1. Quem/que tipo de crime é/será punido?	(Esquemas 1.1. e 1.2.);
2. Sob quais condições a pessoa/o crime é/será punida/o?	(Esquema 1.3.)
3. Quando a pessoa/o crime é/será punida/o?	(Esquemas 1.3. e 1.4.).

Esquema 1.1: Hipotaxe relativo-adverbial

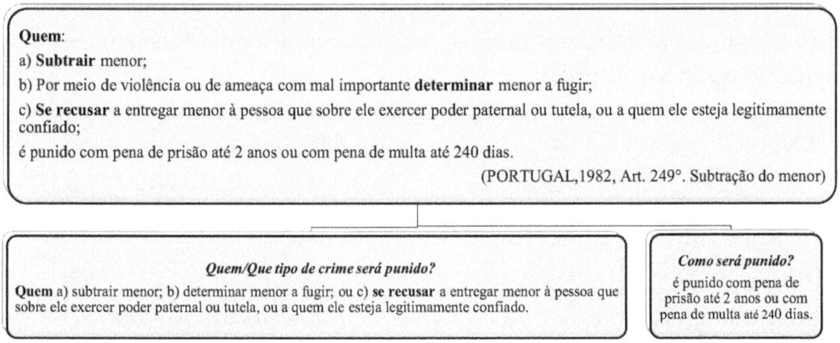

Esquema 1.2: Hipotaxe relativa

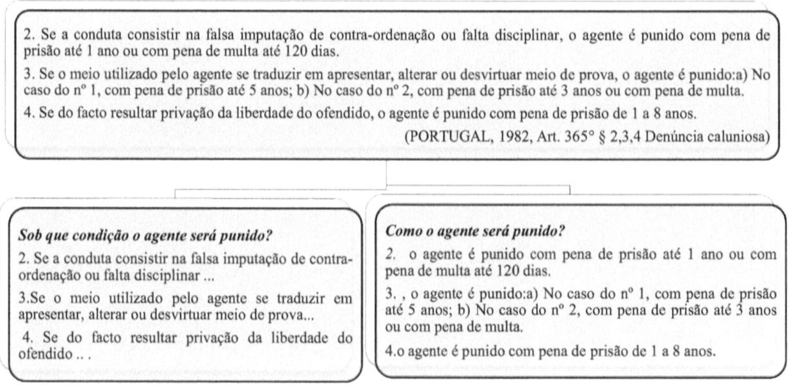

Esquema 1.3: Hipotaxe adverbial condicional

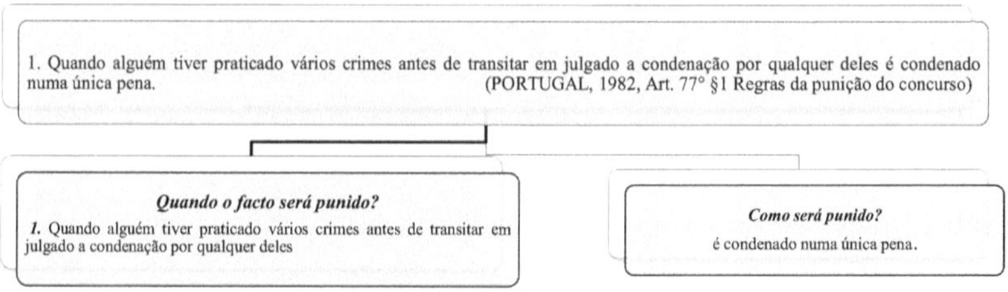

Esquema 1.4: Hipotaxe adverbial temporal

Após esta descrição introdutória e concisa em que aludimos às características textuais e sintático-semânticas dos Códigos, procedamos à parte fulcral da nossa pesquisa. Como já tínhamos antecipado, começaremos por analisar os períodos que contêm as frases completivas (Cap. 2) e, à continuação, focarmos a nossa atenção nas frases relativas (Cap. 3) e adverbiais (Cap. 4).

2. FRASES COMPLETIVAS

As orações subordinadas completivas (denominadas, na tradição luso-brasileira, como substantivas ou, de acordo com as outras gramáticas escolares, também, como subordinadas integrantes ou argumentais) integram ou complementam o sentido do predicador da F^+, podendo ser introduzida por um complementador ou ser uma oração infinitiva sem o complementador.

Os Gráficos 1.1. no capítulo anterior mostram que a ocorrência das orações completivas nos textos estudados é a menos frequente. No entanto, paradoxalmente, elas vão formar o capítulo mais complexo do livro. É porque a sua análise envolve um enquadramento mais abrangente de aspetos associados à sua caraterização sintático-semântica, que exigem um tratamento muito cuidadoso. Assim, o processamento dos dados adquiridos ocupar-nos-á mais tempo e, também, um maior espaço comparativamente com os outros dois seguintes capítulos.

As propriedades lexicais e semânticas dos núcleos subcategorizantes (doravante designados, também, como núcleos ou como antecedentes), que são um dos nossos principais alvos de interesse, perfazem uma coleção ordenada de segmentos que nos levam a estabelecer algumas hipóteses relativas à sua previsibilidade no nosso *corpus*. Assim, ao levarmos em consideração a ampla escala dos valores modais epistémicos ou não epistémicos, que estes núcleos são capazes de veicular, e partindo da natureza determinativa e normativa dos textos estudados, supomos que, neles vamos deparar-nos, sobretudo, com os antecedentes que implicam uma ordem ou prescrição. Ao mesmo tempo, porém, devemos contar com a ocorrência de componentes que designam a intenção ou a vontade, em cuja base assenta a já referida tipologia do crime (cf. Cap. 1.2.1.).

É geralmente sabido que a natureza modal dos antecedentes se correlaciona com a do predicado da frase completiva e, nesse sentido, a nossa pesquisa, obviamente, não constitui novidade para nenhum dos leitores familiarizados com esta área de estudo. No entanto, após a leitura dos Códigos, chegamos a ponderar a hipótese de que cada um dos grupos modais dos antecedentes, nos textos estudados, priorizará diferentes formas verbais: ou finitas ou infinitivas com ou sem marcas de flexão. Será o nosso objetivo verificar se esta seleção preferencial funciona do mesmo modo em ambos os Códigos e, também, em ambos os registos, i.e., o jurídico e o jornalístico. Porque só a análise contrastiva nos permitirá identificar os já referidos estilemas (cf. o Cap. "Introdução"), isto é, aqueles elementos que são para eles mesmo específicos. Não podemos deixar de notar que acarretaremos alguns resultados novos do ponto de vista contrastivo e estilístico, que – adiantemos – apoiarão a visão geral relativa à interpretação unificada das duas variedades do Português. Esta fase da pesquisa será baseada no enquadramento teórico exposto de seguida.

2.1. Enquadramento teórico

Na parte teorética partiremos, em princípio, da classificação geralmente aceite dos antecedentes de acordo com o critério da seleção do modo verbal, que tem passado, no entanto, por várias atualizações e requalificações. Por exemplo, de acordo com a teoria sobre a congruência modal, estabelecida por Bohumil Zavadil & Petr ČERMÁK (2010, p. 257–259) e baseada nas teorias de Charles Bally (1942, 1944), que introduziu, na linguística geral e românica, os conceitos de *le modus* (i.e. a parte modal da oração completiva) e *le dictum* (i.e. a própria oração completiva), este pode ser dividido em *modalmente congruente* (quando os seus antecedentes selecionam o predicador no modo conjuntivo) e *modalmente incongruente* (quando os seus antecedentes selecionam o predicador no modo indicativo). Os autores elaboraram um mapa de possíveis significações modais destes núcleos, dos quais, no entanto, por motivos da demarcação textual, apenas alguns pertencerão ao nosso *corpus*.

Ora, no tocante aos antecedentes de maior grau de previsibilidade, em nossa opinião, em qualquer texto normativo ou determinativo, são de esperar ambos os tipos. O seu repertório, nos Códigos, depende, obviamente, das suas origens. Em cada um deles, porém, é possível contar com a presença de apenas alguns representantes. No que diz respeito aos períodos modalmente incongruentes, é de prever a incidência dos antecedentes designados como *verba sciendi* ou *intelligendi* (como *saber, revelar, entender, decidir, conhecimento* etc.), *verba dicendi* (como *advertir* etc.), *verba declarandi* (*declarar, alegar* etc.) ou *verba putandi* (*supor, prever, hipótese* etc.). Quanto aos períodos congruentes, é de supor a ocorrência dos *verba voluntatis* (*esperar, tolerar, conseguir* etc.) e ainda dos verbos e expressões de necessidade (*necessitar, precisar* etc.) ou de intenção (*esforçar-se, intentar, pretexto* etc.), em que se baseia a tipologia básica dos crimes.

Por outro lado, entre os antecedentes de menor previsibilidade, nos Códigos, naturalmente, podemos contar aqueles que implicam uma componente subjetiva, como são *verba affectuum*, (*incomodar, lamentar,* etc.) ou *verba desideratis* (*desejar*, etc.).

Como já referimos no início do presente capítulo, o nosso alvo de interesse será, para além da distribuição dos diferentes tipos modais dos antecedentes, observar, também, a influência destes na formulação da frase completiva por eles subcategorizada e monitorizar, sobretudo, o comportamento modal e formal do predicado desta oração (isto é, a sua utilização no conjuntivo ou no indicativo e, na forma finita ou infinitiva flexionada ou não flexionada). Esta parte da pesquisa baseá-la-emos na tipologia requalificada por Rui Marques (2013) apoiando-nos, igualmente, numa série de estudos parciais destinados à problemática das frases completivas e da própria modalidade, entre outros, da autoria de: Joaquim José de Sousa Coelho Ramos (2017), Metoděj Polášek (2015), Alice Margarida Veiga Simões de Jesus (2014) e Fátima Oliveira (1993 e 2003), que nos levaram a organizar esta fase de acordo com os seguintes cinco critérios, nos quais situamos os marcos teoréticos que delimitam a nossa investigação.

- o núcleo lexical do antecedente da frase completiva;
- o tipo de valor modal do antecedente;
- a relação entre o valor modal do antecedente e o do predicado da frase completiva;
- a relação entre as propriedades semânticas do antecedente e a as frases finitas ou infinitivas;
- a relação entre o caráter referencial do sujeito e as frases finitas ou infinitivas com o ou sem marcas da flexão.

Relativamente às questões técnicas e formais, os exemplos que ilustram as diferentes situações abordadas seguirão a numeração a partir do número 1. Os quadros, gráficos e esquemas serão marcados, primeiro, pelo número do capítulo (2.) e seguidos pela numeração a partir de 1. (2.1., 2.2., 2.3., etc.).

2.1.1. Classificação das frases completivas segundo o critério lexical

De acordo com a classe lexical à qual pertence o antecedente, as frases subordinadas podem ser subdivididas em três tipos: verbais (frase 1), nominais (frase 2) e adjetivais (frase 3), tal como mostram os seguintes casos, exemplificados por Pilar Barbosa (2013), em que o predicador é destacado em itálico e a frase completiva assinalada pelos colchetes.

(1) O atleta *disse* [que não estava nas melhores condições de saúde]. (f. compl. verbal)
(2) Tenho *medo (de)* [que ele se esqueça dos comprimidos]. (f. compl. nominal)
(3) O Pedro está *convencido(de)* [que a sua equipa ganha o jogo]. (f. compl. adjetival)
(BARBOSA 2013, p. 1822)

Nos Códigos registou-se a ocorrência de todos os tipos desta classificação, tal como ilustram os exemplos 4, 5 e 6:

Frase completiva verbal:

(4) Expor alguém, por meio de relações sexuais ou qualquer ato libidinoso, a contágio de moléstia venérea, de que sabe ou deve *saber* [que está contaminado] (BRASIL, 1940, Art. 130°)

Frase completiva nominal

(5) O agente é punido com pena de prisão de 2 a 10 anos se a privação da liberdade: c) for praticada com o falso *pretexto de* [que a vítima sofria de anomalia psíquica] (PORTUGAL, 1982, Art. 158° §2)

Frase completiva adjetival

(6) Quem para preparar a execução de um dos crimes nos artigos 272º a 273 º fabricar, dissimular, adquirir para si ou para outra pessoa, entregar, detiver ou importar substância explosiva ou *capaz de* [produzir explosão nuclear, radioativa ou própria para fabricação de gases tóxicos ou asfixiantes, ou aparelhagem necessária para a execução de tais crimes], é punido com pena de prisão até três anos ou com pena de multa. (PORTUGAL, 1982, Art. 274º)

Com base nesta tipologia, procedeu-se à pesquisa quantitativa da distribuição das diferentes classes das orações completivas e chegou-se a provar que existe, entre os Códigos, uma surpreendente simetria como provam os seguintes Gráficos 2.1.

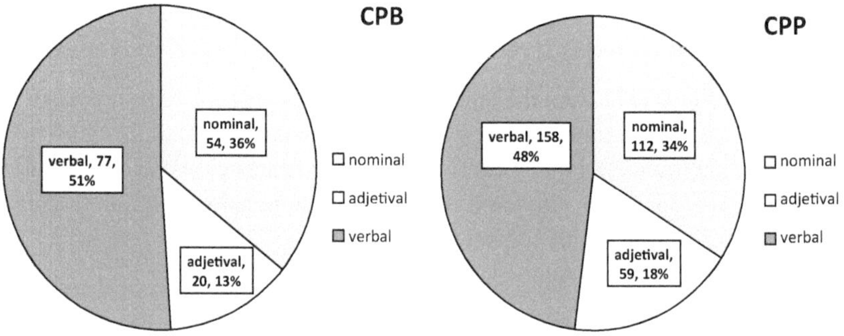

Gráficos 2.1: Distribuição das frases completivas nominais, adjetivais e verbais em CPB e CPP

Estes dados são apenas um dos fragmentos que nos poderiam levar a partilhar da visão unificadora relativa às variedades de uma língua, das quais cada uma, por um lado, tem a sua própria norma-padrão, mas ambas partem do mesmo sistema matriz. Porém, estamos cientes de que a homogeneidade, que acabamos de demonstrar a nível sintático-semântico de um determinado registo, pode não se manifestar, de modo *forfetário*, noutros planos. Ao nosso modo de ver, na hierarquia dos diferentes níveis da língua, as componentes pertencentes a níveis inferiores (como são, por exemplo, os elementos fonéticos ou morfológicos) afiguram-se, afinal de contas, mais diversificadas do que as unidades superiores (como são, por exemplo, os constituintes sintáticos, construções hipotáticas e paratáticas ou a taxonomia semântica). Isto significa que as maiores convergências não só entre as diferentes variedades geográficas de uma língua como entre os próprios idiomas registam-se a níveis mais altos, enquanto as maiores divergências idiossincráticas se afiguram, naturalmente, a níveis inferiores. Estas últimas têm conduzido a vários linguistas a gerar dúvidas acerca da unificação das línguas policêntricas sugerindo, por isso, que ambas as variedades não só têm as suas próprias normas canónicas como também partem de sistemas diferentes. Por exemplo, um dos eminentes romanistas suíços, Johannes Kabatek, explica, através dos conceitos *sausserreanos* e *coserianos*, que não só entre o português do Brasil e de Portugal como também entre as variedades do espanhol existem diferenças sistémicas marcantes tanto a nível de *la langue* (percebida como um sistema abstrato e funcional) como a nível de *la parole* (percebida como a realização individual do *sistema*, definido também como *sistema estrutural de oposições*), recusando a hipótese de se tratar de duas variedades pertencentes a uma língua e ao mesmo sistema.

> "Si miramos la realidad del portugués del Brasil y la del portugués europeo, constatamos importantes diferencias de los sistemas a todos los niveles. Hablar de un solo sistema, una sola 'langue' en el sentido de Saussure es simplemente falso. Lo mismo valdría para el español (donde el mismo argumento se ha aducido): la diferencia fonológica entre un sistema seseante (en el que palabras como caza y casa se pronuncian indistintamente) y un sistema distinguidor (en el que los dos ejemplos representan un par mínimo e identifican dos fonemas) ya basta para no poder decir que sea la misma *langue*."
>
> (KABATEK 2015, p. 354–355)

Subsiste, assim, a questão de saber até que medida devem coincidir as componentes dos diferentes níveis da hierarquia descrita das variedades de uma língua para esta poder ser considerada como um conjunto mono – sistémico de normas? Para além do exposto, não podemos esquecer que o próprio sistema pode conter *oposições equipolentes* a, as suas variedades, naturalmente, podem não acordar nas suas priorizações sendo que, para exprimir a mesma realidade, recorrem a meios linguísticos diferentes, como veremos nos seguintes capítulos sobre as orações relativas e adverbiais. Procuraremos, portanto, no âmbito deste estudo contrastivo-textual, para além de investigar os critérios mencionados, também, refletir sobre a dita questão.

2.1.2. Caraterização funcional das frases completivas

Um outro fator que, na fase inicial da pesquisa se supunha ser relevante para a seleção das frases finitas e infinitivas com e sem marcas de flexão, foi a função sintática que as frases completivas desempenham em relação ao seu núcleo subcategorizante. Assim, como pudemos observar nos exemplos 1–6 e como ilustram as frases 7–9, as orações completivas desempenham a função de sujeito (frase 7), de complemento direto (frase 1, 4, 8) e de complemento oblíquo regido de preposição (frase 9), de complemento nominal (frases 2, 5) ou adjetival (frase 3, 6).

(7) Se da revisão referida no artigo anterior *resultar que* há razões para esperar [que a finalidade da medida possa ser alcançada em meio aberto], o tribunal coloca o internado em liberdade para prova.

(PORTUGAL, 1982, Art. 94° §1)

(8) O queixoso pode desistir da queixa, desde que não haja oposição do arguido, até à publicação da sentença da 1.ª instância. A desistência *impede* [*que* a queixa seja renovada.]

(PORTUGAL 1982, Art. 116 ° §2)

(9) Quem, sendo maior, praticar ato sexual de relevo com menor entre 14 e 16 anos, ou *levar a* [*que ele seja* praticado por este com outrem], abusando da sua inexperiência, é punido com pena de prisão até dois anos.

(PORTUGAL, 1982, Art. 173°)

Não incluímos entre as orações completivas subjetivas as frases subordinadas introduzidas pelo constituinte pronominal *quem* (frase 10) que são, por um lado, tradicionalmente consideradas como substantivas de sujeito ou objeto indireto (quando introduzidas por *a/para quem*) mas, de acordo com a classificação atual são definidas como frases relativas livres (cf. Cap. 3.4.).

(10) *Quem não obedecer* a ordem legítima de se retirar de ajuntamento ou reunião pública, dada por autoridade competente, com advertência [de que a desobediência constitui crime], é punido com pena de prisão até 1 ano ou com pena de multa até 120 dias.

(PORTUGAL, 1982, Art. 304°)

A partir da variabilidade funcional das frases completivas pode ser constatada, igualmente, a diversidade a nível de transitividade. A nossa hipótese, no início, era que a transitividade direta *versus* indireta *versus* oblíqua influi, significativamente, sobre a subordinação argumental finita ou infinitiva e que o tipo da preposição, no caso dos antecedentes transitivos indiretos ou oblíquos, será, também, um dos fatores influenciadores da ocorrência do infinitivo pessoal. Flávia Figueiredo de Paula Casagrande (2006, p. 36) até menciona na sua tese de dissertação, em que aborda a problemática do ponto de vista diacrónico, que o infinitivo flexionado é influenciado pelo tipo de preposição, sendo usado, sobretudo, nas completivas introduzidas por *com, em, sem, sobre, e,* nas adverbiais introduzidas por *antes de, depois de, em vez de, além de.* No entanto, Manuel Said Ali (1957), Theodoro Henrique Maurer, Jr. (1968), Francisco da Silveira Bueno (1968), Domingos Paschoal Cegalla (1991) ou Metoděj Polášek (2015), entre outros, advertem que as regras relativas ao uso do infinitivo pessoal com e sem marcas de flexão são muito superficiais e generalizadoras como explica o último autor referido nas seguintes linhas:

> "Existem análises que abordam a problemática das frases infinitivas desde diferentes pontos de vista, contando-se, entre eles, a função sintática da frase completiva, a dependência sintática em diferentes constituintes frásicos da frase subordinante, a interpretação semântica dos períodos, etc. Há, porém, autores (por exemplo, BUENO, 1968 e CEGALLA, 1991) que se apercebem do facto de a enumeração das regras não ser definitiva e de a sua validez não poder ter o valor universal. Com efeito, todas as regras geram exceções, cujo tratamento é em alguns casos mais complexo do que as próprias regras. Simples e claramente dito: a questão do uso do infinitivo pessoal com *versus* sem marcas de flexão é um dos casos típicos de área linguística em que uma descrição normativa resulta inconveniente ou, pelo menos, muito problemática."
>
> (POLÁŠEK, 2015, p. 99, t.n.).

Desde o ponto de vista, são recebidas as opiniões de Celso Cunha e Lindley Cintra (1999), que propõem não falar sobre regras mas sim sobre as tendências de uso que são influenciadas por diferentes motivos estilístico-pragmáticos como são, por exemplo, o ritmo, a dição, a ênfase e a clareza das formulações.

> "O emprego das formas flexionada e não flexionada do infinitivo é uma das questões mais controvertidas da sintaxe portuguesa. Numerosas têm sido as regras propostas pelos gramáticos para orientar com precisão o uso selectivo das duas formas. Quase todas, porém, submetidas a um exame mais acurado, revelam-se insuficientes ou irreais. Em verdade, os escritores das diversas fases da língua portuguesa nunca se pautaram, no caso, por exclusivas razões de lógica gramatical, mas viram-se sempre, no acto da escolha, influenciados por ponderáveis motivos de ordem estilística, tais como o ritmo da frase, a ênfase do enunciado, a clareza da expressão. Por tudo isso,

parece-nos mais acertado falar não de regras, mas de tendências que se observam no emprego de uma e de outra forma do infinitivo."

(CUNHA & CINTRA 1999, p. 482)

Infira-se do exposto, portanto, que não é possível definir alguns fatores como mais e, outros, como menos significantes no que ao uso do infinitivo se refere. Como poderemos observar, trata-se de um problema complexo em que entram em jogo todos os aspetos referidos até agora. Ao mesmo tempo, é preciso destacar a relevância do fator referencial do sujeito, como relembram outros autores ainda como são, por exemplo, Carlos Henrique Rocha Lima (2011), Evanildo Bechara (1999) ou Adriano de Gama Kury (1972). Para retomar ainda a mensagem da citação anterior, consideramos pertinente relembrar que os estudos existentes envolvem a maior parte de todos estes aspetos, mas falta, neles, precisamente, a análise do fator estilístico-pragmático e a comparação textual e diatópica, lacuna que gostaríamos de preencher, pelo menos, parcialmente. Nesse sentido, a nossa pesquisa vai ultrapassar, em certa medida, o seu escopo originalmente definido quando a ideia principal era concentrar-nos apenas na análise dos Códigos. Sem a comparação com o outro registo, no entanto, os nossos resultados não atingiriam o mesmo grau de fidedignidade que como se fossem avaliados isoladamente.

2.1.3. Modo e modalidade

Relativamente à questão da natureza modal do antecedente, para podermos observar a sua variabilidade nos Códigos, consideramos importante entender a sua tipologia, baseada no próprio conceito e na tipologia de *modalidade,* às vezes confundida com a categoria semântica de *modo.* Na verdade, do ponto de vista teórico, os dois termos encontram-se frequentemente "[...] em rota de colisão conceptual" (RAMOS 2017, p. 32). Há, por um lado, autores como Ataliba T. Castilho & Célia Maria Moraes de Castilho (1993) que defendem a ideia de não ser necessário separá-los, aceitando a sua sinonímia por razões da implicação recíproca dos sentidos, sendo que o modo implica sempre uma atitude do falante e, ao contrário, diferentes atitudes são expressas por apenas um dos modos. E, por outro lado, autores como John Lyons (1977), Joan Bybee & William Pagliuca & Revere Perkins (1994), Joan Bybee e Suzanne Fleischman (1995) distinguem-nas rigorosamente, entendendo a *modalidade* e o *modo* como dois conceitos diferentes, atitude com que mais nos identificamos. Como provaremos adiante, entre os dois conceitos existe uma relação hierárquica. Enquanto a modalidade se afigura como um conceito mais geral, que ocupa um lugar superior, o próprio modo verbal traduz apenas uma parte fragmentária sua, adotando uma posição inferior, subordinada. Isto significa que o próprio modo verbal não transmite univocamente os diferentes tipos de modalidade, i.e., as diferentes atitudes do falante perante a enunciação, mas aos diferentes tipos de modalidade, corresponde, geralmente, apenas um modo verbal, o qual representa a forma morfológica concreta do verbo que se vê influenciada pelo valor modal do seu antecedente.

A tipologia de *modalidade* conduz à polarização dos valores modais do antecedente da frase completiva. Para percebermos a sua lógica, apresentaremos, pelo menos brevemente, aqueles seus tipos que, para a nossa análise, serão chaves. À continuação, abordaremos o tema da modalidade em diferentes tipos de períodos (seguindo a teoria de Bohumil Zavadil & Petr Čermák 2010) e, por último, passaremos a resumir os tipos dos valores modais existentes nos períodos compostos por frases completivas (seguindo a tipologia mais atual, elaborada por Rui Marques 2013).

2.1.3.1. Tipologias de modalidade

Como acabamos de referir, o conceito de modalidade abrange uma série de valores modais, baseados na consideração das seguintes categorias sintetizadas por Joaquim Ramos (2017) nos seguintes pontos:

- modalidade como categoria gramatical que exprime a atitude do falante relativamente ao conteúdo proposicional do seu enunciado, tal como foi definida por Charles Bally (1965), Joan Bybee e Suzanne Fleischman (1995) ou Antoine Culioli (1968);
- modalidade enquanto categoria que qualifica a factualidade de um enunciado, tal como a interpretou Frank Robert Palmer (1986);
- modalidade enquanto categoria baseada na oposição semântica entre a possibilidade e a necessidade, de acordo com, p. ex., Johan van der Auwera & Vladimir Plungian (1998);
- modalidade enquanto expressão da subjetividade do falante, conceito identificado nos trabalhos de, por exemplo, John Lyons (1977).

A definição destes valores modais foi-se desenvolvendo ao longo da história da linguística a partir da segunda metade do século passado. Uma das teorias mais antigas foi estabelecida por Charles Bally (1965), que interpretou a modalidade como a categoria semântica pela qual o locutor e o interlocutor do diálogo avaliam a proposição da ação (*o dicto*) como realizada ou não realizada, desejada ou não, aceite com alegria ou desgosto. Segundo o autor, a modalidade está presente em todas as frases de uma forma implícita ou explícita, sempre veiculada pelo *modus* que modifica a atitude do falante perante o *dicto*. Esta é a linha condutora de toda a construção teórica relativa ao conceito de modalidade.

Antoine Culioli (1968) também defendeu a existência de um conteúdo modal em todas as formas de enunciação, expressa por diferentes tipos de modalizadores que podem apresentar 4 valores modais: o valor modal de certeza (que conta com diferentes graus de probabilidade e de necessidade), o afirmativo ou negativo, o apreciativo (que pressupõe a atribuição de uma carga valorativa ao enunciado) e o pragmático (que pressupõe uma relação entre os interlocutores ou autores de enunciação e compreende, também, os chamados atos diretivos).

Uma outra tipologia binária foi estabelecida por Frank Robert Palmer (1986), que, na sua conceção, distinguiu dois tipos de modalidade enquanto categoria de base: a proposicional e a orientada ao evento. A modalidade proposicional foi subdividida pelo autor em epistémica (que inclui a modalidade especulativa, dedutiva e assuntiva) e evidencial (que ainda conta com o tipo reportado, baseado em relatos de terceiros, e com o tipo sensorial, assente na própria perceção sensorial do falante). Quanto à modalidade orientada ao evento, o autor definiu ainda outros dois seus tipos: o deôntico (que envolve o valor permissivo, de obrigação e compromissivo) e o dinâmico (que conta com o valor de capacidade e volitivo).

Norman Fairclough (1989) correlacionou a modalidade com a autoridade do falante ou do escritor e o seu compromisso com as categorias de verdade e necessidade, por um lado, e de avaliação, por outro lado (bom/mau, desejável/indesejável). Levou em consideração, também, a ligação entre a estrutura de linguagem, i.e. as especificidades discursivas e estilísticas, e os aspetos sociológicos comportamentais e emocionais. De acordo com estes critérios, chegou à tipificação binária que contou com a modalidade relacional (quando se manifesta a autoridade em relação a outros, aproximando-se do conceito lógico de modalidade deôntica) e a modalidade expressiva (quando a autoridade é exercida em relação à expressão de uma realidade, podendo esta ser verdadeira ou provável) próxima da modalidade epistémica.

Na área de literatura, a modalidade foi tratada por Paul Simpson (1990, 1993), e isso com base em textos literários com personagens complexos, sendo a categoria semântica de modalidade interpretada como a atitude do falante em relação à veracidade de uma proposição. O autor dividiu-a em deôntica ou *bulética* (de vontade ou volição) e, em epistémica (que consiste no conhecimento sensorial e cognitivo e exprime diversos graus de confiança de um falante na veracidade de uma proposição). Simpson chegou até a construir a gramática modal (*modal grammar of point of view*), baseada num *continuum* de atitudes do falante.

Dez anos mais tarde, Maria Henriqueta Costa Campos (2004) chegou a ancorar, na linguística portuguesa, três tipos de modalidade: a epistémica, a deôntica e a apreciativa.[7] A modalidade epistémica regista-se quando há uma relação compromissiva entre o falante e a existência/inexistência ou a veracidade/inveracidade do enunciado. A modalidade deôntica reflete uma vontade do falante em alterar o estado de coisas, conforme os valores da interdição, da permissão ou da obrigatoriedade. E a modalidade apreciativa verifica-se quando o falante realiza juízos de valor relativamente a uma determinada situação ou estado.

Não podemos deixar de mencionar, igualmente, a tipologia de Johan van der Auwera e Vladimir Plungian (1998), que distinguem quatro tipos: a modalidade interna ao participante, a modalidade externa ao participante, a modalidade deôntica e a modalidade epistémica. Desta tipologia partem, entre outros, também, Fátima Oliveira e Inês Duarte (2003) na elaboração da rede dos valores de modalidade no contexto da semântica portuguesa. A modalidade interna ao participante remete para a capacidade, necessidade e afins, associados diretamente a um argumento da oração. A modalidade externa ao participante implica os casos em que capacidade e necessidade se associam às circunstâncias externas. A modalidade deôntica significa que o participante é obrigado a envolver-se na situação por causa das circunstâncias externas seja por necessidade (obrigação e proibição) seja por possibilidade (o valor de permissão e de autorização). A modalidade epistémica pertence ao domínio de certeza e incerteza.

A partir do mapa semântico mencionado, Fátima Oliveira e Amália Mendes (2013, p. 623) generalizam quatro valores básicos da modalidade em português, que se vão repercutir, igualmente, na tipologia dos valores modais dos antecedentes das frases subordinadas. Ilustramos cada um dos tipos referidos com um exemplo da obra citada:

1. A crença – representa a modalidade epistémica, prendendo-se com diferentes graus de certeza ou com a avaliação de probabilidade relativamente ao conteúdo proposicional da frase («Eu tenho a certeza de que o Deus existe.»,

7 Esta tipologia é a modificação da que foi elaborada por H. C. Campos e M. F. Xavier, em 1991 (a modalidade epistémica estabelece a relação compromissiva entre o falante e a existência ou inexistência de um estado de coisas; a modalidade intersujeitos corresponde a uma vontade do falante de alterar o estado de coisas; a modalidade apreciativa corresponde à subjetividade avaliativa do falante).

«É provável/possível que a Ana feche a empresa.» ou «O Pedro duvida de que o comboio chegue a horas.») (OLIVEIRA & MENDES 2013, p. 623);

2. As capacidades e necessidades internas dos indivíduos – associam-se à capacidade psicológica ou física de determinados predicadores como são, p. ex., *saber, ser capaz, precisar, necessitar* nas frases: «O João é capaz de resolver esse problema matemático.», em que se exprime a capacidade, ou «O Rui precisa de dormir oito horas por noite.», em que se exprime a necessidade.» (OLIVEIRA & MENDES 2013, p. 623);
3. A obrigação e a permissão – representam o valor modal deôntico e envolvem os participantes na situação descrita, impondo-lhes uma obrigação relativamente ao interlocutor como exemplificam as seguintes frases: «Tens de me entregar este trabalho até amanhã.», em que é patente a obrigação, ou «O Chefe permitiu que os empregados fizessem ponte.», em que se exprime a permissão ou a autorização. (OLIVEIRA & MENDES 2013, p. 624);

- A possibilidade ou a necessidade – representam, igualmente, o valor modal deôntico, mas neste caso, este é o resultado de fatores independentes dos participantes. Portanto, enquanto a obrigação, proibição e permissão implicam um ser humano como fator controlável, no caso da frase: «Para chegar a tempo ao aeroporto, o João pode apanhar um táxi.» a possibilidade de ser realizado o acontecimento prende-se, também, com fatores externos, sendo, por isso, denominado como "valor modal externo aos participantes" (OLIVEIRA & MENDES 2013, p .624);
- A volição e o desejo – pertencem à modalidade desiderativa, por vezes designada como volitiva, e pode ser documentada pelas seguintes frases: «A Ana quer desistir da escola.», «Espero conseguir passar de ano.» ou «Quem me dera que estivesse um belo dia amanhã para podermos ir à praia.». (OLIVEIRA & MENDES, 2013, p. 624).

2.1.3.2. Classificação modal dos períodos

Por motivos de continuidade e coerência científica, é só aqui que regressamos aos nomes de Bohumil Zavadil & Petr Čermák, os autores da Escola de Praga, que consideram o conceito de modalidade como categoria gramatical e semântica, aplicando-o na divisão dos períodos simples e compostos conforme a relação que se manifesta entre as suas componentes *de re* e *de dicto*.

A *modalidade de re* é definida como a que existe nos períodos simples (ZAVADIL & ČERMÁK 2010, p. 153) e nela, o interlocutor exprime a sua atitude perante a realidade pelo indicativo («O meu filho estuda.»), pelo imperativo

(«Vem cá!») ou pelo conjuntivo («Tivesses reservado antes os bilhetes.») de modo congruente (quando, na frase, está presente alguma expressão modal, como *oxalá, talvez*: «Oxalá não haja aulas amanhã.».) ou incongruente (quando estas expressões modais estão ausentes: «Bem haja!»).

A modalidade *de dicto* existe nos períodos compostos, e pode ser expressa de modo direto ou indireto.

Os períodos denominados *modalmente diretos* abrangem aqueles períodos que possuem uma oração completiva subcategorizada por um antecedente que faz parte da estrutura interna da oração subordinante. O antecedente pode ser qualquer expressão lexical de caráter modal tanto verbal como não verbal, que transmite a atitude do locutor (que, normalmente, corresponde com o sujeito da frase subordinante), influindo na seleção do modo do predicado da oração completiva: («O Senhor Embaixador *afirmou que participará* da inauguração do festival LusoFest.» *versus* «O Senhor Embaixador *lamenta que não possa* participar da inauguração do festival LusoFest.») (SVOBODOVÁ 2014, p. 15).

Os períodos de congruência modal indireta ocorrem quando se encontram compostos por subordinação adverbial ou relativa. Nesse caso, a relação entre o conteúdo proposicional das frases subordinada e subordinante nem sempre é modal. Em algumas circunstâncias, portanto, o uso do modo verbal nem sempre corresponde ao significado modal, sendo um dos fatores mais importantes que podem influir sobre a sua interpretação, o de realidade *versus* irrealidade da proposição de F^- (no caso das orações subordinadas adverbiais) (cf. Cap. 4) ou o de valor referencial do antecedente (no caso das orações subordinadas relativas) (cf. Cap. 3).

2.1.3.3. Modalidade nas frases completivas

Quanto à modalidade associada aos períodos *modalmente diretos*, na nossa pesquisa partiremos dos valores estabelecidos por Bohumil Zavadil e Petr Čermák (cf. Cap. 2.1.) como também da tipologia válida para a língua portuguesa, que foi atualizada por Rui Marques (2013). Ambas as conceções assentam na vinculação do valor modal do antecedente da frase completiva ao modo verbal do seu predicado. O espetro dos seus valores (cf. Cap. 2.1.3.1.) constitui um vasto conjunto de modalizadores linguísticos léxico-classemáticos, que "[…] realizam o conteúdo universal da atitude do locutor em relação ao estado de coisas, […] indicam o estatuto existencial das frases e dos enunciados […] e determinam o valor de verdade das proposições delas dependentes como *necessário, contingente, possível* ou *impossível* […] como também os seus valores na pragmática." (Chergova 2007, p. 135 e 2009, p. 198)

De acordo com Marques (2013, p. 678–679) os modalizadores são divididos em dois grupos básicos, designadamente os epistémicos e os não epistémicos.

Ao primeiro grupo pertencem as expressões que veiculam o valor epistémico com diferentes graus de crença (tipo dos períodos 1 e 2) e, igualmente, as expressões que admitem ambos os modos na oração subordinada (tipo dos períodos 3). O segundo grupo representam-no as expressões não epistémicas, isto é, as deônticas, as volitivas e as de necessidade (tipo dos períodos 4).

1. O primeiro tipo dos períodos é caraterizado pelo facto de o predicador de F^+ veicular o valor da modalidade epistémica positiva e de crença mais forte, tal como ocorre no caso de:

- predicados associados à expressão de conhecimento, por exemplo: *descobrir, estar consciente, saber, verificar,* etc. (veja a frase 11);
- predicados associados aos atos de fala compromissivos, representados por tais verbos como *ameaçar* ou *prometer* (veja a frase 12);
- predicados declarativos como *avisar, afirmar, dizer,* entre outros (veja a frase 13);
- predicados que introduzem um cenário imaginário, por exemplo: *fingir, imaginar, sonhar, supor* (veja a frase 14) e
- predicados associados à expressão de crença como são os verbos *pensar, ter a certeza, concluir,* entre outros (veja a frase 15).

(11) Ela *ignora que* o prazo já *acabou*. caso a)
(12) Ele *ameaça que se demite* se o projeto avançar. caso b)
(13) Ela *disse que* o livro *estava* algures por aqui. caso c)
(14) *Suponhamos que* ele *era* um astronauta. caso d)
(15) A comissão do inquérito *concluiu que era* ele o responsável. caso e)

Fonte dos exemplos 11–15: MARQUES (2013, p. 681)

2. Ao segundo tipo de períodos pertencem aqueles que contêm, em F^+, predicadores epistémicos com um valor de crença mais fraco do que os epistémicos anteriores e que podem relativizar a veracidade da proposição da frase completiva. Contam-se, entre eles, por exemplo, *duvidar, ser possível* ou os verbos declarativos negativos como *desmentir* ou *negar,* ilustrados pelos exemplos 16 e 17.

(16) Há a *possibilidade de que* ele *venha* mais cedo.
(17) Ele *negou que tivesse sido* contactado.

Fonte dos exemplos 16–17: MARQUES (2013, p. 680)

3. O terceiro tipo é constituído pelos períodos que possuem, em F^+, predicadores epistémicos que admitem ambos os modos na frase subordinada. São verbos

como *admitir, pensar imaginar, acreditar*, entre outros, e nomes como *hipótese, ideia* ou *suspeita*. Nestes casos, a seleção do modo conjuntivo ou do modo indicativo é acompanhada por uma diferença semântico-pragmática, indicando o indicativo um valor forte e, o conjuntivo, um grau fraco de crença, como mostram os seguintes exemplos:

(18) *Acredito que existiu* vida em Marte.
(19) *Acredito que tenha existido* vida em Marte.

Fonte dos exemplos 18–19: MARQUES (2013, p. 680)

Da oposição dos diferentes graus de crença ocupa-se Inês Duarte (2003, p. 603), que caracterizaria o predicador *acreditar* na frase 18 como um verbo que introduz asserções e, na frase 19, como verbo um *pseudoassertivo*, que exprime avaliações ou acrescenta conteúdos independentes da própria asserção. Esta distinção repercute-se, precisamente, na seleção do modo: no caso dos verbos assertivos utiliza-se o indicativo e, no caso dos *pseudoassertivos*, o conjuntivo, que "[...] exprime maior distância do locutor relativamente à verdade do conteúdo proposicional da frase completiva." (DUARTE 2003, p. 605). Bohumil Zavadil & Petr Čermák (2010, p. 258), nesse sentido, falam sobre o desconfinamento da congruência modal, em que a substituição dos modos verbais leva a um certo desvio à norma-padrão, que não é sentido, de forma alguma, como agramatical mas, antes, como estilisticamente marcado. A natureza real ou irreal de *de dicto*, nestes casos, muda conforme a atitude do interlocutor e para este tipo de verbos propomos o termo de *predicadores de dupla seleção do modo*[8] ou, para economizar espaço nos quadros e nos gráficos, utilizamos o termo *bimodal*.

A questão do uso do modo verbal, neste grupo de modalizadores, no entanto, pode ser associada, em alguns casos, simplesmente, ao uso tendencial como mostrou a nossa prévia sondagem quantitativa na Linguateca (SANTOS, 2016)[9]. O Quadro 2.1., prova que existe uma evidente tendência de algumas das expressões para selecionar a $F^{\text{-completiva}}$ com o predicado no modo indicativo tanto em PE como em PB (como é o caso de *ideia de*, eventualmente, também, de *suspeita de*), sendo o uso noutros casos mais oscilante (p. ex. em *hipótese de*).

---

8 Agradeço a Alice Margarida Veiga Simões de Jesus o sugerir-me a aplicação deste termo.

9 Para verificar a congruência modal destas expressões usou-se a fórmula [lema =„possibilidade"] „de" „que" [pos!=„V.*"]*[temcagr =„.*SUBJ.*"] e para ver a concordância de só indicativo a fórmula [lema =„possibilidade"] „de" „que" [pos!=„V.*"]* [temcagr =„.*IND.*"], tanto no *corpus* português (CETEMPúblico) como no *corpus* brasileiro (CETENFolha).

Quadro 2.1: Modo em $F^{\text{-completiva}}$ subcategorizada pela expressão "hipótese de", "ideia de" ou "suspeita de" (Linguateca)

***hipótese* de + F⁻**			
PE (CETEMPúblico)		PB (CETENFolha)	
$F^{\text{-conjuntivo}}$	$F^{\text{-indicativo}}$	$F^{\text{-conjuntivo}}$	$F^{\text{-indicativo}}$
117	118	62	79
***suspeita* + F⁻**			
$F^{\text{-conjuntivo}}$	$F^{\text{-indicativo}}$	$F^{\text{-conjuntivo}}$	$F^{\text{-indicativo}}$
109	428	70	137
***ideia vs. idéia* + F⁻**			
$F^{\text{-conjuntivo}}$	$F^{\text{-indicativo}}$	$F^{\text{-conjuntivo}}$	$F^{\text{-indicativo}}$
357	4817	64	319

4. O quarto tipo de períodos abrange os que contêm, em F^{+}, antecedentes representados pelos predicadores não epistémicos deônticos, volitivos e de necessidade, ilustrados pelas frases 20–23:

- predicados associados aos valores de obrigação ou permissão como, por exemplo, *permitir, autorizar, mandar, ordenar, pedir, sugerir* (veja a frase 20);
- predicados associados aos valores de desejo como, por exemplo, *desejar, esperar, querer* (veja a frase 21);
- predicados que expressam uma condição suficiente e necessária como, por exemplo, *bastar, fazer com que, impedir, ser necessário, ser suficiente* (veja a frase 22) e
- predicados que expressam uma avaliação de um facto assumido, por exemplo, *lamentar, ser desagradável, ser pena, surpreender* (veja a frase 23).

(20) Ele *permitiu que fizessem* filmagens lá. caso a)
(21) *Espero que te cures* depressa. caso b)
(22) A sua rápida intervenção *impediu* que o fogo *atingisse* as casas. caso c)
(23) *Lamento que tenhas perdido* o espetáculo. caso d)
Fonte dos exemplos 20–23: MARQUES (2013, p. 681)

Relativamente à questão da prevalência dos valores modais no material por nós estudado, oferece-se aqui a hipótese que fala a favor da prevalência do valor modal não epistémico, i.e. o deôntico, sendo que o *corpus* estudado poderia ser caracterizado como um texto de natureza normativa e prescritiva. A esta pressuposição conduziu-nos Joaquim J. de S. C. Ramos, que, na sua tese de dissertação sobre os valores modais dos verbos *poder* e *dever* em textos legislativos verificou que "[...] há uma clara prevalência de valores não-epistémicos nas produções textuais estudadas (quer dizer, jurídicas), nomeadamente do valor deôntico." (RAMOS 2017, p. 189–190). A hipótese de J. J. S. C. Ramos vai ao encontro da ideia de Fátima Oliveira que afirma que este tipo de interpretações

> "[...] diz diretamente respeito a procedimentos de acordo com normas de comportamento e, na utilização comum destes verbos com esse sentido, é certo que são pressupostas algumas normas, sobretudo em casos de regulamentação do comportamento humano, nas sociedades (caso do discurso jurídico, religioso, etc.)"
>
> (OLIVEIRA 1988, p. 149)

Mesmo que o objetivo desta parte da pesquisa se concentre nos valores modais de unidades diferentes, pressupomos que, nelas, o caráter normativo se vai refletir, também, de modo marcante.

Relativamente aos outros subvalores modais possíveis, pressupomos ser de pouca previsibilidade a ocorrência de predicadores de F^+ que possuam valores modais matizados de subjetividade como são os de crença fraca, os *pseudoassertivos*, os imaginários ou os desiderativos. Ao contrário, prevemos a ocorrência maioritária de predicadores que impliquem a componente semântica de objetividade (como são os verbos epistémicos declarativos), de prescrição (como são os verbos deônticos) e de volição com a componente de *vontade* ou de *intenção* (de quem comete o crime), essenciais, sobretudo, na já referida determinação da pena por crime doloso *vs.* negligente ou doloso *vs.* culposo (cf. Cap. 2.3.1.).

A premissa em que se baseia esta parte da pesquisa é que, qualquer que seja o valor modal dominante no texto estudado, este pode não coincidir com o caráter dos subvalores modais das componentes individuais das frases analisadas. Relembre-se, nesse sentido, que não é o objetivo da nossa tese analisar a modalidade dos enunciados na sua integridade holística nem a atitude subjetiva ou objetiva do interlocutor perante o conteúdo dos Códigos. A nossa pesquisa é subatómica, uma vez que observa a questão do valor modal dos antecedentes subcategorizantes e a sua influência na seleção do modo e da forma verbais do predicado da frase subordinada completiva. Por exemplo, a seguinte frase «O juiz *poderá determinar* que a pena seja executada num regime menos rigoroso.», pronunciada por um interlocutor x, na sua integridade, pode ter um sentido modal genericamente epistémico, veiculando, também, uma asserção. Ao mesmo tempo, o verbo *determinar e o verbo poder* (antecedente da frase completiva) implicam o valor modal deôntico de ordem e de permissão. No entanto, em algumas poucas fases da pesquisa em que fizemos face a situações de ambiguidade tivemos que partir do valor holístico para podermos identificar, na medida mais precisa possível, o valor modal dos diferentes antecedentes.

Como já tinha sido aludido e como os dados dos Gráficos 1.1. (cf. Cap. 1.2.2.) mostraram, o nosso *corpus* vê-se limitado por uma baixa ocorrência das frases completivas em ambos os textos. Este facto, contudo, não nos impede de os analisar, mais profundamente, desde os pontos de vista mencionados até agora, de acordo com a tipologia modal, que, mais uma vez, resumimos no Esquema 2.1.

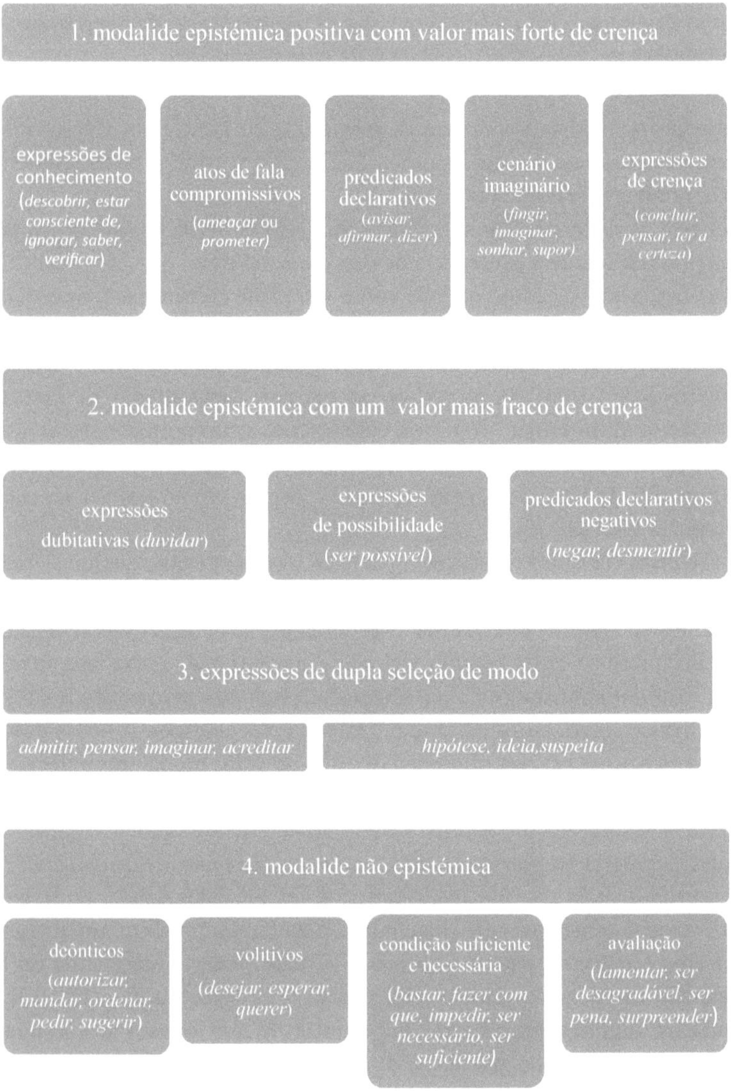

Esquema 2.1: Valores modais que ocorrem na subordinação completiva segundo Marques (2013)

Antes de procedermos à própria pesquisa da tipologia e da distribuição dos valores modais dos antecedentes que ocorrem nos Códigos, convém relembrar ainda que a congruência modal pode não funcionar do mesmo modo nas variedades europeia e brasileira do português. Por exemplo, Rui Marques (2004, p. 105) provou que existem divergentes tendências de uso nas duas variedades definindo a variedade brasileira como sendo mais próxima das línguas romena, húngara ou grega e, a variedade europeia, como mais próxima das línguas catalã, francesa, italiana e espanhola. De acordo com o mesmo autor, o primeiro grupo de línguas mencionado poderia ser caraterizado por uma inclinação para o uso do indicativo nas frases completivas subcategorizadas pelos núcleos com valor não epistémico com uma proposição real (PB: «*É bom* que ele *chegou.*») e para o uso do conjuntivo nas frases completivas subcategorizadas pelos verbos epistémicos e com uma proposição não real (PB: «*Imaginemos* que hoje *seja* domingo.») (MARQUES 2004). Ao contrário, no segundo grupo de línguas, verifica-se, no mesmo contexto sintático-semântico, a tendência oposta: a de usar o conjuntivo nas frases completivas subcategorizadas por um verbo não epistémico e com a proposição real (PE: «*É bom* que ele *tenha chegado.*») e o uso do indicativo na frase subcategorizada pelos núcleos epistémicos e com a proposição não verídica («*Imaginemos* que hoje *é* domingo.»). Ao mesmo tempo, a distribuição de funções entre o indicativo e o conjuntivo leva o autor a admitir que existem razões para dúvidas quanto à natureza marcada e não marcada dos dois modos, opondo-se à conceção tradicional quando define o indicativo como o modo marcado (modo forte, capaz de marcar a atitude modal considerada relevante) (MARQUES 1995, p. 112–113). Não será o nosso objetivo desenvolver a argumentação sobre o dito tema, porque sendo um tema muito complexo e vasto com todos os fatores diatópicos e estilístico-pragmáticos a considerar, tal far-nos-ia desviar do eixo principal de pesquisa,. Supomos, no entanto, que, a nível da linguagem da legislação, os modos verbais comportam-se, em ambas as variedades, de um modo semelhante, sendo vinculados com a norma culta válida para a linguagem escrita e administrativa, podendo, em várias situações, ser substituídos pelo infinitivo flexionado ou não flexionado. Esta substituibilidade, na verdade, leva-nos a ponderar a neutralização da natureza marcada *versus* não marcada em determinados contextos.

2.1.4. Caraterização formal das frases completivas

Quanto ao fator da caraterização formal das frases completivas, pressupomos que este nos acarretará resultados interessantes no que diz respeito ao modo verbal aplicado nos textos estudados. E, neste momento devemos avançar que ficou provada uma certa assimetria entre os Códigos a nível das frases relativas e adverbiais (cf. Cap. 3 e 4), sendo que a variedade brasileira, nas ditas frases, tende a evitar o uso do conjuntivo. Após esta observação situamos, no centro da nossa atenção, também a questão de verificar se existe a mesma tendência nas frases completivas, o que seria justificável, precisamente, pela substituição da forma finita pelo infinitivo com *versus* sem marcas de flexão. A hipótese de Ramos e Oliveira, relativa à esperada dominância do valor modal deôntico do antecedente (do qual é típico o uso do conjuntivo) leva-nos a ponderar a possibilidade de as frases completivas infinitivas serem mais frequentes em CPB do que em CPP e, ao contrário, de as frases completivas finitas com o verbo no conjuntivo prevalecerem em CPP. O nosso objetivo será confirmar esta hipótese e, igualmente, observar até que medida a pressuposta substituibilidade se associa à congruência modal dos períodos segundo a teoria de Bohumil Zavadil e Petr Čermák. Para o efeito, organizaremos os capítulos dedicados às construções nominais, adjetivais e verbais da forma mais clara possível, seguindo os fatores citados até agora, a despeito de todas as objeções mencionadas. Como critérios relevantes, reconhecidos, também, por Pilar Barbosa e Eduardo Buzaglo Paiva Raposo (2013, p. 1901–1977), estabeleceremos os seguintes:

- tipo do infinitivo com ou sem marcas de flexão consoante a realização fonética do sujeito e o seu referente *versus* correferente;
- a função sintática da oração infinitiva;
- a caraterização semântica do verbo antecedente.

Relembremos, no entanto, que a pesquisa das construções finitas ou infinitivas fletivas, no nosso *corpus* linguístico, só poderá mostrar o uso tendencial nos ditos contextos e não as regras de validade absoluta e geral. Neste contexto, vamos retomar os resultados da dissertação de Metoděj Polášek (2015), em que foi realizada a análise quantitativa das frases infinitivas com e sem marcas de flexão na variedade europeia do Português.

2.1.4.1. Descrição da investigação de Polášek

O autor dividiu a sua investigação em duas fases. Na primeira, tentou verificar a frequência geral das frases infinitivas (independentemente de o predicado se encontrar na forma do infinitivo pessoal – flexionado ou não flexionado – ou impessoal), de acordo com a função sintática das frases subordinadas. Na segunda, analisou apenas as construções com o verbo na forma infinitiva com marcas de flexão, independentemente do fator do tempo dependente ou independente. Como era de prever, o autor não chegou a descobrir nenhuma regra consensual nem sintático-semântica unívoca e uniforme porque as tendências de uso são, na verdade, individuais, e, consequentemente, muito diversas. Por outro lado, no entanto, conseguiu identificar pelo menos, alguns traços comuns para diferentes agrupamentos dos antecedentes e, conseguiu, ao mesmo tempo, comparar a frequência com que as orações infinitivas com marcas de flexão se usam. Neste aspeto acarretou resultados relevantes para esta área de estudo.

No caso das orações infinitivas que têm a função de sujeito, o autor verificou que o uso da forma infinitiva em vez da finita se associa, para além do fator da natureza pessoal/impessoal da frase subordinante e da correferência do sujeito, também ao critério do valor modal da expressão antecedente da frase completiva. Os resultados provaram que, quando os antecedentes de $F^{\text{-completiva}}$ são os não epistémicos (selecionando, normalmente, a $F^{\text{-completiva finita}}$ com o predicador no modo conjuntivo), a tendência de substituição por infinitivo é maior que quando a $F^{\text{-completiva}}$ é selecionada por um antecedente epistémico. Ambas as formas, no entanto, são possíveis, como mostram as frases 24–30 e o Gráfico 2.2.:

Construções infinitivas na função de sujeito:

(24) *É bom o Estado ter passado a financiar-se* preferencialmente no mercado, mas, por outro lado, não tem deixado muito espaço para as empresas.
(25) «*Convém não nos esquecermos* de que as empresas são clientes e os bancos têm de deslocar-se cá?», diz João Serrenho, vice-presidente da empresa CIN.
(26) Assim, *não basta vencer* a Polónia: é obrigatório ganhar por muitos golos.

Construções finitas na função de sujeito:

(27) E *não é verdade que a banda alemã* que nos visita pela primeira vez *já tenha tido melhores dias.*
(28) *É claro que fiquei dececionado.*
(29) *É facto que Bissau chegou a exportar* arroz e agora importa-o
(30) Instalou-se uma situação em que *nos parecia impossível voltar* atrás.

Fonte dos exemplos 24–30: Polášek (2015, p. 121)

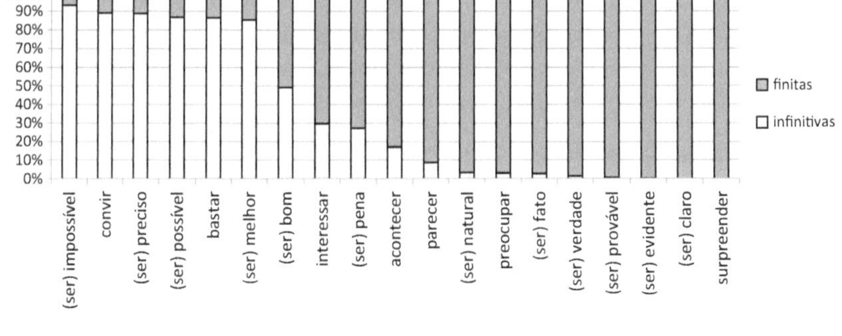

Gráfico 2.2: Frases completivas finitas e infinitivas (função de sujeito)
Fonte: Polášek (2015, p. 121)

Antecipe-se que o *corpus* linguístico da nossa investigação não nos oferece muitos casos de frases completivas de sujeito, e, portanto, não nos será possível desenvolver, em detalhe, este tipo de construções hipotáticas. Devido à natureza textual dos Códigos, a probabilidade de encontrar, por exemplo, os antecedentes que designam processos psicológicos (*afligir, chatear, comover, urgir.* etc.), dubitativos (*ser possível*) ou probabilísticos (*ser provável*), que subcategorizam a argumentação na função de sujeito, é, naturalmente, muito reduzida. As únicas construções completivas de sujeito encontradas no nosso *corpus* foram: *ser de prever* e *ser de esperar,* as quais selecionam sempre a frase completiva finita com o predicado no modo indicativo.

No caso das frases completivas de objeto direto, o autor analisou as que foram subcategorizadas pelos antecedentes epistémicos de conhecimento (*saber, achar, duvidar*), de inquirição (*perguntar, pedir*), pelos avaliativos (*lamentar, criticar*), desiderativos, volitivos e optativos (*desejar, preferir, ousar*), de permissão, proibição (*permitir, proibir*) ou pelos causativos (*deixar, mandar*). No caso dos antecedentes epistémicos de conhecimento e de inquirição verificou a inclinação para a subcategorização das frases completivas finitas, ao contrário dos verbos volitivos, optativos ou causativos, em que provou a tendência oposta. Já, no caso dos verbos declarativos (*confessar*) e percetivos (*ver*), os resultados foram mais oscilantes.

Quanto aos verbos *perguntar* e *saber,* correlacionou a questão da distribuição das frases finitas com o tipo da pergunta indireta, com o uso do complementador ou com o constituinte pronominal interrogativo («Quando lhe perguntamos *se* sabe *o que* são dinossauros, diz-nos o que aprendeu na escola.» ou «Não lhe vou perguntar/Não sei *quanto* custam esses retratos.» «O *valor que sabe existir*»).

No caso dos verbos percetivos, *ouvir,* ao contrário de *ver,* foi registado o infinitivo (muitas vezes flexionado) com o sujeito acusativo (por exemplo: «*Ouviu o miúdo chorar.*»). Quanto aos verbos causativos (*deixar, mandar*) também foi verificada uma frequência mais elevada da subcategorização das frases infinitivas, embora estas mais frequentemente ocorram sem o sujeito acusativo. Compare-se, neste contexto, os exemplos e o Gráfico 2.3.:

<u>Construções finitas na função de complemento direto:</u>

(31) O governante *sugeriu que os espectáculos de ópera passassem* para os estúdios da Cinecitá.
(32) O juiz *decidiu que o médico aguarde* o julgamento em liberdade.
(33) *Não sei quem poderia* ter feito melhor.
(34) Eu *ouvia dizer que* os fundamentalistas, absolutamente furiosos comigo, berravam ...

Fonte dos exemplos 31–34: Polášek (2015, p. 125, 154)

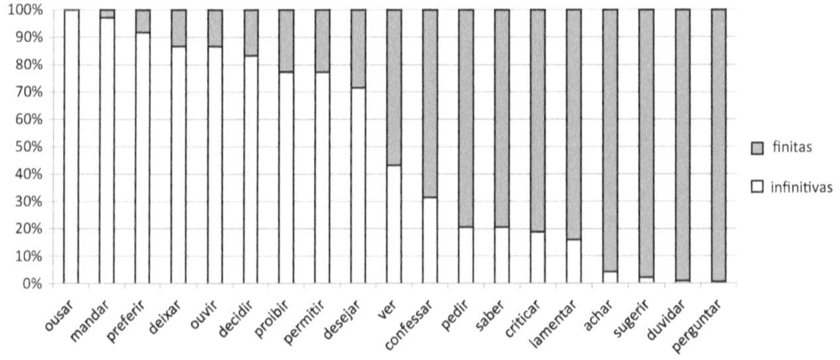

Gráfico 2.3: Frases completivas finitas e infinitivas (função de objeto direto)
Fonte: Polášek (2015, p. 154)

Construções infinitivas na função de complemento direto:

(35) Serviços e empresas não funcionaram e nas escolas as professoras *mandaram os alunos recolher* a casa.
(36) Marrocos *sugere continuar recenseamento* sem a Polisário.
(37) Só aqueles cujo valor se apurara ou também os outros que não tinha sido possível quantificar, mas que *se sabia existirem*?
(38) Como *ousava ele fazer* uma oferta daquelas, *dar* um «mau exemplo» aos verdadeiros crentes, que sabem perfeitamente que os jogos de azar estão proibidos pelo Corão?
(39) Há dois anos, *ouvi governantes afirmarem* que havia uma «Mafia incendiária» e até jornalistas escreveram sobre isso.

Fonte dos exemplos 35–39: Polášek (2015, p. 154)

Os dados do gráfico apontam para uma certa oscilação dentro de alguns grupos modais. Como pouco homogéneos, neste sentido, poderiam ser caracterizados os antecedentes deônticos *permitir, proibir e pedir*, cuja seleção das frases finitas e infinitivas é percentualmente bem divergente. Os verbos epistémicos, por outro lado, parecem ser mais homogéneos, com a exceção de *ouvir*.

Neste tipo de períodos, em que a frase subordinada exerce o papel de complemento, o nosso *corpus* chave permitir-nos-á investigar os antecedentes epistémicos de conhecimento e declarativos, e os antecedentes não epistémicos volitivos e deônticos. Como já se adiantou várias vezes, os verbos de avaliação ou percetivos são pouco previsíveis no contexto por nós abordado.

Relativamente às orações completivas com a função de objeto oblíquo, o autor verificou a prevalência de construções infinitivas, sobretudo, quando o sujeito era correferencial, situação com que nos deparamos, por exemplo, nos antecedentes *limitar-se a, lutar por, (ser) responsável por.* Às expressões que mais frequentemente selecionam a argumentação finita e oblíqua no *corpus* Linguateca pertencem *(estar) consciente de* a *aperceber-se de.*

Um grupo específico, segundo o autor, é constituído pelos verbos que apresentam mais estruturas argumentais como é, por exemplo, o verbo *levar,* o qual possui ou dois argumentos (o sujeito e a frase completiva) ou três (o sujeito, o objeto direto e a frase completiva). Quando bivalente, a frase completiva subcategorizada é a finita. Porém, quando é trivalente, seleciona, predominantemente, a construção infinita.

A variabilidade da subcategorização finita ou infinitiva neste tipo de frases é ilustrada pelos exemplos 40–45 e pelo Gráfico 2.4. (p.s.), de que podemos inferir, para além das priorizações relativas ao tipo de argumentação, também, a irrelevância da preposição para a seleção da forma (cf. também, o Cap. 2.1.2. e CASAGRANDE 2016). Esta vai ainda ser, mais uma vez, processada no Gráfico 2.5 (pp. ss.).

<u>Construções finitas na função de objeto oblíquo</u>

(40) Tanto a Câmara de Avis como a organização ambientalista *concordam em que era preciso reparar* a barragem.
(41) O detido, um palestiniano de 19 anos, entregou-se às autoridades, *ao aperceber-se de que os palestinianos não lhe ofereciam* protecção.
(42) O bom senso dos líderes dos blocos capitalista e comunista *levaram a que tal não acontecesse.*

<u>Construções infinitivas na função de objeto oblíquo</u>

(43) Nino» e Mané *concordaram em elaborar* um plano comum de reconciliação.
(44) Muitas pessoas, sem a mínima garantia de defesa (foram) *expostas apenas a serem assaltadas* à noite e *levadas a desaparecerem.*
(45) E é uma responsabilidade pessoal: também eu *sou responsável por ver* o que deve ser visto.

Fonte dos exemplos 40–45: Polášek (2015, p. 172)

A função sintática da frase completiva e o tipo de preposição, como pudemos observar nos gráficos anteriores, não podem ser entendidos como critérios decisivos que influam, univocamente, sobre a caraterização formal das frases completivas. E como provam o Quadro 2.2. e o Quadro 2.3., nem o caráter modal dos antecedentes garante a homogeneidade de uso, existindo, no entanto, subgrupos em que se manifestam tendências parecidas.

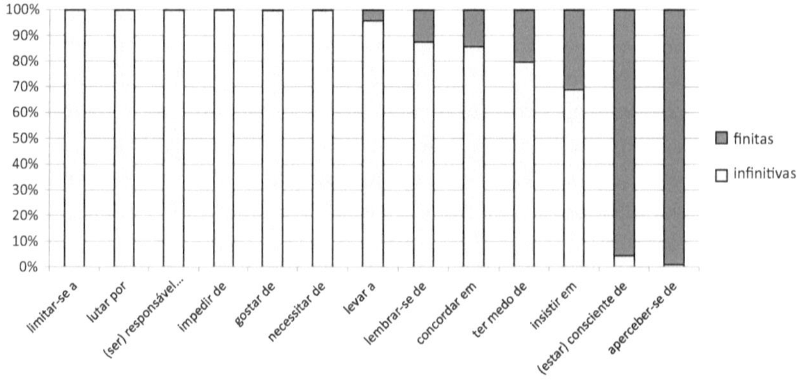

Gráfico 2.4: Frases completivas finitas e infinitivas (função de objeto oblíquo)
Fonte: Polášek (2015, p. 172)

Relativamente aos antecedentes não epistémicos deônticos (*mandar, levar a, preferir, deixar, concordar em)*, de condição suficiente e necessária ou de avaliação (*impedir de, necessitar, bastar, ser preciso, convir, ser melhor*) e aos antecedentes epistémicos com o valor de crença fraco (*ser possível, ser impossível*) ou forte (*lembrar-se de* e *decidir*), quando o sujeito não é correferencial, pode o infinitivo ocorrer tanto com como sem marcas de flexão, arbitrariamente. Dentro destas expressões podem ser encontradas as que subcategorizam exclusivamente as frases completivas com o controlo de sujeito como prova, por exemplo, o verbo *ousar*. Neste caso, verifica-se, obviamente, a predominante subcategorização das frases infinitivas.

Relativamente a outros antecedentes deônticos (*prometer, proibir, insistir em*), volitivos (*desejar*) e de avaliação (*ter medo de*), estes ocorrem com as frases predominantemente infinitivas no caso de o sujeito ser correferencial. Se não ocorre o controlo de sujeito, ao contrário, priorizam as formas finitas em todos os casos (as infinitivas com marcas de flexão são utilizadas apenas raramente), inclusive no caso de *insistir em* sem o controlo de complemento oblíquo ou de sujeito.

Os diferentes graus de frequência com que descrevemos os usos tendenciais dos diferentes verbos (i.e., predominantemente, habitualmente, muitas ou raras vezes) são termos que foram definidos pelo autor de modo exato, como podemos deparar no Quadro 2.2. (*Frequência das frases finitas versus infinitivas sem marcas de flexão*) e no Quadro 2.3. (*Frequência das frases finitas e infinitivas com marcas de flexão*). Na parte quantitativa da pesquisa, o autor chegou a dividir as frases completivas analisadas conforme o critério de frequência, em seis categorias, que enquadram as frases exclusivamente infinitivas (cuja ocorrência corresponde a 100% dos casos analisados), as excecionalmente finitas (a ocorrência da sua contrapartida infinitiva é de 80%–99%), as predominantemente infinitivas (cuja ocorrência constitui 50%–79% dos casos analisados), as predominantemente finitas (a ocorrência da sua contrapartida corresponde a 20%–49% dos casos analisados), as excecionalmente infinitivas (cuja percentagem é de 1%–19% dos casos analisados) e as exclusivamente finitas (quando a ocorrências das suas contrapartidas infinitivas são de 0%).

Em cada um dos antecedentes, o autor chegou a comparar a seleção da forma finita *versus* infinitiva flexionada. Dividiu a frequência de uso em 5 categorias. Os antecedentes que apresentam o maior número de seleções infinitivas com marcas de flexão são designados como construções em que esta ocorrência se deu "muitas vezes" (valor igual ou superior a 10% dos casos analisados), sendo os outros graus designados com o atributo de "ocorrência habitual" (quando se deu em 5%–10% dos casos analisados), de ocorrência rara (quando se registou em 1%–5% dos casos), de ocorrência excecional (quando verificado em 0%–1% dos casos) ou de ocorrência zero.

Nas seguintes linhas sintetizamos as conclusões mais relevantes do autor.

A maior frequência das frases finitas registou-se no caso dos antecedentes epistémicos (*saber, interessar, ver, criticar, confessar*) e dos não epistémicos de avaliação (*ser bom*, *ser pena* e *pedir*), como podemos ver no Quadro 2.2. (p. s.), o qual, no entanto, mostra não serem excluídas as possibilidades de uso das frases infinitivas. Muitas vezes (i.e. em 10% ou mais dos casos analisados), ocorre o infinitivo flexionado no caso dos seguintes antecedentes: *criticar, ser pena, pedir* e, habitualmente (em 5%–10% dos casos analisados), nos antecedentes *ser bom* e *ver*, o que se deve não ao tipo de valor modal veiculado, mas à sua natureza semântico-sintática que implica a natureza heterogénea do sujeito. Esta, no caso das expressões impessoais (*ser bom, ser pena*) se depreende da necessidade da frase subordinada de explicitar o sujeito («É pena que não pudesses vir.» «É bom que estudes português todos os dias.») salvo quando as proposições apresentem o caráter impessoal («É bom dormir oito horas por dia.» «É bom estudar»). No que se refere aos antecedentes *criticar, pedir, ver* etc. entra em jogo a relação referencial entre o agente ou experienciador e o paciente ou fonte-alvo da proposição. Tanto no caso de *criticar* como no caso de *pedir* pressupõe-se a existência de uma entidade (isto é, do sujeito) que emite um pedido ou exprime uma crítica destinada a uma outra entidade (isto é, ao complemento direto ou oblíquo). Desta relação se pode deduzir a existência do sujeito não correferencial como mostram as seguintes fórmulas: [*sujeito x* critica o *sujeito y* por +infinitivo], [*sujeito x* pede *o sujeito y* para + infinitivo] ou [*sujeito x* vê *o sujeito y* + a + infinitivo]. Como veremos mais adiante, estes verbos pertencem aos que apresentam a maior percentagem das frases infinitivas fletivas. No caso do verbo *interessar*, ao contrário, pressupõe-se a correferência do agente e do paciente da ação, isto é, tipicamente [*ao sujeito x* interessa *o sujeito x* realizar a proposição], o que se vê confirmado, aliás, pela sua natureza reflexiva (*eu interesso-me por…*).

As frases completivas maioritariamente finitas e excecionalmente infinitivas ocorreram quando subcategorizadas pelos antecedentes epistémicos (*acontecer, parecer, estar consciente de, achar, ser facto, ser verdade, aperceber-se de, perguntar, ser evidente* e *ser claro*), pelos antecedentes que aceitam os dois modos verbais na frase selecionada (*sugerir*), pelos antecedentes epistémicos de crença fraca (*ser provável, duvidar*) ou pelos antecedentes não epistémicos de avaliação (*preocupar, lamentar, ser natural, parecer*). Segundo os dados dos respetivos Quadros, aos que muitas vezes (10%) selecionam as frases infinitivas com marcas de flexão pertencem *acontecer, lamentar, achar,* e *sugerir.* No caso das expressões impessoais (*ser facto, ser verdade, ser evidente, ser claro e ser provável*), logicamente, não se dá o controlo de sujeito, o que, naturalmente, influi sobre a argumentação finita e o autor enquadra-as na categoria de rara seleção da infinitiva flexionada (i.e. de 1–5%) (analogamente aos casos de *ser preciso, ser possível).*

Quanto aos verbos *duvidar, sugerir, perguntar* pressupõe-se a existência de um sujeito-agente ou experienciador, diferente da entidade do paciente ou alvo da ação. Por isso, resulta evidente a tendência, também, para o uso das frases finitas, não sendo evitadas, no entanto, as frases infinitivas. Quanto aos verbos *achar, aperceber-se de, lamentar,* por outro lado, observam-se ambos os tipos referenciais de sujeito, tanto correferencial como heterogéneo, refletindo-se esta diversificação na distribuição das frases finitas e infinitivas. No entanto, no caso do verbo *acontecer* e da expressão predicativa *ser natural*, a frequência das frases infinitivas foi muito maior, sendo registado no caso dos verbos *lamentar, sugerir* e *achar* o uso habitual das formas fletivas (5%–10%), enquanto no caso do verbo *parecer,* por outro lado, o seu uso é muito raro (1%–5%).

Nos mesmos critérios baseiam-se as restantes construções analisadas que se afiguraram ou como exclusivamente infinitivas (*ousar, limitar-se a, lutar por, ser responsável por*), que contam, obviamente, com o sujeito correferencial, ou como excecionalmente finitas (*impedir de, gostar de, necessitar de, mandar, levar a, ser impossível, preferir, convir, ser preciso, lembrar-se de, ser possível, deixar, ousar, bastar, concordar em, ser melhor, decidir*) que preferem as argumentações subordinadas infinitivas, sendo as suas contrapartidas finitas associadas, outra vez, ao caráter referencial do sujeito.

Como os dados mostram, a questão da argumentação subordinada finita ou infinitiva é, realmente, muito complexa. O autor tentou agrupar os diferentes verbos segundo os critérios do tipo de transitividade verbal, do valor modal do antecedente, da função sintática da frase completiva, mas a nenhum destes a frequência de uso é sujeita absolutamente. No entanto, na maior parte das vezes, as ocorrências que mais vezes demonstram o uso do infinitivo fletivo (isto é, de 10% comparativamente com a sua contrapartida finita) manifestaram-se no caso de não haver o controlo de sujeito ou objeto, o que nos leva a caracterizar este critério como um dos mais decisivos.

Chegamos, portanto, ao ponto de apresentar os dados quantitativos, que constituem o fulcro da pesquisa do autor e que mostram a priorização das diferentes subcategorizações no caso de cada antecedente, acabadas de serem expostas. Nos quadros seguintes encontram-se agrupados os verbos de acordo com a frequência, mas, é preciso relembrar que o seu repertório só se limita a uma amostra fragmentária do registo jornalístico na variedade europeia do Português. A pesquisa foi realizada no *corpus* CETEMPúblico.

O autor ainda tentou verificar se a frequência de uso tem a ver ou não com o tipo de preposição, não chegando, contudo, nem neste ponto, a nenhuma conclusão geralmente válida, como o Gráfico 2.5. prova.

O objetivo principal com que o autor tinha procedido inicialmente à investigação descrita, foi analisar a frequência de uso das frases completivas infinitivas flexionadas *vs.* finitas na linguagem falada. Não tendo conseguido obter o número suficiente de respondentes, acabou por não incluir os dados dos inquéritos distribuídos pelos falantes nativos da língua portuguesa de nacionalidade portuguesa Não obstante tendo os resultados dos inquéritos à disposição e sob o acordo do autor, podemos constatar que, na linguagem falada, o uso das frases infinitivas flexionadas é, antes, acidental (cf. também o Cap. 2.1.2.). Do total de 639 frases, os respondentes, que puderam escolher entre a forma finita e infinitiva do verbo com marcas de flexão, em 372 casos preferiram as formas finitas, em 75 casos a forma infinitiva com marcas de flexão e em 192 casos escolheram ambas as opções, preferindo uma ou outra variante ora por ser mais natural ou por ser mais comum, ora por ser mais típica da linguagem falada ou da linguagem escrita. No caso do verbo *preocupar-se*, por exemplo, para alguns falantes, a forma privilegiada era a finita («*Preocupa-os imenso que os filhos ainda não tenham dado notícias.*»), para outros, ao contrário, a forma infinitiva («*Preocupa-os imenso os filhos ainda não terem dado notícias.*»). Os resultados parecem apontar, por um lado, para uma evidente prevalência das formas finitas em PE, mas, por outro lado, no caso de haver duas possibilidades, quando escolheram uma ou outra forma, as justificações variaram consideravelmente. Para além disso, dentro dos poucos respondentes, não era possível justificar a variabilidade das respostas por tais fatores sociolinguísticos, como é a idade, sexo, formação, etc.

Quadro 2.2: *Frases finitas e infinitivas completivas em CETEMPúblico (PE).* Fonte: Polášek (2015, p. 208–210)

antecedente da frase completiva	*% das orações infinitivas*	*função sintática da frase completiva*	*ocorrência das frases infinitivas*	*modo do verbo no indicativo*	*controle do sujeito **	*controlo do objeto direto*	*controlo do objeto indireto**	*Verbo impessoal**
ousar	100.00%	complemento direto	exclusivamente infinitiva	-	X			
limitar-se a	100.00%	complemento oblíquo	exclusivamente infinitiva	-	X			
lutar por	100.00%	complemento oblíquo	exclusivamente infinitiva	-	X			
(ser) responsável por	100.00%	complemento oblíquo	exclusivamente infinitiva	-	X			
impedir de	**99.96%**	**complemento oblíquo**	**excecionalmente finita**	**apenas o conjuntivo**		**X**		
gostar de	**99.87%**	**complemento oblíquo**	**excecionalmente finita**	**apenas o conjuntivo**	**X**			
necessitar de	**99.76%**	**complemento oblíquo**	**excecionalmente finita**	**apenas o conjuntivo**	**X**			
mandar	**97.24%**	**complemento direto**	**excecionalmente finita**	**apenas o conjuntivo**		**X**	**x**	
levar a	**95.90%**	**complemento oblíquo**	**excecionalmente finita**	**predominância do conjuntivo**		**X**		
(ser) impossível	**93.41%**	**sujeito**	**excecionalmente finita**	**apenas o conjuntivo**			**x**	**X**

(continued on next page)

Quadro 2.2: Continued

antecedente da frase completiva	*% das orações infinitivas*	*função sintática da frase completiva*	*ocorrência das frases infinitivas*	*modo do verbo no indicativo*	*controle do sujeito **	*controlo do objeto direto*	*controlo do objeto indireto**	*Verbo impessoal**
preferir	**91.83%**	**complemento direto**	**excecionalmente finita**	**apenas o conjuntivo**	**X**			
convir	**89.44%**	**sujeito**	**excecionalmente finita**	**apenas o conjuntivo**			**x**	**X**
(ser) preciso	**88.96%**	**sujeito**	**excecionalmente finita**	**apenas o conjuntivo**				
lembrar-se de	**87.61%**	**complemento oblíquo**	**excecionalmente finita**	**apenas o indicativo**	**X**			
(ser) possível	**86.95%**	**sujeito**	**excecionalmente finita**	**apenas o conjuntivo**			**x**	**X**
deixar	**86.78%**	**complemento direto**	**excecionalmente finita**	**predominância do conjuntivo**		**X**		
ousar	**86.76%**	**complemento direto**	**excecionalmente finita**	**apenas o indicativo**		**X**		
bastar	**86.64%**	**sujeito**	**excecionalmente finita**	**apenas o conjuntivo**			**x**	**X**
concordar em	**85.76%**	**complemento oblíquo**	**excecionalmente finita**	**conjuntivo vs. indicativo**	**X**			
(ser) melhor	**85.55%**	**sujeito**	**excecionalmente finita**	**apenas o conjuntivo**				**X**
decidir	**83.25%**	**complemento direto**	**excecionalmente finita**	**predominância do indicativo**		**X**		
ter medo de	79.87%	complemento do nome	predominantemente infinitiva	apenas o conjuntivo	X			

antecedente da frase completiva	*% das orações infinitivas*	*função sintática da frase completiva*	*ocorrência das frases infinitivas*	*modo do verbo no indicativo*	*controle do sujeito **	*controlo do objeto direto*	*controlo do objeto indireto**	*Verbo impessoal**
proibir	77.44%	complemento direto	predominantemente infinitiva	apenas o conjuntivo		X		
permitir	77.29%	complemento direto	predominantemente infinitiva	apenas o conjuntivo			X	
desejar	71.50%	complemento direto	predominantemente infinitiva	predominância do conjuntivo	X			
insistir em	69.01%	complemento oblíquo	predominantemente infinitiva	predominância do conjuntivo				
(ser) bom	**49.28%**	**sujeito**	**predominantemente finita**	**apenas o conjuntivo**				**X**
ver	**43.31%**	**complemento direto**	**predominantemente finita**	**apenas o indicativo**		**X**		
confessar	**31.55%**	**complemento direto**	**predominantemente finita**	**apenas o indicativo**	**X**			
interessar	**29.92%**	**sujeito**	**predominantemente finita**	**predominância do conjuntivo**			**X**	
(ser) pena	**27.55%**	**sujeito**	**predominantemente finita**	**apenas o conjuntivo**			**x**	**X**
pedir	**20.80%**	**complemento direto**	**predominantemente finita**	**apenas o conjuntivo v**	**x**		**X**	
saber	**20.74%**	**complemento direto**	**predominantemente finita**	**predominância do indicativo**				
criticar	**18.98%**	**complemento direto**	**predominantemente finita**	**predominância do conjuntivo**				

(*continued on next page*)

Quadro 2.2: Continued

antecedente da frase completiva	*% das orações infinitivas*	*função sintática da frase completiva*	*ocorrência das frases infinitivas*	*modo do verbo no indicativo*	*controle do sujeito **	*controlo do objeto direto*	*controlo do objeto indireto**	*Verbo impessoal**
acontecer	17.20%	sujeito	excecionalmente infinitiva	apenas o indicativo			x	X
lamentar	16.05%	complemento direto	excecionalmente infinitiva	apenas o conjuntivo	X			
parecer	8.80%	sujeito	excecionalmente infinitiva	apenas o indicativo			x	X
(estar) consciente de	4.48%	complemento oblíquo	excecionalmente infinitiva	apenas o indicativo	X		x	
achar	4.29%	complemento direto	excecionalmente infinitiva	apenas o indicativo				
(ser) natural	3.48%	sujeito	excecionalmente infinitiva	apenas o conjuntivo				X
preocupar	3.13%	sujeito	excecionalmente infinitiva	apenas o conjuntivo			x	
(ser) fato	2.90%	sujeito	excecionalmente infinitiva	apenas o indicativo				X
sugerir	2.20%	complemento direto	excecionalmente infinitiva	indicativo e conjuntivo			X	
(ser) verdade	1.54%	sujeito	excecionalmente infinitiva	apenas o indicativo				X

antecedente da frase completiva	*% das orações infinitivas*	*função sintática da frase completiva*	*ocorrência das frases infinitivas*	*modo do verbo no indicativo*	*controle do sujeito **	*controlo do objeto direto*	*controlo do objeto indireto**	*Verbo impessoal**
aperceber-se de	1.09%	complemento direto	excecionalmente infinitiva	apenas o indicativo	X			
duvidar	0.99%	complemento direto	excecionalmente infinitiva	apenas o conjuntivo	x			
perguntar	0.70%	complemento direto	excecionalmente infinitiva	apenas o indicativo			X	
(ser) provável	0.68%	sujeito	excecionalmente infinitiva	apenas o conjuntivo				X
(ser) evidente	0.25%	sujeito	excecionalmente infinitiva	apenas o indicativo				X
(ser) claro	0.09%	sujeito	excecionalmente infinitiva	apenas o indicativo				X
surpreender	**0.00%**	**sujeito**	**exclusivamente finita**	**predominância do conjuntivo**			**x**	**x**

* Notas de explicação:

a) a escala relativa de avaliação: X – frequência mais alta; x – frequência menos alta

b) frequências das frases infinitivas

1.	Exclusivamente infinitiva	100%
2.	Excecionalmente finita	80%-99%
3.	Predominantemente infinitiva	50%-79%
4.	Predominantemente finita	20%-49%
5.	Excecionalmente infinitiva	1%–19%
6.	Exclusivamente finita	0%

Quadro 2.3: *Frequência das frases infinitivas fletivas em CETEMPúblico (PE).* Fonte: Polášek (2015, p. 211–212)

antecedente da frase completiva	*função sintática da frase completiva*	*ocorrência das frases finitas versus infinitivas*	*ocorrência do infinitivo fletivo*	*infinitivo com o sujeito acusativo*	*ligação das frases**	*infinitivo gerundivo**
(ser) responsável por	complemento oblíquo do adjetivo	apenas infinitiva	muitas vezes			
(ser) pena	sujeito	predominantemente finita	muitas vezes			
pedir	complemento direto	predominantemente finita	muitas vezes			
criticar	complemento direto	predominantemente finita	muitas vezes			
acontecer	sujeito	excecionalmente infinitiva	muitas vezes			
(ser) natural	sujeito	excecionalmente infinitiva	muitas vezes			
impedir de	**complemento oblíquo**	**excecionalmente finita**	**habitual**			
(ser) melhor	**sujeito**	**excecionalmente finita**	**habitual**			
(ser) bom	**sujeito**	**predominantemente finita**	**habitual**			
ver	**complemento direto**	**predominantemente finita**	**habitual**	X	x	X
lamentar	**complemento direto**	**excecionalmente infinitiva**	**habitual**			
achar	**complemento direto**	**excecionalmente infinitiva**	**habitual**			
sugerir	**complemento direto**	**excecionalmente infinitiva**	**habitual**			
lutar por	complemento oblíquo	apenas infinitiva	raro			
(ser) impossível	sujeito	excecionalmente finita	raro			
convir	sujeito	excecionalmente finita	raro			
lembrar-se de	complemento oblíquo	excecionalmente finita	raro			
deixar	complemento direto	excecionalmente finita	raro	x	X	
ousar	complemento direto	excecionalmente finita	raro	X	x	X
bastar	sujeito	excecionalmente finita	raro			

antecedente da frase completiva	*função sintática da frase completiva*	*ocorrência das frases finitas versus infinitivas*	*ocorrência do infinitivo fletivo*	*infinitivo com o sujeito acusativo*	*ligação das frases**	*infinitivo gerundivo**
ter medo de	complemento oblíquo	predominantemente finita	raro			
proibir	complemento direto	predominantemente infinitiva	raro	X		
permitir	complemento direto	predominantemente infinitiva	raro			
confessar	complemento direto	predominantemente finita	raro			
parecer	sujeito	excecionalmente infinitiva	raro			
limitar-se a	**complemento oblíquo**	**apenas infinitiva**	**excecional**			
necessitar de	**complemento oblíquo**	**excecionalmente finita**	**excecional**			
mandar	**complemento direto**	**excecionalmente finita**	**excecional**	**x**	**X**	
levar a	**complemento oblíquo**	**excecionalmente finita**	**excecional**			
preferir	**complemento direto**	**excecionalmente finita**	**excecional**			
(ser) preciso	**sujeito**	**excecionalmente finita**	**excecional**			
(ser) possível	**sujeito**	**excecionalmente finita**	**excecional**			
concordar em	**complemento oblíquo**	**excecionalmente finita**	**excecional**			
decidir	**complemento direto**	**excecionalmente finita**	**excecional**	**X**		
desejar	**complemento direto**	**predominantemente infinitiva**	**excecional**			
insistir em	**complemento oblíquo**	**predominantemente infinitiva**	**excecional**			

(*continued on next page*)

Quadro 2.3: Continued

antecedente da frase completiva	*função sintática da frase completiva*	*ocorrência das frases finitas versus infinitivas*	*ocorrência do infinitivo fletivo*	*infinitivo com o sujeito acusativo*	*ligação das frases**	*infinitivo gerundivo**
saber	**complemento direto**	**excecionalmente finita**	**excecional**			
ousar	complemento oblíquo	apenas infinitiva	nunca			
gostar de	complemento oblíquo	excecionalmente finita	nunca			
interessar	sujeito	predominantemente finita	nunca			

* Notas de explicação:

a) a escala relativa de avaliação: X – frequência mais alta; x – frequência menos alta

b) frequências das frases infinitivas

1. Exclusivamente infinitiva 100%
2. Excecionalmente finita 80%–99%
3. Predominantemente infinitiva 50%–79%
4. Predominantemente finita 20%–49%
5. Excecionalmente infinitiva 1%–19%
6. Exclusivamente finita 0%

c) b) frequências das frases infinitivas com marcas de flexão

1. muitas vezes 10%
2. ocorrência habitual 5%–10%
3. ocorrência rara 1%–5%
4. ocorrência excecional 0%–1%
5. nunca (apenas não fletivo) 0%

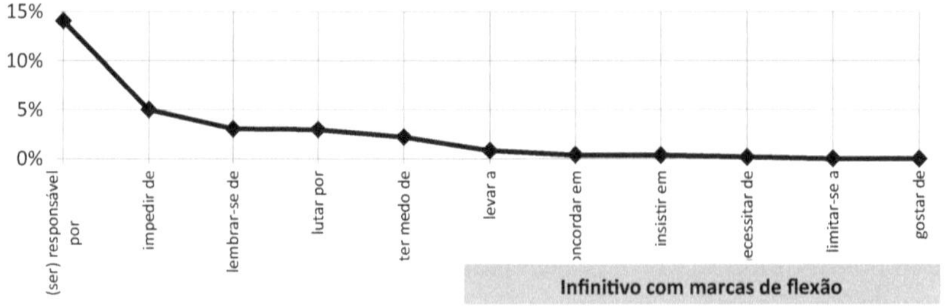

Gráfico 2.5: Frases completivas infinitivas fletivas (função de objeto oblíquo)
Fonte: Polášek (2015, p. 173)

A seguinte parte da nossa investigação oferece-nos um espaço para responder às questões relativas ao uso da subordinação argumental finita e infinitiva dos pontos de vista diatópico (observando o seu uso nas ditas variedades do Português) e discursivo-textual (analisando o seu uso em dois registos diferentes: o jurídico e o jornalístico), fatores ainda não desenvolvidos nas pesquisas existentes até ao momento. Com base do exposto, pressupomos que vai ser dada a preferência à seleção das frases finitas no caso dos antecedentes epistémicos e, à seleção das frases infinitivas, no caso dos não epistémicos. O critério da frequência de uso, no que diz respeito às frases infinitivas flexionadas, no entanto, fica por resolver e, nesse sentido, permitimos constatar que, comparando os diferentes grupos modais em dois registos, acarretaremos resultados novos.

2.2. Metodologia

Relativamente ao processo metodológico aplicado nesta primeira fase da pesquisa, começaremos por dividir as frases completivas, de acordo com a natureza lexical do seu antecedente, em completivas nominais (secção 2.3.), adjetivais (secção 2.4.) e verbais (secção 2.5.) procedendo, em cada um dos tipos, a uma análise quantitativa e qualitativa segundo os 4 fatores mencionados na secção anterior:

- a função sintática da oração completiva;
- o caráter modal do verbo antecedente;

- o modo verbal do predicado da frase subordinada;
- a forma verbal finita ou infinitiva com ou sem marcas da flexão decorrente do caráter referencial de sujeito.[10]

A análise contrastiva inclui, igualmente, uma parte dedicada à comparação lexicológica em que os antecedentes das frases completivas são caraterizados como os que tipicamente ocorrem ou em CPP ou em CPB, ou que são comuns de ambos os Códigos. As conclusões parciais encontram-se sintetizadas no subcapítulo 2.6. (Considerações finais).

Relembremos que os resultados da análise de CPP e de CPB serão comparados com os dados dos *corpora* CETEMPúblico (que documentam o uso na linguagem jornalística do Português Europeu – PE) e CETENFolha (que documentam o uso na linguagem jornalística do Português do Brasil – PB), o que será decisivo para podermos identificar as propriedades específicas dos ditos textos. Adiante-se que, este último aspeto de análise contrastiva ocupará uma grande parte do presente capítulo. O seu contributo é, portanto, maior do quadro estabelecido na introdução e dos capítulos 3. e 4., trazendo informações relevantes não só sobre os Códigos como também sobre as duas variedades do Português. Esta também foi a razão principal de a parte do título do trabalho, colocada entre os parênteses, conter o atributo *estudo contrastivo-textual.*

Nos capítulos sobre as propriedades textuais dos Códigos (cf. Cap. 1.2.2) foi mostrada uma considerável simetria quanto à organização sintático-hipotática. No que diz respeito à organização das orações completivas de acordo com o critério lexical do antecedente, as variedades comparadas mostram, também, uma afinidade impressionante. Em CPP, as orações completivas verbais ocupam 48% e, em CPB, 51% das orações subordinadas completivas. E, a mesma coincidência verificou-se no caso da complementação nominal (CPP 34% versus CPB 36%) encontrando-se, no último lugar, a complementação adjetival (CPP 18% *vs.* CPB 13%) como pudemos observar no Gráfico 2.1. (cf. Cap. 2.1.1.).

---

10 Os critérios 2 e 4 da análise fazem parte de artigos que foram publicados, em forma modificada, em Svobodová (2017 a) sob os títulos de "Modalidade deôntica e volitiva na linguagem legal (um estudo contrastivo). Modalidade não epistémica na linguagem jurídica (um estudo contrastivo)" em *Caligrama. Revista de Estudos Românicos* (Belo Horizonte. Universidade de Minas Gerais. Brasil, n. 22, vol. 2, 2017, pp. 103–133). Os resultados da pesquisa que focaliza o terceiro e o quarto aspetos foram publicados, de forma modificada, em SVOBODOVÁ (2017 b) sob o título "Frases completivas infinitivas no Português Europeu e Brasileiro (estudo contrastivo)" em *Web revista. Linguagem, Educação e Memória* (Universidade Estadual de Mato Grosso do Sul, Campinas, Brasil, 2017, n. 12, vol. 2, item 1, pp. 1–25).

Proceda-se, portanto, à apresentação dos resultados da análise de cada um dos tipos de hipotaxe completiva mencionados.

2.3. Complementação nominal

As orações completivas nominais equivalem, do ponto de vista sintático, às orações completivas oblíquas. A função do complemento oblíquo de nome é, praticamente, a única que foi identificada no nosso *corpus*. Analogamente aos nomes na função de complemento ou de modificador de um nome, também as orações completivas nominais são necessariamente precedidas de preposição. De acordo com Pilar Barbosa & Eduardo Buzaglo Paiva Raposo, as orações completivas, tanto finitas como infinitivas, dividem-se consoante a relação que mantêm com o nome nuclear em:

- "[...] verdadeiras orações completivas, que completam o sentido ao nome e dele são argumentos genuínos e que representam a maioria dos casos de subordinação a nomes (*ânsia de, desejo, de vantagem de, conhecimento de, advertência de*), e
- orações especificativas, que especificam o valor semântico de um nome nuclear cujo sentido é equivalente a uma proposição (*facto de, hipótese de, ideia de, pretexto de, conhecimento de, etc.*)." (BARBOSA & RAPOSO 2013, p. 1937)

Os mesmos autores distinguem as orações completivas, ainda, segundo se é ou não é mantida a regência de um verbo equivalente ao antecedente nominal (*responsabilizar-se por → responsabilidade por, ir para Londres → ida para Londres* versus *visitar Lisboa →visita a Lisboa, vender a casa →venda de casa*).

Como antecipámos na parte teórica, a tipologia mencionada, que leva em consideração o tipo de preposição do antecedente da $F^{\text{-completiva}}$, seja verbal seja nominal ou adjetival, não influirá, significativamente, sobre a seleção da forma finita ou infinitiva do predicador da $F^{\text{-completiva}}$. No entanto, relembre-se que há preposições que podem ser típicas de um ou outro grupo modal de predicadores antecedentes que, de acordo com o caráter do sujeito da $F^{\text{-completiva}}$, preferem selecionar uma ou outra forma de subordinação argumental.

2.3.1. Valor modal do antecedente nominal

Consoante a tipologia de Rui Marques (2013) e de acordo com o Esquema 2.1. (cf. Cap. 2.1.3.3), que mostra o espectro dos possíveis valores modais dos antecedentes, foi verificada, nos Códigos, a ocorrência dos seguintes tipos, sintetizados no Quadro 2.4.:

- antecedentes com um valor mais forte de crença e de conhecimento (*conhecimento de, consciência de, sinal de, facto de, perigo de, risco de, decisão de*);

Quadro 2.4: Valores modais dos antecedentes nominais nos Códigos

[valor epistémico +]					[valor epistémico -]	
valor mais forte de crença		**valor fraco de crença**		**dupla seleção do modo**	**deôntico e volitivo**	
expressões de conhecimento	expressões declarativas	expressões dubitativas	expressões de possibilidade	expressões de dupla seleção do modo	expressões deônticas	expressões volitivas
conhecimento de *sinal de* *consciência de* *facto de* *perigo de* *risco de* *decisão de*	*advertência de*	*receio de*	*impossibilidade/ possibilidade de*	*hipótese de*	*dever de* *obrigação de*	*vontade de* *intuito de* *intenção de* *fim de* *pretexto de*

- antecedentes de tipo declarativo *(advertência de*);
- antecedentes com um valor fraco de crença que se referem aos atos de possibilidade (*possibilidade de, impossibilidade de*);
- antecedentes de tipo dubitativo (*receio de*);
- antecedentes de dupla seleção de modos (*hipótese de*);
- antecedentes de tipo deôntico (*dever de, obrigação de);*
- antecedentes de tipo volitivo (*vontade de, intuito de, intenção de, fim de, pretexto de*).

Não foram verificadas nenhumas expressões de tipo compromissivo ou de cenário imaginário, nem antecedentes de tipo declarativo negativo, de condição necessária ou de avaliação. A sua presença é, naturalmente, atípica e imprevisível para qualquer texto legislativo, porque se trata de componentes que anotam realidades virtuais ou de avaliação da qualidade da proposição que carecem de objetividade incompatíveis com a linha nomológica e definitória dos Códigos. No que tange às expressões de condição necessária, porém, devemos avançar a sua incidência nas orações adverbiais de condição necessária (cf. Cap. 4.3. e 4.4.), embora a sua formulação neste contexto da lei penal seja muito prudente e cautelosa.

Durante a análise semântica, o objetivo foi separar, o mais restritamente possível, a *modalidade* (como categoria semântica geral de toda a proposição segundo a visão holística e atitude do autor perante o texto) do *valor modal* (como valor subatómico da expressão antecedente, isto é, valor modal inferior). No entanto, em determinadas circunstâncias de ambivalência, como já adiantámos, algumas expressões podem veicular vários valores modais e estes não poderiam ser exatamente descritos sem ser levado em consideração, justamente, o contexto holístico. Por exemplo, *receio* ou *perigo* possuem, principalmente, o valor modal avaliativo (p.ex. «A princípio, *tinha receio de me distrair*, principalmente com as crianças a passar e a fazer barulho, mas, ao fim de um certo tempo, acabamos por nos concentrar.»[11] ou «Até agora ainda não tive problemas de segurança, mas tenho *medo do perigo* das favelas.»[12]). No entanto, em contexto jurídico, estas expressões foram definidas por nós como epistémicas com o valor de crença mais fraco, sendo levada em consideração a interpretação de toda a proposição, como se pode ver no artigo 101.º do CPP (Cassação do título e interdição da concessão do título de condução de veículo com motor) ou 364.º (Atenuação especial e dispensa da pena):

(46) Em caso de condenação por crime praticado na condução de veículo com motor ou com ela relacionado, ou com grosseira violação dos deveres que a um condutor incumbem, ou de absolvição só por falta de imputabilidade, o tribunal decreta a cassação do título de condução quando, em face do facto praticado e da personalidade do agente: a) Houver fundado *receio de que possa vir a praticar* outros factos da mesma espécie.

(PORTUGAL, 1982, Art. 101º §1)

(47) As penas previstas nos artigos 359.º, 360.º e 363.º são especialmente atenuadas, podendo ter lugar a dispensa de pena quando: b) O facto tiver sido praticado para evitar que o agente, o cônjuge, um adotante ou adotado, os parentes ou afins até ao 2.º grau, ou a pessoa, de outro ou do mesmo sexo, que com aquele viva em condições análogas às dos cônjuges, se expusessem *ao perigo de virem* a ser sujeitos a pena ou a medida de segurança.

(PORTUGAL, 1982, Art. 364º)

A expressão «quando houver fundado *receio de que possa vir a praticar* outros factos da mesma espécie», no contexto de hipotaxe temporal-condicional, pré-determina, de facto, o valor epistémico – dubitativo de *receio de F*.[13] Com a interpretação epistémica pode-se, igualmente, deparar no caso do antecedente *perigo de que* F^{finita}, quando o nome *perigo* implica uma circunstância externa ao

11 Linguateca (SANTOS 2016): par = ext650151-soc-98a-2:

12 Linguateca (SANTOS 2016): par = ext974100-soc-97b-2:

13 Agradeço a Joaquim J. de S.C. Ramos a sugestão da interpretação do tipo de valor modal neste exemplo.

participante junto com um valor dubitativo, predeterminado pela construção condicional. No entanto, ao mesmo tempo, o valor modal, que o nome *perigo* ou *risco* veicula na frase, possui uma componente não avaliativa (subjetiva) mas, sim, objetiva e tem um valor definitório e o significado de "situação em que está ameaçada a existência de uma pessoa ou de uma coisa; risco".[14]

Assim, apesar de termos definido a nossa pesquisa como subatómica, nestes casos, excecionalmente, como se evita a inclusão dos valores subjetivos, seguiremos, o princípio da visão holística. Porque quando o enunciador formula a lei, vê-se limitado na interpretação pelas próprias caraterísticas da ordem jurídica, nomeadamente pela função teleológica, não sendo assim muito provável que no Código Penal haja uma avaliação qualitativa da proposição que implique uma componente subjetiva. E, caso haja, pode ser entendida apenas como residual e descartada pela aplicação do princípio nomológico (sob pena de a lei ser insegura e subjetiva).[15]

Relembremos ainda que a modalidade da frase pode não coincidir com a soma dos subvalores modais ou de significados semânticos individuais dos seus elementos. Por exemplo, na frase 48, regista-se um valor modal volitivo de *intenção* pese embora o período composto por uma hipotaxe condicional remeter para um caráter epistémico dubitativo ou potencial e para o valor fraco de crença.

(48) Não constituem injúria ou difamação punível:
II a opinião desfavorável da crítica literária, artística ou científica, *salvo quando inequívoca a intenção de injuriar* ou *difamar;*
(BRASIL, 1940, Art. 142º II)

Quanto aos antecedentes *pretexto de, fim de, intuito de, vontade de, intenção de*, estes, no nosso trabalho, são interpretados como modalizadores que veiculam o valor não epistémico volitivo, fazendo parte das seguintes estruturas formais [N$^{\text{pretexto/intenção}}$ +de que/de + F$^{\text{completiva finita/infinitiva}}$]. Estamos cientes de que estas podem ser interpretadas como locuções conjuncionais finais, podendo substituir a estrutura anterior pela seguinte: [F^{+} com o pretexto/fim/intenção/intuito/vontade de/de que + F –$^{\text{adverbial final finita ou infinitiva}}$], tal como mostra o Esquema 2.2.:

À decisão de elevar estas expressões do nível semântico conjuncional para o nominal levou-nos a sua natureza semântica que consiste numa maior autonomia do que as próprias conjunções possuem. E, apesar de ter sido alegada a natureza prescritiva e deôntica dos textos legislativos em geral (Ramos 2017),

---

14 https://www.priberam.pt/dlpo/perigo [consultado em 17-09-2017].

15 Agradeço a Joaquim J.S.C. Ramos conselhos relativos à interpretação destas duas frases.

$[N^{\text{pretexto/fim/intenção/intuito/vontade}}$ + de que/de + $F^{\text{completiva finita/infinitiva}}]$

[SN]

[Conj.]

$[F^{+}$ **com o pretexto/fim/intenção/intuito/vontade de/de que** + $F^{\text{–adverbial final finita ou infinitiva}}]$

Esquema 2.2: Elevação das locuções conjuncionais ao nível dos antecedentes nominais

no caso dos antecedentes nominais verificou-se, justamente, a prevalência das expressões antecedentes de tipo modal volitivo (71% em CPP e 78% em CPB), como mostra o Gráfico 2.6. do presente capítulo. Estes resultados têm o seu fundamento, precisamente, na presença da componente de vontade. O Código Penal como um conjunto de normas codificadas que determinam e regulamentam as infrações penais, para definir as sanções correspondentes, parte, tradicionalmente, também da dicotomia [intenção-] *versus* [intenção+] do agente, em cuja ação se baseia a classificação dos crimes nos ditos Códigos. Conforme o artigo 17 do Código Penal brasileiro, o crime divide-se em *culposo*, quando o agente deu causa ao resultado por imprudência, negligência ou imperícia e quando está presente o traço [vontade-] e *doloso*, quando o agente quis o resultado ou assumiu o risco de produzi-lo, estando presente o traço [vontade+]. Da perspetiva europeia, consoante os artigos 13, 14 e 15 do Código Penal português, o crime é dividido em *doloso* e *negligente*, o primeiro com o traço [vontade+] e, o segundo, ao contrário, com o de [vontade-]. Por conseguinte, age com negligência quem "[…] por não proceder com o cuidado e atuar sem se conformar com essa realização" ou quem "[…] não chegar sequer a representar a possibilidade de realização do facto." (PORTUGAL, 1982, Art. 14).

Esta dicotomia, presente ao longo de ambos os textos, segue acompanhada por várias denominações, como podemos ver nas frases 48–50, sendo prevalecente, em CPP, o modalizador *a intenção* (90% das ocorrências dos antecedentes nominais volitivos) e, em CPB, *o fim* /62% dos antecedentes nominais volitivos). (SVOBODOVÁ, 2017, p. 15). Mas a diversificação lexicológica é patente em ambos os Códigos como ilustram os seguintes exemplos:

(48) Constranger alguém, mediante violência ou grave ameaça, e *com o intuito de obter* para si ou para outrem indevida vantagem econômica, a fazer, tolerar que se faça ou deixar de fazer alguma coisa: Pena - reclusão, de quatro a dez anos, e multa.
(BRASIL, 1940, Art. 158º)

(49) Solicitar, exigir, cobrar ou obter, para si ou para outrem, vantagem ou promessa de vantagem, *a pretexto de influir* em ato praticado por funcionário público no exercício da função: Pena - reclusão, de 2 (dois) a 5 (cinco) anos, e multa.
(BRASIL, 1940, Art. 332º)

(50) O devedor que *com intenção de prejudicar* os credores: ***d)*** Para retardar falência, comprar mercadorias a crédito, *com o fim de* as vender ou utilizar em pagamento por preço sensivelmente inferior ao corrente.
(PORTUGAL, 1982, Art. 227º §1 d))

Relativamente à distribuição dos outros tipos de valores modais dos antecedentes nominais, a sua presença nos textos é mesmo periférica. Um dos casos menos frequentes nos Códigos, mas ainda digno de nota, é o antecedente nominal *dever de*, definido na nossa pesquisa como deôntico, por possuir o sema de [obrigatoriedade+]. Joaquim José de Sousa Coelho Ramos (2017), no entanto, adverte para o facto de a sua contrapartida verbal *dever* poder possuir, na linguagem jurídica, para além do valor deôntico (prevalecente em contexto jurídico), também, o epistémico (de crença fraca).

A distribuição dos valores modais dos antecedentes nominais pode ser observada nos Gráficos 2.6., que mostram uma outra coincidência existente entre o CPB e o CPP:

Nas seguintes secções iremos expor resultados relativos ao modo e à forma verbal (cf. Cap. 2.3.2. e 2.3.3.) e à comparação do repertório lexical dos núcleos dos antecedentes nos Códigos (cf. Cap. 2.3.4.).

2.3.2. Modo nas frases completivas nominais

Ora, partindo da prevalência do valor modal volitivo das expressões antecedentes, poder-se-ia depreender a dominância do modo verbal conjuntivo. Há a notar, no entanto, que apenas 8 de todas as frases eram finitas e estas só ocorreram em CPP. De resto, tanto no texto português como no brasileiro registou-se a incidência das frases infinitivas (em CPB até atingiu a taxa de 100% dos casos analisados) como mostram os Gráficos 2.7.:

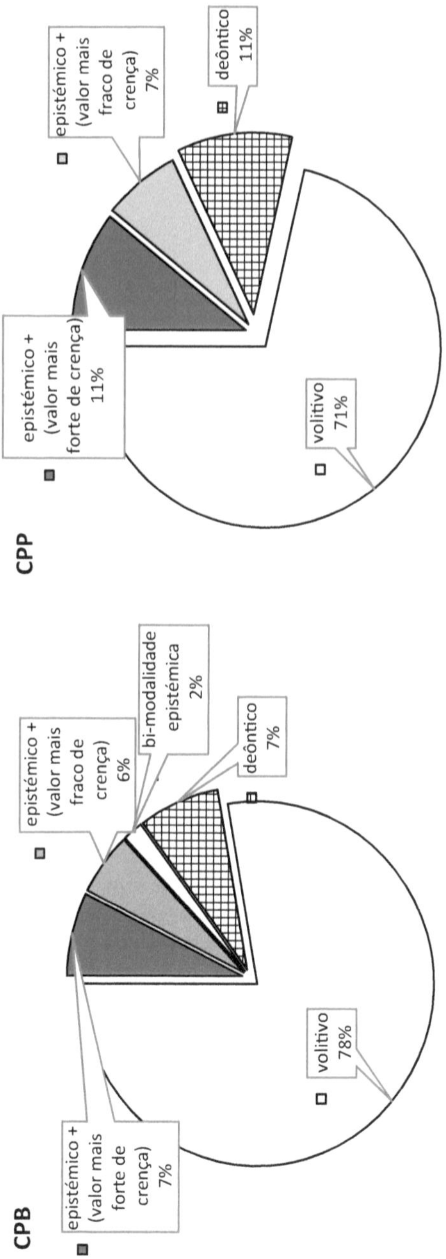

Gráficos 2.6: Valores modais dos antecedentes nominais em CPB e CPP

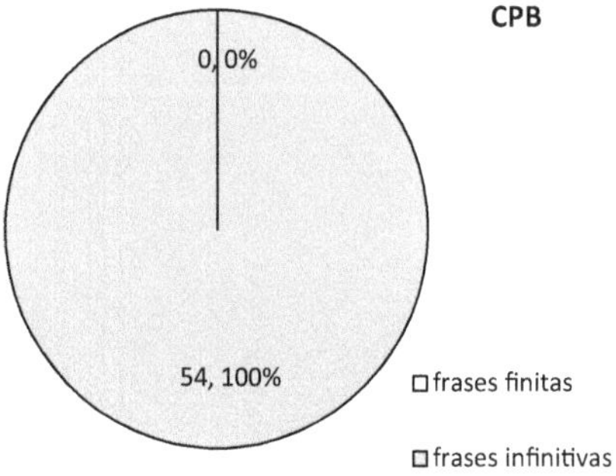

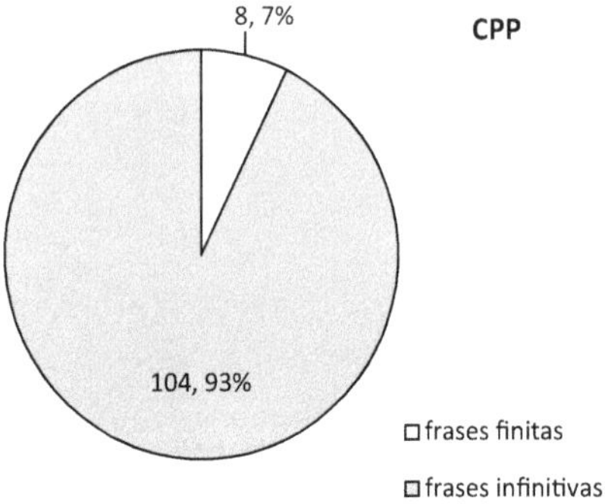

Gráficos 2.7: Frases completivas nominais finitas e infinitivas em CPB e CPP

Quando o predicador ocorre na forma finita, isto é, no caso de ser selecionado pelos antecedentes *conhecimento de que, advertência de que, receio de que, pretexto de que, intenção de que*, o uso do modo verbal está, naturalmente, associado à congruência modal, sendo no caso dos antecedentes epistémicos selecionado o indicativo (foram encontradas 6 ocorrências) e, no caso dos volitivos, o conjuntivo (foram verificadas apenas 2 ocorrências), como ilustram os seguintes exemplos:

Indicativo – valor epistémico do antecedente (6 ocorrências)

(51) O agente é punido com pena de prisão de 2 a 10 anos se a privação da liberdade: c) for praticada *com o* falso *pretexto de que* a vítima *sofria* de anomalia psíquica.

(PORTUGAL, 1982, Art. 158° §2 c))

(52) Se o agente só tiver tido *conhecimento de que* a moeda *é falsa* ou *falsificada* depois de a ter recebido, é punido: a) No caso da alínea a) do número anterior com pena de multa até 240 dias; b) No caso das alíneas b) e c) do número anterior com pena de multa até 90 dias.

(PORTUGAL, 1982, Art. 265° §2)

(53) Quem não obedecer a ordem legítima de se retirar de ajuntamento ou reunião pública, dada por autoridade competente, com *advertência de que* a desobediência *constitui* crime, é punido com pena de prisão até 1 ano ou com pena de multa até 120 dias

(PORTUGAL, 1982, Art. 304° §1)

Conjuntivo – valor não epistémico do antecedente (2 ocorrências)

(54) Quem tiver praticado um facto ilícito típico e for considerado inimputável, nos termos do artigo 20°, é mandado internar pelo tribunal em estabelecimento de cura, tratamento ou segurança, sempre que, por virtude da anomalia psíquica e da gravidade do facto praticado, houver fundado *receio de que venha* a cometer outros factos da mesma espécie.

(PORTUGAL, 1982, Art. 91°)

(55) Quem, por qualquer meio, perante autoridade ou publicamente, com a consciência da falsidade da imputação, denunciar ou lançar sobre determinada pessoa a suspeita da prática de crime, com *intenção de que* contra ela *se instaure* procedimento, é punido com pena de prisão até 3 anos ou com pena de multa.

(PORTUGAL, 1982, Art 365° §1)

A baixa representatividade das formas finitas impede-nos de analisar a congruência modal nos ditos textos do ponto de vista diatópico. Por isso, a seguinte análise concentra-se, sobretudo, no uso das formas verbais infinitivas.

2.3.3. Caraterização formal

A prevalente maioria dos antecedentes não epistémicos conduziu-nos a ponderar a hipótese da subcategorização tendencial das frases infinitivas. Nas próximas linhas, portanto, iremos desenvolver uma análise quantitativa e qualitativa em que vamos confirmar, com base da mesma amostra, se a frequência das diferentes subcategorizações finita ou infinitiva, flexionada ou não, funciona do mesmo modo também fora dos textos-alvo da nossa análise. Recorreremos aos *corpora* da Linguateca, nomeadamente ao *corpus* CETEMPúblico, para analisarmos a frequência das frases finitas e infinitivas em PE e, ao *corpus* CETENFOLHA, para observarmos as tendências de uso em PB. Usar-se-ão as fórmulas [lema =„possibilidade"] „de" „que", para verificar o uso do antecedente com a frase finita, e a fórmula [lema =„possibilidade"] „de" [temcagr =„.*INF.*"][16] para verificar o mesmo com a construção infinitiva em cada nome. De seguida, analisar-se-á a frequência da substituição das frases finitas por infinitivas flexionadas sem o controlo de sujeito, através da pesquisa quantitativa de $F^{\text{-infinitivo}}$ com a realização fonética do sujeito do infinitivo, usando as mesmas fórmulas, mas inserindo os sujeitos nas formas nominais ou pronominais na

16 Todas as fórmulas aplicadas na nossa pesquisa foram propostas pela Diana Sousa Marques Santos.

posição pré- e pós-verbal (veja-se a descrição detalhada na nota de rodapé[17]). Para o efeito, aplicaremos as fórmulas [lema =„facto"] „de" „o" @[pos =„N.*"] [temcagr =„.*INF.*"], ou [lema =„facto"] „de" „eu" @[pos =„N.*"] [temcagr =„.*INF.*"], respetivamente. À continuação, analisaremos, igualmente, as frases infinitivas flexionadas sem o sujeito explícito, aplicando as fórmulas [lema =„possibilidade"] „de" [temcagr =„.*INF.*" & pessnum =„3"], [lema =„possibilidade"] „de" [pos!=„V.*"]*[temcagr =„.*INF.*" & pessnum =„3"] within s, porque a ferramenta do dito *corpus* não consegue distinguir as locuções verbais dos predicados e os objetos dos infinitivos dos seus sujeitos. Como a seleção seria muito exigente em termos de tempo, optámos por procurar as frases em que o sujeito foneticamente realizado é [Det. + Nome] na posição pré- e pós-verbal. Esta pesquisa foi realizada tanto a nível geral, de acordo com a natureza modal da expressão nominal, como, a nível individual no caso de cada antecedente, não só entre PE e PB como, também, entre os registos jurídico e jornalístico. Todos os dados podem ser consultados no seguinte Quadro 2.5[17] e, também, nos Gráficos 2.8.–2.14. (pp. ss.), que vão mostrar mais claramente o grau de proximidade tanto a nível contrastivo diatópico (entre as variedades) como textual (entre os dois registos).

Ao olhar para os dados visualizados graficamente, observamos tendências equiparáveis em ambos os registos no que tange à seleção das diferentes formas de subordinação argumental segundo o critério de valor modal do antecedente em CPP e CETEMPúblico (veja-se o Gráfico 2.8.[18]). A única diferença mais significativa registamo-la no caso dos antecedentes dubitativos.

---

17 No caso da categoria das frases completivas infinitivas (na segunda e na quarta colunas do Quadro 2,5.) colocamos três dados: o primeiro indica o número de ocorrências em CPP ou CPB, o segundo e o terceiro indicam o número das ocorrências encontradas na Linguateca, sendo que o segundo mostra as ocorrências do infinitivo sem marcas de flexão e, o terceiro, com marcas de flexão. No caso do infinitivo com marcas da flexão, fez-se uma pesquisa das frases completivas infinitivas através dos indicadores explícitos das marcas de flexão, que é, no nosso caso, não só o sufixo verbal, mas também o sujeito heterogéneo na forma pronominal (*eu, tu, ele, ela, este, esse, aquele, nós, eles, elas*) ou na forma de um nome precedido de determinante (*o,os, a, as, um, uma*). Esta parte da pesquisa realizou-se através da fórmula [lema =„possibilidade"] „de" [lema =„ele"] [temcagr =„.*INF.*"] ou [lema =„intenção"] „de" „o" @[pos =„N.*"] [temcagr =„.*INF.*"].

18 Do Gráfico foi excluído o antecedente *hipótese*, cuja ocorrência não se verificou em CPP.

Quadro 2.5: Antecedentes nominais e subcategorização das frases finitas e infinitivas nos Códigos (CPB e CPP) e na Linguateca (PE e PB)

valor modal		frase principal		frases completivas			
		nome	variedade	CPB x PB		CPE x PE	
			tipo de frase	finita CP/Ling. pt	infinitiva CP/Ling. pt marcas de flexão -/+	finita CP/ Ling. pt	infinitiva CP/Ling.pt marcas de flexão -/+
epistémico + crença forte	conhecimento	*fa(c)to de*		0/1103	2/820/560	0/1095	0/8446/4409
		conhecimento de		0/38	0/1/0	2/539	0/13
		consciência de		0/148	0/7/0	0/1321	5/92
		sinal de		0/341	0/27/4	0/2272	1/479/3
		perigo de		0/8	0/48/0	0/54	1/378/10
		risco de		0/42	2/846/49	0/159	1/4345/181
		decisão de		0/7	0/575/2	0/49	1/3477/21
	declarativo	*advertência de*		0/10	0/0/0	1/22	0/0
bimodal /dupla seleção do modo/		*hipótese de*		0/154	1/181/78	0/251	0/5641/573
		ideia de		0/629	0/686	0/5475	0/3134/75
valor mais fraco de crença	**possibilidade**	*impossibilidade de*		0/1	3/120/11	0/2	4/1040/50
		possibilidade de		0/139	0/1387/239	0/127	1/10353/1058
	dubitativo	*receio de*		0/71	0/67/2	3/997	0/444/14
e	**deôntico**	*dever de*		0/0	2/142/0	0/9	11/730/4
pistémico -		*obrigação de*		0/1	2/339/4	0/21	1/1389/18
	volitivo	*vontade de*		0/8	2/633/0	0/62	0/4254/12
		intuito de		0/0	8/83/0	0/5	1/850
		intenção de		0/7	1/583/2	1/27	71/5579/13
		fim de		0/149	26/723/1	0/250	6/3908/28
		pretexto de		0/25	5/79/1	1/245	0/265/7

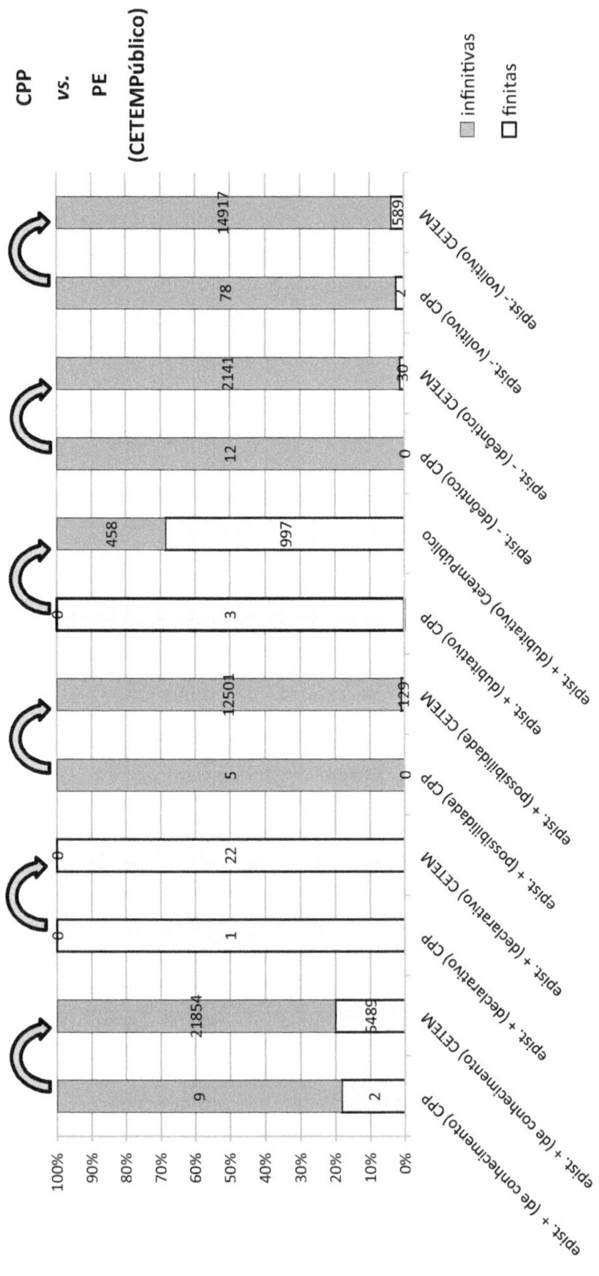

Gráfico 2.8: Frases completivas nominais finitas e infinitivas em CPP e CETEMPúblico (PE) segundo o valor modal do antecedente

Como era de esperar, os antecedentes epistémicos declarativos e dubitativos tendem para subcategorizarem as frases completivas finitas ao contrário dos antecedentes epistémicos de conhecimento, de possibilidade, deônticos e volitivos. No que diz respeito aos últimos dois agrupamentos, os nossos resultados confirmam, claramente, a influência da natureza correferente de sujeito na seleção das frases infinitivas. E, quanto aos antecedentes dubitativos, podemos observar que, no Código Penal português, eles subcategorizam apenas as formas finitas enquanto, no *corpus* CETEMPúblico, são selecionadas, não raramente, também, as formas infinitivas.

Proceda-se à comparação dos resultados da análise das mesmas construções em CPB e no *corpus* CETENFolha, monitorizados pelo Gráfico 2.9.[19]

Na variedade brasileira, a convergência entre os dois registos não se afigura tão unívoca, sendo no *corpus* CETENFolha patente uma maior oscilação, sobretudo, no caso das completivas subcategorizadas pelos antecedentes de tipo epistémico de crença forte, i.e., de conhecimento e bimodal (p. ex. no caso do antecedente *hipótese* foi verificado um elevado número das frases finitas). No que se refere aos outros antecedentes, designadamente os com o valor de crença fraca, de possibilidade ou volitivos, a ocorrência das frases finitas resultou muito reduzida em ambos os registos. Os dados encontrados, no entanto, confirmam, em geral, a prevalecente tendência para a subcategorização da subordinação argumental infinitiva neste grupo de modalizadores.

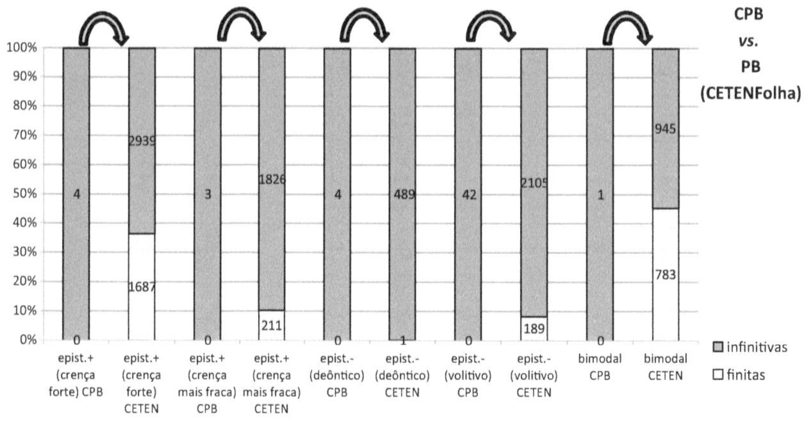

Gráfico 2.9: Frases completivas nominais finitas e infinitivas em CPB e CETENFolha (PB) segundo o valor modal do antecedente

19 Do Gráfico excluímos as expressões declarativas e dubitativas que não foram verificadas em CPB.

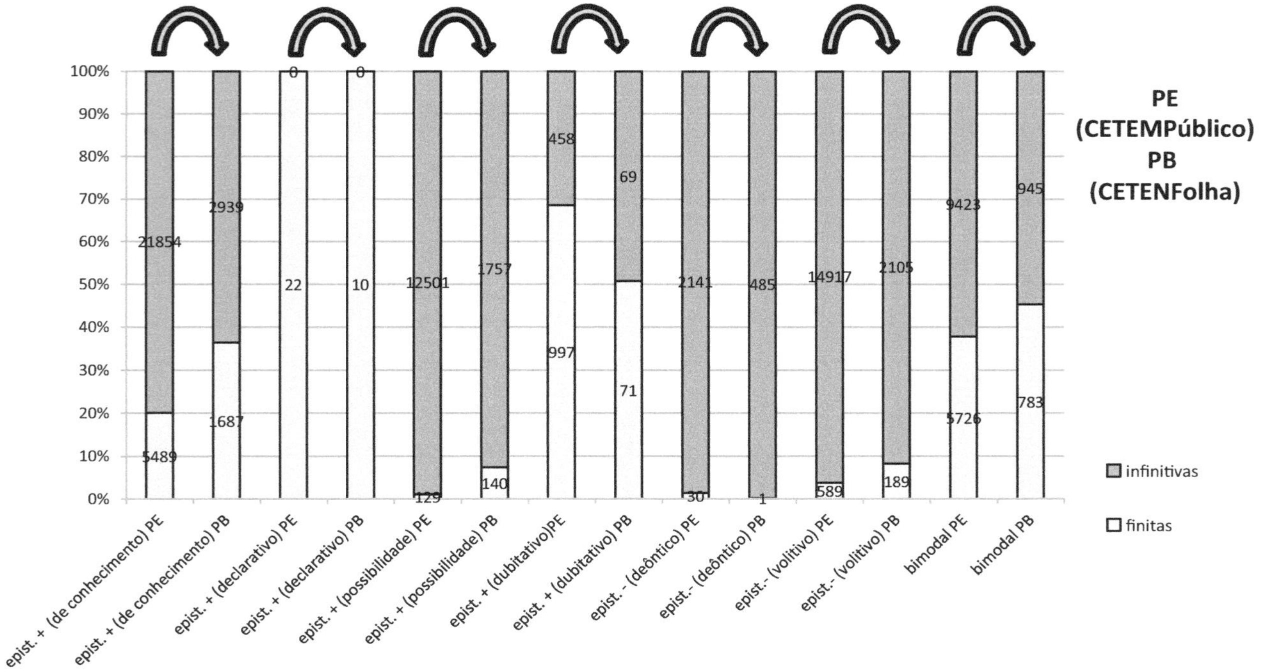

Gráfico 2.10: Frases completivas nominais finitas e infinitivas em CETEMPúblico (PE) e CETENFolha (PB) segundo o tipo do valor modal do antecedente

Até aqui, temos observado o uso das formas finitas e infinitivas no eixo vertical, isto é, em dois registos de uma variedade. Proceda-se, porém, à sua comparação a nível horizontal (diatópico) nas duas variedades e fora da linguagem jurídica. Como o Gráfico 2.10. mostra, os dados falam a favor da proximidade existente entre as variedades a nível mais geral. Para conseguirmos uma maior amostra contrastiva, incluímos todas as expressões encontradas, independentemente de se se encontram nos dois Códigos ou em apenas um deles.[20]

Para evitarmos a excessiva generalização dos resultados obtidos, decidimos monitorizar o seu comportamento desde uma perspetiva mais microscópica, i.e., em diferentes agrupamentos modais. Consideramos útil verificar se, dentro dos grupos modais referidos há tendências opostas, e isso tanto nos Códigos Penais como no *corpus* da Linguateca. Observemos, portanto, os dados dos Gráficos 2.11. e 2.12., que contêm os resultados relativos à análise quantitativa contrastiva das construções finitas e infinitivas em CPB e CETENFolha (PB), e os Gráficos 2.13. e 2.14., que mostram os resultados associados às completivas finitas em CPP e CETEMPúblico (PE), respetivamente. As maiores diferenças serão marcadas com o sinal **X**.

Os gráficos mostram que a tendência de uso a nível contrastivo e textual, i.e. em CPB e CETENFolha (PB), não é idêntica em todos os casos. Enquanto, no Código, as únicas frases registadas são as infinitivas, no CETENFolha, ambas as subordinações argumentais foram documentadas, e isso em quase todos os

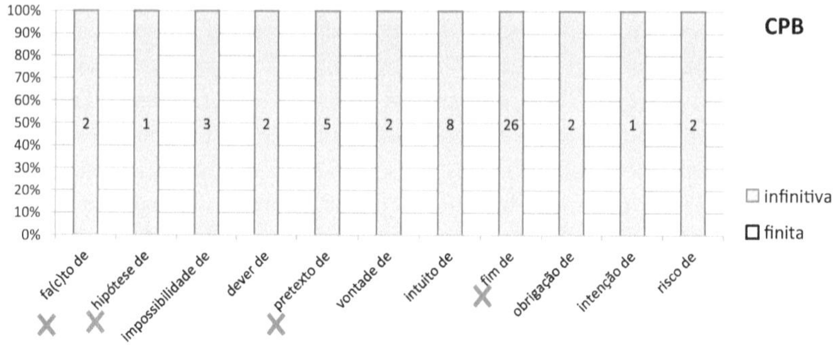

Gráfico 2.11: Frases completivas nominais finitas e infinitivas em CPB segundo o núcleo do antecedente

20 No caso dos antecedentes de tipo bimodal *ideia de* vs. *idéia +de* e de tipo epistémico de conhecimento *facto de* vs. *fato de*, considerou-se, na procura, a dupla ortografia.

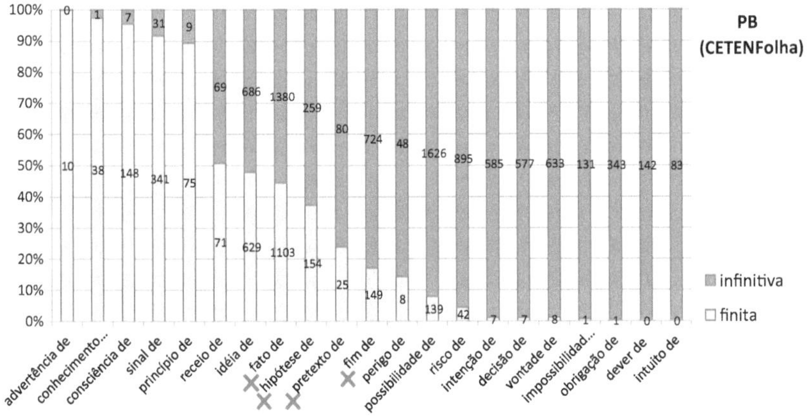

Gráfico 2.12: Frases completivas nominais finitas e infinitivas em CETENFolha (PB) segundo o núcleo do antecedente

antecedentes. Ora, no dito *corpus*, as expressões *fato de* ou *hipótese de*, assinalados com **x**, subcategorizam as frases finitas numa medida bem significativa. No que se refere aos antecedentes não epistémicos como *pretexto de, fim de, risco de* e *impossibilidade de, vontade de*, a subordinação finita também pode ser selecionada, embora numa medida muito mais reduzida. Por outro lado, no que se refere às construções completivas nominais subcategorizadas pelos antecedentes *intuito de, dever de* e *obrigação de* estes, em ambos os registos, apresentam, praticamente, apenas a subcategorização da subordinação argumental infinitiva, o que é dado, obviamente, pelo caráter correferencial inerente do sujeito. Um resultado de pouca previsibilidade foi registado no antecedente *impossibilidade*, que se afigura-se como exclusivamente infinitivo, apesar de possuir as mesmas propriedades referencias de sujeito que a sua contraparte *possibilidade* (em que a percentagem relativa à seleção da frase finita atingiu o valor de aproximadamente 8%).

Veja-se os seguintes Gráficos 2.13. e 2.14., em que comparamos ambas as subordinações em CPP e CETEMPúblico (PE):

Como os dados provam, nos registos comparados da variedade europeia, os resultados também não se afiguram absolutamente idênticos. Por um lado, prevalece a tendência dos antecedentes de conhecimento e declarativos *conhecimento de, advertência de, princípio de, perigo de, receio, risco de* para selecionarem as frases completivas finitas, e a tendência dos antecedentes *fim de, dever de, possibilidade de, impossibilidade de, perigo de* e *intenção de* para

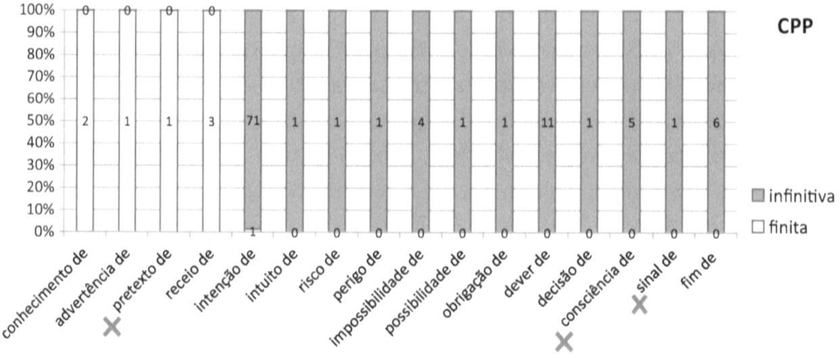

Gráfico 2.13: Frases completivas nominais finitas e infinitivas em CPP segundo o núcleo do antecedente

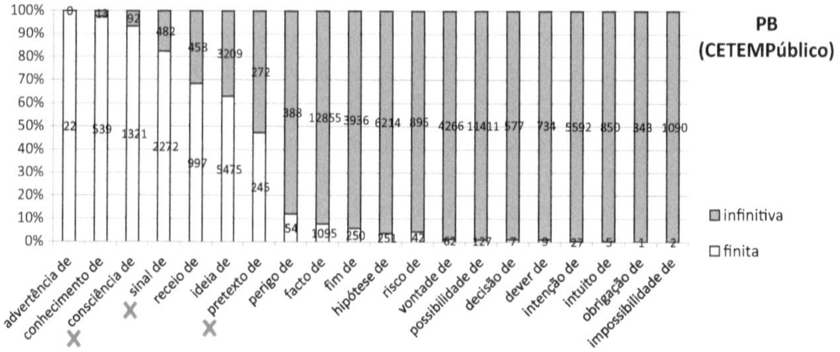

Gráfico 2.14: Frases completivas finitas e infinitivas em CETEMPúblico (PE) segundo o núcleo do antecedente

subcategorizarem as frases infinitivas. Por outro lado, registam-se diferenças marcantes quando as frases completivas são selecionadas pelos núcleos *sinal de* e *consciência de*, que, em CPP, subcategorizam exclusivamente a subordinação infinitiva, contrariamente ao uso prevalecente das formas finitas no CETEMPúblico. Os dados demonstram, igualmente, uma oscilação entre uma e outra subordinação no caso do antecedente *pretexto de.*

Apesar de os dados expostos apresentarem propriedades convergentes em termos gerais, a coincidência é mais estreita entre PE e PB do que entre os próprios Códigos, com a exceção dos verbos bimodais, que demonstram um uso mais variável a nível da linguagem corrente. No caso dos antecedentes deônticos e volitivos e dos com um valor de crença fraca, foi verificada, no entanto, tanto em PE como em PB, a mesma tendência para selecionar as frases infinitivas, dada, sem dúvida, pela natureza semântica das ditas expressões e pelo valor referencial do sujeito como ilustra o seguinte exemplo *vontade*.

A sua taxonomia assenta, sobretudo, no sema autorreferencial, inerente do seu sujeito x: [*vontade* do sujeito/agente *x* de o mesmo sujeito/agente x realizar a proposição da F^-] (p. ex.« Estou *a vontade de chorar*») sendo improvável a justaposição dos sujeitos não correferentes (i.e. sujeito x *versus* sujeito y): [*vontade* do sujeito/agente *x* de o sujeito/agente *y* realizar a proposição da F^-] (p. ex. *«*Estou* com *a vontade* de *ele chorar.*») tal como se pode deduzir da sua definição que carateriza a vontade como "[...] a faculdade comum ao homem e aos outros animais pela qual o espírito se inclina a uma acção"[21]. Infira-se, portanto, que é evidente a tendência para a frase infinitiva sem marcas de flexão. Um caso análogo é o da expressão *dever* ou *a obrigação de*, o qual implica o mesmo sema autorreferencial [dever do sujeito/agente *x* de o mesmo sujeito/agente x realizar a proposição da F^-], sendo improvável o seu caráter heterogéneo [dever do sujeito/agente *x* de o sujeito/agente *y* realizar a proposição da F^-].

Apesar disso, no entanto, mesmo no caso de o sujeito ser correferente em F^- e F^+, foram encontradas ocorrências de subordinação finita, sem repetir o mesmo sujeito. E ao mesmo tempo, quando o sujeito não era correferente, registou-se, às vezes, a argumentação infinitiva flexionada. Assim, em CPB, foram identificados, em algumas frases completivas, predicados com marcas de flexão com o sujeito foneticamente realizado na posição pós-verbal. («Importa renúncia tácita ao direito de queixa a prática de ato incompatível com a vontade de exercê-lo; não a implica, todavia, *o fato de receber o ofendido* a indenização do dano causado pelo crime.» (BRASIL, 1940, Art. 104, parágrafo único). Por outro lado, em CPP verificou-se a ocorrência das frases finitas mesmo no caso do controlo do sujeito ou objeto («*receio de que* (a personalidade do agente) *possa vir* a praticar outro facto da mesma espécie» (PORTUGAL, 1982, Art. 91 § 1º).

2.3.4. Frequência das frases finitas *versus* infinitivas flexionadas

Quanto à comparação de uso das frases finitas e infinitivas com marcas de flexão em PE e PB, procedeu-se a uma pesquisa das suas ocorrências com o sujeito foneticamente explícito. Partindo do facto de a natureza referencial do sujeito ser um dos fatores mais decisivos na seleção de uma ou da outra alternativa,

21 https://www.priberam.pt/dlpo/vontade [consultado em 23-07-2017].

considerámos como as frases finitas as que, tipicamente, têm o sujeito heterogêneo, como as frases infinitivas sem a realização de sujeito as que, tipicamente, têm o sujeito correferente, e como as frases infinitivas flexionadas as que, tipicamente, possuem o sujeito não correferente. Estamos cientes de este método ter os seus defeitos, mas como não existe a ferramenta que possibilite excluir das frases completivas finitas aquelas que tenham o mesmo sujeito que a F^{+} e, das frases infinitivas sem marcas de flexão, aquelas que apresentem um sujeito heterogéneo, utilizamos as mesmas fórmulas que na secção anterior (cf. Cap. 2.3.3., nota de rodapé 16 e 17), adquirindo, por isso, resultados apenas aproximativos. Por motivos de excessiva exigência temporal, descartamos, nesta fase da pesquisa, o método manual. Nos respetivos parágrafos vamos, portanto, indicar os dados da relação numérica entre as frases finita: infinitiva flexionada, sempre na mesma ordem, acompanhando-os pela fração equivalente na forma básica.

Em ambas as variedades, foi registada a mesma tendência para selecionar a forma infinitiva flexionada nos antecedentes *possibilidade de* e *risco de*. No caso do primeiro deles, em PE, a relação entre $F^{\text{-fin.}}$ (127 ocorrências) e $F^{\text{-inf.flex.}}$ (1058 ocorrências) é ≈ 1: 8 e, em PB, a relação entre $F^{\text{-fin.}}$ (139 ocorrências): $F^{\text{-inf. flex.}}$ (239 ocorrências) é ≈ 1: 2. No caso do antecedente *impossibilidade de*, verificou-se a seleção quase exclusiva das frases infinitivas, havendo a relação entre $F^{\text{-fin.}}$ (2) e $F^{\text{-inf. flex.}}$ (50), em PE, ≈ 1: 25 e, em PB, = 1: 11. No caso do antecedente *risco de*, a relação entre $F^{\text{-fin.}}$ (159 ocorrências) e $F^{\text{-inf. flex.}}$ (181 ocorrências) é de ≈ 1: 1 e, em PB, $F^{\text{-fin.}}$ (42 ocorrências): $F^{\text{-inf.flex.}}$ (49 ocorrências) é ≈ 1: 1.

Em ambas as variedades, verificou-se a seleção das frases infinitivas flexionadas, numa medida muito reduzida, no caso dos seguintes antecedentes: *sinal de* (em PE, $F^{\text{-fin.}}$: $F^{\text{-inf. flex.}}$ = 2272:3 ≈ 757:1 e, em PB, 341:4 ≈ 85:1), *receio de* (em PE, $F^{\text{-fin.}}$: $F^{\text{-inf. flex.}}$ = 71:2 ≈ 36:1 e, em PB, 997:14 ≈ 71: 1), *pretexto de* (em PE, 245:7 ≈ 35:1 e, em PB, 25:1) e *decisão de* (em PE, 49:21≈23:1 e, em PB, 7:2 = 4:1).

Tendências divergentes a nível contrastivo verificaram-se no caso dos antecedentes *facto de* e *hipótese de*.

No que diz respeito a *facto de*, em PE, a preferência de usar o infinitivo, tanto com marcas como sem marcas de flexão, é mais que evidente, sendo a relação $F^{\text{-fin.}}$: $F^{\text{-inf. flex.}}$ = 1095: 4409 ≈ 1:4, enquanto que, em PB, os dados falam a favor do uso das frases finitas, sendo a relação $F^{\text{-fin.}}$: $F^{\text{-inf. flex.}}$ = 1103:560 de ≈ 2:1.

Quanto à subcategorização pelo antecedente *hipótese de*, em PE, os dados falam a favor do uso da forma infinitiva, sendo a relação entre $F^{\text{-fin.}}$: $F^{\text{-inf. flex.}}$ = 251: 573 ≈ 1:2. Ao contrário, em PB, a prioridade é a de usar a forma finita, sendo a relação $F^{\text{-fin.}}$: $F^{\text{-inf. flex.}}$ = 154: 78 ≈ 2:1

No que se refere aos outros antecedentes, a seleção da frase finita restringe-se apenas à variedade europeia e às seguintes expressões: *perigo de* (em PE, $F^{-fin.}$: $F^{-inf. flex.}$ = 54:10 = 5:1) e *ideia de* (em PE, $F^{-fin.}$: $F^{-inf. flex.}$ = 5475: 75 ≈ 73: 1).

Dos dados infere-se que, enquanto o uso das frases completivas infinitivas com o sujeito correferente é muito mais frequente do que o das finitas, sobretudo no caso dos antecedentes volitivos, o uso do infinitivo com marcas de flexão é mais raro em ambas as variedades comparativamente com as suas contrapartidas finitas. Veja-se os Gráficos 2.15. (p. s.) para comparar a frequência das frases finitas e infinitivas flexionadas selecionadas pelos antecedentes nominais. Os dados mostram que, a frequência das frases infinitivas com marcas de flexão é, levemente, mais elevada em PE do que em PB, sendo, no entanto, comum o seu uso em ambas as variedades, constituindo, no total, em PE, 42% e, em PB, 28% como podemos observar no Gráficos 2.16. (p.s.).

A complementação nominal, apresenta, a nível contrastivo e textual, também, uma leve assimetria. Sobretudo quando se vê subcategorizada pelos antecedentes *pretexto, receio* e *consciência* (em CPP) e *fato, hipótese, pretexto, fim* (em CPB) como já tínhamos referido. No caso de *pretexto* e *receio*, utilizados no Código Penal português com a complementação nominal finita, provamos a tendência para subcategorizar a complementação infinitiva na linguagem jornalística, e no caso de *consciência*, sucede o contrário. Quanto aos antecedentes *fato, hipótese, pretexto, fim*, utilizados no Código Penal brasileiro só com as frases infinitivas, estes, na linguagem jornalística, frequentemente, selecionam as frases finitas (sobretudo nas primeiras três expressões mencionadas).

Em termos gerais, podemos afirmar que ambos os Códigos coincidem na priorização das frases infinitivas sem ou com marcas de flexão, sobretudo, quando o sujeito é homogéneo. Em CPP, foram registadas também várias frases finitas quando o sujeito era heterogéneo. A única exceção foi registada no caso do antecedente *fato* que, em CPB, selecionou a forma infinitiva (2 ocorrências) apesar de o sujeito ser heterogéneo (exemplo 56), e o antecedente *receio* (3 ocorrências em CPP), que subcategoriza a frase finita apesar de o sujeito ser homogéneo como provam os seguintes dois exemplos:

(56) Importa renúncia tácita ao direito de queixa a prática de ato incompatível com a vontade de exercê-lo; não a implica, todavia, *o fato de receber o ofendido* a indenização do dano causado pelo crime.

(BRASIL, 1940, Art. 104º Parágrafo único.)

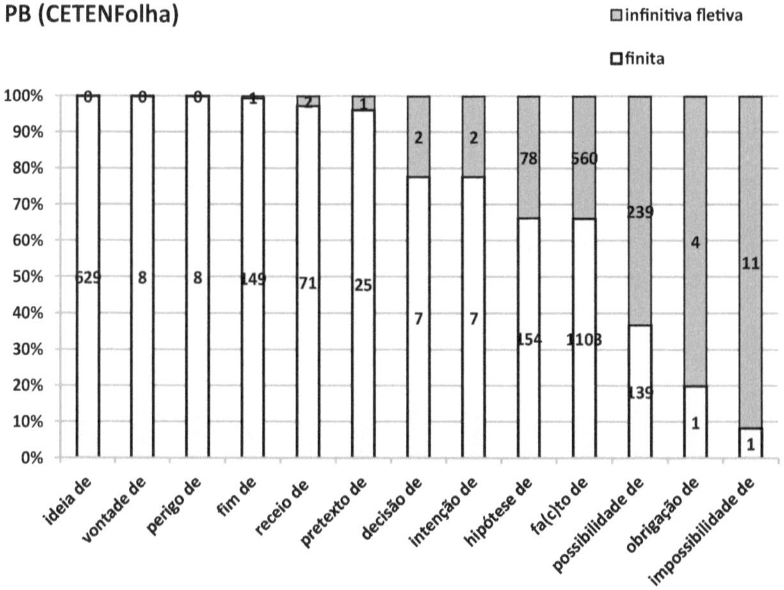

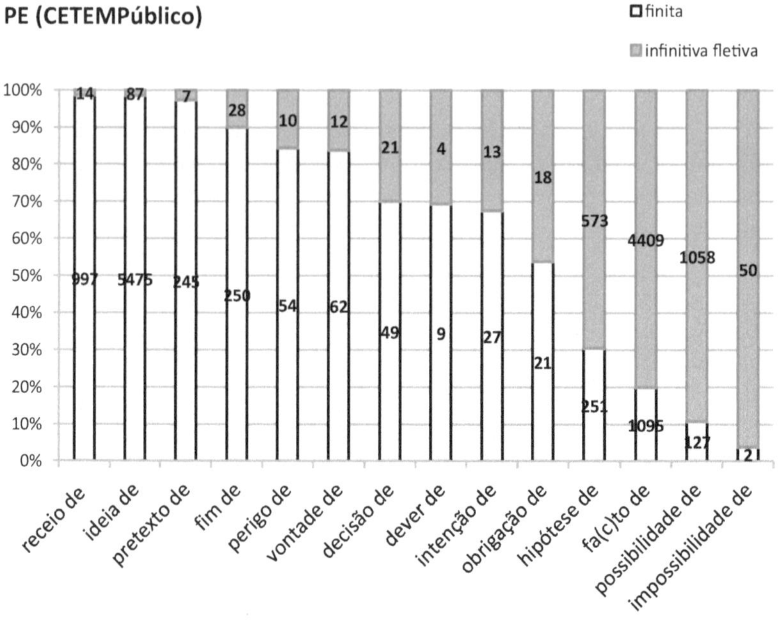

Gráficos 2.15: Frases completivas nominais finitas e infinitivas flexionadas segundo o núcleo do antecedente em CETENFolha (PB) e CETEMPúblico (PE)

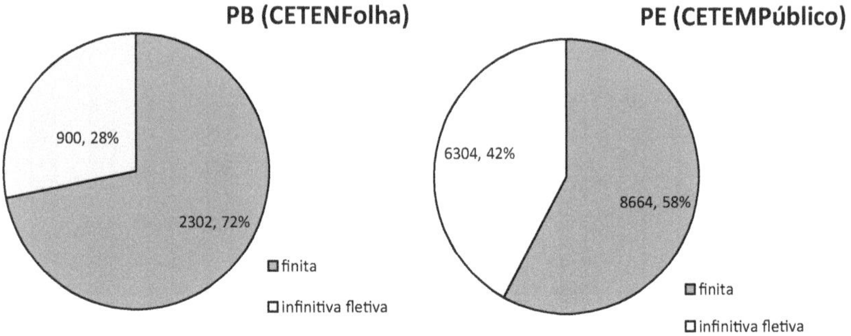

Gráficos 2.16: Frases completivas finitas e infinitivas segundo os dados dos Gráficos 2.15.

(57) Quem for condenado por crime cometido com grave abuso de profissão, comércio ou indústria que exerça, ou com grosseira violação dos deveres inerentes, ou dele for absolvido só por falta de imputabilidade, é interdito do exercício da respectiva actividade quando, em face do facto praticado e da personalidade do agente, houver fundado *receio de que possa vir* a praticar outros factos da mesma espécie.

(PORTUGAL, 1982, Art. 100º §1)

Em palavras resumidas, os Códigos por um lado, não se mostram ser absolutamente idênticos no que se refere à formulação formal da complementação nominal, havendo casos de frases finitas em CPP inexistentes em CPB. Por outro lado, no entanto, a tendência de uso, em termos globais, em ambos os textos, fala a favor das formas infinitivas. Através desta análise, foi verificado, ao mesmo tempo, que o uso das formas infinitivas com e sem marcas de flexão coincide, em geral, em ambas as variedades fora do texto jurídico, como provaram os dados da Linguateca o que nos leva a constatar que, do ponto de vista diatópico, as preferências pelas diferentes subordinações são, relativamente, convergentes.

2.3.5. Comparação do acervo lexical em CPP e CPB

Do ponto de vista contrastivo, portanto, as duas variedades e os dois textos manifestam traços tipologicamente muito parecidos tanto a nível da representatividade percentual dos diferentes tipos das frases completivas e da tipologia dos valores modais dos antecedentes como a nível da caraterização formal. Ao entrarmos a estudar o aspeto lexicológico, contudo, podem ser observadas maiores divergências. De acordo com o mesmo, propomos dividir os antecedentes em quatro grupos, como visualizamos no Esquema 2.3. (p.s.).

1. Antecedentes que ocorrem tanto em CPP como em CPB e que subcategorizam a mesma subordinação argumental: *fim de, impossibilidade de, intuito de, intenção de* (que em CPP subcategoriza, também, a forma finita), *obrigação de, dever de, risco de;*
2. Antecedentes que ocorrem tanto em CPP como em CPB e que diferem na subordinação argumental subcategorizada: *pretexto de* que, em CPP, subcategoriza a forma finita e, em CPB, a forma infinitiva;
3. Antecedentes que ocorrem apenas em CPP subcategorizando as frases finitas: *conhecimento de, advertência de, receio de;*
4. Antecedentes que ocorrem apenas em CPP e que subcategorizam as frases infinitivas: *possibilidade de, decisão de, perigo de, consciência de, sinal de;*
5. Antecedentes que ocorrem só em CPB subcategorizando sempre a frase infinitiva: *facto de, hipótese de, vontade de*).

Como podemos deduzir, a seleção das frases finitas ou infinitivas, por coincidir com as ocorrências verificadas a nível da linguagem mais comum, não pode ser identificada como um traço típico dos textos dos Códigos. A mesma conclusão revela-se a nível diatópico quando, salvo algumas poucas exceções, foi verificado um uso homogéneo em ambas as variedades.

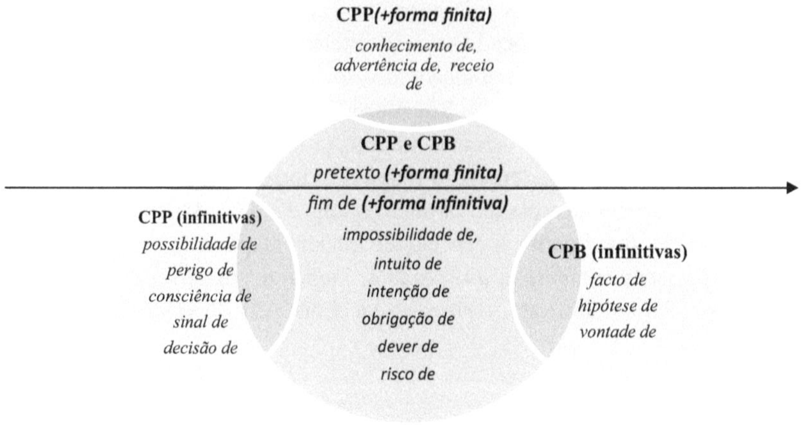

Esquema 2.3: Antecedentes nominais das frases completivas nos Códigos

2.4. Complementação adjetival

A complementação adjetival constitui, em CPP, apenas 13% e, em CPB, apenas 18% do total das frases completivas, pertencendo entre elas as subcategorizadas pelos antecedentes *capaz de +inf.*, *susce(p)tível +de+inf.*, *destinado a +inf.*, *adequado a+ inf.*, *autorizado a+ inf.*, *incumbido de+inf.*, *intimado a+ inf.*, *tendente a+ inf.* e *idóneo a+ inf.*.

Como podemos observar, tanto em CPP como em CPB, todas estas construções subcategorizam uma frase completiva infinitiva e nunca uma finita, motivo pelo qual excluiremos deste capítulo a secção que trata do modo verbal.

Do ponto de vista sintático, encontramos dois tipos de frases completivas infinitivas: 1. completivas de adjetivo: *capaz* e *suscetível* e 2. completivas de particípio passado de verbos *destinado, adequado, autorizado, incumbido* e *intimado.* Relativamente às preposições que introduzem as frases completivas adjetivais, o seu uso é obrigatório e dependente da regência do adjetivo de base verbal (*destinado a, autorizado a, tendente a, idóneo a, suscetível de, capaz de, incumbido de, obrigado a*).

De referir que, como o uso das formas infinitivas, ao longo dos textos estudados, foi homogéneo, não nos será possível realizar a comparação das subordinações argumentais a nível contrastivo-textual, e limitar-nos-emos a observar a distribuição dos valores modais nos textos dos Códigos.

2.4.1. Valor modal do antecedente adjetival

Relativamente à tipologia dos valores modais, seguir-se-á um mapa semântico diferente daquele que foi aplicado no caso anterior, sendo que para alguns adjetivos seria muito forçada a atribuição do valor epistémico[22]. Assim, para além da tipologia atual, elaborada por Rui Marques (2013), no caso desta complementação adjetival (e, como veremos adiante, também, no da complementação verbal), levou-se em consideração o mapa da modalidade de Vladimir Plungian e Johan van der Auwera (cf. também o Cap. 2.1.3.1.). Assim incluímos, na presente secção, igualmente, a capacidade interna ao participante, que carateriza as expressões *tendente a, adequado a, idóneo a, suscetível de, capaz de* e *destinado a.* Para além desta, verificou-se a ocorrência do valor deôntico, que

---

22 Agradeço a Rui Marques Vieira a sugestão de seguir, neste caso, o modelo que inclui a modalidade interna ao participante, e a perspetiva de os adjetivos *adequado, tendente, suscetível, etc.* indicarem que uma entidade tem o potencial para que a situação descrita em *F* se venha a concretizar.

Quadro 2.6: Valores modais dos antecedentes adjetivais

valor modal	
circunstância **interna ao participante**	**deôntico**
adequado a *idóneo* *suscetível a* *tendente a* *capaz de* *destinado a*	*incumbido de* *autorizado a* *intimado a* *obrigado a*

foi o caso das seguintes expressões: *incumbido de, autorizado a, intimado a* e *obrigado a*, que implicam uma obrigatoriedade, ordem ou autorização, como mostra o Quadro 2.6.

Analogamente aos antecedentes completivos nominais *receio* e *perigo*, também nesta secção resultou indispensável recorrer ao contexto holístico, designadamente à modalidade proposicional, para conseguirmos a interpretação correta dos subvalores modais de alguns dos antecedentes adjetivais. Tal se deu, por exemplo, no caso de *destinado a* F $^{\text{finita/infinitiva}}$, que decidimos classificar como expressão de valor modal interno ao participante, sendo usado no sentido de se referir às propriedades internas, como ilustra o artigo 202.° d) (Definições legais dos crimes contra o património) e não no sentido deôntico de destinar ou determinar (cf. o Cap. 2.5.2. e o Quadro 2.9.):

(58) Para efeito do disposto nos artigos seguintes considera-se: ***d)*** Arrombamento: o rompimento, fractura ou destruição, no todo ou em parte, de dispositivo *destinado a fechar* ou impedir a entrada, exterior ou interiormente, de casa ou de lugar fechado dela dependente;

(PORTUGAL, 1982, Art. 202° d))

Como se vê nos Gráficos 2.17., é precisamente este tipo de antecedentes de valor interno ao participante que, em ambos os textos comparados, se afigura dominante (em CPB, constitui 95% e, em CPP, 85% do total dos antecedentes adjetivais), enquanto o valor deôntico só ocorre em casos esporádicos, sendo ambos ilustrados pelas frases 59–61.

Exemplificação: Modalidade interna ao participante:

(59) Quem falsificar, subtrair, destruir, inutilizar, fizer desaparecer ou dissimular meio de prova sobre facto referente a relações entre Portugal e Estado estrangeiro ou organização internacional, *adequado a pôr* em perigo direitos ou interesses nacionais, é punido com pena de prisão de 1 a 8 anos.

(PORTUGAL, 1982, Art. 318° §1)

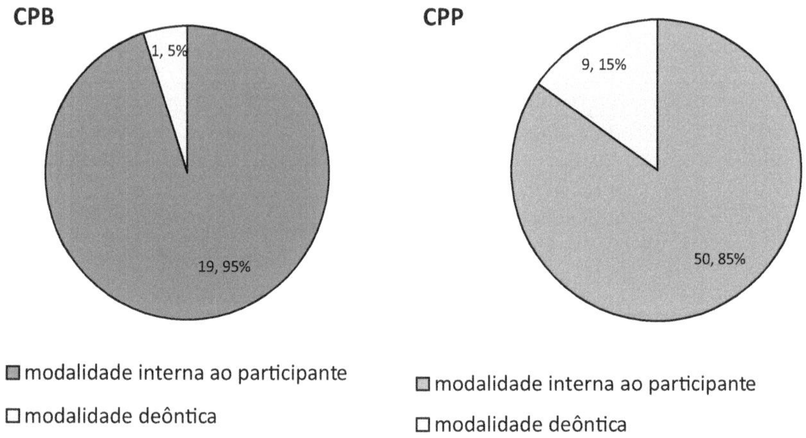

Gráficos 2.17: Valores modais dos antecedentes adjetivais em CPB e CPP

(60) Expor a perigo embarcação ou aeronave, própria ou alheia, ou praticar qualquer ato *tendente a impedir* ou dificultar navegação marítima, fluvial ou aérea: Pena - reclusão de dois a cinco anos.

(BRASIL, 1940, Art. 261°)

Modalidade deôntica:

(61) Para efeito do disposto nos artigos seguintes considera-se:
Marco: qualquer construção, plantação, valado, tapume ou outro sinal destinado a estabelecer os limites entre diferentes propriedades, postos por decisão judicial ou com o acordo de quem esteja legitimamente *autorizado para o dar.*

(PORTUGAL, 1982, Art. 202° g))

Em CPB, deparamo-nos, apenas, com a expressão deôntica *autorizado a,* e, em CPP, podemos observar, igualmente, outras expressões (*intimado a, incumbido e obrigado a*). Em ambos os textos, o antecedente com o número de ocorrências mais elevado, é *destinado a*. Para comparar, consulte-se o Quadro 2.7.

2.4.2. Caraterização formal

Como já tínhamos avançado, no caso da complementação adjetival encontramos apenas as frases infinitivas. Para o efeito da comparação das duas formas de subordinação a nível mais geral, recorreu-se a uma sondagem na Linguateca, usando, nos *corpora* CETEMPúblico e CETENFolha, para os ditos fins, as

Quadro 2.7: Antecedentes adjetivais e a subcategorização das frases completivas infinitivas em CPP e em CPB

	frase principal		**frases completivas infinitivas**	
modalidade	**adjetivo**	**variedade**	**CPB**	**CPP**
modalidade interna ao participante	*capaz de*		4	1
	incapaz de		5	0
	suscetível de		1	7
	tendente a		2	0
	adequado a/para		0	21
	idóneo a		0	2
	destinado a		7	19
deôntica	*intimado a*		0	1
	autorizado a		1	4
	incumbido de		0	1
	obrigado a		0	3

fórmulas seguintes: [lema =„idóneo“] „a“ „que“ para procurar os antecedentes adjetivais com a frase finita, e [lema =„idóneo“] „a“ [temcagr =„.*INF.*“], para procurar os antecedentes adjetivais com a frase infinitiva. Realizou-se uma pesquisa individual em cada uma das expressões, para mostrarmos as possíveis convergências e divergências que existem entre o registo jurídico e o jornalístico. Os dados adquiridos podem ser consultados no Quadro 2.8.

Como podemos testemunhar, existe uma clara coincidência entre as variedades e os registos estudados: em todos, verifica-se a predominância das frases infinitivas devido ao sujeito correferente, e uma esporádica ocorrência das frases finitas no caso de não haver o controlo de sujeito (registadas na Linguateca) (*adequado a, autorizado a, tendente a, obrigado* e *destinado a que).*

O número reduzido dos antecedentes adjetivais impediu-nos de realizar uma análise ainda mais profunda. Relativamente aos seus homólogos nominais, refira-se que foi verificada uma variabilidade muito menor tanto no repertório dos antecedentes como nas formas e modos verbais, mesmo no caso do sujeito não correferente.

2.4.3. Comparação do acervo lexical em CPP e CPB

Do ponto de vista lexicológico, os antecedentes adjetivais, que subcategorizam a frase infinitiva, podem ser divididos em três grupos, como mostra o Esquema 2.4.

Quadro 2.8: Antecedentes adjetivais e subcategorização das frases completivas finitas ou infinitivas nos Códigos (CPP e CPB) e na Linguateca (PE e PB)

	frase principal	**frases completivas finitas e infinitivas**			
modalidade	**adjetivo**	**CPB** F-finita F-infinitiva	**CETENFolha** F-finita F-infinitiva	**CPP** F-finita F-infinitiva	**CETEMPúblico** F-finita F-infinitiva
modalidade interna ao participante	*capaz de*	0/4	0/3023	0/1	1/16520
	incapaz de	0/5	0/400	0/0	0/3246
	suscetível de	0/1	0/46	0/7	0/2201
	tendente a	0/2	0/18	0/0	2/611
	adequado a/para	0/0	0/0	0/21	2/31
	destinado a	0/7	0/0	0/19	4/0
	idóneo a	0/0	0/0	0/2	0/0
deôntica	*intimado a*	0/0	0/0	0/1	0/0
	autorizado a	0/1	0/0	0/4	1/0
	incumbido de	0/0	0/0	0/1	0/0
	obrigado a	0/0	0/44	0/3	0/363

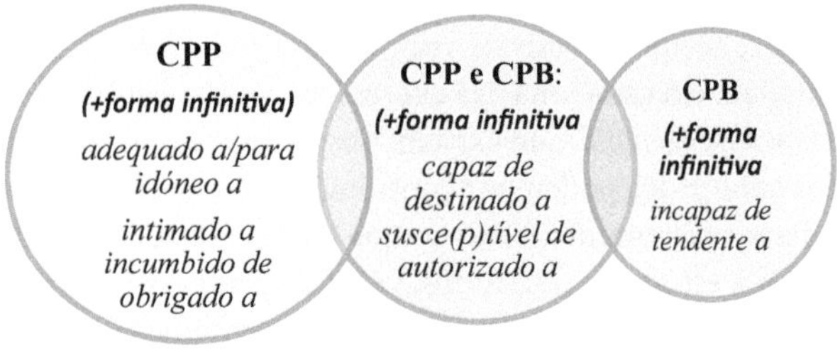

Esquema 2.4: Antecedentes adjetivais das frases completivas nos Códigos

1. Antecedentes comuns de ambos os Códigos Penais *capaz de, susce(p)tível de, destinado a, autorizado a;*
2. Antecedentes que ocorreram apenas em CPP: *adequado a/para, idóneo a, intimado a, incumbido de, obrigado a;*
3. Antecedentes que ocorreram apenas em CPB: *incapaz de, tendente a.*

Em palavras resumidas, a complementação adjetival é, do ponto de vista modal, em ambos os Códigos, equiparável, dominando os antecedentes com o valor interno ao participante. Em CPP, a representatividade percentual das expressões deônticas é levemente mais alta mas, do ponto de vista sintático, tanto os dados dos Códigos como os da Linguateca coincidem no tocante à caraterização formal, preferindo a subordinação argumental infinitiva.

2.5. Complementação verbal

A complementação verbal evidencia-se, em ambos os Códigos, como a mais frequente e quase de igual relação percentual constituindo, em CPP, 48% e, em CPB, 51% de todas as frases completivas (cf. Cap. 2.1.1. e o Gráfico 2.1.). No que se refere à sua caraterização funcional, comparativamente com as suas contrapartidas nominais e adjetivais, que desempenham apenas a função de complemento nominal ou adjetival, as frases completivas verbais são mais variáveis. Relativamente ao fator semântico, iremos explorar, tal como nas secções anteriores, a distribuição dos valores modais dos antecedentes e a sua influência sobre a seleção do modo e da forma do verbo principal de $F^{\text{-completiva verbal}}$. Ao mesmo tempo, para seguirmos a estrutura das secções anteriores, realizar-se-á uma pesquisa quantitativa no *corpus* de Linguateca, cujo objetivo será verificar se a tendência relativa à subcategorização das frases completivas finitas *versus* infinitivas, a ser verificada nos Códigos, é idêntica na linguagem mais corrente.

2.5.1. Função sintática

As orações completivas verbais, no nosso *corpus,* ocorrem na função de sujeito, objeto direto e objeto oblíquo. Relembremos que não incluiremos, nesta parte da pesquisa, as frases completivas introduzidas por *quem*, que tradicionalmente pertencem às orações substantivas de sujeito, mas que, de acordo com a classificação moderna, são consideradas como relativas livres (denominadas também como *orações relativas com antecedente não expresso*). Por isso, serão incluídas no capítulo 3, dedicado às frases relativas.

Relativamente às orações completivas que desempenham a função de sujeito, foram registadas apenas duas ocorrências em CPP (*ser de prever* e *entender-se*) e isso na posição pós-verbal e introduzidas pela conjunção *que* e selecionando a frase finita com o predicado no modo indicativo.

(62) Fora dos casos previstos na legislação referida no nº 1, se o dano provocado pelo crime for de tal modo grave que o lesado fique privado de meios de subsistência, e se *for de prever que o agente o não reparará*, o tribunal atribui ao mesmo lesado, a requerimento seu, no todo ou em parte e até ao limite do dano, o montante da multa.

(PORTUGAL, 1982, Art. 130° §3)

(63) *Entende-se que ocupam* uma posição de liderança *os órgãos* e *representantes* da pessoa coletiva e quem nela tiver autoridade para exercer o controlo da sua atividade.

(PORTUGAL, 1982, Art. 11° §4)

Como veremos na secção dedicada ao modo verbal (cf. Cap. 2.5.3.), o verbo *prever* pertence aos predicadores de dupla seleção, que podem desconfinar a congruência modal, sendo o uso do indicativo ou do conjuntivo ligado à questão da modalidade epistémica, no âmbito da qual é possível exprimir tanto o valor hipotético, veiculado pelo conjuntivo, como o valor real, veiculado pelo indicativo. No entanto, os dados adquiridos mostram uma relação assimétrica entre os géneros estudados: na linguagem comum, como prova a pesquisa realizada na Linguateca, prevalece o modo conjuntivo, sendo, no entanto, no nosso texto-alvo, o único modo encontrado o indicativo, o qual implica um valor mais forte de crença e um grau mais elevado de assertividade, valores, obviamente, característicos de um texto legislativo e normativo.

As orações completivas mais frequentes, em ambas as variedades, são as que desempenham a função de objeto direto. Em CPP, foram identificadas as frases subordinadas subcategorizadas pelos verbos *decidir, verificar, considerar, revelar, concluir, crer, determinar, supor, impedir, esperar* e, em CPB, frases selecionadas pelos antecedentes *tolerar, insinuar, considerar, permitir, impedir, saber,* dependendo o modo verbal do predicador da frase subordinada da congruência modal entre F^- e F^+ como ilustram os seguintes exemplos 64 e 65:

(64) Quem arrancar, destruir, danificar, alterar ou, por qualquer forma, *impedir que se conheça* edital afixado por funcionário competente é punido com pena de prisão até 1 ano ou com pena de multa até 120 dias.

(PORTUGAL, 1982, Art. 357°)

(65) Expor alguém, por meio de relações sexuais ou qualquer ato libidinoso, a contágio de moléstia venérea, de que *sabe* ou deve *saber que está contaminado*: Pena detenção, de três meses a um ano, ou multa.

(BRASIL, 1940, Art. 130°)

As orações completivas oblíquas, no texto português, são subcategorizadas pelos verbos transitivos oblíquos *levar a, fazer com que, constranger a, opor-se, obrigar a, limitar-se a, destinar a, incitar a, esforçar-se por, forçar a, induzir a, instigar a, obrigar a, habilitar a, prestar-se a.* No caso do texto brasileiro ocorrem, esporadicamente, além dos verbos mencionados, também os seguintes: *instigar a, coagir a* e *habilitar a* como exemplificam as seguintes frases:

(66) *Induzir* ou *instigar* alguém *a suicidar-se* ou prestar-lhe auxílio para que o faça: Pena- reclusão, de dois a seis anos, se o suicídio se consuma; ou reclusão, de um a três anos, se da tentativa de suicídio resulta lesão corporal de natureza grave.

(BRASIL, 1940, Art. 122°)

(67) Se ao agente dever ser aplicada pena de multa em medida não superior a 240 dias, pode o tribunal *limitar-se a proferir* uma admoestação.

(PORTUGAL, 1982, Art. 60° §1)

Não é o objetivo da nossa investigação comparar quantitativamente as funções sintáticas das frases completivas nos dois textos, porque tal como já ficou explicado, a caracterização formal deverá ser submetida, em qualquer caso, à avaliação individual das diferentes categorias semânticas, independentemente deste critério. O objetivo, nas seguintes duas secções, será, portanto, verificar até que medida, a subcategorização da subordinação argumental finita e infinitiva se vê influenciada pelo valor modal do antecedente e, observar como a transitividade ou o caráter referencial do sujeito interferem nesta seleção.

2.5.2. Valor modal do antecedente verbal

No que à distribuição dos valores modais do antecedente diz respeito, foi verificada uma tipologia mais detalhada do que no caso dos homólogos nominais e adjetivais. Foram identificados os antecedentes epistémicos de conhecimento (*considerar, saber, verificar, expor-se*), os declarativos (*alegar, concluir, decidir, declarar, insinuar*), os de cenário imaginário (*supor*) e os do valor modal duplo (*suspeitar, crer* ou *prever*). Ao mesmo tempo, foi registada a presença dos antecedentes não epistémicos, entre eles os volitivos (*esperar, conseguir, esforçar-se por, expor-se*) e os deônticos com um valor de obrigatoriedade, proibição, possibilidade, com efeito facultativo ou de permissão (*obrigar a, habilitar a, prestar-se a, limitar-se a, destinar-se a, forçar a, incitar a, negar-se a, forçar a, instigar a, coagir a, impedir de*) como se pode observar no seguinte Quadro 2.9.:

Quanto à tipologia dos valores modais, analogamente à complementação adjetival, também nesta secção se considerou conveniente incluir o tipo de modalidade interna e externa ao participante.

O tipo modal designado como circunstância externa ao participante está patente apenas numa única expressão, i.e., *expor-se*, embora a sua taxonomia polissémica possa levar a mais interpretações. No sentido de *pôr à vista de*

Quadro 2.9: Valores modais dos antecedentes verbais

<table>
<tr><th colspan="3">[valor epistémico +]</th><th colspan="3">[valor epistémico -]</th></tr>
<tr><th colspan="2">valor mais forte de crença expressões de crença ou de conhecimento</th><th>valor mais fraco de crença</th><th colspan="2">deôntico e volitivo</th><th>modalidade externa ou interna ao participante</th></tr>
<tr><th>expressões de conhecimentow</th><th>expressões declarativas</th><th>dupla seleção do modo</th><th>expressões deônticas</th><th>expressões volitivas de valor positivo</th><th>circunstância externa</th></tr>
<tr><td rowspan="3">considerar saber
verificar
decidir
mostrar
revelar
entender</td><td rowspan="3">alegar
declarar</td><td rowspan="3">prever
suspeitar
crer
insinuar
concluir
supor</td><td>habilitar a
obrigar a
ordenar
facilitar
permitir
determinar</td><td>esperar
tolerar
conseguir
esforçar-se
prestar-se a</td><td>expor-se (a ser perseguido)</td></tr>
<tr><th>expressões de obrigação ou condição necessária</th><th>expressões volitivas de valor negativo</th><th>modalidade interna ao participante</th></tr>
<tr><td>coagir a
levar a
fazer com
constranger a
incitar a
forçar a
instigar a
induzir a</td><td>recusar-se a
negar-se a
evitar
dificultar
opor-se a
impedir de</td><td>limitar-se a
destinar-se a</td></tr>
</table>

todos, mostrar e descobrir[23], poderia ser considerado como epistémico com um valor forte de crença. No entanto, partindo da teoria holística, na formulação do artigo 201° do CPP (Subtracção às garantias do Estado de direito Português), a interpretação mais aceitável fala, claramente, a favor de uma circunstância externa, representada, neste caso, pelo agente que causa a situação descrita pela proposição *expor-se a ser perseguido por razões políticas* (ver a frase 68).

(68) Quem por meio de violência, ameaça ou qualquer meio ardiloso, fizer com que outra pessoa saia do âmbito de protecção da lei penal portuguesa e *se exponha a ser perseguido* por razões políticas, com risco para a vida, a integridade física

23 https://www.priberam.pt/dlpo/expor [consultado em 10-07-2017].

> ou a liberdade, tornando-se objecto de violência ou de medidas contrárias aos princípios fundamentais do Estado de direito Português, é punido com pena de prisão de 2 a 10 anos.
>
> (PORTUGAL, 1982, Art. 201°)

No que se refere ao tipo modal de circunstância interna ao participante, esta foi registada no caso de duas expressões: *limitar-se* e *destinar-se*, que designam, na sua forma pronominal, uma ação em que, como se vê nos artigos citados e nas definições dos seus significados, se supõe haver uma componente semântica de capacidade que se origina no núcleo do sujeito: *destinar-se* tem a significação *ter como finalidade*[24] (frase 69) e, *limitar-se*, é usado no sentido de *restringir-se*[25] (frase 70). No entanto, no caso deste último verbo, poderíamos sugerir ainda mais uma alternativa, e.g., a interpretação epistémica de possibilidade, originada pelo verbo modal *poder*. Contudo, na nossa análise, descartaremos esta alternativa porque o nosso objetivo é, sobretudo, observar a relação entre os valores dos antecedentes (que chamámos já várias vezes subatómicos) e a seleção da forma e do modo verbais do predicador da frase completiva (que, obviamente, não se vê, no contexto descrito, influenciada pelo verbo modal *poder* mas sim, pelo verbo semanticamente pleno). Ambos os antecedentes são ilustrados pelos seguintes artigos:

(69) Fraude processual
Inovar artificiosamente, na pendência de processo civil ou administrativo, o estado de lugar, de coisa ou de pessoa, com o fim de induzir a erro o juiz ou o perito:
Pena detenção, de três meses a dois anos, e multa.
Parágrafo único: Se a inovação *se destina a produzir efeito* em processo penal, ainda que não iniciado, as penas aplicam-se em dobro.

(BRASIL, 1940, Art. 347°)

(70) Admoestação
Se ao agente dever ser aplicada pena de multa em medida não superior a 240 dias, *pode* o tribunal *limitar-se a proferir* uma admoestação.

(PORTUGAL, 1982, Art. 60°)

Um caso específico constituem-no os verbos que podem selecionar os dois modos (*suspeitar, crer, prever, insinuar* e *supor*) mas que, na linguagem dos Códigos, veiculam sempre um valor epistémico positivo e assertivo, traduzido

---

24 http://www.aulete.com.br/destinar [consultado em 10-07-2017].
25 https://www.priberam.pt/dlpo/limitar [consultado em 19-09-2017].

pelo modo indicativo (como podemos observar nos exemplos 71–72). Relembre-se que, tal como já aludimos nas partes dedicadas à questão do modo e da modalidade (cf. Cap. 2.1.3.) e da complementação nominal (cf. Cap. 2.3.), o uso do indicativo condiz, na íntegra, com o caráter textual do Código, que dificilmente aceitaria o seu uso no conjuntivo. Mesmo assim, não podemos incluir estes verbos na categoria dos verbos de crença forte. A componente de crença fraca é-lhes atribuída devido ao grau de conhecimento, que é apenas relativo, e não absoluto. De facto, estes verbos, apesar de serem usados no modo indicativo, não exprimem um autêntico conhecimento, sendo, por isso, possível atribuir-lhes, em alguns contextos, uma eventual componente da já referida *pseudoassertividade* ou, no caso de *supor,* até de cenário imaginário, e esta, por mais residual que seja, impede-nos de a interpretar do modo idêntico aos antecedentes de crença forte como *verificar, entender, revelar, considerar* e *saber,* entre outros.

(71) Quem, sem previamente se ter assegurado da sua legítima proveniência, adquirir ou receber, a qualquer título, coisa ou animal que, pela sua qualidade ou pela condição de quem lhe oferece, ou pelo montante do preço proposto, faz razoavelmente *suspeitar que provém* de facto ilícito típico contra o património é punido com pena de prisão até 6 meses ou com pena de multa até 120 dias.
(PORTUGAL, 1982, Art. 231° §2)

(72) Quem, mediante ameaça com a prática de crime, ou *fazendo crer* simuladamente *que* um crime *vai ser cometido*, causar alarme ou inquietação entre a população é punido com pena de prisão até 2 anos ou com pena de multa até 240 dias.
(PORTUGAL, 1982, Art. 305°)

Relativamente ainda a outros tipos modais, propomos incluir, dentro da tipologia aplicada, também, as expressões de obrigação ou de condição necessária *constranger a, incitar a, forçar a, instigar a, coagir a, fazer* e *levar a.* Ao nosso modo de ver, eles fazem parte dos verbos deônticos, mas implicam, ao mesmo tempo, uma componente de pressão e força, diferente da que se vê em *obrigar, obrigação, obrigatoriedade* ou *obrigado a,* que, nos textos-alvo, figuram, na maior parte das vezes, no sentido de "[…] colocar na obrigação de cumprir lei ou dever moral"[26] como ilustram as frase 73 e 74:

(73) Quem, *estando* legalmente *obrigado a prestar alimentos* e em condições de o fazer, não cumprir a obrigação, pondo em perigo a satisfação, sem auxílio de

26 http://www.aulete.com.br/obrigar [consultado em 19-09-2017].

terceiro, das necessidades fundamentais de quem a eles tem direito, é punido com pena de prisão até 2 anos ou com pena de multa até 240 dias.

(PORTUGAL, 1940, Art. 250° §1)

(74) A sentença estrangeira, quando a aplicação da lei brasileira produz na espécie as mesmas consequências, pode ser homologada no Brasil para: I *obrigar o condenado à reparação* do dano, a restituições e a outros efeitos civis; [...]

(BRASIL, 1940, Art. 9° I)

Do ponto de vista sintático, no entanto, não se regista diferença entre estas expressões, sendo que todas elas apresentam, igualmente, o valor causativo e a valência ternária: a presença do sujeito acusativo influirá, significativamente, sobre a seleção da frase infinitiva como exemplificamos de seguida:

(75) *Constranger alguém*, mediante violência ou grave ameaça, ou depois de lhe haver reduzido, por qualquer outro meio, a capacidade de resistência, *a não fazer* o que a lei permite, ou *a fazer* o que ela não manda: Pena detenção, de três meses a um ano, ou multa.

(BRASIL, 1940, Art. 146°)

Para os antecedentes *recusar, negar-se, evitar, opor-se, dificultar* e *impedir* propomos criar, por razões de descrição semântica mais perfilada, uma outra categoria: a de tipo volitivo negativo, e isso apesar de serem incluídos por Rui Marques (2013) no grupo dos verbos que exprimem a condição necessária ou suficiente. É que os ditos verbos possuem uma componente semântica negativa, baseada, por um lado, nos semas por excelência de [vontade +] e [controlável +] mas assente, por outro lado, na não realização da proposição pelo agente [vontade +/ controlável + = > *não* realização da ação] (ver as frases 76 e 77). Ao contrário, nos verbos volitivos positivos incluímos os seguintes verbos: *esperar, tolerar, conseguir, prestar-se* e *esforçar-se*, em que o agente deseja a realização da proposição pelo agente [vontade+/ controlável+ = > realização da ação+] (frases 78 e 79).

(76) [...] Aquele que se *recusa a dá-las* (as referências) ou, a critério do juiz, não as dá satisfatórias, responde pela ofensa.

(BRASIL, 1940, Art. 144°)

(77) Quem com intenção de não pagar [...] e *se negar a solver* a dívida contraída é punido com pena de prisão até 6 meses ou com pena de multa até 60 dias.

(PORTUGAL, 1982, Art. 220° §1)

(78) *Prestar-se a figurar* como proprietário ou possuidor de ação, título ou valor pertencente a estrangeiro, nos casos em que a este é vedada por lei a propriedade ou a posse de tais bens: Pena detenção - de seis meses a três anos, e multa.

(BRASIL, 1940, Art. 310°)

(79) Quando a consumação ou a verificação do resultado forem impedidas por facto independente da conduta do desistente, a tentativa não é punível *se* este *se esforçar* seriamente *por evitar* uma ou outra.

(PORTUGAL, 1982, Art. 24° §2)

Quanto ao repertório lexicológico dos antecedentes verbais, em CPP, identificámos 32 antecedentes, e, em CPB, apenas 19. A sua distribuição modal foi, surpreendentemente, mais ou menos igual em ambos os textos, isto é, verificou-se a presença de expressões epistémicas tanto positivas (verbos de conhecimento, declarativos e de dupla seleção do modo) como negativas (verbos deônticos, de condição suficiente e necessária, volitivos positivos, volitivos negativos, de modalidade interna). No Código Penal brasileiro apenas faltam antecedentes que impliquem uma circunstância externa ao participante.

Como os Gráficos 2.18. mostram, em ambos os Códigos prevalecem, claramente, os antecedentes de obrigação ou de condição necessária (39% em CPB e 41% em CPP), ocupando o segundo lugar os verbos que veiculam o valor modal deôntico (em CPB 19% e em CPP 13% e) e de conhecimento (21% em CPB e 13% em CPP). Em CPP, são igualmente frequentes os verbos de dupla seleção (11%). As restantes expressões são usadas apenas marginalmente. Como os Gráficos 2.19. (p.s.) provam, em ambos Códigos, os antecedentes verbais que subcategorizam as $F^{\text{-completivas}}$, são, predominantemente, os não epistémicos.

2.5.3. Modo nas frases completivas verbais

Como podemos observar nos gráficos anteriores, o valor dominante dos antecedentes é o não epistémico. Por conseguinte, conforme a teoria sobre a congruência modal de Bohumil Zavadil e Petr Čermák, que definem como antecedentes epistémicos aqueles que selecionam a frase completiva com o predicado no modo indicativo e, como antecedentes não epistémicos aqueles que subcategorizam a frase completiva com o predicado no conjuntivo (cf. Cap. 2.1.3.2.), deveria ser precisamente este último modo, o prevalente nas frases completivas presentes nos Códigos. No entanto, como mostram os Gráficos 2.20. (p.s.), a coincidência percentual entre os valores modais dos antecedentes e os modos verbais dos predicados da F^{-} não é, nem de longe, absoluta. Enquanto que, em ambos os Códigos, prevalecem os antecedentes não epistémicos (71% em CPB e 75% em CPP) em detrimento dos epistémicos (29% em CPB e 25% em CPP), já o conjuntivo não mostra a mesma relação para com o indicativo como provam os gráficos visualizados de seguida:

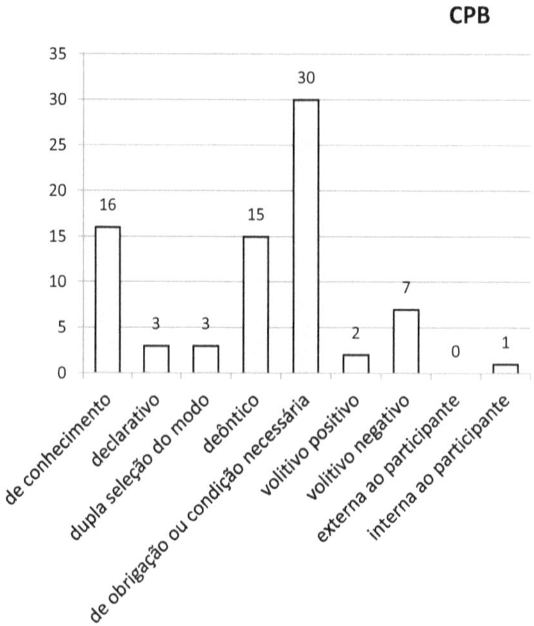

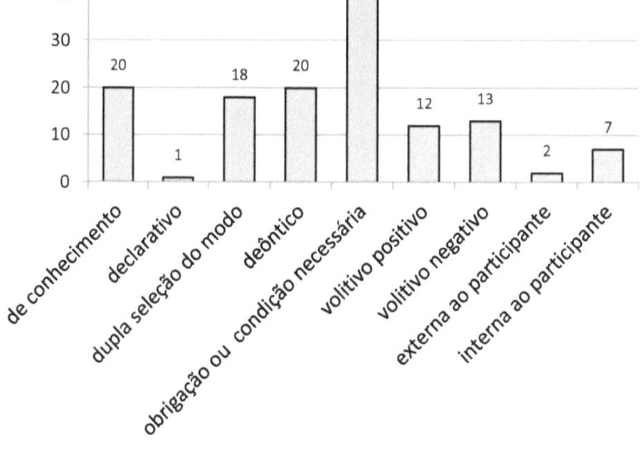

Gráficos 2.18: Valores modais dos antecedentes verbais em CPB e CPP

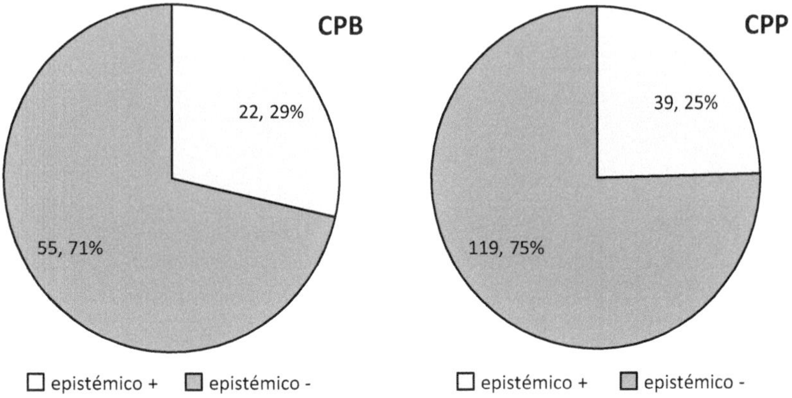

Gráficos 2.19: Valores epistémicos (+) e não epistémicos (-) dos antecedentes verbais em CPP e CPB

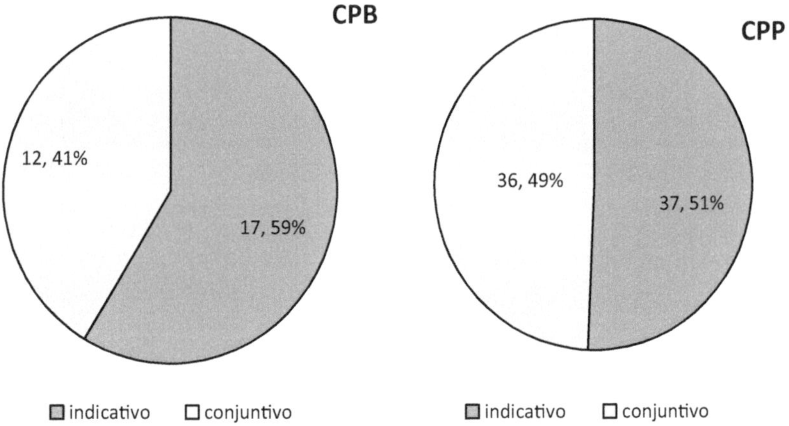

Gráficos 2.20: O modo indicativo vs. conjuntivo nas frases completivas verbais finitas em CPB e CPP

Ora, em CPB, encontramos 22 antecedentes verbais com o valor epistémico positivo em F^+ e apenas 17 predicados no modo indicativo em F^- (havendo uma diferença de 5 ocorrências), e 55 antecedentes não epistémicos em F^+ e somenos 12 predicados no modo conjuntivo em F^- (havendo uma diferença de 43 ocorrências). Em CPP, a 39 antecedentes epistémicos positivos correspondem 37 predicados no modo indicativo na F^- (havendo uma diferença de 2), e a 119 antecedentes epistémicos negativos, 36 ocorrências do conjuntivo em F^- (havendo uma diferença de 83). Faltam-nos, portanto, no total, 133 construções isto é: 48 em CPB e, 85 em CPP, que é um número bem significativo. Esta divergência flagrante, tal como era de prever, associa-se a uma frequência mais elevada das frases infinitivas. Relembremos que o princípio de substituibilidade das duas formas verbais constituiu a base para a nossa hipótese sobre a tendência do CPB para evitar o conjuntivo (cf. também o Cap. 2.1.4.).

2.5.4. Caraterização formal

Como se pode inferir dos dados mencionados, e contrariamente às contrapartes nominais e adjetivais, em que foi verificada uma absoluta predominância das construções infinitivas, no caso da complementação verbal existe uma maior diversificação. Por um lado, é verdade que prevalecem, em ambos os textos, as construções infinitivas, mas, por outro lado, as orações finitas demonstram, também, uma representatividade significante como se pode observar nos Gráficos 2.21.

Nas seguintes secções pretendemos observar se esta proximidade existe também a nível mais geral recorrendo aos *corpora* CETEMPúblico e CETENFolha. Usaremos a fórmula [lema =„crer“] „que“ para verificar o uso do antecedente com a frase finita, e [lema =„crer“] [temcagr =„.*INF.*“] para verificar o mesmo com a construção infinitiva no caso de cada antecedente verbal registado nos

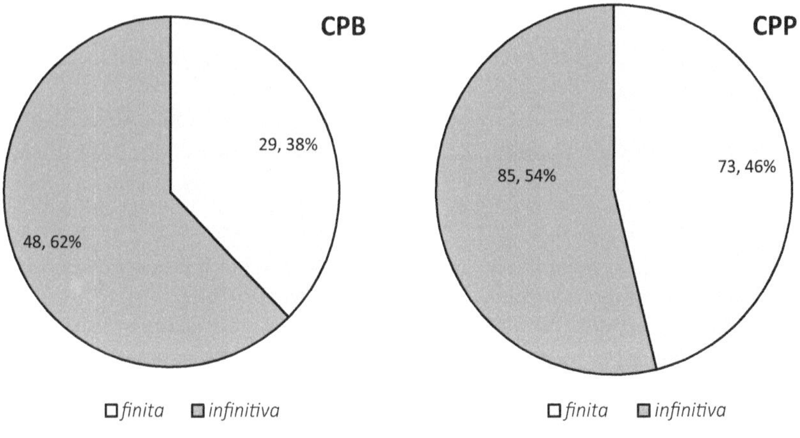

Gráficos 2.21: Frases completivas verbais finitas e infinitivas em CPB e CPP

Códigos. Não sendo possível distinguir as frases infinitivas com ou sem marcas de flexão e com e sem o sujeito foneticamente realizado, procurar-se-á, nos ditos *subcorpora,* a ocorrência do infinitivo flexionado através das construções infinitivas com a realização fonética de sujeito tanto nominal como pronominal. Usaremos, portanto, a fórmula [lema =„V"] [temcagr =„.*INF.*"] [lema =„o"]@[pos =„N.*"] quando a posição do SN$^{SU\ do\ inf.}$ é pós-verbal, e a fórmula[lema =„V"] [lema =„o"] @[pos =„N.*"] [temcagr =„.*INF.*"] quando a posição do SN$^{SU\ do\ inf.}$ é pré-verbal.

Como a complementação verbal apresenta um espectro mais vasto de valores modais dos antecedentes, procederemos, nesta parte da pesquisa, conforme os diferentes agrupamentos.

2.5.4.1. Frases finitas e infinitivas subcategorizadas pelas expressões de conhecimento

No que respeita à seleção das frases completivas pelos verbos epistémicos positivos de conhecimento, foram registadas tanto as finitas como as infinitivas, todas na função de complemento direto, com a exceção de *entender-se* (f. 63), que seleciona a F$^{-completiva}$ na função de sujeito. No Quadro 2.10. podem ser consultadas as suas ocorrências em ambos os registos comparados. E, como provam também os Gráficos 2.22., a forma mais frequente dos predicadores da F^{-} é a finita, e isso tanto nos Códigos como no *corpus* da Linguateca, sendo que as frases infinitivas ocorrem, somenos, excecionalmente (quando selecionadas pelo antecedente *saber*). Há a notar, no entanto, que os núcleos *decidir* (f. 84) e *entender*, marcados no dito gráfico com x, demonstram uma divergência a nível textual.[27]

Quanto ao antecedente *saber*, que apresenta um elevado número de seleções infinitivas no *corpus* Linguateca, este nem sempre figura no sentido de *possuir o conhecimento de*. Como é óbvio, a sua frequência acentuada pode ser justificada por uma elevada ocorrência das locuções perifrásticas com o significado

---

27 Tal como já ficou explicado no início do presente capítulo, a procura foi realizada através das seguintes fórmulas: [lema =„crer"][lema =„o"]@[pos =„N.*"][temcagr =„.*INF.*"] sendo a parte de [lema =„o"] @[pos =„N.*"] substituída por [lema =„este/esse/aquele"] @[pos =„N.*"] ou por pronomes [lema =„ele, ela, nós, eles, elas, isto, isso, aquilo"]. Não incluímos nos sintagmas nominais potenciais na função de sujeito do infinitivo os pronomes indefinidos, possessivos ou relativos, sendo que ao fazer uma sondagem prévia, chegou-se a verificar o seu uso muito esporádico, e as ocorrências encontradas não mudariam significativamente os resultados

Quadro 2.10: Antecedentes verbais de conhecimento e subcategorização das frases finitas e infinitivas nos Códigos (CPB e CPP) e na Linguateca (PB e PE)

valor modal epistémico +	frase principal		frases completivas			
		variedade	PB		PE	
	verbo	tipo de frase	finita CP/Ling.pt	infinitiva CP/Ling.pt flexão +/-	finita CP/Ling.pt	infinitiva CP/Ling.pt flexão +/-
c o	*considerar*		1/1326	0/0/79/11	1/28770	0/0/4129/389
n h	*saber*		7/4985	0/8/2510/3	3/27437	0/4/13423/57
e c	*verificar*		0/289	0/0/1/0	1/2936	0/0/119/3
i m	*mostrar*		0/3714	0/0/77/9	4/7122	0/0/19/3
e n	*revelar*		0/1041	0/0/63/3	6/6438	0/0/781/16
t o	*entender*		0/160	0/0/57/3	1/8726	0/0/7634/195
	decidir		0/588	0/0/3180/0	2/2605	0/0/23859/3

de *ser capaz de* ou *conseguir*, em que o dito verbo tem uma função semiauxiliar e, portanto, também o seu sujeito tem o valor correferente. Os dados que documentam a subcategorização das frases infinitivas por este antecedente, no dito *corpus*, adquirem assim um valor aproximativo. No entanto, salvo as construções perifrásticas, o seu uso com o infinitivo flexionado, nos próprios Códigos, não é raro, nem quando os sujeitos de F^- e F^+ não são correferentes, como ilustram os exemplos 82–83.

(81) Expor alguém, por meio de relações sexuais ou qualquer ato libidinoso, a contágio de moléstia venérea, de que *sabe* ou deve *saber que está contaminado* [...]
(BRASIL, 1940, Art. 130°)

(82) Adquirir, receber, transportar, conduzir ou ocultar, em proveito próprio ou alheio, *coisa que sabe ser* produto de crime, ou influir para que terceiro, de boa fé, a adquira, receba ou oculte: [...]
(BRASIL, 1940, Art. 180°)

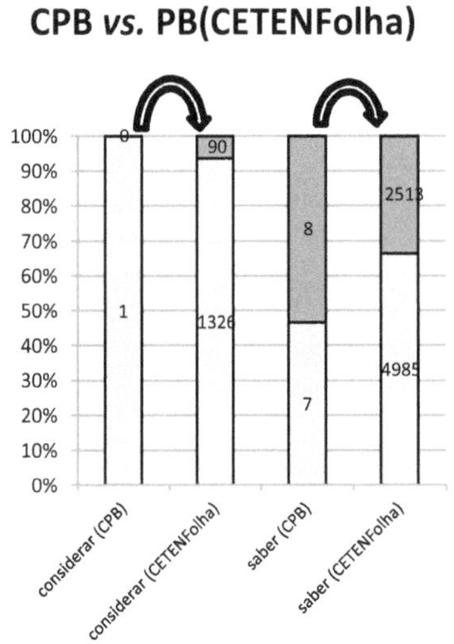

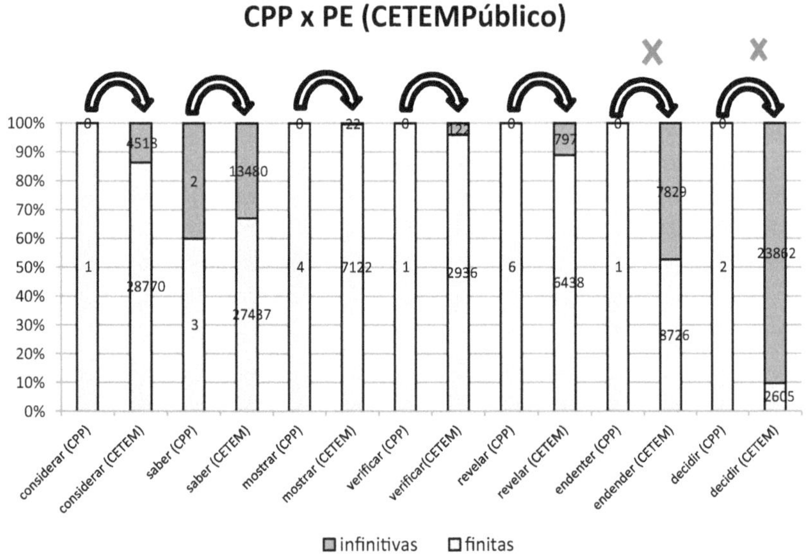

Gráficos 2.22: Frases completivas verbais finitas e infinitivas segundo o núcleo do antecedente de conhecimento nos Códigos (CPB e CPP) e na Linguateca (PB e PE)

(83) O médico, dentista, enfermeiro, parteira, dirigente ou empregado de laboratório ou de instituição de investigação que sirva fins médicos, ou pessoa encarregada de fazer autópsias, que passar *atestado ou certificado que sabe não corresponder* à verdade, sobre o estado do corpo ou da saúde física ou mental, o nascimento ou a morte de uma pessoa, destinado a fazer fé perante autoridade pública ou a prejudicar interesses de outra pessoa, é punido com pena de prisão até dois anos ou com pena de multa até 240 dias.

(PORTUGAL, 1982, Art. 260º §1)

Quanto ao antecedente *decidir*, a natureza correferente do seu argumento externo predetermina a seleção das frases infinitivas. A sua prevalência pode-se observar no *corpus* Linguateca (e.g. «O Banco de Portugal *decidiu* ontem *reduzir* para 8,5 por cento uma das suas taxas de juro de intervenção.»[28]), mas não nos Códigos, em que domina a subcategorização das frases finitas com o sujeito correferencial, como ilustra a frase 84:

(84) Se a prestação de trabalho a favor da comunidade ou a liberdade condicional forem revogadas, nos termos do nº 2 do artigo 59º ou do artigo 64º, o tribunal *decide se* o agente *deve cumprir* o resto da pena ou continuar o internamento pelo mesmo tempo.

(PORTUGAL, 1982, Art. 99º §6)

Uma elevada frequência da subcategorização das frases infinitivas e com marcas de flexão foi registada, igualmente, no caso dos antecedentes *entender* ou *considerar*. Analogamente ao antecedente *saber* (veja-se a frase 82), os predicadores selecionados são, nestes casos, habitualmente, *ser* e *estar* e isso na função da predicação primária com o argumento externo na posição pós-verbal («Nesta primeira parte da encíclica, o Papa desenvolve o que *considera serem essas ameaças* e fala das noções perversas da liberdade.[29]»,«Pelo contrário, dedica-se a apresentar aquilo que se *supunha serem as provas* dos seus erros.»[30] ou «Desestabilizar a direita é, assim, o objectivo da FN, que *entende estar presente* em todas as eleições políticas e sindicais.»[31]).

Resumindo, em todos os casos e em ambas as variedades, a frequência das frases finitas, manifesta-se como claramente dominante. Devido a um número reduzido das ocorrências dos antecedentes verbais epistémicos de conhecimento nos Códigos, não conseguimos chegar a conclusões mais gerais no âmbito dos textos analisados. Os dados da Linguateca, porém, apontam para

28 Linguateca (SANTOS 2016): par = ext26134-eco-94b-1:
29 Linguateca (SANTOS 2016): par = ext28045-soc-95a-1:
30 Linguateca (SANTOS 2016): par = ext275246-nd-92a-2:
31 Linguateca (SANTOS 2016): par = ext8960-pol-97b-2:

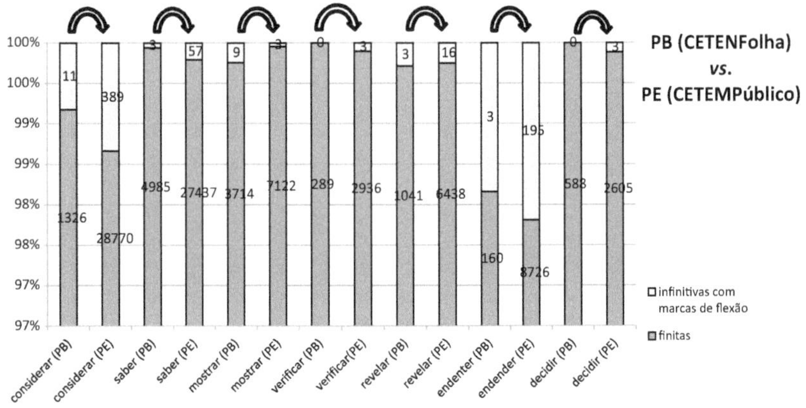

Gráfico 2.23: Frases completivas finitas e infinitivas com marcas de flexão em PE (CETEMPúblico) e PB (CETENFolha) segundo o núcleo do antecedente de conhecimento

uma tendência coincidente no registo jornalístico de ambas as variedades e isso, também, no que diz respeito ao uso das frases infinitivas com marcas de flexão (como provam os Gráficos 2.23 (p.s.), elas mal atingem a taxa de 2% do total das frases).

2.5.4.2. *Frases finitas e infinitivas subcategorizadas pelas expressões declarativas*

No que aos verbos declarativos *alegar* e *declarar* diz respeito, nos Códigos Penais, as únicas ocorrências identificadas foram as finitas, exemplos das quais são as frases 85–86.

(85) A pena é aumentada da metade, se o agente *alega* ou insinua *que* a vantagem *é* também destinada ao funcionário.

(BRASIL, 1940, Art. 332° Parágrafo único)

(86) O procedimento criminal cessa se o Presidente da República expressamente *declarar que* dele *desiste*.

(PORTUGAL, 1982, Art. 328° §3)

Também os dados da Linguateca demonstram a mesma tendência como podemos observar no Quadro 2.11. e nos Gráficos 2.24.

Quadro 2.11: Antecedentes verbais declarativos e subcategorização das frases finitas ou infinitivas nos Códigos (CPB e CPP) e na Linguateca (PB e PE)

valor modal epistémico +	frase principal		frases completivas			
		variedade	CPB /PB		CPE/PE	
	verbo	tipo de frase	finita CP/Ling.pt	infinitiva CP/Ling.pt/ fletiva	finita CP/Ling.pt	infinitiva CP/Ling.pt/ fletiva
declarativo	*alegar*		3/1137	0/0/142/1	0/4475	0/0/868/21
	declarar		0/682	0/0/111/0	1/5012	0/0/1064/8

Há a notar que os dois antecedentes, analogamente aos exemplos da secção anterior, frequentemente, selecionam uma frase completiva infinitiva com os verbos *ser* ou *estar* tanto na função de predicação primária como na função do verbo auxiliar na voz passiva e, maioritariamente, com o sujeito na posição pós-verbal (p. ex.: «Mas este também recusa a entrada no capital do BCP, *alegando estarem os esforços* da instituição em Portugal *concentrados* no desenvolvimento do BCI-Banco de Comércio e Indústria e do seu grupo de participações na área financeira.»[32] ou na função da predicação primária (p. ex. «A campanha do «não», que *declara ser a regionalização* um «erro histórico para Portugal», «não é um conjunto de ataques ou de insultos», disse o coração de Marcelo.»[33]).

Relativamente à ocorrência do infinitivo flexionado, contudo, os resultados afiguram-se iguais aos verbos epistémicos de conhecimento, sendo priorizadas apenas as frases finitas (praticamente nos 100% dos casos em ambos os Códigos) como provam os dados do Gráfico 2.25. (pp.ss.).

2.5.4.3. Frases finitas e infinitivas subcategorizadas pelas expressões de dupla seleção do modo

Os antecedentes da dupla seleção do modo, que designamos como *bimodais*, são mais típicos do Código Penal português do que do brasileiro, no qual se regista apenas um antecedente (i.e. *insinuar*). Todas as frases subcategorizadas identificadas são finitas e o predicado na frase selecionada sempre se encontra no modo indicativo, tal como prova o Quadro 2.12. (pp.ss.)[34].

32 Linguateca (SANTOS 2016): par = ext1494785-eco-93b-3.

33 Linguateca (SANTOS 2016): par = ext1473064-pol-98b-1.

34 Para consultar as fórmulas aplicadas confira-se a Nota de rodapé 27.

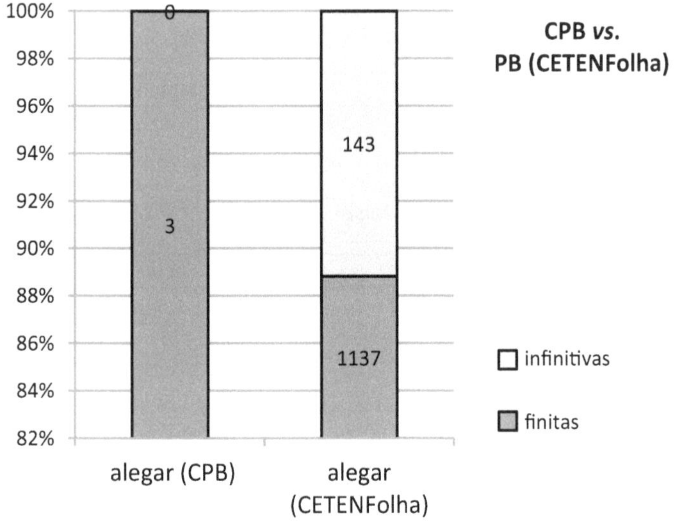

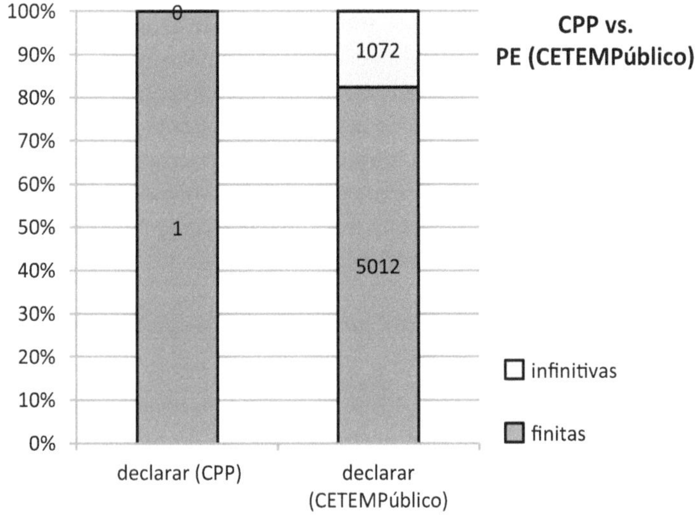

Gráficos 2.24: Frases completivas verbais finitas e infinitivas nos Códigos (CPB e CPP) e na Linguateca (PB e PE) segundo o núcleo do antecedente declarativo

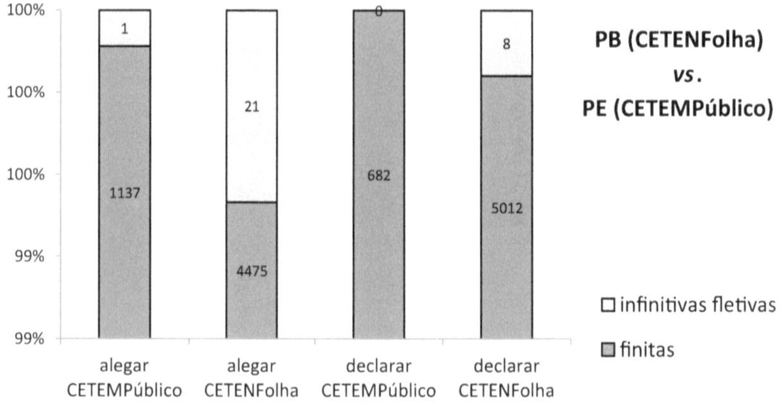

Gráfico 2.25: Frases completivas verbais finitas e infinitivas com marcas de flexão em PE (CETEMPúblico) e PB (CETENFolha) segundo o núcleo do antecedente declarativo

Quadro 2.12: Antecedentes verbais de dupla seleção do modo e subcategorização das frases finitas e infinitivas nos Códigos (CPB e CPP) e na Linguateca (PB e PE)

valor modal epistémico	**frase principal**		**frases completivas**			
		variedade	**PB**		**PE**	
+	**verbo**	**tipo de frase**	**finita CP/Ling. pt**	**infinitiva CP/Ling.pt marcas de flexão -/+**	**finita CP/Ling. pt**	**infinitiva CP/Ling.pt marcas de flexão -/+**
b	*crer*		0/901	0/0/28/1	4/6408	0/0/397/13
i	*insinuar*		3/113	0/0/4/0	0/393	0/0/22/2
m	*supor*		0/494	0/0/56/9	3/1742	0/0/1038/47
o d	*suspeitar*		0/359	0/0/9/0	1/951	0/0/218/11
a	*concluir*		0/944	0/0/14/3	8/7336	0/0/326 /20
l	*prever*		0/811	0/0/117/0	2/5770	0/0/1736/2

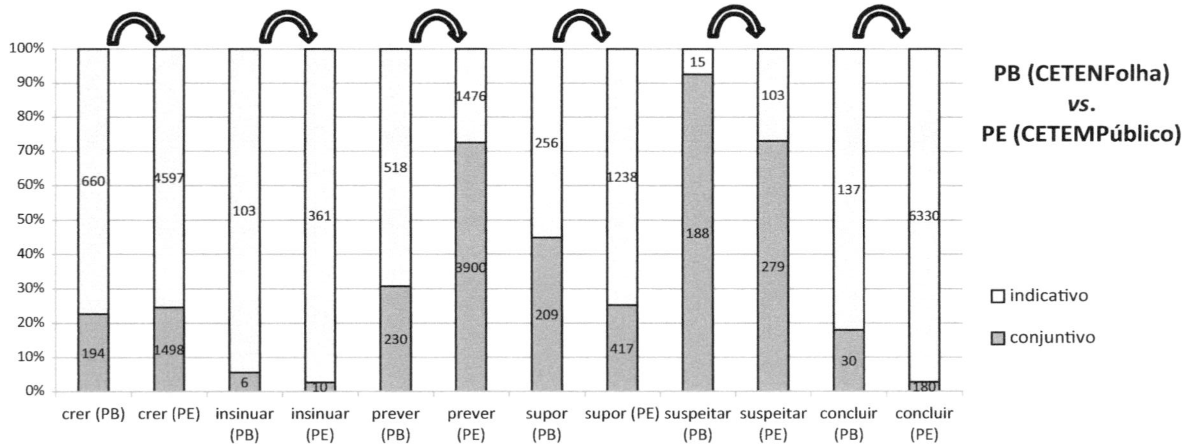

Gráfico 2.26: O modo indicativo vs. conjuntivo nas frases completivas verbais em PB (CETENFolha) e PE (CETEMPúblico) segundo o núcleo do antecedente bimodal

Como os dados provam, a prioridade geral, verificada tanto nos Códigos como no *corpus* Linguateca, é a de selecionar as frases finitas. Com efeito, tal como já tínhamos antecipado na parte teorética (cf. Cap. 2.1.3.3.) e como os dados dos Gráficos 2.26. e 2.27. provam, por um lado, existe, na linguagem corrente, a tendência para desconfinar a congruência modal e, portanto, há uma considerável oscilação entre o uso dos dois modos, mas, por outro lado, pressupomos ser o modo indicativo o típico de qualquer texto legislativo em que descartamos a possibilidade de interpretação pseudoassertiva. Em ambos os registos e em ambas as variedades foi, de facto, provada uma relação relativamente simétrica.

Como o Gráfico 2.27. demonstra, os verbos *crer, insinuar, concluir* e *supor* apresentam, em ambas as variedades, a mesma tendência para selecionar a frase finita com o predicado no modo indicativo, embora no último caso reparemos numa maior oscilação em PB. Uma diferença percentual mais marcante entre as duas variedades, no entanto, sucede no caso dos antecedentes *suspeitar* e *prever* que selecionam a frase completiva em diferentes modos. Em PE, o seu predicado ocorre, maioritariamente, no modo conjuntivo (p. ex. «A queixa deu força às investigações, que prosseguem, até porque *se suspeita que haja* outras mulheres, portuguesas e espanholas, em situação idêntica.».[35]; «Os meteorologistas *preveem que* as temperaturas *atinjam* os 34 graus e que a humidade *varie* entre os 100 por cento pela manhã e os 90 por cento ao fim da tarde.»[36]) e, em PB, no indicativo, inclusive no futuro do pretérito («Motta chegou a *prever que* o seu ministério *ficará* bastante reduzido.»[37]; «Se ainda 'tivéssemos no tempo dos dinossauros, seria legítimo *suspeitar que* um grande cérebro ou uma conspiração imperialista *engendraram* e *continuam a engendrar* as transformações das economias e das sociedades.»[38] e «A paz imposta pelo Tratado de Versalhes (1919) não podia ser duradoura: levava em si o estopim de uma nova guerra e era de se *prever que* esta, por este e outros fatores, mais ou cedo ou mais tarde, *seria deflagrada*.»[39]). Neste aspeto, relembremos a hipótese de Rui Marques (2004), que associa a diferença diatópica à natureza real ou imaginária das proposições da F^{-} (cf. Cap. 2.1.3.3.).

Nos Códigos, no entanto, não conseguimos analisar esta questão tão profundamente como o autor, devido a um número reduzido de ocorrências e dos

35 Linguateca (SANTOS 2016): par = ext56315-soc-98a-2:

36 Linguateca (SANTOS 2016): par = ext9999-des-98b-2:

37 Linguateca (SANTOS 2016): par = 24064:

38 Linguateca (SANTOS 2016): par = Dinheiro--94a-1:

39 Linguateca (SANTOS 2016): par = 107429:

antecedentes, nas quais, no entanto, sempre testemunhamos a seleção das frases finitas com o modo indicativo como provam os seguintes exemplos:

(87) A pena é aumentada da metade, se o agente alega ou *insinua que* a vantagem *é* também destinada ao funcionário.
(BRASIL, 1940, Art. 332° Parágrafo único)

(88) No caso previsto no número anterior, o tribunal pode reabilitar a pessoa coletiva ou entidade equiparada se esta se tiver conduzido, por um período de cinco anos depois de cumprida a pena principal, de forma que torne razoável *supor que não cometerá* novos crimes.
(PORTUGAL, 1982, Art. 9° J §3)

(89) Quem, sem previamente se ter assegurado da sua legítima proveniência, adquirir ou receber, a qualquer título, coisa ou animal que, pela sua qualidade ou pela condição de quem lhe oferece, ou pelo montante do preço proposto, faz razoavelmente *suspeitar que provém* de facto ilícito típico contra o património é punido com pena de prisão até 6 meses ou com pena de multa até 120 dias.
(PORTUGAL, 1982, Art. 231° §2)

(90) Não é punível a interrupção da gravidez efetuada por médico, ou sob a sua direcção, em estabelecimento de saúde oficial ou oficialmente reconhecido e com o consentimento da mulher grávida, quando: ***c)*** Houver seguros motivos para *prever que o nascituro virá a sofrer*, de forma incurável, de grave doença ou malformação congénita ...
(PORTUGAL, 1982, Art. 142° §1 c))

No que se refere ao antecedente *crer que*, há a notar ainda que não é rara a subcategorização da frase finita com o verbo no modo conjuntivo pelo dito antecedente na polaridade positiva. Das 194 construções encontradas no *corpus* CETENFolha, em apenas 57 casos, o verbo *crer* foi acompanhado pelo negador *não* (isto é, aproximadamente, em 29% das frases) e, no corpus CETEMPúblico, das 1498 ocorrências, 480 foram subcategorizadas pelo mesmo antecedente na polaridade negativa (isto é, aproximadamente, em 32% das ocorrências). O uso com a maior percentagem ilustram os seguintes exemplos: «A história recente de Maradona faz *crer que* a última hipótese *possa ser* a verdadeira.»[40]ou «É de *crer que* no país basco *tenha funcionado* bem; facto é que o público da estreia lisboeta se manteve reservado ao longo de toda a peça e só a representação dos cómicos, nos minutos finais, conseguiu entusiasmá-lo.»[41].

40 Linguateca (SANTOS 2016): par = Esporte--94a-2:
41 Linguateca (SANTOS 2016): par = ext68165-soc-93b-1:

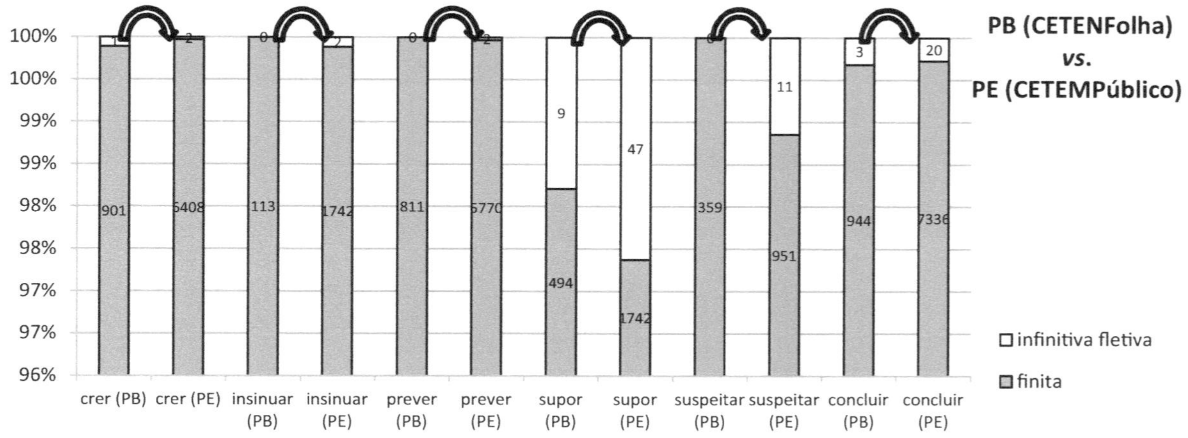

Gráfico 2.27: Frases completivas finitas e infinitivas com marcas de flexão em CETEMPúblico (PE) e CETENFolha (PB) segundo o núcleo do antecedente bimodal

No que ao verbo *insinuar* se refere, ao contrário de CPB, foram verificadas ocorrências (embora não muitas) em que este verbo seleciona o modo conjuntivo, como exemplifica a seguinte frase: «A seguir, *insinua que não tenham* capacidade para os lugares a que se propuseram e agora *não saibam* o que fazer.»[42]

Quanto à frequência das frases infinitivas flexionadas subcategorizadas por este tipo de antecedentes, estas, nos Códigos, estão ausentes e, na Linguateca, ocorrem mesmo excecionalmente, nem chegando a atingir a taxa de 1%, salvo o verbo *supor*. Nele foi verificada uma frequência levemente maior (mais que 2%) como mostra o seguinte gráfico 2.27.

Dos dados adquiridos inferimos que os antecedentes de tipo epistémico de conhecimento, declarativo e da dupla seleção do modo apresentam, nas variedades estudadas, uma afinidade estreitíssima. Tanto nos Códigos como na Linguateca foi provada a preferência pelas formas verbais finitas e indicativas. O uso das frases infinitivas com marcas de flexão, por outro lado, pode ser entendido como excecional em ambas as variedades e em ambos os registos. No que aos verbos da dupla seleção do modo diz respeito, os Códigos coincidem no que à seleção dos predicados no modo indicativo se refere, sendo, no entanto, na Linguateca, provada uma assimetria diatópica mais flagrante em alguns verbos (*prever* e *suspeitar*), que se comportam de modos diferentes consoante, também, a natureza semântico-modal da proposição da F^{-}.

Proceda-se, nas seguintes secções, à análise dos antecedentes de tipo não epistémico.

2.5.4.4. *Frases finitas e infinitivas subcategorizadas pelas expressões deônticas*

As expressões deônticas que veiculam o valor de permissão, autorização ou obrigação ocupam o segundo lugar na escala dos valores modais veiculados pelos antecedentes verbais nos Códigos. E como se pode depreender dos dados no Quadro 2.13. (p.s.), ao contrário dos antecedentes epistémicos positivos, no caso dos verbos deônticos existe uma maior variabilidade no que à caraterização formal se refere.

Por exemplo, o predicador binário *ordenar que*, em geral, é usado com a frase finita, ao contrário do predicador ternário *habilitar*, usado exclusivamente com a frase infinitiva. Deduza-se, portanto, que a ocorrência das frases finitas ou infinitivas subcategorizadas por estes verbos se vê associada à valência do predicador, sendo registados casos (e.g. *permitir* e *determinar*) em que o número

42 Linguateca (SANTOS 2016): par = ext232230-soc-94b-1:

Quadro 2.13: Antecedentes verbais deônticos e subcategorização das frases finitas e infinitivas nos Códigos (CPB e CPP) e na Linguateca (PB e PE)

valor modal não epistémico -		variedade	CPB x PB		CPP x PE	
	verbo	tipo de frase	finita CP/Ling. pt	infinitiva CP/Ling.pt marcas de flexão -/+	finita CP/ Ling.pt	infinitiva CP/Ling.pt marcas de flexão -/+
deôntico	*obrigar a*		0/2	0/2/1967/398	0/757	0/2/12854/2349
	habilitar a		0/0	0/2/60/0	0/1	0/0/192/24
	ordenar		0/95	0/0/2/0	2/407	0/0/5/1
	permitir		7/1795	1/0/1995/7	4/7217	5/1/22972/26
	determinar		0/787	0/3/7/0	4/1567	0/2/57/0

dos argumentos selecionados varia de acordo com a lógica semântico-sintática do predicador. Assim, nas frases 91, e 92, os ditos predicadores são binários, por possuírem a estrutura de [Su + Pr + Od], enquanto, nas frases 93 e 94, são ternários, ocorrendo na estrutura de [Su + Pr + Od + Oi].

(91) A multa deve ser paga dentro de 10 (dez) dias depois de transitada em julgado a sentença. A requerimento do condenado e conforme as circunstâncias, o juiz pode *permitir que* o pagamento *se realize* em parcelas mensais.
(BRASIL, 1940, Art. 50°)

(92) O tribunal pode *determinar que* os serviços de reinserção social *apoiem e fiscalizem* o condenado no cumprimento dos deveres impostos.
(PORTUGAL, 1982, Art. 51° §4)

(93) Se a violação consistir no oferecimento ao público, mediante cabo, fibra ótica, satélite, ondas ou qualquer outro sistema que *permita ao usuário realizar* a seleção da obra ou produção para recebê-la em um tempo e lugar previamente determinados por quem formula a demanda, com intuito de lucro, direto ou indireto, sem autorização expressa, conforme o caso, do autor, do artista intérprete ou executante, do produtor de fonograma, ou de quem os represente: Pena – reclusão, de 2 (dois) a 4 (quatro) anos, e multa [...].
(BRASIL, 1940, Art. 184° §3)

(94) Quem:
b) Por meio de violência ou de ameaça com mal importante *determinar menor a fugir*; [...] é punido com pena de prisão até dois anos ou com pena de multa até 240 dias.

(PORTUGAL, 1982, Art. 249° §1 b))

Esta variabilidade relacionada com a valência do verbo, como vemos, repercute-se numa frequência mais elevada das frases infinitivas nos Códigos e, também, na Linguateca, como mostram os Gráficos 2.28. e 2.29. (pp.ss).

Como indicam os dados do Quadro 2.13, no caso de o predicador ser binário, evidentemente, as únicas formas identificadas nos Códigos foram as finitas (como se pode observar nas frases 91 e 92) e, no caso de este ser ternário, ao contrário, os resultados falam, exclusivamente, a favor das construções infinitivas com o controlo do objeto como ilustram as frases (93–94)[43]. Estas construções prevalecem não só no texto-alvo como também na linguagem jornalística. Consulte-se o Gráfico 2.30. (pp.ss.), em que comparamos a frequência das frases finitas e infinitivas com o sujeito não correferente e explícito, referindo-se os dados sobre o infinitivo apenas às construções com marcas de flexão, cuja frequência mal atinge o valor de 1%.[44]

Os verbos deônticos, como veremos adiante, apresentam as mesmas estruturas argumentais que os que são tratados na secção seguinte. No entanto, tal como já se explicou na secção 2.5.2., decidimos separá-los por motivos semânticos uma vez que possuem uma taxonomia diferente. São verbos que veiculam um sentido de uma obrigação necessária e cuja ocorrência nos Códigos é a mais elevada.

2.5.4.5. Frases finitas e infinitivas subcategorizadas pelas expressões de obrigação ou condição necessária

À aplicação do termo *obrigação necessária* conduziu-nos uma certa analogia com o de *condição necessária* com a diferença de que no caso dos verbos de obrigação necessária está incluída implícita ou explicitamente (no caso do verbo *forçar*) a realização necessária da proposição da frase subordinada por

---

43 Quanto aos casos em que o sujeito correferente predetermina a forma infinitiva (*permitir-se/ordenar-se/obrigar-se a fazer qualquer coisa*), estes não foram registados nos textos-alvo.

44 Os outros verbos não estão incluídos neste gráfico porque não apresentaram, nos corpora da Linguateca, nenhumas ocorrências das frases completivas finitas.

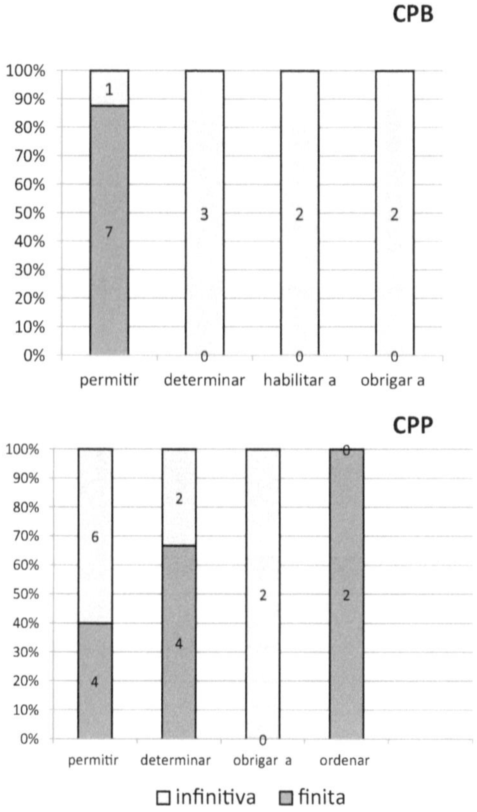

Gráficos 2.28: Frases completivas verbais finitas e infinitivas em CPB e CPP segundo o núcleo do antecedente deôntico

meio da componente semântica [força +] ou [pressão +]. Habitualmente, estas expressões subcategorizam as frases completivas infinitivas com o controlo do objeto indireto (isto é, o objeto in/direto da F^+ é o sujeito do predicador infinitiva da F^-), que pode ocorrer com ou sem marcas de flexão. Por esta razão, não seria viável analisar eventuais construções com o sujeito não correferente e explícito. A estas expressões pertencem, na nossa perspetiva, as que se encontram no Quadro 2.14. e que são exemplificadas pelas frases 95–98 (pp.ss.).

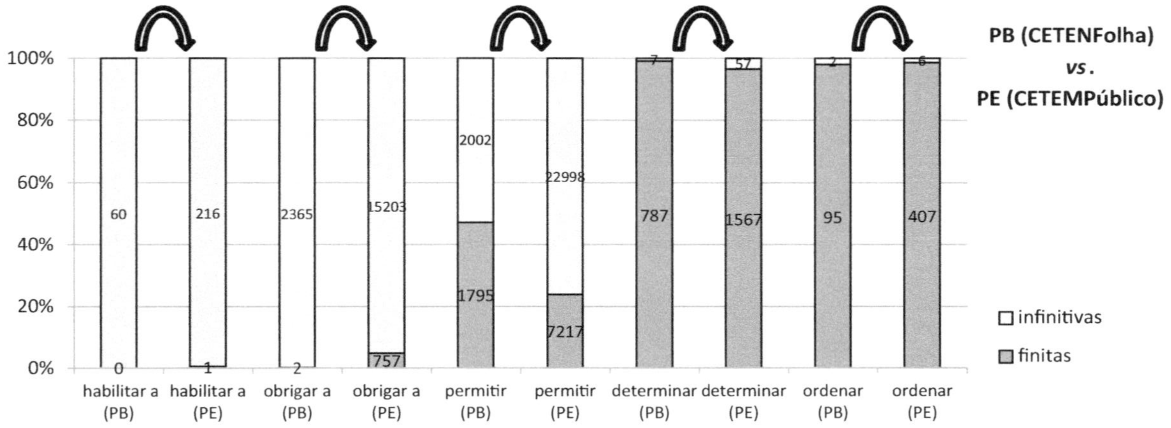

Gráfico 2.29: Frases completivas verbais finitas e infinitivas em CETEMPúblico (PE) e CETENFolha (PB) segundo o núcleo do antecedente deôntico

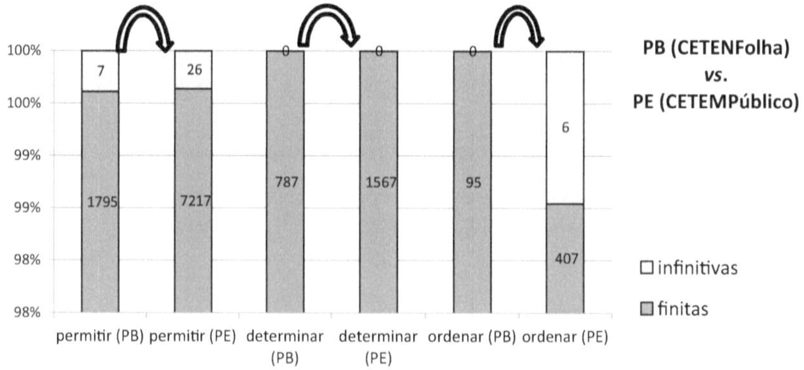

Gráfico 2.30: Frases completivas finitas e infinitivas com marcas de flexão em CETEMPúblico (PE) e CETENFolha (PB) segundo o núcleo do antecedente deôntico

Quadro 2.14: Antecedentes verbais com o valor de obrigação necessária e a subcategorização das frases finitas e infinitivas nos Códigos (CPB e CPP) e na Linguateca (PB e PE)

valor modal não epistémico	nome	variedade	PB		PE	
		tipo de frase	finita CP/ Ling.pt	infinitiva CP/Ling.pt marcas de flexão -/+	finita CP/ Ling.pt	infinitiva CP/Ling.pt marcas de flexão -/+
obrigação necessária	*forçar a*		0/0	0/0/214/106	0/18	0/2/2437/312
	incitar a		0/2	0/0/9/11	0/4	0/2/115/151
	instigar a		0/0	0/3/2/0	0/0	0/0/14/15
	induzir a		0/2	0/5/25/0	0/3	0/0/53/39
	coagir a		0/0	0/1/5/0	0/0	0/6/47/7
	levar a		0/9	0/0/546/0	1/2531	0/5/5990/3447
	fazer com		0/1839	1/4/2925/710	4/7810	27/3/45793/1255
	constranger a		0/0	0/16/10/0	3/0	0/15/75/0

O verbo mais utilizado no sentido de obrigação através de pressão é *constranger*, em ambos os Códigos, sendo também, muito frequente, em CPP, a construção *fazer + infinitivo*. Outros verbos são usados esporadicamente, e subcategorizam, em CPB, sempre a forma infinitiva e, em CPP, esporadicamente, também a forma finita como exemplificam as seguintes frases:

(95) Na mesma pena incorre quem: I *obriga* ou *coage* alguém *a usar* mercadorias de determinado estabelecimento, para impossibilitar o desligamento do serviço em virtude de dívida; [...].

(BRASIL, 1940, Art. 203º §1)

(96) *Constranger alguém*, mediante violência ou grave ameaça, *a ter* conjunção carnal ou a praticar ou permitir que com ele se pratique outro ato libidinoso.

(BRASIL, 1940, Art. 213°)

(97) Na mesma pena incorre quem, pelos mesmos meios, impedir outra pessoa de abandonar a situação de perigo referida no número anterior ou a *forçar a* nela *permanecer*.

(PORTUGAL, 1982, Art. 201º §2)

(98) Quem por meio de violência, ameaça ou qualquer meio ardiloso, *fizer com que* outra pessoa *saia* do âmbito de proteção da lei penal portuguesa e *se exponha a* ser perseguido por razões políticas, com risco para a vida, a integridade física ou a liberdade, tornando-se objeto de violência ou de medidas contrárias aos princípios fundamentais do Estado de direito Português, é punido com pena de prisão de 2 a 10 anos.

(PORTUGAL, 1982, Art. 201° §1)

Há a notar que, no caso do verbo *fazer*, a forma finita ou infinitiva do verbo pode modificar, levemente, o sentido semântico da construção. Assim, *fazer alguém+* $F^{\text{-infinitivo}}$ é usado no sentido de obrigação necessária e *fazer com que +* $F^{\text{-finita}}$ no sentido de condição necessária (segundo Marques, 2013). Por razões técnicas, no entanto, decidimos não separar estas duas construções em duas categorias diferentes.

Como os Gráficos 2.31. e 2.32. indicam, a forma infinitiva é subcategorizada predominantemente por todos estes antecedentes, tanto nos Códigos como na Linguateca.

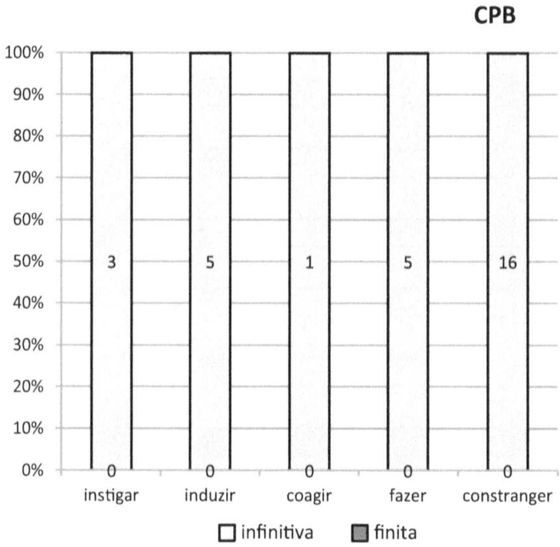

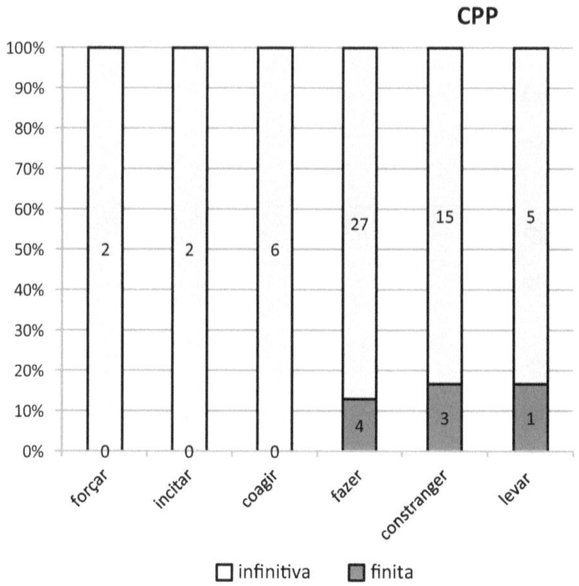

Gráficos 2.31: Frases completivas verbais finitas e infinitivas em CPB e CPP segundo o núcleo do antecedente de obrigação ou de condição necessária

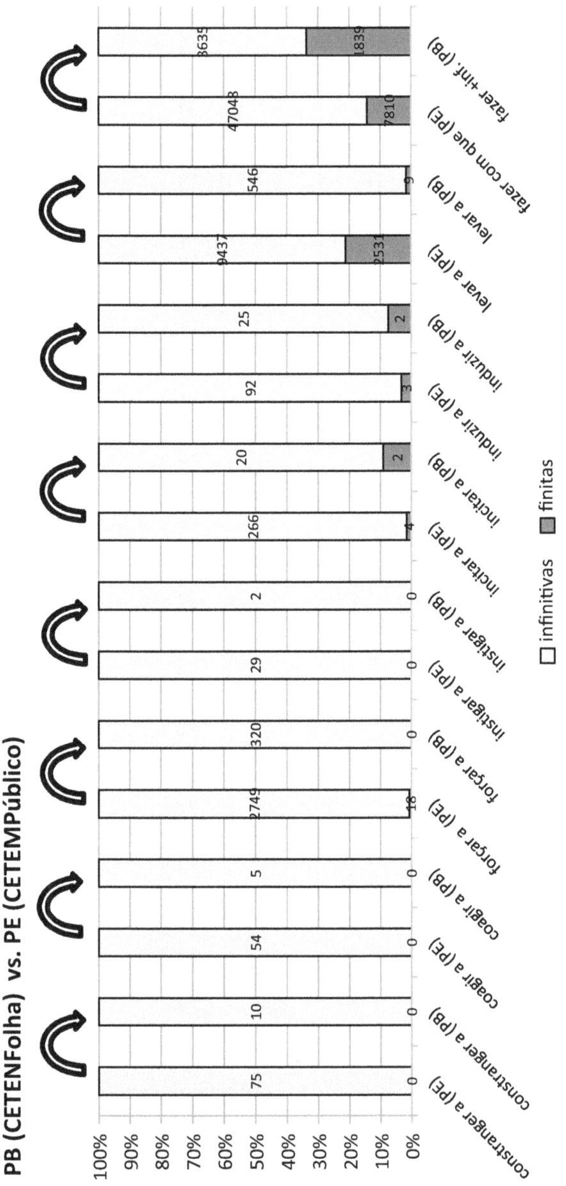

Gráfico 2.32: Frases completivas verbais finitas e subcategorizadas em CETEMPúblico (PE) e CETENFolha (PB) segundo o núcleo do antecedente de obrigação ou de condição necessária

2.5.4.6. *Frases finitas e infinitivas subcategorizadas pelas expressões volitivas positivas e negativas*

No caso dos antecedentes volitivos, verificou-se, tanto nos Códigos como na Linguateca, um uso mais variável das formas verbais. Esta diversificação formal, também, não é acidental. Como os dados do Quadro 2.15. e dos seguintes Gráficos 2.33. e 2.34. (pp.ss.) confirmam, existe, no caso deles, uma relação direta entre o tipo de transitividade (direta ou oblíqua) e a caraterização formal da frase subcategorizada. Para além deste aspeto, entra em jogo, ainda, o caráter pronominal ou não pronominal do antecedente, como exemplificam as frases 99–101. A pesquisa realizada nesta secção não mostrou que a polarização negativa exercesse influência na seleção do tipo de argumentação finita ou infinitiva nem assim era de esperar.

Ora, no caso dos antecedentes volitivos transitivos oblíquos, em CPB e em CPP, em geral, prefere-se usar a forma infinitiva como ilustram os seguintes exemplos:

(99) Se, de referências, alusões ou frases, se infere calúnia, difamação ou injúria, quem se julga ofendido pode pedir explicações em juízo. Aquele que *se recusa a dá-las* ou, a critério do juiz, não as dá satisfatórias, responde pela ofensa.
(BRASIL, 1940, Art. 144°)

(100) Quem, com intenção de não pagar[...] *se negar a solver* a dívida contraída é punido com pena de prisão até 6 meses ou com pena de multa até 60 dias.
(PORTUGAL, 1982, Art. 220° §1)

(101) As penas referidas podem ser especialmente atenuadas ou não ter lugar a punição se o agente impedir ou *se esforçar* seriamente *por impedir* a continuação dos grupos, organizações ou associações, ou comunicar à autoridade a sua existência de modo a esta poder evitar a prática de crimes.
(PORTUGAL, 1982, Art. 299° §4)

Uma exceção, dentro deste grupo de verbos, é o antecedente *opor-se a*, o qual, apesar de ser pronominal e transitivo oblíquo, habitualmente subcategoriza a frase completiva finita, tal como provam os dados dos Gráficos 2.33. (p.s.). Na nossa perspetiva, estas ocorrências prendem-se com a sua natureza análoga aos verbos *tolerar, impedir, obstar* ou *ser contrário a*[45], que implicam a existência do sujeito não correferente da frase subcategorizada e, naturalmente, também, o uso da frase finita.

---

45 https://www.priberam.pt/dlpo/opor-se

Quadro 2.15: Antecedentes verbais volitivos positivos e negativos e subcategorização das frases finitas e infinitivas nos Códigos (CPB e CPP) e na Linguateca (PB e PE)

valor modal não epistémico	frase principal		frases completivas			
	nome	variedade	PB		PE	
		tipo de frase	finita CP/Ling.pt	infinitiva CP/Ling.pt marcas de flexão -/+	finita CP/Ling.pt	infinitiva CP/Ling.pt marcas de flexão -/+
volitivo +	*esperar*		0/1737	0/0/1602/66	4/1505	0/0/6129/18
	tolerar		1/6	0/0/5/0	2/75	0/0/5/0
	prestar-se a		0/ 0	1/0/20/0	0/3	0/0/154/0
	esforçar-se por		0/0	0/0/22/0	0/5	2/0/782/0
	conseguir		0/151	0/0/9008/0	3/1651	1/0/57460/0
volitivo -	*evitar*		0/1100	0/0/728/2	3/4108	0/0/2258/2
	dificultar		2/7	0/0/5/0	0/6	0/0/3/0
	recusar-se a		0/0	1/0/877/0	0/5	3/0/3889/0
	negar-se a		0/0	0/0/234/0	0/0	1/0/5/0
	opor-se a		0/5	0/0/7/0	2/0	0/0/19/0
	impedir (de)		3/1219	0/1/531/118	2/4216	0/2/3806/836

(102) A mesma pena é aplicável a quem desobedecer ao sinal de paragem e dirigir contra funcionário ou membro das Forças Armadas, militarizadas ou de segurança, veículo, com ou sem motor, que conduza em via pública ou equiparada, ou embarcação, que pilote em águas interiores fluviais ou marítimas, para *se opor a que ele pratique* acto relativo ao exercício das suas funções, ou para o *constranger a que pratique* ato relativo ao exercício das suas funções, mas contrário aos seus deveres, se pena mais grave lhe não couber por força de outra disposição legal.

(PORTUGAL, 1982, Art. 347º §2)

(103) O queixoso pode desistir da queixa, desde que não haja oposição do arguido, até à publicação da sentença da 1.ª instância. A desistência *impede que a queixa seja* renovada.

(PORTUGAL, 1982, Art. 116º §2)

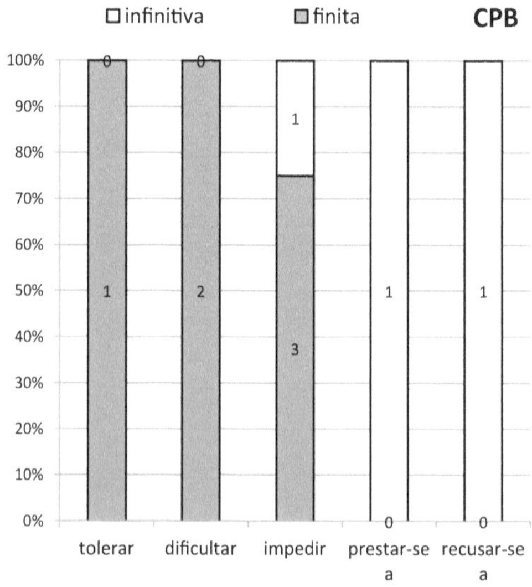

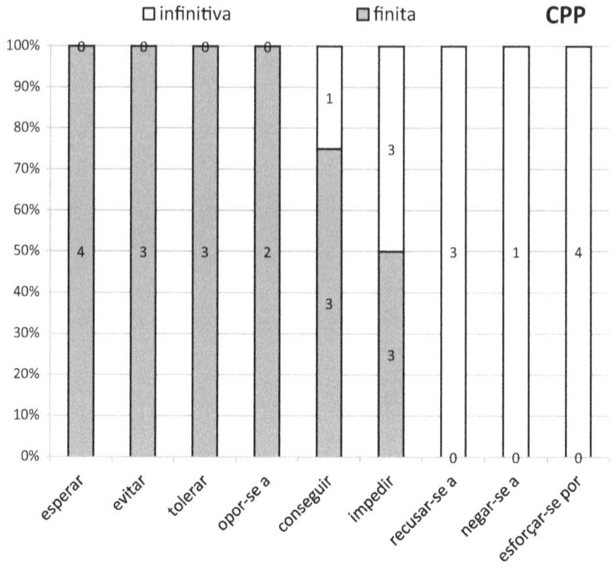

Gráficos 2.33: Frases completivas verbais finitas e infinitivas em CPB e CPP segundo o núcleo do antecedente volitivo

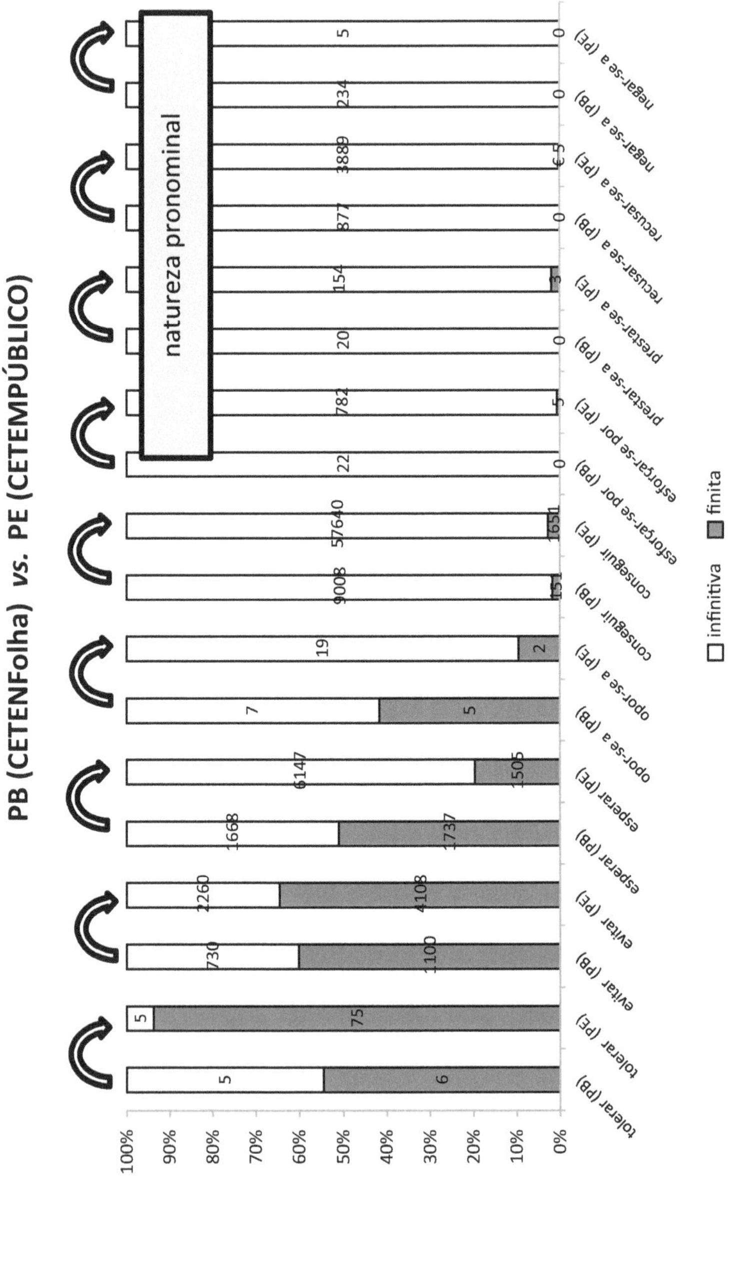

Gráfico 2.34: Frases completivas verbais finitas e infinitivas em CETEMPúblico (PE) e CETENFolha (PB) segundo o núcleo do antecedente volitivo

Quadro 2.16: Antecedentes verbais de circunstância interna ou externa ao participante e subcategorização das frases finitas e infinitivas nos Códigos (CPB e CPP) e na Linguateca (PB e PE)

valor não epistémico	frase principal		frases completivas			
	nome	variedade	PB		PE	
		tipo de frase	finita CP/Ling.pt	infinitiva CP/Ling.pt com marcas de flexão -/+	finita CP/Ling.pt	infinitiva CP/Ling.pt com marcas de flexão -/+
interna ao participante	*limitar-se a*		0/0	0/0/219/0	0/1	3/0/2628/10
	destinar-se a		0/0	1/0/474/0	1/7	3/0/9795/2
externa ao participante	*expor-se a*		0/0	0/0/34/0	1/0	1/0/43/0

2.5.4.7. *Frases finitas e infinitivas subcategorizadas pelas expressões que exprimem uma modalidade externa ou interna ao participante*

Este último agrupamento de verbos, do ponto de vista sintático, apresenta as mesmas propriedades que os verbos pronominais com transitividade oblíqua (tal com *recusar-se, negar-se, prestar-se, esforçar-se* e outros) ou alguns verbos volitivos, que preferem subcategorizar a forma infinitiva, sendo as formas finitas, praticamente, inexistentes como provam os dados do Quadro 2.16. e dos Gráficos 2.35.

2.5.5. Frequência das frases finitas *versus* infinitivas flexionadas

Nos Gráficos 2.23. (cf. Cap. 2.5.4.1.) e 2.27. (cf. Cap. 2.5.4.3), como pudemos ver, a ocorrência das frases infinitivas flexionadas muitas vezes nem chega a atingir os 2%. Nas seguintes linhas incluiremos os dados de fração reduzida na forma básica que exprimem a relação sempre na ordem $F^{\text{-fin.}}$ e $F^{\text{-inf.flex.}}$.

Quanto aos verbos de conhecimento, tanto em PE como PB, o verbo que com a maior frequência seleciona as frases finitas é *considerar* (em PE, a relação $F^{\text{-fin.}}$ e $F^{\text{-inf.flex.}}$ é de 28770:389≈74:1 e, em PB, de 1326:11≈120:1. Outro antecedente com a mesma tendência é *entender*. Em PE, a relação entre $F^{\text{-fin.}}$ e $F^{\text{-inf. flex.}}$ é de 8726:195≈44:1 e, em PB, de 160:3≈53:1. No caso dos outros verbos a ocorrência das infinitivas foi ainda mais insignificante. Em geral, pode-se dizer que os verbos de conhecimento preferem selecionar as frases finitas em ambas as variedades.

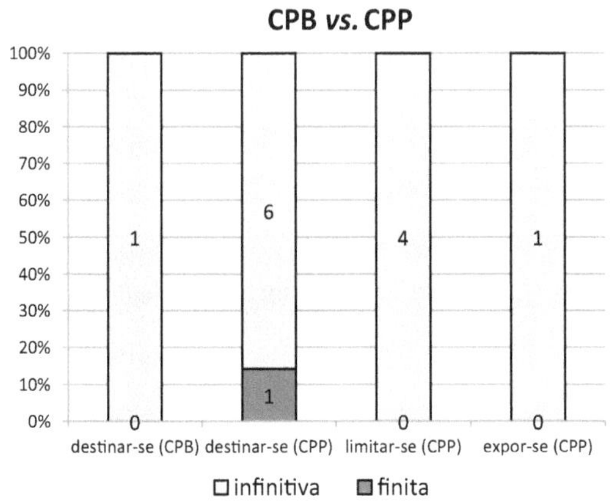

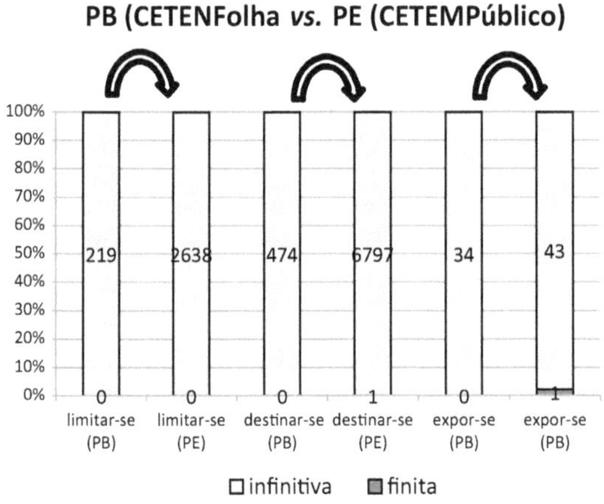

Gráficos 2.35: Frases completivas finitas e infinitivas nos Códigos (CPB e CPP) e na Linguateca (PB e PE) segundo o núcleo do antecedente de circunstância externa ao participante

Quanto aos verbos declarativos, a tendência de selecionar as frases infinitivas flexionadas resultou, também, excecional. Tanto no caso do verbo *alegar* (em PE, a relação F^{-fin}: $F^{-inf.\ flex.}$ foi de 4475:21≈213:1 e, em PB, de 1137:1) como no caso do verbo *declarar* (em PE, a relação foi de 5012:8 ≈ 626:1 e, em PB, 682:0), os resultados falam, univocamente, a favor das frases finitas, em ambas as variedades.

Quanto aos verbos de dupla seleção de modos, as frases finitas são as dominantes, sendo a ocorrência das frases infinitivas, também, muito esporádica. Estas foram verificadas, sobretudo, em PE, quando selecionadas por *crer* ($F^{\text{-fin.}}$: $F^{\text{-inf. flex.}}$ = 408:13≈31:1), *supor* ($F^{\text{-fin.}}$: $F^{\text{-inf. flex.}}$ = 1742:47≈ 37:1) e *suspeitar* ($F^{\text{-fin.}}$: $F^{\text{-inf. flex.}}$ = 951:11≈ 86:1), e, no caso dos outros verbos, o número de ocorrência foi ainda menor. Em PB a subordinação argumental infinitiva flexionada foi ainda mais insignificante;

Uma tendência oposta foi registada nos verbos deônticos. A seleção das frases infinitivas flexionadas foi dominante em ambas as variedades, sobretudo devido à sua estrutura ternária (V + Obj + a + $V^{\text{infinitivo}}$). O verbo mais significante foi *obrigar* por selecionar, predominantemente, as infinitivas flexionadas (em PE, $F^{\text{-fin.}}$: $F^{\text{-inf. flex.}}$ = 757:2349≈1:3 e, em PB, 2:398 ≈1:199). Em PE, ao mesmo tempo, foi o verbo *habilitar* que revelou a mesma tendência ($F^{\text{-fin.}}$: $F^{\text{-inf. flex.}}$= 1:24), não havendo as suas ocorrências nos *corpora* brasileiros. Ao contrário, o verbo *permitir* priorizou a subordinação argumental finita (em PE, $F^{\text{-fin.}}$: $F^{\text{-inf.flex.}}$ = 7217:26≈274:1 e, em PB, 1797:7≈256:1).

Também os verbos de obrigação necessária, em ambas as variedades, maioritariamente selecionam as frases infinitivas com marcas de flexão. É o caso dos antecedentes *forçar* (em PE, $F^{\text{-fin.}}$: $F^{\text{-inf. flex.}}$ = 18:312≈1:17 e, em PB, 0:106) e *incitar* (em PE, $F^{\text{-fin.}}$: $F^{\text{-inf. flex.}}$ = 4:151 ≈1:37 e, em PB, 2:11 ≈ 1:5,5), que possuem a mesma estrutura ternária como *obrigar.* A flexão neste caso, implica o controlo de objeto, havendo a tendência para respeitar a concordância entre o sujeito e o infinitivo (*forçar os filhos a arrumarem a casa* vs. *forçar os filhos a arrumar a casa).* No caso dos outros verbos *instigar, induzir* e *coagir,* estes não foram identificados no *corpus* CETENFolha. No caso do verbo *levar a + infinitivo*, em PE predominam as frases infinitivas fletivas ($F^{\text{-fin.}}$: $F^{\text{-inf. flex.}}$ = 2531:3447≈1:1,4) e, em PB, ao contrário, as finitas ($F^{\text{-fin.}}$: $F^{\text{-inf. flex.}}$ = 9:0). Quanto ao verbo *fazer,* em ambas as variedades, predomina a seleção da frase finita, sendo, no entanto, a ocorrência das infinitivas significante (em PE, $F^{\text{-fin.}}$: $F^{\text{-inf. flex.}}$ = 7810:1255≈ 6:1 e, em PB, 1839:710≈3:1).

No caso dos verbos volitivos, tanto positivos como negativos, quando a natureza inerente do sujeito era correferencial, as frases infinitivas fletivas praticamente não foram verificadas. Quando o sujeito não era correferencial, a sua frequência era muito mais elevada, que é o caso do verbo *esperar* (em PE, $F^{\text{-fin.}}$: $F^{\text{-inf. flex.}}$ = 1505:18≈84:1, e, em PB, 1737:66 ≈ 26:1) e *impedir* (em PE, $F^{\text{-fin.}}$: $F^{\text{-inf. flex.}}$ = 4216:836 ≈ 5:1 e, em PB, 1219:118≈10:1).

Quanto ao último grupo analisado, de circunstância interna e externa ao participante, devido à natureza inerente de sujeito correferencial, as frases

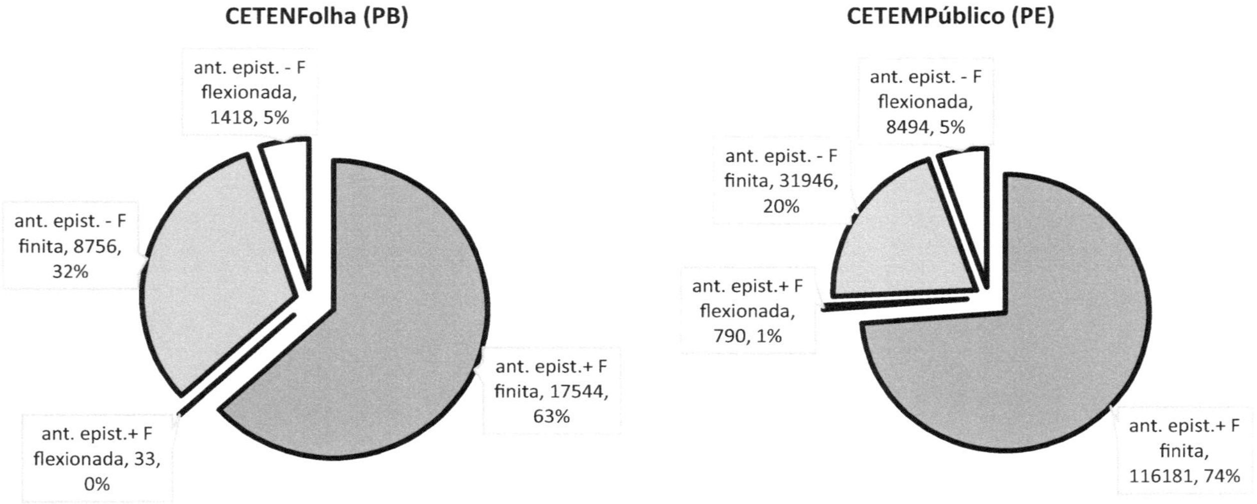

Gráficos 2.36: Frases completivas verbais finitas e infinitivas fletivas em CETEMPúblico (PE) e CETENFolha (PB)

infinitivas foram as únicas verificadas. O sujeito correferencial, no entanto, refletiu-se na concordância entre o sujeito e o infinitivo em vários casos em PE.

Os Gráficos 2.36. (p.a.) e 2.37. (p.s.) visualizam os dados relativos ao uso de ambas as formas tanto nos Códigos como na Linguateca. Este aspeto comparativo não pode ser levado em consideração no caso das frases completivas nominais e adjetivas, que são praticamente, apenas infinitivas em ambos os Códigos. Quanto à linguagem jornalística, como podemos observar, as frases infinitivas flexionadas constituem a mesma ou quase a mesma percentagem em ambos os *corpora*, i.e. no caso dos antecedentes epistémicos 0% em PB e 1% em PE, e no caso dos antecedentes não epistémicos 5% em ambas as variedades. Estes dados condizem, mais ou menos, com os resultados de Polášek.

Os dados verificados a nível contrastivo-textual, no entanto, não são tão coincidentes como se pressupunha. Incluindo entre as frases infinitivas com marcas de flexão aquelas cujo sujeito não era correferente, que são, em nossa opinião os maiores concorrentes das contrapartes finitas, chegamos a resultados muito interessantes. Enquanto as prioridades no caso de cada um dos antecedentes em ambos os registos coincidiram, ao compararmos a ocorrência mais geral das frases infinitivas flexionadas, verificamos, nos antecedentes epistémicos, em CPB, 11% e, em CPP, 3% de ocorrências e, nos antecedentes não epistémicos, em CPB, 51% e, em CPP, 34%. Para comparação percentual, consulte-se o Gráfico 2.37 (p.s.).

Quanto aos dados relativos aos antecedentes epistémicos, relembremos que a ocorrência mais frequente se mostrou no caso de *saber*, verbo que em CPP subcategoriza, na maior parte das vezes, a frase completiva finita /$F^{\text{-fin.}}$: $F^{\text{-inf. flex.}}$ = 17:4/, enquanto que, em CPB, as duas formas têm uma posição concorrencial /$F^{\text{-fin.}}$: $F^{\text{-inf. flex.}}$ = 8:8/. No que diz respeito aos verbos não epistémicos, o número tão elevado em CPB foi originado pelo verbo *constranger* (que perfaz quase a metade de todos os antecedentes de obrigação necessária) e, em ambos os Códigos, foram identificadas construções trivalentes com o controlo de objeto. Em geral, no entanto, podemos dizer que quanto às frases completivas verbais infinitivas verbais, em CPB, estas se afiguram claramente dominantes (constituindo 63% do total das frases) comparativamente com os seus homólogos finitos. Ao contrário, em CPP, as frases mais dominantes eram as finitas, perfazendo as infinitivas 37%.

Como podemos observar, os dados nos dois registos diferem marcantemente, o que nos leva a caracterizar o uso do infinitivo flexionado como traço específico de ambos os Códigos.

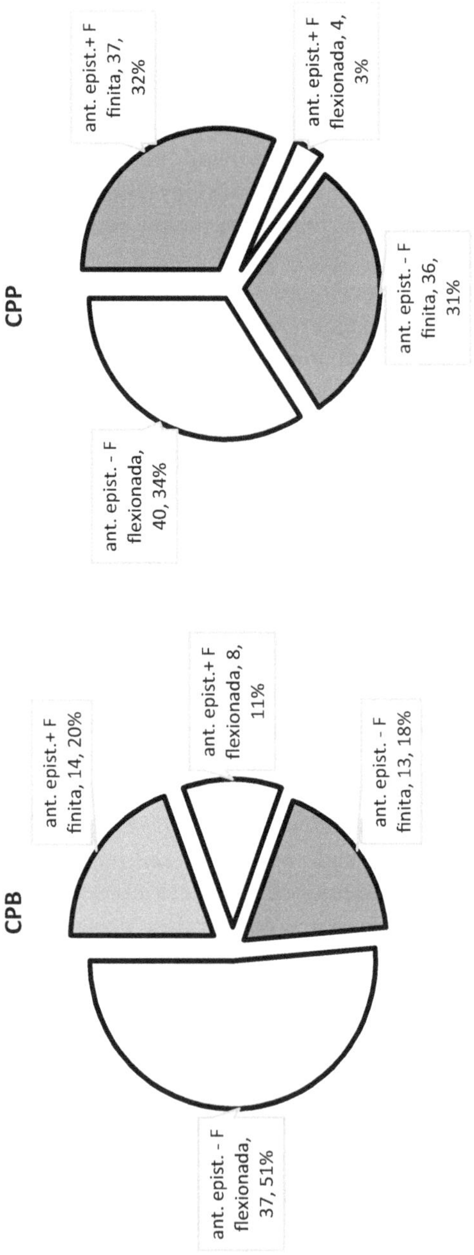

Gráficos 2.37: Frase completivas verbais finitas e infinitivas flexionadas em CPB e CPP

2.5.6. Comparação do acervo lexical em CPB e CPP

Quanto ao repertório lexical, os núcleos dos antecedentes do Código Penal português e brasileiro constituem um acervo equiparável (28 verbos *vs.* 24 verbos, respetivamente). Tal como já tínhamos proposto no caso da complementação nominal e adjetival, há antecedentes que existem apenas em CPP (*crer, verificar, supor, concluir, decidir, declarar, suspeitar, esperar, opor-se a, conseguir, evitar, levar a, limitar-se a, incitar a, expor-se a, negar-se a, esforçar-se por*) e outros que ocorrem apenas em CPB (*alegar, insinuar, induzir a, habilitar a, prestar-se a, forçar a*). Aos antecedentes comuns pertencem os verbos *considerar, saber, tolerar, recusar, fazer com, obrigar a, destinar-se a*. Cada um subcategoriza, preferivelmente, uma ou outra subordinação argumental como mostra o Esquema 2.5., chegando a constituir cinco grupos lexicológicos sintaticamente diferentes;

1. Antecedentes que ocorrem tanto em CPP como em CPB e que subcategorizam as frases finitas *(considerar, tolerar, recusar, fazer com, obrigar a, destinar-se a) ou* as frases infinitivas *(saber, destinar-se a, permitir, recusar-se a, fazer, determinar, coagir, constranger);*
2. Antecedentes que ocorrem apenas CPP e subcategorizam as frases finitas (*crer, verificar, supor, decidir, declarar, suspeitar, esperar, evitar, fazer, determinar, coagir, constranger*):
3. Antecedentes que ocorrem apenas CPP e subcategorizam as frases infinitivas (*levar a, incitar a, forçar a, esforçar-se por, negar-se a, expor-se a);*

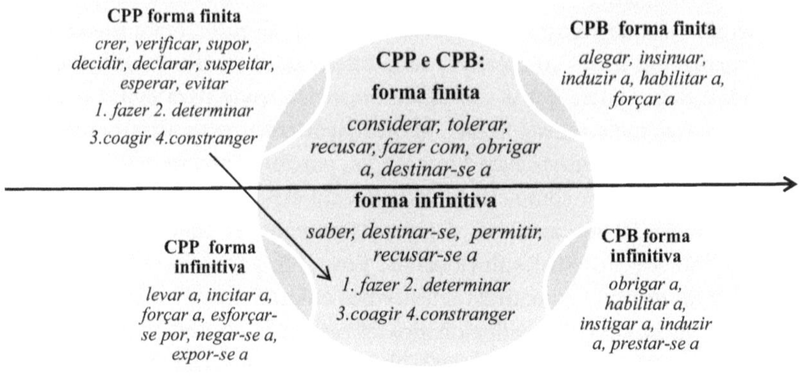

Esquema 2.5: Antecedentes verbais das frases completivas nos Códigos

4. Antecedentes que ocorrem apenas CPB e subcategorizam as frases finitas (*alegar, insinuar, induzir a, habilitar a, forçar);*
5. Antecedentes que ocorrem apenas CPB e subcategorizam as frases infinitivas (*obrigar a, habilitar a, instigar a, induzir a, prestar-se a).*

2.6. Considerações finais

Chegamos, agora, ao ponto de resumir as principais observações. As orações completivas, apesar de existirem algumas poucas diferenças, manifestaram-se, tanto nos Códigos como na Linguateca, tipologicamente, muito convergentes e homogéneas dos pontos de vista semântico e sintático, com uma diferença maior no que se refere à frequência das frases infinitivas flexionadas que acabamos de provar na penúltima secção (cf. Cap. 2.5.5.), cujo uso pode ser entendido, porém, como um traço estilisticamente marcado de ambos os textos.

Já a distribuição percentual das frases subordinadas completivas se afigura, nos Códigos, como claramente simétrica. A maior percentagem foi registada no caso das orações completivas verbais, constituindo 48% em CPP e, 51%, em CPB, ocupando as nominais o segundo (34% em CPP e 36% em CPB) e, as adjetivas, o terceiro lugar (18% em CPP e 13% em CPB) (cf. Cap. 2.1.1. e o Gráfico 2.1.). A afinidade dos dados foi comprovada não só a nível da distribuição dos valores modais dos antecedentes como também a nível da subcategorização da subordinação argumental. Neste último ponto devemos destacar ainda que foi verificada uma convergência não só entre os CPB e CPP mas, também, entre PB e PE porque as priorizações relativas às seleções finitas ou infinitivas foram, no caso dos antecedentes individuais, percentualmente mais ou menos equiparáveis. Só os valores relativos às completivas verbais apontaram para maiores diferenças nalguns casos.

Relembre-se que a nossa hipótese, no início da pesquisa, era que a caraterização formal das frases completivas seria diferente nos textos e nas variedades estudadas. Supunha-se que a variedade brasileira tende para evitar o uso do conjuntivo (tal como registado nas subordinações relativas e adverbiais) e para substituí-lo pelo infinitivo. Esta hipótese foi, parcialmente, provada, mas apenas a nível das frases completivas verbais cujo espetro é, nos Códigos, mais vasto, permitindo-nos analisar, comparativamente, as subordinações argumentais finitas e infinitivas flexionadas. Em CPB, portanto, vê-se um fosso entre as duas formas como ainda referiremos adiante. Porém, a prevalência do infinitivo (flexionado ou não flexionado) foi verificada em ambas as variedades, constituindo 62% em CPB e 54% em CPP como provam os Gráficos 2.38. (p.s.).

Em ambas as variedades, um dos fatores mais importantes verificados foi a natureza lexical dos antecedentes (nominal, adjetival ou verbal) e o seu valor

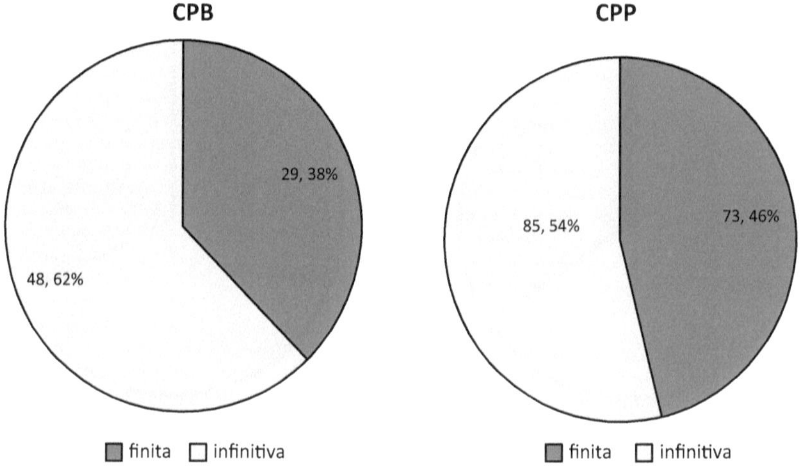

Gráficos 2.38: Frases completivas finitas e infinitivas em CPB e CPP

semântico modal. Como mostram os Gráficos 2.39., a representação numérica dos antecedentes que veiculam o valor epistémico positivo e negativo é, em ambos os textos, quase idêntica (em CPB constituem 34% e 66% e, em CPP, 32% e 68%, respetivamente).

Devemos constatar que, enquanto há pesquisas que estabeleceram como um fator importante da caraterização formal das frases completivas a função sintática ou a ocorrência das preposições, estudos que levem em consideração a divisão lexical dos antecedentes e a sua natureza modal continuam ainda escassos.

Em nossa investigação confirmou-se que, para além da categoria lexical do núcleo do antecedente, é, precisamente, o valor modal, que predetermina tanto o caráter referencial do sujeito como, obviamente, a subcategorização da subordinação argumental finita ou infinitiva. Por exemplo, no caso das expressões epistémicas positivas (de conhecimento e declarativas), predominam as frases finitas, ao contrário dos antecedentes com o valor epistémico negativo (deônticos, de obrigação e condição necessária, volitivos e de modalidade externa ao participante), em que predominam as frases infinitivas, sendo de esperar uma maior ocorrência do sujeito correferente ou do controlo do objeto, que faz parte da estrutura argumental ternária (sobretudo, no caso dos verbos causativos).

Resuma-se, passo por passo, os resultados a que se chegou em diferentes tipos de frases completivas.

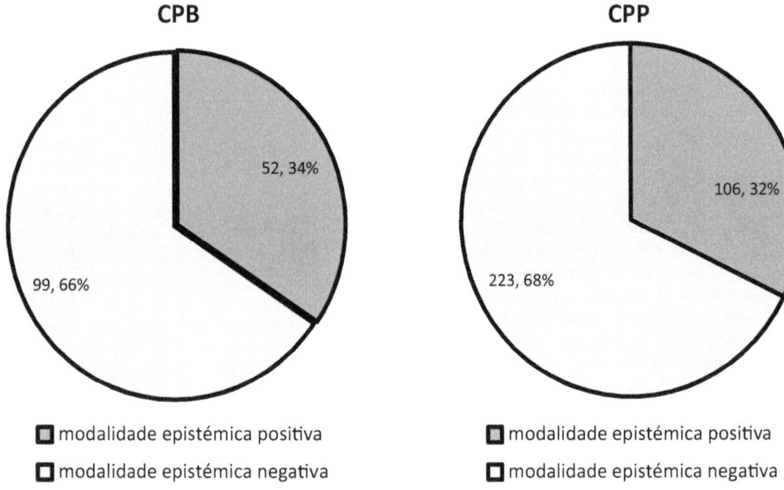

Gráficos 2.39: Valor modal dos antecedentes das frases completivas em CPB e CPP

Relativamente às orações completivas nominais, que apenas figuram na função sintática oblíqua (de complemento nominal), nos textos analisados prevaleceu, em ambas as variedades, a ocorrência dos antecedentes de valor modal volitivo (71% em CPP e 78% em CPB), ocupando o segundo lugar os de modalidade epistémica positiva com um valor mais ou menos forte de crença (14% em CPP e 22% em CPB). No caso do Código Penal do Brasil, nestas construções ocorre apenas a forma infinitiva, independentemente do valor modal do antecedente, enquanto que, no Código Penal de Portugal, no caso dos antecedentes epistémicos declarativos e dubitativos ocorreu, embora raramente, também a subcategorização da subordinação argumental finita. No caso dos antecedentes deônticos e volitivos, de crença fraca e de dupla seleção de modo, as formas finitas ocorreram apenas esporadicamente. Na Linguateca chegou-se, mais ou menos, aos mesmos resultados, salvo algumas poucas exceções. Em ambas as variedades, confirma-se a inclinação para o uso das formas finitas no caso dos antecedentes declarativos e dubitativos e uma clara tendência para o uso das formas infinitivas no caso dos outros antecedentes, isto é, daqueles que veiculam o valor modal de conhecimento, epistémico de possibilidade, deôntico e volitivo. No caso dos antecedentes de dupla seleção do modo, em PE, foi verificada, igualmente, a tendência para a subcategorização das frases infinitivas, sendo, porém, habitualmente subcategorizadas, também, as frases finitas. Portanto, os dados relativos ao CPP foram confirmados pelos dados de CETEMPúblico, com algumas pouquíssimas exceções (os antecedentes *consciência de* e *sinal de*), que ocorrem no Código apenas com as frases infinitivas, contrariamente ao seu uso mais variável em CETEMPúblico. Por outro lado, os dados do CPB apontam para o uso exclusivo das frases infinitivas, o que não se confirmou no *corpus* de CETENFolha, sobretudo no que se refere às expressões *fato de, hipótese de*, que ocorrem habitualmente, tanto com as frases finitas como com as infinitivas.

Relativamente à comparação a nível mais geral de PE e PB, podemos falar de relação convergente. Foram identificadas apenas algumas diferenças insignificantes no caso do uso das frases finitas e infinitivas flexionadas com o sujeito não correferente e explícito. Assim, no que se refere à expressão *obrigação de*, em PB regista-se uma predominante ocorrência do infinitivo e, em PE, ao contrário, a do verbo finito. No caso de *facto de* e *hipótese de*, em PB regista-se uma predominante seleção das frases finitas e, em PE, ao contrário, das infinitivas flexionadas. No caso dos antecedentes nominais deônticos e volitivos, em ambas as variedades manifesta-se uma evidente predominância (quase exclusiva) da seleção das frases finitas em detrimento das infinitivas. As infinitivas com marcas de flexão, no entanto, não são raras, tal como provam os Gráficos 2.16. (cf. Cap. 2.3.3.), em que se mostra que, em PE, constituem 42% e, em PB, 28%. No entanto, o uso do infinitivo flexionado, nos Códigos, é muito esporádico, limitando-se à ocorrência nas frases subcategorizadas pelo antecedente *saber*.

No caso das frases subordinadas adjetivais, cuja função sintática é de complemento oblíquo, foram encontrados antecedentes de dois valores modais: o de modalidade interna ao participante (95% em CPB e 85% em CPP) e o deôntico (5% em CPB e 15% em CPP), como se vê documentado pelos Gráficos 2.17. (cf. Cap. 2.4.1.). Foram identificadas apenas subordinações infinitivas, contrariamente aos antecedentes nominais, e o mesmo ficou provado pela Linguateca, que, igualmente, manifesta um uso quase exclusivo das frases infinitivas, com a exceção dos antecedentes *tendente a* ou *adequado a/para*, que, no entanto, subcategorizam as frases finitas apenas esporadicamente, quando o sujeito é correferente.

No caso das orações completivas verbais, foi verificada uma maior variabilidade funcional (a função de sujeito, de objeto direto ou oblíquo) e dos valores modais do antecedente. Os antecedentes verbais mais frequentes, em ambos os Códigos, foram de tipo não epistémico que implicam a obrigação ou condição necessária (39% em CPB e 41 % em CPP) como se pode observar nos Gráficos 2.20. (cf. Cap. 2.5.3.), sendo o segundo lugar ocupado pelos verbos epistémicos de conhecimento e pelos deônticos.

Relativamente à forma verbal do predicador, em ambos os Códigos foi registada a predominante ocorrência das frases infinitivas, associada, no entanto, aos verbos não epistémicos de tipo deôntico, volitivo, de modalidade externa ao participante e de condição ou obrigação necessária. Ao contrário, no caso dos antecedentes epistémicos positivos (de conhecimento, declarativos e de dupla seleção do modo), tanto nos Códigos como na Linguateca, são preferencialmente subcategorizadas as formas finitas e a mesma tendência se verificou no caso dos verbos volitivos transitivos diretos (cf. Cap. 2.5.5.).

Quanto à subcategorização da subordinação argumental infinitiva finita vs. não finita, como se pôde observar, ambas as variedades coincidem na preferência das frases finitas praticamente em todos os verbos epistémicos e, na preferência das frases infinitivas, nos não epistémicos. Nos Gráficos 2.23. (cf. Cap. 2.5.4.1.) e 2.27. (cf. Cap. 2.5.4.3), como pudemos observar, a ocorrência das frases infinitivas com marcas de flexão, porém, nem chega a atingir os 2%. E, se foi identificada, foi no caso dos antecedentes deônticos (*obrigar* em PE e PB e *habilitar* em PE) e dos de obrigação necessária (*forçar, incitar* em PE e PB, *instigar, induzir* e *coagir* em PE). Uma diferente tendência foi identificada apenas no caso do verbo *levar a + infinitivo* (este, em PE, subcategoriza, maioritariamente, as frases infinitivas flexionadas e, em PB, ao contrário, as finitas).

Quanto à comparação da frequência das frases finitas *vs.* infinitivas flexionadas nos Códigos, como já referimos várias vezes, neste ponto conseguimos provar a hipótese relativa à maior frequência das frases completivas infinitivas em CPB do que em CPP. Enquanto o uso das duas formas é no caso dos verbos epistémicos praticamente itêntico em CPP, em CPB abre-se um maior fosso entre elas. As finitas com o conjuntivo ocorreram em apenas 18% e, as infinitivas, em 51%. Em ambos os textos, no entanto, podemos falar de uma ocorrência excecionalmente elevada do infinitivo flexionado, comparativamente com os dados de Polášek e com os dados de Linguateca. Quanto aos antecedentes epistémicos, maiores discrepâncias foram identificadas em CPP, quando em 32% das frases analisadas neste setor foram finitas e, apenas 3%, infinitivas fletivas. Em CPB, no entanto, a diferença não foi tão flagrante (chegamos a descobrir a ocorrência de 20% vs. 11%, respetivamente).

Quanto ao repertório lexical que pode constituir o núcleo dos antecedentes em ambos os Códigos, este poderia ser dividido em sete grupos tal como visualizado, também, pelo Esquema 2.6.

1. Antecedentes que ocorreram apenas em CPP e que subcategorizaram a frase completiva finita: *crer, verificar, supor, decidir, declarar, suspeitar, esperar, evitar, conhecimento de, advertência de, princípio de, receio de adequado a/para, idóneo a, intimado a, autorizado a, incumbido de;*
2. Antecedentes que ocorreram apenas em CPP e que subcategorizaram a frase completiva infinitiva: *levar a, incitar a, forçar a, esforçar-se por, negar-se a, expor-se a, intenção de, perigo de, consciência de, sinal de;*

3. Antecedentes que ocorreram apenas em CPB e que subcategorizaram a frase completiva finita: *alegar, insinuar, induzir a, habilitar a, prestar-se a, forçar a;*
4. Antecedentes que ocorreram apenas em CPB e que subcategorizaram a frase completiva infinitiva: *obrigar a, habilitar a, instigar a, induzir a, facto de, hipótese de, possibilidade de, pretexto de, vontade de, intuito de;*
5. Antecedentes que ocorreram em CPB e em CPP e que subcategorizaram a frase completiva infinitiva: *saber, destinar-se, permitir, recusar-se a, fim de, impossibilidade de, capaz de, destinado a, susce(p)tível de, tendente a;*
6. Antecedentes que ocorreram em CPB e em CPP e que subcategorizaram a frase completiva finita: *considerar, tolerar, recusar, fazer com, obrigar a, destinar-se a;*
7. Antecedentes que ocorreram em CPB e em CPP e que subcategorizaram a frase completiva infinitiva e, ao mesmo tempo, ocorrem apenas em CPP em combinação com a frase completiva finita: *fazer, determinar, coagir e constranger.*

O uso das formas finita ou infinitiva, de acordo com os antecedentes individuais, resume-se nos Quadros 2.17., 2.18., 2.19. e 2.20., em que se pode consultar não apenas a sua ocorrência nos Códigos como também na Linguateca.

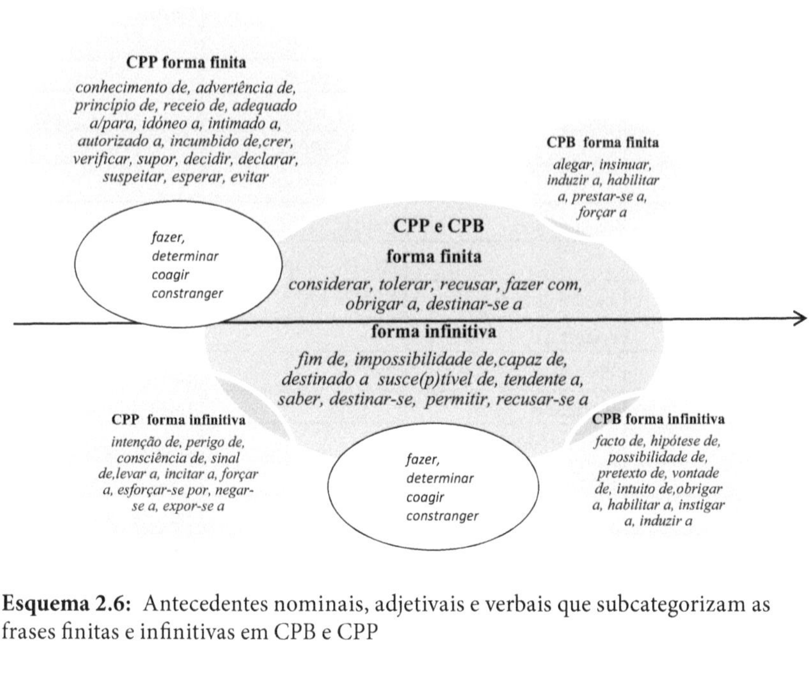

Esquema 2.6: Antecedentes nominais, adjetivais e verbais que subcategorizam as frases finitas e infinitivas em CPB e CPP

Quadro 2.17: Antecedentes que subcategorizam, exclusivamente, as frases infinitivas nos Códigos (CPB e CPP) e na Linguateca (PE e PB)

INFINITIVAS 100% nos Códigos		**Linguateca**	
CPP	**CPB**	**PE (CETEMPúblico)**	**PB (CETENFolha)**
advertência de		INFIN.100%	
perigo de	hipótese de	INFIN. > FIN.	INFIN. >FIN.
impossibilidade de	impossibilidade de	INFIN.100%	INFIN.100%
dever de	dever de	INFIN.100%	INFIN.100%
possibilidade de	vontade de	INFIN.100%	INFIN.100%
intenção de	intuito de	INFIN.100%	INFIN.100%
fim de	fim de	INFIN.>FIN.	INFIN. >FIN.
sinal de	-	FIN. > INFIN..	-
consciência de	-	FIN. > INFIN..	-
tendente a	tendente a	INFIN. >FIN.	INFIN.100%
destinado a	destinado a	INFIN. >FIN.	INFIN.100%
capaz de	capaz de	INFIN.100%	INFIN.100%
suscetível de	suscetível de	INFIN.100%	INFIN.100%
adequado a/para		INFIN. >FIN.	INFIN. >FIN.
idóneo a/para		INFIN.100%	
intimado a		INFIN.100%	
autorizado a		INFIN. >FIN.	
incumbido de		INFIN.100%	
obrigado a		INFIN. >FIN.	
forçar a		INFIN. >FIN.	
levar a		INFIN. >FIN.	
destinar-se a	Fazer+ inf.	INFIN.100%	INFIN. >FIN.
	coagir a		INFIN.100%
	induzir a		INFIN. >FIN.
	instigar a		INFIN.100%
	destinar-se a		INFIN. >FIN.
	habilitar a		INFIN.100%
	obrigar a		INFIN. >FINI.
	determinar		FIN. > INFIN..
	constranger a		INFIN.100%

Quadro 2.18: Antecedentes que subcategorizam ambas as frases, com a prevalecente maioria das frases infinitivas nos Códigos (CPB e CPP) e na Linguateca (PE e PB)

INFINIT.> FINITAS nos Códigos		**Linguateca**	
CPP	**CPB**	**PE (CETEMPúblico)**	**PB (CETENFolha)**
Saber	saber	FIN. > INFIN..	FIN. > INFIN.
Permitir		INFIN.> FIN.	
Determinar		FIN. > INFIN.	
coagir a		INFIN.100%	
fazer inf.		INFIN.> FIN.	
constranger a		INFIN.100%	

Quadro 2.19: Antecedentes que, nos Códigos, subcategorizam ambas as frases, com a prevalecente maioria as frases finitas nos Códigos (CPB e CPP) e na Linguateca (PE e PB)

FINITAS> INFIN.		**Linguateca**	
CPP	**CPB**	**PE (CETEMPúblico)**	**PB (CETENFolha)**
	permitir		INFIN. > FIN.
Impedir	impedir	INFIN. > FIN.	INFIN. > FIN.

Quadro 2.20: Antecedentes que, nos Códigos, subcategorizam, exclusivamente, as frases finitas e nos Códigos (CPB e CPP) e na Linguateca (PE e PB)

FINITAS 100%		**Linguateca**	
CPP	**CPB**	**PE (CETEMPúblico)**	**PB (CETENFolha)**
conhecimento de		FIN. > INFIN	
princípio de		FIN. > INFIN.	
receio de		FIN. > INFIN	
Considerar	considerar	FIN. > INFIN	FIN. > INFIN
Crer	alegar	FIN. > INFIN	FIN. > INFIN
verificar	insinuar	FIN. > INFIN	FIN. > INFIN
Supor	dificultar	FIN. > INFIN	FIN. > INFIN
Suspeitar	facilitar	FIN. > INFIN	FIN. > INFIN
Concluir		FIN. > INFIN	
Declarar		FIN.> INFIN	
Decidir		FIN. > INFIN	
limitar-se a		INFIN. > FIN.	

3. FRASES RELATIVAS

As orações relativas têm a mesma função que os adjetivos qualificativos, i.e. a de modificar um nome ou um grupo nominal, atribuindo-lhe uma propriedade adicional e restringindo ou explicitando a extensão referencial do seu conjunto. Por conseguinte, equivalem, do ponto de vista semântico, aos adjetivos qualificativos, motivo pelo qual a tradição gramatical as denominava como orações adjetivas. Este tipo de subordinação, como veremos adiante, possui uma série de propriedades que se repercutem, igualmente, na sua tipificação sintático-semântica.

A análise das orações relativas assentará, nesta fase da pesquisa, em três critérios pilares, i.e.: a tipologia semântica das frases relativas, o valor modal veiculado pelo seu predicador e as operações de determinação relacionados com os sintagmas nominais antecedentes[46]. Como poderemos observar, a articulação destes fatores não funciona, nos Códigos, identicamente, originando formulações hipotáticas marcantemente diferentes como já tínhamos avançado no capítulo anterior (cf. também o Cap. 2.1.4. e o Cap. 2.6.).

Relembre-se que, contrariamente às orações completivas, pertencentes, segundo os romanistas praguenses, aos períodos "diretamente modais" (ZAVADIL & ČERMÁK, 2010) (cf. Cap. 2), as relativas fazem parte daquele tipo de períodos em que a relação modal entre a F^+ e a F^- é indireta. Isto significa que o modo do predicador da F^- é dependente não do modalizador da F^+, mas sim da natureza referencial do $SN^{antecedente}$ (que pode constituir uma parte básica, integrante ou acessória da F^+), vinculada com as operações de determinação. Os períodos deste tipo são, por isso, denominados como "indiretamente modais". Refira-se que a análise destas frases conta com uma acentuada presença de suas ocorrências nos textos: em CPP, as frases relativas perfazem 52% de todas as orações subordinadas (1239 ocorrências) e, em CPB, 43% (437 ocorrências) (cf. o Cap. 1.2.2. e, também, o Gráfico 1.1.).

Relativamente às questões técnicas e formais, tal como no capítulo anterior, advertimos que os exemplos seguirão a numeração a partir do número 1. Os quadros, gráficos e esquemas serão marcados, primeiro, pelo número do capítulo (3.) e seguidos pelos algarismos a partir de 1. (3.1., 3.2., 3.3., etc.).

---

46 O termo *antecedente*, no capítulo anterior, referiu-se ao elemento frásico que subcategoriza uma frase completiva. Nesta fase da pesquisa, será usado para designar aquele sintagma nominal que subcategoriza uma frase relativa.

3.1. Enquadramento teórico

Por mais variável que seja o leque dos aspetos a ser considerados, as nossas observações irão desaguar, nas partes pilares, na comparação quantitativa e qualitativa do uso dos modos indicativo e conjuntivo. Observaremos se a diferença semântica existente entre eles se repercute, de alguma forma, na caraterização linguística geral dos textos. Ao mesmo tempo, a nossa atenção será centrada na leitura dos determinantes que fazem parte do sintagma nominal antecedente, e na tipologia das frases relativas, estabelecida consoante os pronomes relativos (doravante designados como *qu-*) que as introduzem. Partiremos das teorias a serem expostas nas seguintes secções.

3.1.1. Valores factual e modal das frases relativas

Como temos referido várias vezes, os Códigos comparados afiguram-se assimétricos, sobretudo, do ponto de vista do modo verbal em que ocorre o predicado da $F^{\text{-rel.}}$. Por conseguinte, deveríamos basear esta fase da análise na dicotomia tradicional existente entre os dois valores semânticos: o hipotético (veiculado pelo modo conjuntivo) e o real (veiculado pelo indicativo), sendo as frases relativas denominadas, no primeiro caso, como *relativas modais* e, no segundo caso, como *factuais*. Os valores hipotético ou real estão, já tradicionalmente, vinculados ao grau da transparência contextual. Neste sentido, de acordo com vários autores, e.g. Richard Montague (1969) ou Rui Marques (1996), existem dois tipos de contexto: o opaco e o transparente. Para a sua identificação contribui, obviamente, o valor referencial do sintagma nominal antecedente, cujos sub-valores positivo ou negativo refletem diferentes graus de crença do interlocutor perante a existência ou a não existência do seu referente concreto.

Nesta fase da pesquisa, no entanto, tentaremos provar que o uso dos diferentes modos verbais nos Códigos não se correlaciona, plenamente, com os diferentes valores modais ou referenciais. Já agora, propomos formular a hipótese de que, sejam as frases relativas usadas com o predicado no modo conjuntivo sejam-no no indicativo, invoquem elas o referente do $SN^{\text{antec.}}$ existente ou não existente, elas remetem, nos textos estudados, sempre para as situações de caráter geral, construídas com base nos casos precedentes, aproximando-se, assim, das frases generalizadoras ou caracterizadoras[47]. Descartamos, portanto, a

47 Acerca destes termos veja-se, por exemplo, KRIFKA, M., PELLETIER, F. J., CARLSON, G., MEULEN, A. LINK, G, CHIERCHIA, G. (1995): Genericity: an introduction. *In:* Carlson – Pelletier (eds.), The Generic Book. Chicago: The University of Chicago Press: 1–124.

possibilidade de interpretar os valores hipotético *vs.* factual, referencial *vs.* não referencial como valores que, nos ditos textos, sejam semanticamente relevantes, o que iremos provar através dos dados adquiridos e com base nos exemplos citados. Porém, antes disso, dediquemos algum espaço à abordagem teórica dos critérios mencionados, começando pela caraterização referencial do $SN^{antec.}$.

3.1.2. Leitura do sintagma nominal

A natureza referencial do $SN^{antec.}$, associada, tradicionalmente, aos já aludidos valores contextuais (opaco ou transparente), pode ser dividida em dois tipos: a específica [específica+], em que se identificam, consensualmente, entidades concretas/reais e cuja veracidade pode ser confirmada, e a não específica [específica-], em que as ditas propriedades não se identificam, sendo as entidades consideradas como não concretas ou irreais (p. ex. Manuel Said Ali, 1964).

Vivian Meira de Oliveira (2006, p. 120) afirma existir uma correlação entre o valor referencial do antecedente e os diferentes tipos de atitude do interlocutor como são, por exemplo, a conjetura, suposição, eventualidade, possibilidade e incerteza. Ao mesmo tempo, os diferentes graus de crença na realização da proposição de F^{-}, na sua veracidade ou previsibilidade, são transmitidos pelo modo verbal respetivo. O indicativo, para além do tipo da leitura específica do referente do $SN^{antec.}$, sinaliza que as componentes de veracidade, realidade, previsibilidade e crença na realização da proposição são positivas [+], como exemplifica a frase 1. O conjuntivo, para além da leitura não específica do $SN^{antecedente}$, implica que as mesmas componentes são negativas[-] como se pode observar na frase 2.

(1) Comprei *um disco de* Júlio Pereira, que *saiu* este ano (*mas não sei se esta casa existe).
[específica+] → [veracidade, crença, realidade e previsibilidade [+]]

(2) Queria ter *uma casa* com sótão que *estivesse* ao pé da Praia dos Reis, mas não sei se esta casa existe.
[específica-] → [veracidade, crença, realidade e previsibilidade [-]]

Regressando à tipologia referencial [específico+] *vs.* [específico-], que as teorias existentes, consensualmente, associam à existência *versus* não existência do referente concreto (veja-se o Esquema 3.1), estes não resultam suficientes para os fins da nossa pesquisa, em que visamos analisar, ao mesmo tempo, a relação entre os diferentes operadores de determinação do $SN^{antec.}$ e o modo verbal do predicador F^{-rel}.

a) leitura específica	*versus*	b) leitura não específica
⇓		⇓
[referente concreto +]	*versus*	[referente concreto -]

Esquema 3.1: Leitura específica vs. não específica

Por isso, partiremos do modelo estabelecido por Fátima Oliveira (2003, p. 223, p. 225), que, como podemos observar no Esquema 3.2. (p.s.), consiste numa tipologia mais ramificada e complexa.

Nela, os termos *específico* ou *não específico* são utilizados apenas em associação com os sintagmas nominais precedidos de artigo indefinido *um/uma* ou de outros seus equivalentes capazes de veicular os processos de *indefinitização*[48], denominados também como *operações da extração das partes singulares.*

Ao contrário, nas operações de *definitização*, a identificação do referente do $SN^{antec.}$ concretiza-se através do artigo definido ou de outros operadores que contenham a componente semântica de individualização inerente, i.e. os pronomes possessivos ou demonstrativos que, ao mesmo tempo, podem manifestar o valor referencial (i.e. positivo) ou atributivo (i.e.. negativo). Assim, a referida tipologia consta das seguintes quatro leituras:

- A leitura específica (frase 1) e a leitura não específica (intensional) (frase 2) do $SN^{antecedente}$ precedido do operador indefinido;
- A leitura referencial (frase 3) e a leitura atributiva (frase 4) do $SN^{antecedente}$ antecedido pelos operadores equivalentes ao artigo definido.

(3) *O livro* que *andavas* a ler está em cima da mesa. / *O livro que andavas a ler/esse livro não existe.

(Oliveira, 2003, p. 224)

(4) *A pessoa que consiga* descobrir a solução deste enigma é um génio: duvido que até exista tal pessoa.

(Oliveira, 2003, p. 223)

Como vemos, o facto de o artigo ser o operador dos processos de individualização (ou definitização) nem sempre implica o valor referencial positivo. E, ao

48 O termo *indefinitização* não é consensual. Nós optamos, porém, pela sua aplicação por razões pragmáticas, colocando-o em antonímia com o conceito de *definitização* enquanto operação de extração das partes singulares definidas.

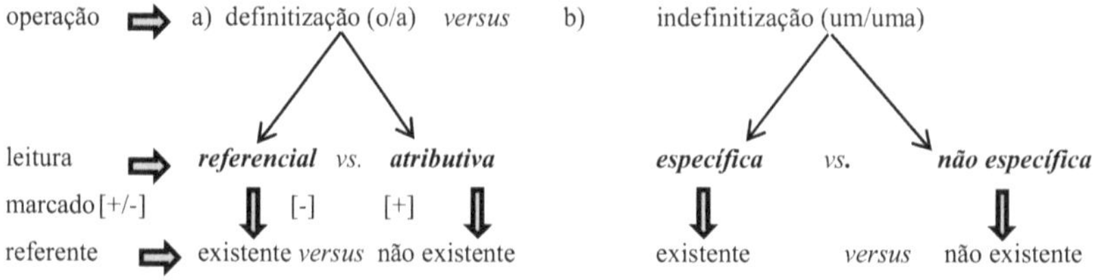

Esquema 3.2: 4 leituras do SN antecedente

contrário, o artigo indefinido enquanto operador dos processos de *indefinitização* não o exclui. Para cada um dos tipos contextuais, chegamos a ter, portanto, uma leitura diferente, tal como mostra o Esquema 3.2.:

No exemplo (1) («Comprei *um disco de* Júlio Pereira, que *saiu* este ano….») existe um referente concreto, representado pelo sintagma nominal *um disco,* que tem uma leitura específica, ao contrário do exemplo (2) («Queria ter *uma casa* com sótão que *estivesse* ao pé da Praia dos Reis…»), em que o sintagma nominal *uma casa* tem uma leitura não específica, precisamente, por ainda não existir, para o locutor, o referente concreto.

No exemplo (3) («O *livro* que *andavas* a ler está em cima da mesa.»), o referente do discurso tem uma descrição definida num contexto transparente, sendo certo que há um livro que o agente da proposição da frase relativa está a ler e que não pode ser negada a sua existência. Fátima Oliveira denomina estes casos como descrições definidas com o valor referencial que caracteriza de seguida:

> "[…] quando usadas referencialmente, as descrições definidas seleccionam, sobre o conjunto definido intensionalmente pela propriedade "ser x", (no caso dos exemplos, considerados, "ser livro"), a parte singular única e determinada que constitui o referente do discurso: por isso, uma das características do uso referencial das descrições definidas é suposição da existência do designado."
>
> (OLIVEIRA 2003, p. 223)

No exemplo (4) («*A pessoa que consiga* descobrir a solução deste enigma é um génio:.»), o sintagma nominal *a pessoa* tem a leitura atributiva, por nós interpretada como marcada, porque implica a ainda não existência do referente sendo que a este poderá, no futuro, corresponder só aquela pessoa que satisfizer as condições explícitas na frase relativa e à qual forem atribuídas certas propriedades. Trata-se, portanto, de leitura atributiva definida por Fátima Oliveira de modo seguinte:

> "[...] Ela define intensionalmente um dado conjunto e indica que, se esse conjunto não for vazio, o discurso tem como referente o indivíduo que satisfaça as propriedades expressas pela descrição definida. Neste caso, não está envolvida pressuposição de existência do (possível) referente [...]"
>
> (OLIVEIRA 2003, p. 224)

Ao mesmo tempo, Fátima Oliveira (2003, p. 230) fala de casos em que o sintagma nominal carece de qualquer determinante, chamando-os *expressões indefinidas sem determinante explícito,* as quais, nos Códigos, são usadas intensionalmente ou especificamente como ilustram as frases 5 e 6.

(5) Se as ofensas à integridade física forem produzidas *em (-) circunstâncias que revelem* especial censurabilidade ou perversidade do agente, este é punido com [...].
(PORTUGAL, 1982, ° 145°)

(6) Quem, sem consentimento, divulgar o conteúdo de *(-) cartas, encomendas, escritos fechados, ou telecomunicações a que se referem* os números anteriores, é punido com pena de prisão até 1 ano ou com pena de multa até 240 dias.
(PORTUGAL, 1982, Art. 194° §3)

Na análise dos referentes concretos e positivos do $SN^{antec.}$ será aplicada a seguinte terminologia: o $SN^{antec.}$ precedido do artigo definido terá *a leitura referencial* e o SN^{antec} precedido do artigo indefinido, *a leitura específica.*

Na análise de referência negativa ou hipotética do $SN^{antec.}$ será aplicado o termo de *leitura atributiva* quando o SN for acompanhado pelo artigo definido e, a *leitura não específica* ou *intensional,* quando o for pelo artigo indefinido.

Deste modo, obtemos, nos textos analisados, construções tipologicamente diferentes, sintetizadas no Quadro 3.1.[49] (p.s.).

3.1.3. Tipologia das frases relativas

Como já referimos no início, para além do escopo referencial do sintagma nominal, um outro fator significativo, com que se prende a seleção do modo do predicador da F^{-}, é a tipologia das frases relativas, que conta com um sistema tripartível. Este, de facto, influenciou, também, a estrutura do presente capítulo, dividido em três secções principais, nas quais abordamos as orações relativas livres (cf. Cap. 3.4.), restritivas (chamadas, também, determinativas) (cf. Cap. 3.5.) e explicativas (denominadas, também, apositivas) (cf. Cap. 3.6.).

Relembre-se que a classificação tradicional contava com apenas dois últimos tipos, i.e. com as frases explicativas e com as restritivas, como podemos

---

49 Para os fins da nossa pesquisa utilizamos a marcação consensual ***qu-***, de acordo com a Gramática do Português (2013:2076).-

Quadro 3.1: Tipologia sintático-semântica das frases relativas

	tipo do SN	tipo de leitura	constituinte pronominal	modo verbal
1	um SN	leitura específica referente concreto contexto transparente		INDICATIVO
2	um SN	leitura não específica referente não concreto contexto opaco	*qu-*	CONJUNTIVO
3	o SN	leitura referencial referente concreto contexto transparente	*qu-*	INDICATIVO
4	o SN	leitura atributiva referente não concreto contexto opaco		CONJUNTIVO
5	(-) SN	leitura específica referente concreto contexto transparente		INDICATIVO
6	(-) SN	leitura intensional referente não concreto contexto opaco		CONJUNTIVO

observar, por exemplo, nas gramáticas de Celso Cunha ou Lindley Cintra (1999) ou de Adriano de Gama Kury (2006).

As orações relativas livres foram incluídas, na tipologia, por Ana Maria Brito e Inês Duarte (2003), na Gramática da Língua Portuguesa, e aplicadas, também, por Rita Veloso (2013) na descrição da subordinação relativa em Gramática do Português II. Todas as autoras consideram as *frases relativas livres* aquelas que são introduzidas por *quem* (que, tradicionalmente, eram definidas como orações substantivas subjetivas e, na versão atual, corresponderiam às orações completivas de sujeito) e por *como*, *onde* e *quando* (que, tradicionalmente, eram consideradas como adverbiais de modo, lugar e tempo).

À requalificação das frases introduzidas pelos ditos constituintes pró-nominais, supostamente, levou o princípio de substituibilidade pelos seus equivalentes: quem = *a pessoa que*, onde = *o lugar em que*, como = *o modo de/pelo que*, quando = o *momento em que*. Do ponto de vista funcional, a questão desta passagem poderia levantar uma série de dúvidas, mas na nossa análise, que visa realizar a descrição linguística mais moderna possível dos textos-chave, decidimos respeitá-la, com a exceção das frases introduzidas por *quando* que foram incluídas nas adverbiais.

Quanto à formulação das frases relativas livres, deparamo-nos, nos Códigos, com ambos os modos verbais como mostram os exemplos 7–9:

(7) *Quem tiver praticado* um facto ilícito típico e *for considerado* inimputável, nos termos do artigo 20º, é mandado internar pelo tribunal em estabelecimento de cura, tratamento ou segurança [...].

(PORTUGAL, 1982, Art. 91º §1)

(8) Se a pessoa incitada ou *a quem se presta ajuda* for menor de 16 anos ou tiver, por qualquer motivo, a sua capacidade de valoração ou de determinação sensivelmente diminuída, o agente é punido com pena de prisão de 1 a 5 anos.

(PORTUGAL, 1982, Art. 135º §2)

(9) Quem:
b) profanar *lugar onde repousa* pessoa falecida ou monumento aí erigido em sua memória, praticando actos ofensivos do respeito devido aos mortos, é punido com pena de prisão até 2 anos ou com pena de multa até 240 dias.

(PORTUGAL, 1982, Art. 254º §1 b))

No que respeita às orações relativas restritivas, nelas, a natureza modotemporal do predicador e a leitura do $SN^{antecedente}$ vão demonstrando uma variabilidade ao longo dos textos como provam os exemplos 10–11. A frase 10, primariamente, a descartarmos a interpretação neutralizadora e partirmos da dicotomia tradicional, implicaria a existência de um referente concreto, i.e. a leitura específica ou referencial e um contexto transparente, ocorrendo, nela, o modo indicativo. A frase 11 constituiria um caso oposto, em que o SN relativizado apresenta a leitura não específica ou atributiva, ocorrendo nela o predicado no modo conjuntivo.

(10) Age com dolo quem, representando *um facto que preenche* um tipo de crime, actuar com intenção de o realizar.

(PORTUGAL, 1982, Art. 14º §1)

(11) Não é ilícito o facto praticado como meio adequado para afastar *um perigo* actual *que ameace* interesses juridicamente protegidos do agente ou de terceiro, quando se verificarem os seguintes requisitos [...]

(PORTUGAL, 1982, Art. 34º)

No que às orações relativas explicativas diz respeito, estas são caraterizadas por possuírem um valor factual, que implica um contexto transparente, em que o SN relativizado apenas pode ter a leitura específica ou referencial. Neste tipo de orações, obrigatoriamente separadas do resto do texto por vírgulas, pode ocorrer apenas o indicativo e nunca o conjuntivo como ilustra a frase 12.

(12) *Lisboa, que é* a capital de Portugal / *seja a capital de Lisboa, foi a Capital e Cultura Europeia em 1994.

Levando em consideração esta divisão ternária (sem ter em conta, ainda, a nossa hipótese sobre a neutralização semântica), adquirimos as seguintes combinações prototípicas, esboçadas no Quadro 3.2.:

Quadro 3.2: Tipologia sintático-semântica (de acordo com a tipologia atualizada)

<table>
<tr><th></th><th>tipo do SN</th><th>tipo de leitura</th><th>constituinte pronominal</th><th>modo verbal</th></tr>
<tr><td>explicativa</td><td>(o, um, -SN)</td><td>leitura específica
leitura referencial
referente concreto
contexto transparente
valor factual</td><td rowspan="3">qu-</td><td>INDICATIVO</td></tr>
<tr><td rowspan="2">restritiva</td><td>(o, um, -SN)</td><td>leitura não específica
referente não concreto
contexto opaco
valor modal</td><td>CONJUNTIVO</td></tr>
<tr><td>(o, um, -SN)</td><td>leitura referencial
referente concreto
contexto transparente
valor factual</td><td>INDICATIVO</td></tr>
<tr><td rowspan="2">livre</td><td rowspan="2">quem
como/quando/
onde</td><td>leitura atributiva referente não concreto
contexto opaco
valor modal</td><td rowspan="2"></td><td>CONJUNTIVO</td></tr>
<tr><td>leitura específica referente concreto
contexto transparente
valor factual</td><td>INDICATIVO</td></tr>
</table>

No entanto, devemos relembrar que há situações que contrariam a aceção tradicional de que o modo verbal deveria corresponder ao valor referencial do antecedente e de que deveria haver uma "[...] coincidência quase perfeita entre o uso de indefinidos com o conjuntivo, por um lado, e de definidos com o uso do indicativo, por outro.", como relembra Vivian Meira de Oliveira (2006, p. 118) ilustrando a suposta incompatibilidade das duas componentes com base no exemplo 13:

(13) *Eu quero *o livro que contenha* iluminuras medievais.

(OLIVEIRA 2006, p. 118)

É que nos textos estudados chegamos a identificar construções que, a partir do dito, poderiam ser caracterizadas se não como agramaticais então, pelo menos, como anómalas. Exemplo delas são: *a pena de prisão que falte cumprir, a pena de prisão que seja cumprida*. Por isso, incluímos, no Quadro 3.2., em diferentes tipos dos sintagmas nominais, vários determinantes, sem levar em consideração a regularização canônica que prediz a citada compatibilidade.

No entanto, a mesma autora admite que o uso das diferentes construções hipotáticas relativas é mais diversificado do que a tradição normativa desejaria, pertencendo aos fatores que influenciam a sua ocorrência não só o estilístico (e.g. o uso na linguagem coloquial e corrente) como também o geográfico (referindo-se a autora ao português do Brasil), como explicitado de seguida:

> "[...]grande parte das regras prescritas pela tradição gramatical não são realizadas na linguagem coloquial corrente, uma vez que constantemente se depara com usos variáveis que vão de encontro ao preceitos das gramáticas normativas e, neste sentido, o uso do modo subjuntivo no português do Brasil parece se afastar das regras prescritas pela gramática tradicional. Na verdade, parte-se da hipótese de que, no vernáculo, a forma do indicativo vem recobrindo tanto a referência ao fato objetivo, quanto o modo da incerteza, uma vez que se admite que o subjuntivo vem sendo substituído pelo indicativo."
>
> (OLIVEIRA 2006, p. 140)

Estas observações, que alegam a transformação semântica dos modos verbais, conduzem-nos a ponderar a já aludida hipótese sobre a sua neutralização no contexto por nós abordado. Com efeito, a divergente formulação das frases relativas nos Códigos, como temos adiantado, não justifica a distinção interpretativa, porque ambos os textos descrevem os mesmos modelos situacionais, baseiam-se nas mesmas premissas e seguem a mesma nomologia e lógica. Este facto levar-nos-á a propor o nivelamento das discrepâncias não só a nível modal como também a nível referencial, aproximando-se, em nossa opinião, das já referidas frases generalizadoras ou caracterizadoras (cf. Cap. 3.7.).

3.2. Metodologia

Quanto ao tratamento dos dados adquiridos, este consistiu em várias subfases. Primeiro, todas as frases relativas identificadas em CPP e CPB foram subdivididas em restritivas, livres e apositivas, e isso segundo o tipo do sintagma nominal antecedente e segundo o modo do predicador da frase relativa (cf. Cap. 3.1. e o Quadro 3.2.). Ao mesmo tempo, analisou-se, quantitativamente, a ocorrência dos relativos que introduzem as frases subordinadas em questão. Os dados levaram-nos a estabelecer vários tipos de paradigmas para ambos os Códigos. Não se realizou, neste capítulo, a análise quantitativa noutro registo, porque não encontrámos, nem após as consultas com os peritos da área da linguística de *corpus*, as fórmulas cientificamente viáveis.

Antes de apresentarmos os resultados, relembremos que a percentagem das frases relativas, em geral, foi elevada em ambos os Códigos (43% em CPB e 52% em CPP) (cf. o Gráfico 1.1. e o Cap. 1.2.2.). Apesar disso, no entanto, existe um flagrante fosso entre o número das suas ocorrências: em CPP, foram identificadas 1239 e, em CPB, somenos 437 $F^{-rel.}$. Porém, devemos adiantar que tal diferença tem o seu fundo de justificação. Como alega o título da seguinte secção (cf. Cap. 3.3.), no texto brasileiro são frequentemente utilizadas as frases tipicamente usadas na lexicografia, as quais carecem de sujeito e possuem o verbo na forma infinitiva impessoal. Após uma prévia sondagem chegámos a ponderar a hipótese de que serão precisamente elas que vão compensar a já referida discrepância. Iremos aplicar, na nossa pesquisa, o termo *frases dicionarísticas* ou *enciclopédicas* e, já agora podemos avançar que constituem um dos traços específicos do Código Penal brasileiro.

3.3. Frases dicionarísticas

Esta especificidade foi detetada depois de ter sido realizada a análise quantitativa das frases subordinadas relativas de acordo com o *critério qu-*, ou seja, com o tipo do pronome relativo que introduz as frases relativas restritivas e explicativas (*que, qual* e *cujo)* e as frases relativas livres (*quem, onde*). E como os Gráficos 3.1.[50] mostram, por um lado, a percentagem das ocorrências de *qual,*

50 Advirta-se que os constituintes pronominais foneticamente ausentes não foram levados em consideração e incluídos na recolha e na contagem dos dados. Como os casos da elipse pronominal ocorreram tanto em CPP como em CPB, supostamente, a sua eventual inclusão nos dados (que, evidentemente, resultaria mais existente em termos de tempo) não mudaria significativamente os resultados da contagem.

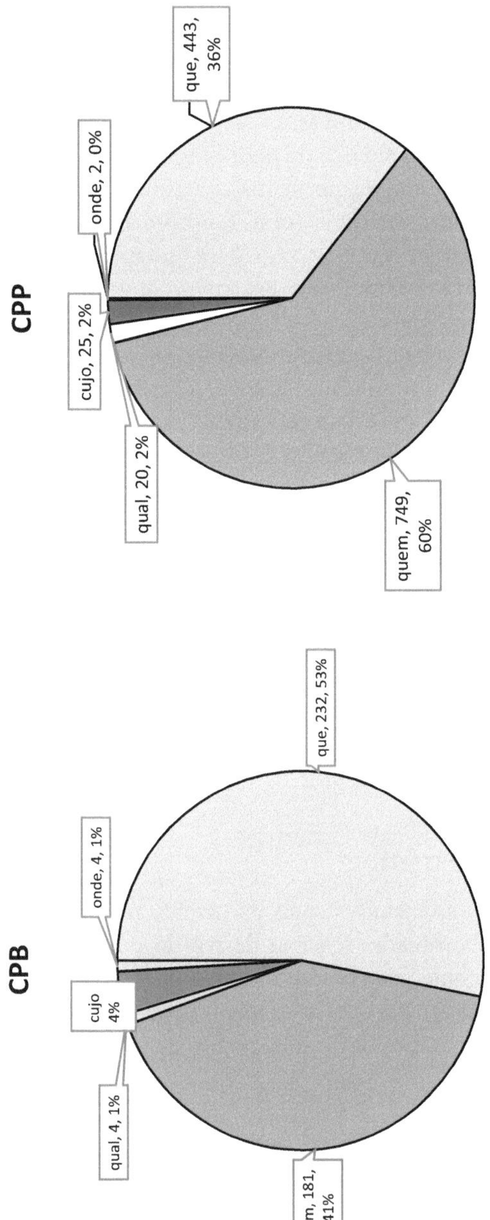

Gráficos 3.1: Ocorrência dos pronomes relativos qu- em CPB e CPP

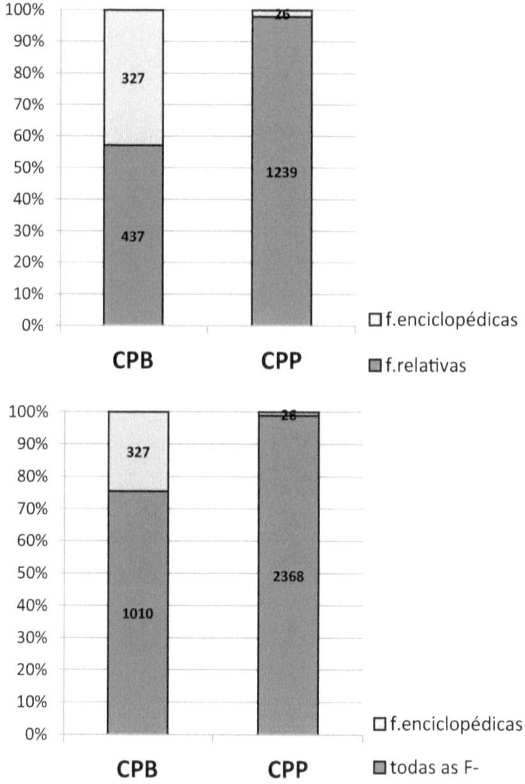

Gráficos 3.2:

a): Frases dicionarísticas vs. frases relativas

b): Frases dicionarísticas vs. frases subordinadas (F^-)

cujo e *onde* é, em ambos os Códigos, coincidente, embora muito reduzida (compare-se os seguintes dados: *cujo:* 4% em CPB e 2 % em CPP; *qual:* 1% em CPB e 2 % em CPP; *onde* 1% em CPB e 0% em CPP), mas, por outro lado, as frases relativas introduzidas por *quem* e *que* são numericamente muito diversas, sendo as primeiras mais frequentes em CPP e, as segundas, em CPB (compare-se *quem:* 41% em CPB *vs.* 60 % em CPP; *que:* 53% em CPB *vs.* 36% em CPP).

Mais tarde chegamos a apurar que, em CPB, uma parte das frases que na contrapartida portuguesa são introduzidas por *quem*, equivalem, precisamente, às *frases dicionarísticas*, nas quais, de facto, se subentende o mesmo valor semântico e sintático (hipotático) que nas frases livres como provam os seguintes exemplos 14 e 15 (pp.ss.).

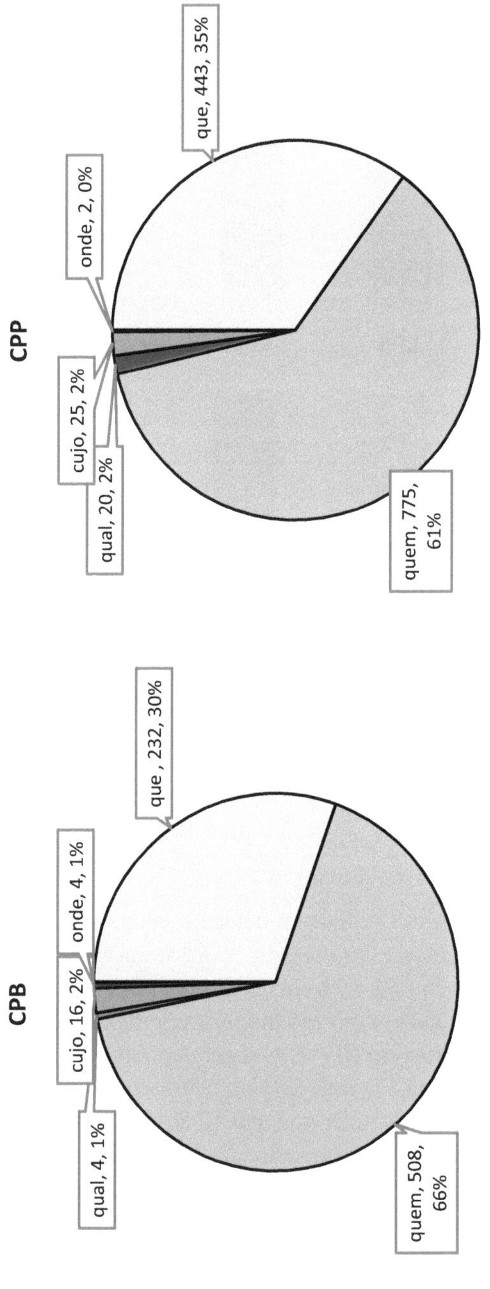

Gráficos 3.3: Ocorrência hipotética dos pronomes relativos qu-

(14) *Quem destruir*, no todo ou em parte, *danificar*, *desfigurar* ou *tornar* não utilizável coisa alheia, é punido com pena de prisão até 3 anos ou com pena de multa.
(PORTUGAL, 1982, Art. 212° §1)

(15) *Destruir*, *inutilizar ou deteriorar* coisa alheia:
Pena detenção, de um a seis meses, ou multa.

(BRASIL, 1940, Art. 163°)

Segundo mostram os Gráficos 3.2. a) e b) (pp.aa.), a ocorrência das frases dicionarísticas também foi verificada em CPP embora em apenas 26 casos, número que resultou muito reduzido ao ser comparado com CPB, em que constituem 25% de todas as frases subordinadas e, 43%, de todas as relativas, se as interpretássemos como os seus equivalentes.

Os dados adquiridos, portanto, sinalizam que a acentuada presença das frases dicionarísticas em CPB tem o efeito da redução das frases relativas, sobretudo, das introduzidas por *quem*. Para confirmar, realizou-se uma contagem de controle em que adicionámos aos dados das frases relativas introduzidas por *quem* (isto é, 181 em CPB e 749 em CPP), o número das frases dicionarísticas (i.e. 327 em CPB e 26 em CPE). Modificando o Gráfico 3.2 a), chegou-se a resultados surpreendentemente parecidos, visualizados nos Gráficos 3.3. (p.a.).

3.4. Frases relativas livres

As frases subordinadas introduzidas por *quem, onde, como e quando*, denominadas por Telmo Móia (1992) e por Ana Maria Brito e Inês Duarte (2003) como *orações relativas livres* ou *relativas sem antecedente expresso* e, por Rita Veloso (2013), como *relativas de antecedente implícito*, têm um antecedente não foneticamente realizado (cf. também o Cap. 3.1.2.). Como já se referiu no início, as ditas formas pró-nominais substituem os seus equivalentes nominais *a pessoa que, o lugar em que, o modo que* ou *o momento que*, respetivamente. Supostamente, foi esta equivalência que levou a requalificar a sua caracterização sintática e a tipologia das relativas em geral. Por mais polémica que seja esta questão, para cujo desenvolvimento não encontramos espaço no nosso livro, decidimos respeitar o consenso descrito, com a exceção das frases introduzidas por *quando* das quais todas, por apresentarem o caráter circunstancial, foram classificadas como adverbiais temporais (eventualmente temporais-condicionais) (cf. também o Cap. 4.1.2. e o Cap. 4.4.)

Quanto à frequência da substituição das formas pró-nominais pelas nominais, no caso de *quem*, a sua equivalência [SN_{pessoa} *que* + F^{-}] ocorre muito raramente, i.e. apenas 6 vezes em CPB e, 11 vezes, em CPP. Nas frases introduzidas por *onde*, foi verificado o contrário, prevalecendo o seu equivalente nominal [$SN_{locativo}$ + *em que* + F^-] (cf. também o Gráfico 3.6. e o Cap. 3.4.2.). Relativamente às frases introduzidas por *quando* o número de suas equivalências nominais [$SN_{tempo\ (dia,\ data,\ momento)}$ em que + F^-] foi 11 em CPB e, 25, em CPP. A própria construção [SN *quando* + F^-] não ocorreu nenhuma vez, afigurando-se como as únicas frases introduzidas pelo dito complementador as adverbiais (137 ocorrências em CPP e, 70, em CPB.)

Como as frases introduzidas por *quem* são as mais frequentes em CPP (60%), ocupando o segundo lugar em CPB (41%), dedicamos a elas uma secção particular, sendo as outras frases relativas livres tratadas, conjuntamente, na secção 3.4.2.

3.4.1. Frases relativas livres introduzidas por *quem*

Como o valor referencial de *quem* não é identificável pelo operador dos processos de determinação, pois, carece de qualquer tipo de antecedente, designamos a natureza modotemporal do verbo predicador da F^- como o principal indicador da existência *versus* não existência do seu referente concreto. Como ilustram os exemplos 16–20, esta apresenta uma relativa diversidade. Observe-se a seguinte exemplificação:

(16) *Quem criar, mantiver* ou *utilizar* ficheiro automatizado de dados individualmente identificáveis e referentes a convicções políticas, religiosas ou filosóficas, à filiação partidária ou sindical, à vida privada, ou a origem étnica, é punido com pena de prisão até 2 anos ou com pena de multa até 240 dias.
(PORTUGAL, 1982, Art. 193° §1)

(17) É isento de pena *quem*, por erro plenamente justificado pelas circunstâncias, *supõe* situação de fato que, se existisse, tornaria a ação legítima. [...]
(BRASIL, 1940, Art. 20º §1)

(18) Teria recebido *quem* me *recomendasses*.
(BRITO, DUARTE, 2003, p. 681)

(19) Para efeito do disposto no número anterior, são consideradas, entre outras, as circunstâncias seguintes: a) Ter o agente actuado sob a influência de ameaça grave ou sob ascendente de pessoa *de quem dependa* ou *a quem deva* obediência;
(PORTUGAL, 1982, Art. 72 º §2 a))

(20) Se a vítima é maior de 14 (catorze) e menor de 18 (dezoito) anos, ou se o agente é seu ascendente, descendente, cônjuge ou companheiro, irmão, tutor ou curador ou pessoa *a quem esteja* confiada para fins de educação, de tratamento ou de guarda: Pena - reclusão, de dois a cinco anos.
(BRASIL, 1940, Art. 227º §1)

Os exemplos ilustram a dicotomia modal que, como temos sinalizado, é concebida como uma base por excelência. Ora, na interpretação básica, as frases relativas factuais com o predicador no modo indicativo veiculam a assertividade e a crença positiva na existência do referente de *quem* (tal como exemplifica o verbo *supor* na frase 17). Estas frases encontram-se em contraposição com as frases relativas livres modais com o predicador no modo conjuntivo, que veicula o valor de hipoteticidade, de não assertividade e de crença negativa no que se refere à suposição do mesmo, tal como ilustram os exemplos 16, 19 e 20. O exemplo 18 prova que pode haver, nelas, até o traço semântico de contrafactualidade (frase 18), caso que não se deu nos textos analisados, motivo de termos colocado exemplo de outra fonte.

Quanto ao modo verbal, o Gráfico 3.4. mostra que, em CPB, a esmagadora maioria das ocorrências fala a favor do indicativo e, em CPP, do conjuntivo.[51]

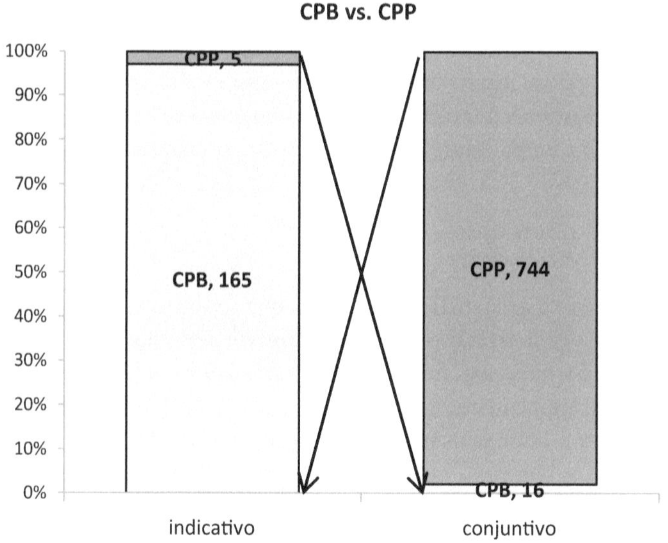

Gráfico 3.4: Ocorrência das frases relativas livres introduzidas por "quem" com V no modo conjuntivo e indicativo em CPB e CPP

51 Tal como ficou dito na nota de rodapé anterior, na recolha dos dados não foram incluídas as construções com o constituinte pronominal *quem* foneticamente ausente. Sendo assim, nas frases tipo «*Quem* não tiver tempo e (-) não puder comparecer», o pronome foi incluído, na contagem, apenas uma vez. Por isso, poderá haver discrepância entre os valores numéricos relativos aos pronomes e aos verbos na função de predicado.

E regressamos, novamente, à fase de requalificação interpretativa da dicotomia do caráter real *versus* não real do referente de *quem* e da proposição factual *versus* modal da F⁻. Por um lado, podemos entender como inegável a influência dos valores por excelência, que colocamos no primeiro plano do processo cognitivo e que desaguam na sua divisão em factual e modal, real e não real, na formulação dos textos. Assim, o indicativo remete, primariamente, para a existência de um referente de *quem*, que poderia ou poderá ter seguido um caso ou facto precedente que serve como ponto de partida ou modelo para as decisões subsequentes no presente ou no futuro. E o conjuntivo implica a não existência do referente atual real, colocando-o, no entanto, num mundo de potencialidades abertas. Por outro lado, a interpretação resultante vai ao encontro da hipótese sobre a neutralização semântica. Naturalmente, não seria lógico caracterizar os Códigos como semanticamente hipotéticos ou factuais, já que descrevem as mesmas e universalmente válidas circunstâncias penais. No contexto estudado, estas frases ganham as propriedades que são típicas das frases caraterizadoras ou generalizadoras.

Estas variáveis interpretações de nivelamento modal encontram uma certa analogia nas seguintes duas expressões em que *quem* se encontra na função do objeto direto do verbo *haver* que, logicamente, pressupõe o valor referencial positivo.

(21) *Há quem cometa crimes.*
(22) *Há quem comete crimes.*

A pressuposição da existência do referente, que se subentende nas frases mencionadas, leva a caracterizar o uso do conjuntivo, neste tipo de contexto, como pouco adequado, mas, apesar disso, não é raro. Por exemplo, Vivian Meira de Oliveira opina, logicamente, que os verbos existenciais (*haver, existir*, etc.) "[...] pressupõem uma existência verdadeira sobre algo ou alguém, o que não justifica o uso do subjuntivo." (OLIVEIRA 2006, p. 120) e concorda com Maria Joana de Almeida Vieira dos Santos, que constata que

> "[...] não podemos aceitar que a regra de associar o valor real ao indicativo e 'não real'\' ao 'conjuntivo' funcione na relativa explícita, se com quem soa estranho o uso do indicativo', quando em ambas as séries se trata de um caso flagrante de afirmação da existência real."
>
> (SANTOS 2003, p. 174)

As construções por nós analisadas não se enquadram na mesma descrição sintática, portanto, não são comparáveis em todos os aspetos. No entanto, todas as frases até agora analisadas incentivam, do mesmo modo, o investigador a pensar sobre a hipótese de a variabilidade de uso nem sempre condizer com a variabilidade das realidades descrita. A mesma dúvida tem-se levantado nos nossos textos-alvo. Regressamos à mesma questão e apuramos a mesma resposta. Será que os diferentes modos descrevem diferentes realidades? Por um lado, poderíamos julgar que traduzem informações semânticas diferentes relativamente à existência de factos/casos atuais/potenciais, mas, ao considerarmos o caráter dos textos, estamos firmemente persuadidos de que veiculam a mesma mensagem referencial, favorecendo a hipótese sobre a sua neutralização e sobre a sua aproximação das frases genéricas (cf. também o Cap. 3.1.3.).

O desconfinamento desta fronteira semântica não se limita ao nível modal mas, também, ao temporal. As proposições das frases analisadas situam-se em diferentes intervalos de tempo dos quais uns são mais frequentes que outros, mas, afinal, alguns acabam por adquirir praticamente o mesmo valor. Assim, depara-se, nos textos, com a ocorrência do futuro simples do conjuntivo (*criar, mantiver, utilizar*) (exemplo 16), do futuro composto do indicativo (*quem tiver praticado*) (exemplo 25), do presente do conjuntivo (*dependa, deva, seja*) (exemplos 19 e 20), do presente do indicativo (*supõe*) (exemplo 17) e do pretérito simples do indicativo (*praticou*) (frase 26). Como mostra o Esquema 3.3., após a análise deste rico repertório, sugerimos a equivalência semântica entre:

- o presente e o futuro do conjuntivo (paradigma 1 do Esquema 3.3., ao qual correspondem os verbos da frase 26: «*Quem tiver* tempo livre e *queira* fazer trabalho voluntário pode consultar este site»);
- o futuro do conjuntivo e o presente do indicativo (paradigma 2 do Esquema 3.3., ao qual correspondem os verbos das frases 16: «*Quem criar, mantiver* ou *utilizar* ficheiro automatizado de dados individualmente identificáveis …., é punido com pena de prisão até 2 anos ou com pena de multa até 240 dias. » e 17: «É isento de pena *quem*, por erro plenamente justificado pelas circunstâncias, *supõe* situação de fato que, se existisse, tornaria a ação legítima.») e,
- o futuro composto do conjuntivo e o pretérito perfeito simples do indicativo (paradigma 3 do Esquema 3.3., ao qual correspondem as frases 23: «*Quem tiver praticado* um facto ilícito típico e …., é mandado internar pelo tribunal em estabelecimento de cura, tratamento ou segurança» e 24: «…. os fatos anteriores, entretanto, imputam-se a *quem os praticou.*»).

No Gráfico 3.5. encontram-se os dados relativos à representatividade numérica de todos estes paradigmas, que, ao mesmo tempo, mostram em que perspetiva temporal funciona a substituibilidade mais frequente.

Como podemos observar, o número mais elevado de ocorrências manifestam-no as frases relativas com o predicador no futuro simples do conjuntivo em CPP e, no presente do indicativo, em CPB (paradigma 2 do Esquema 3.3.).

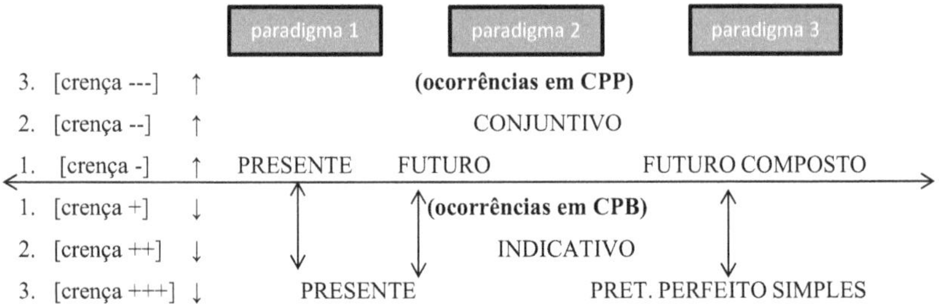

Esquema 3.3: Substituição dos modos e tempos no eixo paradigmático em CPP e CPB

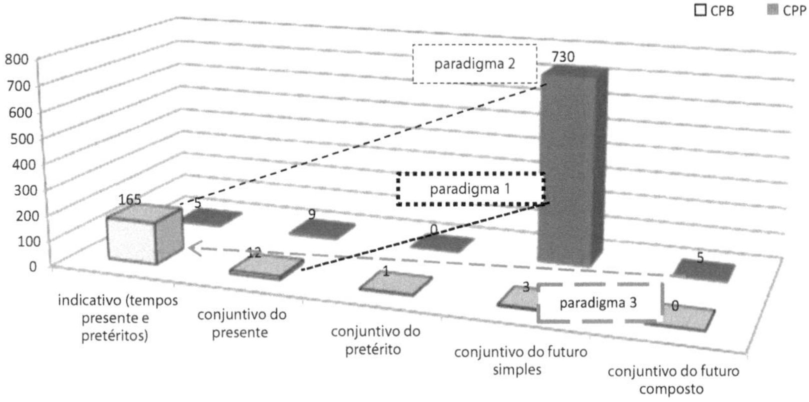

Gráfico. 3.5: Substituição modotemporal nas frases relativas livres introduzidas por "quem" em CPB e CPP

As frases relativas livres com o predicador no presente do conjuntivo, no pretérito do indicativo ou no futuro composto do conjuntivo apresentaram o menor número de ocorrências e permitimos definir algumas delas como aleatórias, conclusão a que chegamos com base nas descrições de casos análogos sugeridas por Rita Veloso e Rui Marques. Relativamente ao primeiro paradigma, poderíamos incluir, na relação de substituibilidade entre o presente do conjuntivo e o presente do indicativo ainda, o conjuntivo do futuro como provam as frases 17 (*quem supõe)* 19 (*de quem dependa, a quem deva)* ou 20 (*a quem esteja*) e 23 (*quem tiver, quem queira*). Este último exemplo, proposto por Veloso no portal de Ciberdúvidas, mostra a acidentalidade de uso por parte do interlocutor, à continuação documentada pela descrição da autora.

(23) *Quem tiver* tempo livre e *queira* fazer trabalho voluntário pode consultar este *site*.

(VELOSO, 2015)[52]

Quanto à discrepância semântica entre uma e outra forma, Rita Veloso, por um lado, adverte para as suas diferentes interpretações temporais quando diz que

> "[...] Com o verbo no futuro do conjuntivo, o falante formula uma hipótese mais abrangente no tempo: acredita que haja ou venha a haver pessoas com aquelas características (isto é, podem não existir no momento em que ele produz a frase, mas acredita que venham a existir). [...] Ao usar o verbo no presente do conjuntivo, o falante assume que, no momento em que produz a frase, já existam pessoas que tenham tempo livre e queiram fazer trabalho voluntário."
>
> (VELOSO 2015)

mas, por outro lado, admite que a diferença entre as duas formas é muito subtil, sendo que o interlocutor pode usar uma ou outra forma, sem consciência da relevância modal descrita, como prova a seguinte citação que nos inspira a caracterizar as ditas ocorrências nos Códigos também como acidentais.

> "[...] Por se tratar de uma diferença muito subtil – já que a interpretação do futuro do conjuntivo inclui a interpretação que se obtém com o presente –, quem aceita a utilização dos dois tempos usa-os aleatoriamente, muitas vezes sem consciência desta diferença."
>
> (VELOSO 2015)[53]

Quanto ao segundo paradigma, abundantes exemplos (de que são prototípicas as frases 16 – *quem criar, mantiver e utilizar* – e 17 – *quem supõe* -) levam-nos a estabelecer este como o ponto mais marcante na caracterização comparativa não só das frases relativas livres como das restritivas. Nos Códigos, as frases deste segundo paradigma modotemporal manifestam-se semanticamente equivalentes e isso pelos mesmos motivos de generalização que foram explicitados nos capítulos e nas linhas anteriores. A nível temporal, pressupõe-se a mesma subtilidade temporal entre o presente (embora do indicativo) e o futuro (do conjuntivo) que foi proposta por Veloso, o que leva a uma certa mitigação das restrições gramaticais.

---

52 *In* Ciberdúvidas da Língua Portuguesa, https://ciberduvidas.iscte-iul.pt/consultorio/perguntas/futuro-do-conjuntivo-e-presente-do-conjuntivo-em-oracao-relativa/33264

53 *In* Ciberdúvidas da Língua Portuguesa, https://ciberduvidas.iscte-iul.pt/consultorio/perguntas/futuro-do-conjuntivo-e-presente-do-conjuntivo-em-oracao-relativa/33264

Relativamente ao terceiro paradigma, dele ocupou-se também Rui Marques (1996, p. 147), quando analisou os seguintes dois exemplos, cujos predicadores diferem em colocar a proposição no tempo futuro *versus* pretérito e em implicar diferentes graus de probabilidade e eventualidade.

(24) a. *Quem tiver lido* esse livro aprendeu muitas coisas.
b. *Quem leu* esse livro aprendeu muitas coisas.

As construções com o conjuntivo são usadas pelo interlocutor para pronunciar um certo grau de incerteza, de não evidência e de menor probabilidade relativa ao valor referencial de *quem*, enquanto com o indicativo, o interlocutor exprime uma maior certeza quanto ao mesmo.

> "Na primeira das frases, em que ocorre conjuntivo, não há a indicação de que o enunciador assume a existência de alguém que leu o livro, contrariamente a frases como (b), que permitem inferir que existe alguém que de facto leu o livro, pelo que também estas frases confirmam que os SN's cuja oração relativa exibe o conjuntivo não permitem inferir que as entidades referidas existem."
>
> (MARQUES 1996, p. 147)

Nos Códigos, encontramos a dicotomia *quem tiver lido* (24a) vs. *quem leu* (24b) nas construções modotemporalmente análogas, ilustradas pelos exemplos 25–26, que mostram a equivalência semântica e lexical entre as formas opostas de *quem tiver praticado* (em 25) vs. *quem os praticou* (em 26)

(25) *Quem tiver praticado* um facto ilícito típico e for considerado inimputável, nos termos do artigo 20º, é mandado internar pelo tribunal em estabelecimento de cura, tratamento ou segurança, sempre que, por virtude da anomalia psíquica e da gravidade do facto praticado, houver fundado receio de que venha a cometer outros factos da mesma espécie.

(PORTUGAL, 1982, Art. 91º §1)

(26) A superveniência de causa relativamente independente exclui a imputação quando, por si só, produziu o resultado; os fatos anteriores, entretanto, imputam-se a *quem os praticou*.

(BRASIL, 1940, Art. 13º §1)

Como podemos observar, para além do valor referencial e modal, nos exemplos citados ocorre, ao mesmo tempo, a neutralização a nível temporal. A proposta relativa à neutralização semântica abrange, portanto, um escopo maior do esperado. Baseando-nos no mesmo princípio descrito nas linhas anteriores, poderíamos inferir que a existência de casos/factos precedentes e dos referentes de *quem* é possível em diferentes eixos temporais, isto é, no passado, no presente ou no futuro, mas a sua interpretação resultante aponta, antes, para um caráter atemporal.

3.4.2. Frases relativas livres introduzidas por *onde*, *como* e *quando*

Antes de finalizarmos a parte dedicada às orações relativas livres, vamos fazer ainda uma breve menção relativa às frases introduzidas pelas *pró-formas*[54] de natureza adverbial *onde*, *como* e *quando*, cujas equivalências nominais são *lugar em que*, *modo de que* ou *tempo em que*, respetivamente. A sua posição nos Códigos é, antes, periférica e, os dados adquiridos, por serem muito reduzidos, não nos proporcionam base de uma pesquisa mais profunda.

Por exemplo, a ocorrência de *onde* enquanto constituinte que introduz as frases relativas livres, foi esporádica, sendo predominante o uso de [o $SN_{locativo}$+ em que] em ambos os Códigos como mostra o gráfico 3.6.

Relativamente à forma pronominal *como*, não foi identificado nenhum exemplo, com a exceção da expressão comparativa (*como sendo*, ou *como se* $+V_{conjuntivo\ do\ imperfeito}$).

As frases relativas introduzidas por *quando* são consideradas, na nossa pesquisa, como adverbiais, como já tinha sido antecipado (cf. Cap. 4.2. e 4.3.).

Passemos, portanto, a abordar as frases relativas restritivas.

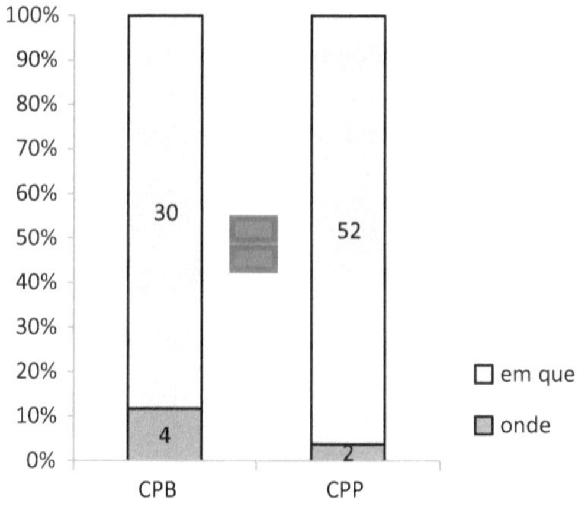

Gráfico 3.6: Ocorrência de [$SN_{locativo}$ +onde+ F^{-}] e de [$SN_{locativo}$ +em que+ F] em CPB e CPP

54 Usa-se o termo *pró-forma* no sentido de não se tratar de puros pronomes relativos nem de puros advérbios.

3.5. Frases relativas restritivas

As frases relativas restritivas podem ser introduzidas pelos pronomes relativos *cujo*, *qual* e *que*. Como as orações introduzidas por *que* pertencem às mais numerosas em CPB e, às segundas mais frequentes em CPP, chegamos a dedicar-lhes uma secção particular. Organizamos, portanto, o presente capítulo em sete partes. Na secção 3.5.1. são tratadas as frases relativas introduzidas por *cujo* e *qual*, na s. 3.5.2., as relativas introduzidas por *que* e, na s. 3.5.3., os processos de determinação dos SN's$^{antec.}$ analisados. Na secção 3.5.4. apresentamos a análise quantitativa dos tempos e dos modos verbais e, na s. 3.5.5, abordamos a questão da ocorrência do futuro do presente e do pretérito. Na secção 3.5.6 trataremos dos predicadores *dever* e *poder* e, na s. 3.5.7., tal como no caso das relativas introduzidas por *quem*, dedica-se uma especial atenção à relação paradigmática de sinonímia parcial entre o pretérito do indicativo *vs.* futuro composto do conjuntivo.

3.5.1. Frases relativas restritivas introduzidas por *cujo* e *qual*

Como os Gráficos 3.1. indicam (cf. Cap. 3.3.), estes constituintes relativos formam uma parte insignificante dentro de todos os constituintes relativos, sendo representados, em CPP, apenas por 4% (*cujo* 2% + *qual* 2%) e, em CPB, por 5% (*cujo* 4%+ *qual* 1 %). Apesar disso, os nossos resultados relativos à observação do comportamento do modo verbal, delineiam, pelo menos, um uso tendencial e são, sem dúvida, dignos de nota.

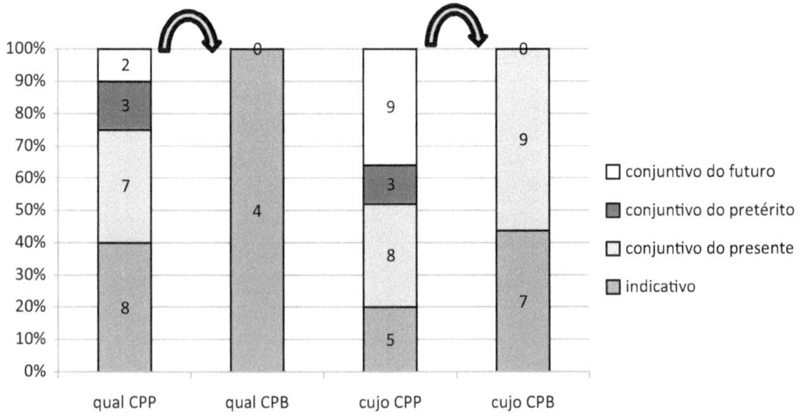

Gráfico 3.7: Distribuição modotemporal nas frases relativas introduzidas por "cujo" e "qual" em CPB e CPP

Como o Gráfico 3.7. mostra, a distribuição das formas verbais aponta para uma maior variabilidade em CPP e para uma maior homogeneidade em CPB.

No caso das orações introduzidas por *qual*, em CPB, o predicador aparece sempre no indicativo (havendo uma ocorrência do condicional que incluímos no modo indicativo). Nas relativas introduzidas por *cujo*, para além do indicativo, o predicador ocorre, também, no presente do conjuntivo, mas nunca em outros tempos. Em CPP, as ocorrências encontradas sinalizam um uso mais variável dos tempos futuro e presente do conjuntivo nas frases introduzidas por *cujo* enquanto, nas introduzidas por *qual*, predomina o presente do conjuntivo.

Dos exemplos mencionados a seguir e do Gráfico 3.7 infere-se que a tendência no caso das restritivas introduzidas por *cujo* é usar, no mesmo sentido referencial e modal, o presente do conjuntivo em CPB (frase 37), sendo verificados, em CPP, três tempos do conjuntivo, i.e., o pretérito (frase 34), o presente (frase 32) e o futuro (frase 33). Nas frases relativas introduzidas por *qual*, em CPB, foi verificado apenas o indicativo (frase 29), enquanto que, em CPP, identificámos o futuro do conjuntivo (frase 36) e o presente do conjuntivo (frase 35), este último levemente prevalente. E, para exprimir a anterioridade relativamente ao momento da enunciação, é usado o pretérito do conjuntivo (frase 33).

Ao mesmo tempo, os exemplos indicam a ocorrência das frases relativas apositivas (exemplos 29–31) a serem tratadas ainda mais adiante (cf. Cap. 3.6.). Em CPP, são introduzidas por *qual*, e, em CPB, por *qual* e *cujo*. Não foram identificadas as frases relativas de nome, introduzidas por *o que*, que têm como antecedente a oração procedente (p. ex. «As pessoas continuam a procurar as grandes cidades, *o que* causa desertificação rural.» (VELOSO 2013, p. 2069)).

Dos exemplos mencionados a seguir e do Gráfico 3.7 infere-se que a tendência no caso das restritivas introduzidas por *cujo* é usar, no mesmo sentido referencial e modal, o presente do conjuntivo em CPB (frase 37, p.s.), sendo verificados, em CPP, três tempos do conjuntivo, i.e., o pretérito (frase 34, p.s.), o presente (frase 32, p.s.) e o futuro (frase 33, p.s.). Nas frases relativas introduzidas por *qual*, em CPB, foi verificado apenas o indicativo (frase 29, p.s.), enquanto que, em CPP, identificámos o futuro do conjuntivo (frase 36, p.s.) e o presente do conjuntivo (frase 35, p.s.), este último levemente prevalente. E, para exprimir a anterioridade relativamente ao momento da enunciação, é usado o pretérito do conjuntivo (frase 35, p.s.).

A diferença entre as frases restritivas e apositivas consiste, tradicionalmente, na autonomia semântica, sintática e prosódica das últimas como podemos verificar em diferentes gramáticas da língua portuguesa. Consensualmente, são representadas, na escrita, através do ladeamento por vírgulas, travessões ou parênteses (VELOSO 2013, p. 2067), como ilustram os casos 27 e 28:

(27) *Os gatos* da minha vizinha *que vêm cá a casa* não gostam de bote.

⇩

(28) *Os gatos* da minha vizinha, *que vêm cá a casa,* não gostam de bote.

Fonte dos exemplos 27–28: (VELOSO 2013, p. 2068)

Com base neste critério realizou-se a classificação das seguintes frases como:

Frases relativas apositivas (introduzidas por *qual* e *cujo*):

(29) A prescrição depois de transitar em julgado a sentença condenatória regula-se pela pena aplicada e verifica-se *nos prazos* fixados no artigo anterior, *os quais se aumentam* de um terço, se o condenado é reincidente.

(BRASIL, 1940, Art. 110°)

(30) Não é punível *a subtração* de coisa comum fungível, *cujo valor não excede* a quota a que tem direito o agente.

(BRASIL, 1940, Art. 156° §2)

(31) Se o erro lhe for censurável, o agente é punido com *a pena* aplicável ao crime doloso respectivo, *a qual pode* ser especialmente atenuada.

(PORTUGAL, 1982, Art. 17°)

e

Frases relativas restritivas (introduzidas por *qual* e *cujo*):

(32) Os deveres impostos não podem em caso algum representar para o condenado *obrigações cujo* cumprimento não *seja* razoavelmente de lhe exigir. .

(PORTUGAL, 1982, Art. 51° §2)

(33) O procedimento criminal extingue-se, por efeito de prescrição, logo que sobre a prática do crime tiverem decorrido os seguintes prazos:

a) 15 anos, quando se tratar de crimes puníveis com *(-) pena de prisão cujo* limite máximo *for* superior a 10 anos [...]

(PORTUGAL, 1982, Art. 118°)

(34) O funcionário que, sem estar devidamente autorizado, revelar *(-)segredo* de que tenha tomado conhecimento ou que lhe tenha sido confiado no exercício das suas funções, ou *cujo* conhecimento lhe *tenha sido* facilitado pelo cargo que exerce, com intenção de obter, para si ou para outra pessoa, benefício, ou com a consciência de causar prejuízo ao interesse público ou a terceiros, é punido com pena de prisão até 3 anos ou com pena de multa

(PORTUGAL, 1982, Art. 383° §1)

(35) Quem praticar crime doloso a que devesse aplicar-se concretamente prisão efectiva e tiver cometido anteriormente *quatro ou mais crimes* dolosos, a cada um dos *quais tenha sido* ou *seja* aplicada pena de prisão efectiva, é punido com uma pena relativamente indeterminada sempre que se verificarem os restantes pressupostos fixados no nº 1 do artigo anterior.

(PORTUGAL, 1982, Art. 84° §1)

(36) Se *o agente* relativamente ao *qual se verificarem* os pressupostos dos nºs 1 e 2 não for titular de título de condução, o tribunal limita-se a decretar a interdição de concessão de título, nos termos do número anterior, sendo a sentença comunicada à Direcção-Geral de Viação. [...]

(PORTUGAL, 1982, Art. 101º §4)

(37) São efeitos da condenação:
I - tornar certa a obrigação de indenizar o dano causado pelo crime
II - a perda em favor da União, ressalvado o direito do lesado ou de terceiro de boa fé:
a) dos instrumentos do crime, desde que consistam em *(-) coisas cujo* fabrico, alienação, uso, porte ou detenção *constitua* fato ilícito;

(BRASIL 1940, Art. 91° II, a))

Como podemos reparar, nas relativas apositivas, os antecedentes são acompanhados pelo artigo definido, que é o operador dos processos de determinação com a leitura exclusivamente referencial, contrariamente às relativas restritivas em que os antecedentes podem, igualmente, não ter o determinante explícito e, se o têm, este pode ser usado, também, sob a forma do numeral indefinido (na frase 35: *quatro ou mais*) na leitura que corresponde à intensional ou sob a forma do artigo definido na leitura atributiva.

Entre as orações relativas apositivas e restritivas existe, por conseguinte, uma diferença semântica relativa à restrição do conjunto referencial do antecedente. Regressemos aos exemplos 27 («Os gatos da minha vizinha *que vêm cá a casa* não gostam de bote.» e 28 («Os gatos da minha vizinha, *que vêm cá a casa,* não gostam de bote.»). De acordo com Rita Veloso, na frase 28, o valor referencial do antecedente anafórico da frase relativa e do seu agente é idêntico. Ou seja, para todos os gatos *da minha vizinha* é válido que vão à minha casa, não havendo nenhuns que não vão. Na frase (27), ao contrário, pode haver gatos que não vão à minha casa, ou seja, o mundo referencial do $SN^{antec.}$ não é idêntico ao valor referencial da relativa. Infere-se daí que, no caso da frase 28, a relativa apositiva viabiliza informações de carácter implícito, transparente e dispensáveis, resultando assim lógica a regra que aponta para o não uso do conjuntivo nestas frases, com a exceção da ocorrência de *talvez* ou *oxalá* antes do verbo principal da relativa apositiva, como manifesta a frase seguinte:

(38) Vivia-se numa situação curiosa, de que algumas pessoas *talvez* ainda se *recordem*.

(RAPOSO 2013, p. 683)

A partir do exposto, infira-se que as orações relativas apositivas não se usam convencionalmente sem pontuação respetiva e que ocorre nela apenas o modo indicativo, sendo o conjuntivo legitimado apenas nos casos como (38). No entanto, em CPP foram verificados casos que contrariam esta dedução e que mencionamos à continuação:

(39) Quem se apossar de, ou desviar da sua rota normal, (-) aeronave em voo, ou (-) navio em curso de navegação, *nos quais se encontrem pessoas*, é punido com pena de prisão de 5 a 15 anos.

(PORTUGAL, 1982, Art. 287° §1)

(40) As penas privativas de liberdade deverão ser executadas em forma progressiva, segundo o mérito do condenado, observados os seguintes critérios e ressalvadas as hipóteses de transferência a regime mais rigoroso: [...]
b) o conde o reincidente, *cuja pena seja superior a 4 (quatro) anos e não exceda a 8 (oito)*, poderá, desde o princípio, cumpri-la em regime semiaberto;
c) o condenado não reincidente, *cuja pena seja igual ou inferior a 4 (quatro) anos*, poderá, desde o início, cumpri-la em regime aberto.

(BRASIL, 1940, Art. 33º §2 b) c))

Ao mesmo tempo, no caso do constituinte relativo *qual*, enfrenta-se o problema da compatibilidade com o $SN^{antec.}$ na leitura não específica (antecedente indefinido) ou atributiva (antecedente definido) SN [-específico]. De acordo com Rita Veloso (2013, p. 2091), as frases relativas introduzidas por *o qual* estão sujeitas à condição da existência do referente do $SN^{antec.}$ explícito com o valor referencial ou específico, ou seja, contexto que se combina com o indicativo. A autora não oferece nenhum exemplo em que o referente do SN seja não específico ou atributivo. Nos Códigos analisados, porém, tais construções ocorreram, mesmo que não estivesse certa a existência do referente do $SN^{antec.}$ Chegamos a ter, assim, a oração relativa restritiva [$SN_{[\text{não específico/atributivo}]}$ o qual + $F^{\text{-conjuntivo}}$] exemplificada pelas frases 41–43, em vez da construção de maior aceitabilidade, que deveria ser a seguinte: [o $SN_{[\text{específico/referencial}]}$ o qual + $F^{\text{-indicativo}}$].

(41) A suspensão da execução da pena de prisão é revogada sempre que, no seu decurso, o condenado: b) Cometer (-) *crime pelo qual venha a ser* condenado, e

revelar que as finalidades que estavam na base da suspensão não puderam, por meio dela, ser alcançadas.

(PORTUGAL, 1982, Art. 56° §1 b))

(42) Quem se apossar de (-) *comboio em circulação no qual se encontrem* pessoas, ou o desviar do seu trajecto normal, é punido com pena de prisão de 2 a 10 anos.

(PORTUGAL, 1982, Art. 287° §2)

(43) Quem atentar contra a segurança de transporte por ar, água ou caminho de ferro:
d) praticando (-) *acto do qual possa* resultar desastre;

(PORTUGAL, 1982, Art. 288° d))

Realce-se que os exemplos (41–43) não ilustram o uso geral, já que apesar de terem sido encontradas várias construções, o número não é, nem de longe, suficiente para tirarmos conclusões definitivas acerca da sua validade geral. Ao mesmo tempo devemos advertir que, ao longo do texto, se reparou numa certa hesitação entre o uso do conjuntivo (frase 44) e do indicativo (frase 45) em construções equiparáveis. Observe-se as seguintes frases.

(44) [...] neste prazo não é computado *o tempo durante o qual o agente tenha cumprido* medida processual, pena ou medida de segurança privativas da liberdade.

(PORTUGAL, 1982, Art. 75° §2)

(45) Qualquer crime anterior deixa de ser tomado em conta, para efeito do disposto no nº 1, quando entre a sua prática e a do crime seguinte tiverem decorrido mais de 5 anos; neste prazo não é computado *o período durante o qual o agente cumpriu medida processual*, pena de prisão ou medida de segurança privativa da liberdade.

(PORTUGAL, 1982, Art. 83° §3)

Em nossa opinião, de acordo com Rita Veloso, seria mais correto o uso do indicativo (45), compatível com o antecedente referencial (*o período*). Na frase (44), por um lado, segundo exposto no Esquema 3.2. e nos Quadro 3.1. e 3.2., a combinação do antecedente atributivo (*o tempo*) com o conjuntivo (*tenha cumprido*), é legítima, mas o uso de *o qual* não se justifica se levarmos em consideração os argumentos supra expostos. Contudo, pode ser considerado preferencial ou obrigatório com as preposições que tenham mais de duas sílabas com antecedentes [- humanos] com mostram os seguintes dois exemplos:

(46) O rio *sobre o qual* construíram essa ponte seca no verão (*vs.?* O rio *sobre que* construíram essa ponte seca no verão)

(47) Gerou-se uma situação *perante a qual* ninguém soube o que fazer (*vs.* *Gerou-se uma situação *perante que* ninguém soube o que fazer).

Fonte dos exemplos 46–47: (VELOSO 2013, p. 2084).

A fronteira exata entre a facultatividade e obrigatoriedade não foi, porém, em nenhum dos casos, explicitamente definida. Pressupondo que o critério decisivo na seleção de *que* ou de *qual* é o caráter silábico da preposição, as frases 44–47 poderiam ser consideradas, teoreticamente, como corretas. Ao mesmo tempo, porém, no caso das preposições monossilábicas ilustradas pelas frases 42–43, temos dúvidas sobre a aceitabilidade de seu uso. Como nos indica a frase 46, havendo pontos de interrogação numa potencial frase equivalente entre os parênteses, também a frase 41 poderia ser considerada como sendo de legitimidade duvidosa. Ora, partindo destas nossas reflexões, poderíamos definir as construções (41–43) como anómalas (se não desvios à norma), presentes apenas em CPP. É digno de relembrar, porém, que no texto brasileiro não foi encontrada nenhuma ocorrência da frase relativa introduzida por *o qual* que não tivesse o predicado no modo indicativo e cujo antecedente não fosse acompanhado pelo artigo definido.

3.5.2. Frases relativas restritivas introduzidas por *que*

No caso das orações relativas introduzidas pelo constituinte pronominal *que*, procedeu-se do mesmo modo como nas secções anteriores. Observou-se o tipo de determinante do $SN^{antec.}$ e a sua correlação como o modo do predicador da F^{-}. Quando este é apresentado no modo indicativo as frases são designadas, primariamente, como factuais e, quando o é no modo conjuntivo, falamos das frases modais, tal como já tinha sido aludido nas partes anteriores. Para a nossa análise, partiremos dos valores tradicionalmente dicotómicos, cuja interpretação neutralizada, no entanto, não vai falhar. Como veremos adiante, comparativamente com as outras análises, recorreu-se a uma pesquisa mais detalhada possibilitada tanto por sua acentuada presença nos textos como pela diversidade patente na construção de todo o período, havendo um leque mais aberto no que diz respeito não só aos determinantes que fazem parte do $SN^{antecedente}$ como também a vários tipos de compatibilidade de natureza modotemporal.

Como mostra o Gráfico 3.8., as frases relativas introduzidas por *que* foram mais numerosas na versão portuguesa do que na brasileira (443 ocorrências em CPB, e 232 ocorrências em CPP). No entanto, a sua representatividade relativamente a outros pronomes *qu-* resultou mais elevada em CPB do que em CPP.

À continuação, foi realizada a análise qualitativa e quantitativa dos diferentes tipos referenciais dos antecedentes em correlação com diferentes tempos e

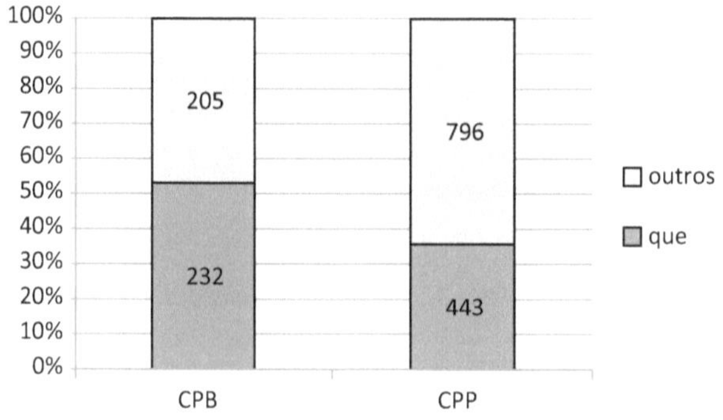

Gráfico 3.8: Ocorrência de F$^{\text{-relativas}}$ introduzidas por "que" e por outros pronomes relativos em CPB e CPP

modos do predicado. Começaremos por abordar a primeira questão, relativa aos determinantes que acompanham o antecedente e, depois, vamos mostrar a variabilidade modotemporal em diferentes contextos.

3.5.3. Determinação do antecedente

Como já ficou abordado no Enquadramento teórico, os processos de determinação, aos quais os SN's podem estar sujeitos e que implicam a existência de diferentes leituras, são, de acordo com Fátima Oliveira e Inês Duarte (2003, p. 221–241) e com o Esquema 3.2. (cf. Cap. 3.1.2.) os de individuação (chamados também de *definitização*) e os de extração das partes singulares não identificadas (chamados, também, *operações com indefinidos* e, por nós, como *indefinitização*).

De acordo com a definição das autoras, as operações de individuação ou de definitização fazem "[...] corresponder a uma dada expressão linguística um único objeto identificado para o locutor e pressuposto por este como identificável pelo(s) interlocutor(es)." (OLIVEIRA & DUARTE 2003, p. 222). Sendo assim, incluímos, nos sintagmas nominais individualizados, todos os SN$^{\text{antec.}}$ que aparecem acompanhados pelo artigo definido (frases 48 e 49) ou pelos pronomes demonstrativos (frases 50–51). Quanto aos outros determinantes típicos deste processo (os possessivos ou os nomes próprios), a sua ocorrência nos Códigos foi, praticamente, nula.

Como confirmam as partes marcadas em itálico, os Códigos manifestam uma variabilidade tanto a nível do uso do modo verbal do predicado da F$^{\text{-rel.}}$

como também a nível do uso dos determinantes que acompanham os SN's$^{\text{antec.}}$ e que podem traduzir duas leituras: a referencial e a atributiva.

(48) O direito de queixa extingue-se no prazo de 6 meses a contar *da data em que o titular tiver tido c*onhecimento do facto e dos seus autores, ou a partir da morte do ofendido, ou da data em que ele se tiver tornado incapaz.
(PORTUGAL, 1982, Art. 115° §1)

(49) A prescrição, antes de transitar em julgado a sentença final, começa a correr:
V- nos crimes contra a dignidade sexual de crianças e adolescentes, previstos neste Código ou em legislação especial, *da data em que* a vítima *completar* 18 (dezoito) anos, salvo se a esse tempo já houver sido proposta a ação penal.
(BRASIL, 1940, Art. 111° V)

(50) [...] *Aquele que se recusa* a dá-las ou, a critério do juiz, não as dá satisfatórias, responde pela ofensa.
(BRASIL, 1940, Art. 143°)

(51) Se a situação referida no número anterior tiver sido criada *por aquele que omite* o auxílio devido, o omitente é punido com pena de prisão até 2 anos ou com pena de multa até 240 dias.
(PORTUGAL, 1982, Art. 200° §2)

No caso da leitura referencial, o artigo definido implica uma relação sincrónica (II) entre o referente real/concreto do SN^{antecedente} e o uso do modo indicativo do predicado da frase relativa, considerada, por enquanto, como factual (ver o Esquema 3.4.).

A leitura atributiva implica a existência de um referente hipotético que poderá tornar-se real caso sejam satisfeitas as condições que se encontram implícitas na proposição da frase relativa considerada como modal. Este valor hipotético é reforçado pelo conjuntivo. Quanto ao seu uso, existem duas atitudes diatopicamente distintas. Por um lado, Vivian Meira de Oliveira aponta para que entre

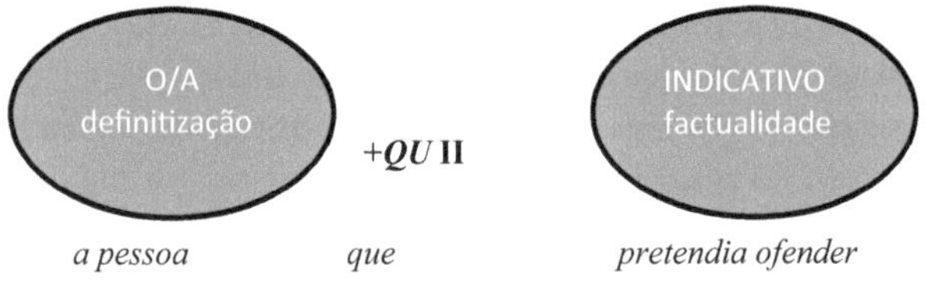

Esquema 3.4: Compatibilidade do artigo na leitura referencial com a proposição factual

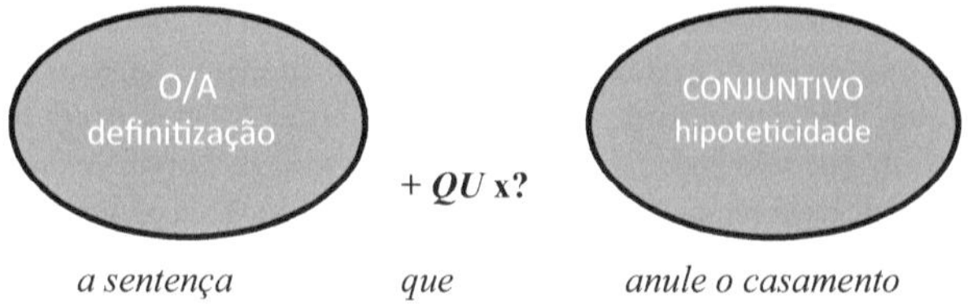

Esquema 3.5: Assincronia do artigo na leitura atributiva e da proposição hipotética

o uso do determinante e o modo deveria haver uma sincronia, referindo-se, no entanto, ao PB, em que são sentidas como anómalas construções como as exemplificadas na frase 13 («Eu quero *o livro que contenha* iluminuras medievais.») (cf. Cap. 3.1.3.) e nós poderíamos concordar com a autora neste ponto de vista, porque a relação entre o artigo definido enquanto elemento que desempenha, inerentemente, a função de definitização (cujo valor por excelência é o deíctico ou o referencial) e o conjuntivo, que possui um significado naturalmente hipotético (no Esquema 3.5. marcado com x**?**) afiguram-se como oximorónicas e assíncronas. Por outro lado, Fátima Oliveira afirma, na Gramática da Língua Portuguesa (1993 e 2003) que esta leitura, em PE, não é sentida como anómala (OLIVEIRA, 1993, p. 61 e 2003, p. 222).

A segunda operação de *indefinitização* consiste na extração de partes singulares não identificadas (OLIVEIRA 1993, p. 63) e é denominada, também, como operação com indefinidos (OLIVEIRA 2003, p. 224). Nela, a parte singular considerada não é identificada pelo discurso, "[…] de modo que o interlocutor não conhece qual, de todas as entidades singulares possíveis do conjunto considerado, é aquela a que o discurso se refere." (OLIVEIRA, 1993, p. 63 e 2003, p. 224).

As expressões indefinidas, tipicamente, invocam um referente não real, inexistente, e, neste caso, apresentam a leitura não específica (intensional). Quando remetem para um referente real, identificável apenas pelo locutor e não pelo ouvinte, possuem a leitura específica (extensional).

O operador típico, em ambos os casos, é o artigo indefinido (veja-se a frase 52), que pode ser omitido (frase 53), ou os pronomes indefinidos (veja-se a frase 54, 55).

(52) A comissão de um resultado por omissão só é punível quando sobre o omitente recair *um dever jurídico que* pessoalmente *o obrigue* a evitar esse resultado.
(PORTUGAL, 1982, Art. 10° §2)

(53) Quem, com intenção de causar prejuízo a outra pessoa ou ao Estado, ou de obter para si ou para outra pessoa benefício ilegítimo, destruir, danificar, tornar não utilizável, fizer desaparecer, dissimular ou subtrair (-) *documento ou notação técnica, de que não pode ou não pode* exclusivamente dispor, ou de que outra pessoa pode legalmente exigir a entrega ou apresentação, é punido com pena de prisão até 3 anos ou com pena de multa.
(PORTUGAL, 1982, Art. 259° §1)

(54) O consentimento pode ser expresso por *qualquer meio que traduza* uma vontade séria, livre e esclarecida do titular do interesse juridicamente protegido, e pode ser livremente revogado até à execução do facto.
(PORTUGAL, 1982, Art. 38° §2)

(55) Se o homicídio é cometido:
III - com emprego de veneno, fogo, explosivo, asfixia, tortura ou *outro meio* insidioso ou cruel, ou *de que possa* resultar perigo comum;
Pena - reclusão, de doze a trinta anos.
(BRASIL, 1940 Art. 121° §2, III)

No entanto, é de referir que de todos os operadores indefinidos, o artigo *um/uma* é o que menos frequentemente ocorre nas construções estudadas. A análise mostrou que, em CPB, não há nenhuma ocorrência da construção [*um/uma* SN *qu-* $F^{-relativa}$]. E, noutras construções hipotáticas, a forma *um/uma* aparece sempre na função de numeral (frase 56) ou na construção partitiva (*cada um*). Em CPP, igualmente, ocorre o seu uso na função de indefinitização apenas esporadicamente (registamos apenas 12 casos, exemplificados já pela frase 52).

(56) A prescrição, antes de transitar em julgado a sentença final, salvo o disposto no § 1° do art. 110 deste Código, regula-se pelo máximo da pena privativa de liberdade cominada ao crime, verificando-se:
V- em quatro anos, se o máximo da pena é igual a *um ano* ou, sendo superior, não excede a dois.(BRASIL, 1940 Art. 109° V)

Há a notar ainda que os artigos indefinido e definido podem funcionar como operadores de processos de quantificação universal, contribuindo para o significado genérico das frases (analogamente às frases prototipicamente genéricas «*Um pardal* é uma ave.», «*O pardal* é uma ave.») (OLIVEIRA, 2003, p. 231). Esta capacidade genérica do artigo que – como veremos adiante, se vê delimitada diatopicamente – influirá, igualmente, sobre as nossas conclusões, conducentes à proposta da neutralização dos valores referenciais do antecedente e, consequentemente, dos valores factuais e modais no contexto por nós estudado.

À continuação proceda-se à comparação das possíveis compatibilidades das leituras dos operadores de determinação que acompanham o $SN^{antec.}$ com os modos verbais dos predicados da F^{-}.

3.5.4. Análise quantitativa

Nesta fase da pesquisa foi realizada tanto a comparação percentual dos diferentes tipos de determinação (ver o Gráfico 3.9.) como a ocorrência dos diferentes modos verbais (ver o Gráfico 3.10). Nos gráficos seguintes pretendemos mostrar, precisamente, que tipos de combinações são priorizados nos Códigos estudados.

Como mostra o primeiro dos gráficos referidos, no que se refere à representatividade percentual dos operadores de definitização e de indefinitização dos $SN's^{antec.}$, do ponto de vista quantitativo, não existe, entre os Códigos, uma diferença significativa.

Em ambos os casos, prevalece o $SN^{antecedente}$ com o operador do processo de definitização (54% em CPB e 64% em CPP). Se levarmos em consideração a hipótese sobre o oxímoro entre o elemento definido e o hipotético em PB, nos dados seguintes, consequentemente, tal diferença deveria ser repercutida, pelo menos no texto brasileiro. E, com efeito, em CPB, podemos constatar uma coincidência de representatividade percentual entre o modo factual e a definitização (54%), prevalecendo o uso do indicativo (64%). No texto português, porém, apesar de prevalecer a definitização (64%), o modo mais usado é o conjuntivo (76%).

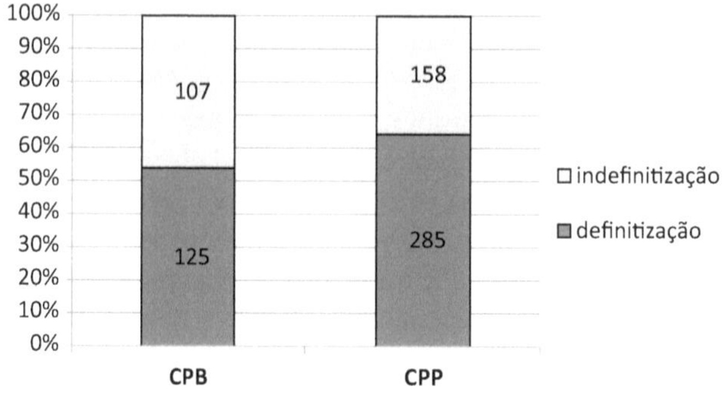

Gráfico 3.9: Ocorrência dos operadores de definitização e de indefinitização dos antecedentes das $F^{-relativas}$ em CPB e CPP

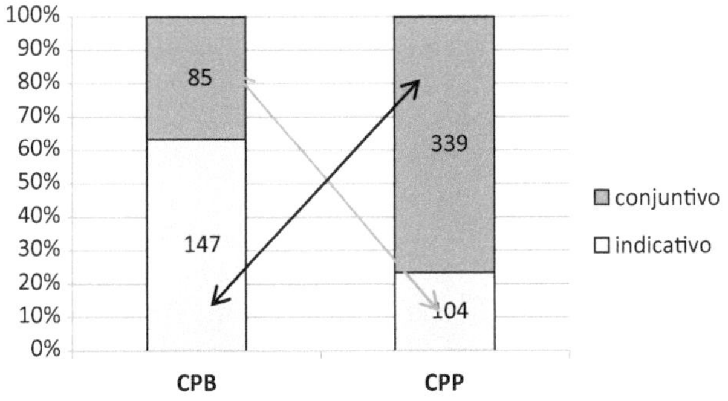

Gráfico 3.10: Ocorrência dos modos verbais em F^-relativas em CPB e CPP

Como se pode observar, estamos perante a mesma situação como no caso das frases relativas livres introduzidas por *quem*. No Código brasileiro predomina, marcadamente, o indicativo, enquanto que, no Código português, o conjuntivo. Portanto, como vemos, a linha divisória, iniciada nas frases relativas, continua a traçar-se na mesma direção.

Partindo da premissa que foi exposta na secção de Enquadramento teórico (cf. Cap. 3.1.) sobre a compatibilidade dos valores referenciais do SN^antec. com os valores modais do Pred. da F^-rel., comparou-se, nos seguintes Gráficos 3.11. (p.s.), a representação numérica das combinações do indicativo com o SN^referencial/específico e do conjuntivo com o SN^atributivo/não específico, chegando-se à prevista divergência a nível contrastivo.

Como podemos observar, os dados relativos ao CPP apontam para a prevalência unívoca da combinação do conjuntivo do Pred. da F^-rel. com a leitura atributiva ou não específica do SN^antec., enquanto, em CPB, predomina a combinação do indicativo com a leitura referencial do SN^antec.. Os dados relativos à indefinitização mostram, no entanto, uma curiosidade não esperada. Em CPB ocorrem ambas as combinações, isto é, o conjuntivo com a leitura não específica do SN^antec. e o indicativo com a leitura específica do SN^antec. e isso na medida quase idêntica enquanto, em CPP, é a primeira coligação que prevalece claramente. O que significa que enquanto se exclui da priorização geral em PB a combinação do modo conjuntivo com o operador de definitização, a combinação do modo indicativo como operador de indefinitização é aceitável.

Para vermos, mais microscopicamente, as ocorrências dos modos em diferentes perspetivas temporais, consulte-se o Gráfico 3.12. (p.s.) (em que os dados

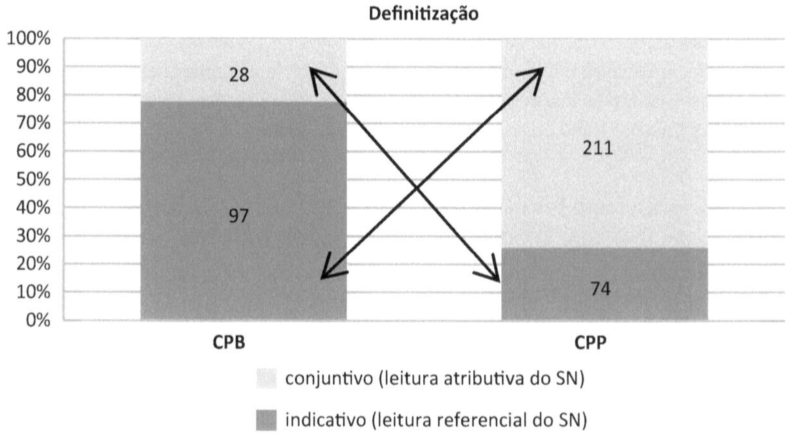

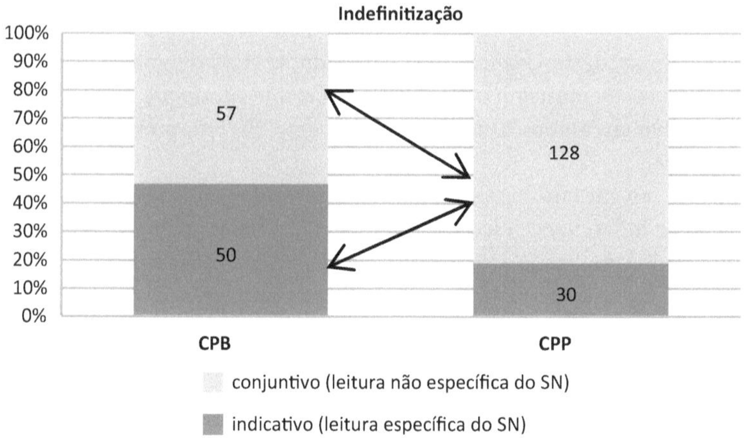

Gráficos 3.11: Combinação das leituras do SN^{antecedente} com os modos verbais do Pred. da F-

se referem ao antecedente definido) e o Gráfico 3.13. (p.s.) (em que os dados se referem ao antecedente indefinido).

Os dados do Gráfico 3.12. apontam para que, no texto português, o antecedente com o operador da definitização na leitura atributiva se combina, na maior parte dos casos, com o modo do tempo futuro do conjuntivo, tal como exemplifica a frase 57:

(57) *O funcionário que fizer* uso ou *permitir* que outra pessoa faça uso, para fins alheios àqueles a que se destinem, de veículos ou de outras coisas móveis de valor apreciável, públicos ou particulares, que lhe forem entregues, estiverem na sua posse ou lhe forem acessíveis em razão das suas funções, é punido com pena de prisão até 1 ano ou com pena de multa até 120 dias.
(PORTUGAL, 1982, Art. 376° §1)

Ao contrário, no texto brasileiro, a combinação mais frequente do antecedente precedido do operador de definitização na leitura referencial ocorre com o tempo presente do indicativo, tal como podemos observar na frase (58):

(58) Na mesma pena incorre *o funcionário que:* I ilegalmente *recebe* e *recolhe* alguém a prisão, ou a estabelecimento destinado a execução de pena privativa de liberdade ou de medida de segurança; II *prolonga* a execução de pena ou de medida de segurança, deixando de expedir em tempo oportuno ou de executar imediatamente a ordem de liberdade; III *submete* pessoa que está sob sua guarda ou custódia a vexame ou a constrangimento não autorizado em lei; IV *efetua*, com abuso de poder, qualquer diligência.
(BRASIL, 1940, Art. 350° Parágrafo único)

Os dados do seguinte Gráfico 3.13. – quando se trata de antecedente indefinido – no entanto, mostram uma situação diferente, sendo predominante o uso do conjuntivo em ambos os textos (embora em CPB esta prevalência não seja tão flagrante):

Infira-se, ao mesmo tempo, que, no texto português, o $SN^{antec.}$ precedido do operador indefinido na leitura não específica, na maior parte dos casos, se combina com o predicado de $F^{-rel.}$ no modo conjuntivo do tempo presente, como se pode ver na frase (59). No texto brasileiro, vemos que há um uso bastante

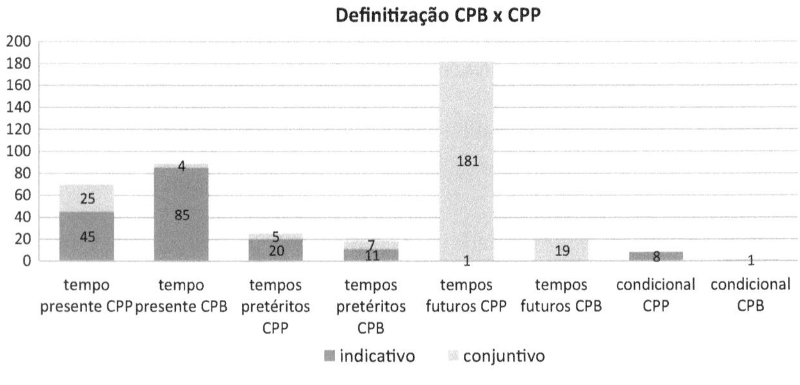

Gráfico 3.12: Distribuição modotemporal nas $F^{-relativas}$ com o $SN^{antecedente}$ definido

equilibrado entre o uso do presente do indicativo e o do conjuntivo, sendo ambas as possibilidades documentadas pelas frases (60) e (61):

(59) É punido como reincidente quem, por si só ou sob qualquer forma de comparticipação, cometer *um crime doloso que deva ser punido* com prisão efectiva superior a 6 meses, depois de ter sido condenado por sentença transitada em julgado em pena de prisão efectiva superior a 6 meses por outro crime doloso, se, de acordo com as circunstâncias do caso, o agente for de censurar por a condenação ou as condenações anteriores não lhe terem servido de suficiente advertência contra o crime.

(PORTUGAL, 1982, Art. 75° §1)

(60) [...] Equipara-se à coisa móvel a energia elétrica ou *qualquer outra que tenha* valor econômico.

(BRASIL, 1940, Art. 155° §3)

(61) Incorre na mesma pena quem usa, guarda, possui ou detém *qualquer* dos papéis falsificados *a que se refere* este artigo;

(BRASIL, 1940, Art. 293° §1)

Podemos, ao mesmo tempo, observar que há um uso esporádico das formas verbais no futuro do presente ou do pretérito do indicativo, cuja ocorrência, na linguagem corrente, não é tão rara e que se vê, em nossa opinião, sujeita a várias restrições que explicamos na seguinte secção.

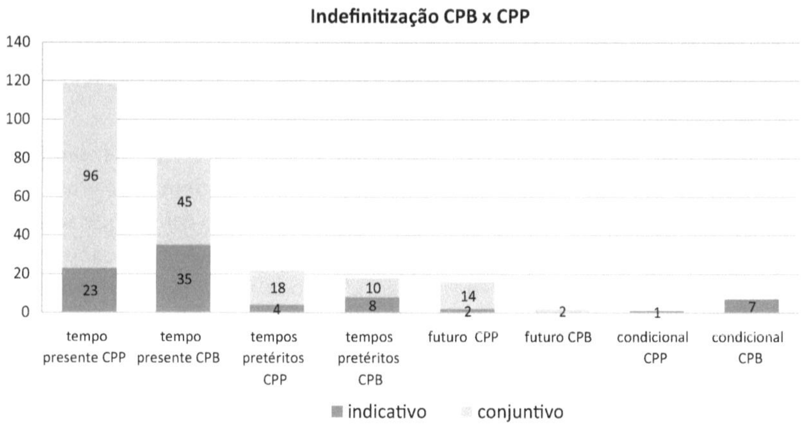

Gráfico 3.13: Distribuição modotemporal nas F$^{\text{-relativas}}$ com o SN^{antecedente} indefinido

3.5.5. Ocorrência do futuro do presente e *versus* pretérito nas frases relativas

Relativamente ao uso do futuro simples (o futuro do presente do indicativo), foram identificadas apenas três ocorrências em CPP e zero ocorrências em CPB. Há a relembrar que este tempo verbal nem sempre é interpretado como tempo tipicamente gramatical que traduza o significado temporal de futuridade. Muitas vezes é entendido, sobretudo, como portador do significado modal epistémico "[...] no qual se veicula incerteza ou não comprometimento do falante relativamente ao valor de verdade da frase." (OLIVEIRA 2003, p. 526), referindo-se as suas proposições a um mundo hipotético e ainda irreal. No caso das frases relativas, este valor vê-se reforçado por aquelas leituras do $SN^{antec.}$, que implicam a descrição de proposições ainda não concretas, mas que podem ser previstas no futuro, repercutindo-se esta no uso do modo conjuntivo. Atentas as circunstâncias, poderíamos sugerir a equivalência entre as duas formas verbais, ilustrando-a pela transformação da frase (62), sendo nela mantido o sentido nocional e modal.

(62) Suspende a execução da pena de prisão determinada na sentença, por *um* período *que fixará* entre 1 e 3 anos, subordinando-a, nos termos dos artigos 51º e 52º, ao cumprimento de deveres ou regras de conduta adequados.
(PORTUGAL, 1982, Art. 59° §6 b))

⇩

Suspende a execução da pena de prisão determinada na sentença, *pelo* período que *fixar?* entre 1 e 3 anos, subordinando-a, nos termos dos artigos 51º e 52º, ao cumprimento de deveres ou regras de conduta adequados. (Exemplo 62 modificado)

No caso do uso do futuro do pretérito (condicional) foi verificada, também, uma baixa ocorrência (9 em CPP e 8 em CPB). Apesar de serem poucas as construções com o condicional registadas nos textos, podemos inferir que se veem limitadas apenas a um determinado repertório semântico de predicadores, no qual incluímos os verbos *dever* (no seu sentido modal) ou *caber* como podemos ver no Quadro 3.3. e nas frases 63–66:

Quadro 3.3: Frases relativas com o Pred. no futuro do pretérito em CPP e CPB

	CPP		CPB	
caber	SN + *qu-* + *caberia*	7	SN + *qu-* + *seria cabível*	2
dever	SN + qu- + *deveria*	2	SN + *qu-* + *deveria*	6

(63) A pena relativamente indeterminada tem um mínimo correspondente a dois terços *da pena de prisão que* concretamente *caberia* ao crime cometido e um máximo correspondente a esta pena acrescida de 6 anos, sem exceder 25 anos no total.

(PORTUGAL, 1982, Art. 83° §2)

(64) Não poderá a pena exceder *a que seria cabível* pela regra do art. 69 deste Código

(BRASIL, 1940, Art. 70°, Parágrafo único)

(65) O facto considera-se praticado *no momento em que o agente* actuou ou, no caso de omissão, *deveria ter actuado*, independentemente do momento em que o resultado típico se tenha produzido.

(PORTUGAL, 1982, Art. 3°)

(66) Se o funcionário exige *tributo* ou *contribuição* social *que* sabe ou *deveria saber* indevido, ou, quando devido, emprega na cobrança meio vexatório ou gravoso, que a lei não autoriza. Pena - reclusão, de 3 (três) a 8 (oito) anos, e multa.

(BRASIL, 1940, Art. 316° §1)

Foi encontrada, curiosamente, embora esporadicamente, a ocorrência do imperfeito do indicativo do verbo modal *dever*, nos dois textos:

(67) Omitir, em documento público ou particular, declaração *que dele devia constar*, ou nele inserir ou fazer inserir declaração falsa ou diversa da *que devia ser escrita*, com o fim de prejudicar direito, criar obrigação ou alterar a verdade sobre fato juridicamente relevante: Pena - reclusão, de um a cinco anos, e multa, se o documento é público, e reclusão de um a três anos, e multa, se o documento é particular.

(BRASIL, 1940, Art. 299°)

(68) O facto considera-se praticado tanto no lugar em que, total ou parcialmente, e sob qualquer forma de comparticipação, o agente actuou, ou, no caso de omissão, *devia ter actuado*, como naquele em que o resultado típico ou o resultado não compreendido no tipo de crime se tiver produzido.

(PORTUGAL, 1982, Art. 7° §1)

3.5.6. Ocorrência do presente do conjuntivo

As frases relativas ocorrem, maioritariamente, nas seguintes combinações a) e b), exemplificadas pelas frases 69–70:

a) F^{+} [SN $^{\text{leit. atributiva}}$] + *qu-* + F^{-} [V $^{\text{conjuntivo do futuro}}$] em CPP (exemplo 69)
b) F^{+} [SN $^{\text{leit. referencial}}$] + *qu-* + F^{-} [V ^{indicativo}] em CPB (exemplo 70)

(69) *O tribunal que ordenar* o internamento determina, em vez dele, a suspensão da sua execução se for razoavelmente de esperar que com a suspensão se alcance a finalidade da medida.

(PORTUGAL, 1982, Art. 98° §1)

(70) *O agente que*, voluntariamente, *desiste* de prosseguir na execução ou impede que o resultado se produza, só responde pelos atos já praticados.

(BRASIL, 1940, Art. 15°)

Contudo, como mostram os Gráficos 3.12 e 3.13, foram encontradas também outras realizações:

c) F^{+} [SN$^{\text{leit. atributiva}}$] + *qu-* + F^{-} [V$^{\text{conjuntivo do presente e pretérito}}$] em CPB
d) F^{+} [SN$^{\text{leit. atributiva}}$] + *qu-* + F^{-} [V$^{\text{conjuntivo do presente e pretérito}}$] em CPP
e) F^{+} [SN$^{\text{leit. referencial}}$] + *qu-* + F^{-} [V^{indicativo}] em CPP

Por poucas que tenham sido encontradas as suas ocorrências, um dos tipos de construção que mais chamou a nossa atenção é F^{+} [SN$^{\text{atributivo/não específico}}$] + que + F^{-} [V$^{\text{conjuntivo do presente}}$] (ver o seguinte Gráfico 3.14.)

Dos dados inferimos que as frases relativas com o predicador no presente do conjuntivo, ocorrem mais frequentemente em combinação com o antecedente na leitura não específica, o que teoreticamente, poderia ser justificado pela relação sincrónica (II) entre o sema da hipoteticidade (eventualidade) do artigo indefinido (ou de outros operadores de indefinitização) e o sema da hipoteticidade (eventualidade) do conjuntivo, consoante o Esquema 3.6. e a frase 71:

(71) Nas mesmas penas incorre quem insere ou faz inserir:
I – na folha de pagamento ou em *documento* de informações *que seja destinado* a fazer prova perante a previdência social, *pessoa que não possua* a qualidade de segurado obrigatório;

Gráfico 3.14: Combinação das leituras atributiva e não específica do SN^{antecedente} com os modos verbais do Pred. da F-

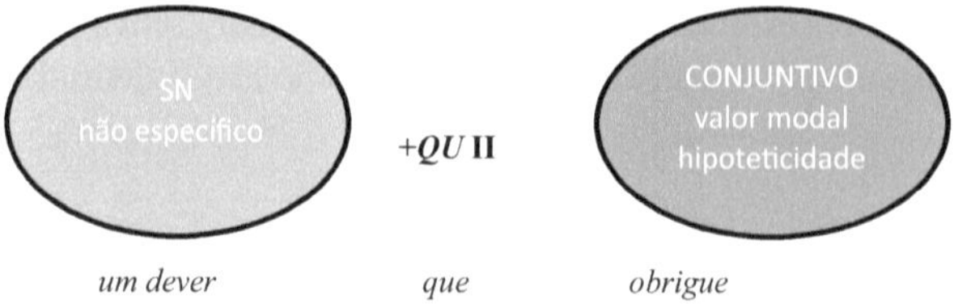

Esquema 3.6: Combinação do SNantecedente $^{\text{leit. não específica}}$ com a proposição modal da F$^{\text{-relativa}}$

> II – na Carteira de Trabalho e Previdência Social do empregado ou em *documento que deva* produzir efeito perante a previdência social, declaração falsa ou diversa da que deveria ter sido escrita;
>
> (BRASIL, 1940, Art. 297 º §3 I, II)

Ao contrário, as frases em que se combina o SN^{atributivo} e o conjuntivo do presente, num mesmo eixo sintagmático, podem ser sentidas como anómalas se levarmos em consideração o facto de a esmagadora maioria das orações relativas, neste contexto, ter o predicador no futuro do conjuntivo, em CPP. Em ambos os Códigos, a ocorrência do presente do conjuntivo (veja-se a frase 72) é esporádica e, na nossa perspetiva, vê-se associada, sobretudo, à presença dos verbos *dever* ou *poder*, eventualmente, de outros verbos modais.

(72) Se a soma *das* penas *que devam ser* cumpridas sucessivamente exceder 6 anos de prisão, o tribunal coloca o condenado em liberdade condicional, se dela não tiver antes aproveitado, logo que se encontrarem cumpridos cinco sextos da soma das penas.

(PORTUGAL, 1982, Art. 63° §3)

O Quadro 3.4. demonstra que, em CPP, na forma do presente do conjuntivo ocorrem alguns verbos de carácter modal compromitente na voz ativa (*dever, cumprir, poder*) e passiva (*ser devido, ser cumprido*) mas, também, outros verbos (*condenar, pertencer, consistir, destinar-se*). Em CPB, as ocorrências dos verbos no presente do conjuntivo parecem estar associadas, igualmente, à função de predicado nominal *ser + N* (*ser objeto, ser privativo, ser de multa*) (veja-se o Quadro 3.5.).

Os verbos modais compromitentes constituem, realmente, uma parte significante, por mais esporádicas que possam parecer do ponto de vista do número total das frases relativas. Ao contrário das outras construções (p. ex. *se destinem, tragam, comecem, etc.*), porém, opinamos que o que influi na seleção do modo é, sobretudo, a força modal dos verbos *dever, poder, cumprir* que se vê ainda multiplicada, justamente, pelo uso do modo conjuntivo, o qual, ao mesmo tempo, traduz um sentido deôntico. Nesse sentido, o uso do conjuntivo poderia ser percebido como compatível (II) com o SN precedido do artigo definido quer na leitura atributiva quer na leitura referencial como mostra o Esquema 3.7. (p.s.).

Quadro 3.4: Exemplos da construção F^{+} [SN $^{\text{leit. atributiva}}$] + qu- + F^{-} [V $^{\text{conjuntivo do presente}}$] em CPP (24 ocorrências no total)

SN	QU-	VERBO
a pena de prisão	que	*não* ***deva*** *ser substituída por multa 2 x*
o caso	em que	*o condenado culposamente não* ***cumpra*** *os dias de trabalho*
o tempo de prisão	que	***falte cumprir***
a execução da pena	que	***deva*** *ser* ***cumprida***
o momento	em que	***possa*** *fazê-lo*
a soma das penas	que	***devam ser cumpridas***
os títulos de crédito nacionais e estrangeiros constantes,	que	***não possam****, só por si, deixar de incorporar um valor patrimonial*
as (condutas)	que	***se destinem*** *a projectar substâncias tóxicas*
o momento	em que	*uma destas portas* ***seja aberta***
o momento	em que	***deva*** *ter lugar o desembarque*
os elementos	que	***pertençam*** *ao tipo do crime*
o prestígio ou a confiança	que	***sejam devidos*** *a pessoa colectiva*
o acto	que	***consista*** *em infligir sofrimento físico*
as notas de banco	que	***tenham*** *curso legal*
o momento	em que	*pessoal de terra ou a tripulação* ***comecem*** *as operações preparatórias de*
os participantes	que	***tragam*** *armas*
a pessoa	que	*com aquele (cônjuge)* ***viva***
a pena	a que	*o agente* ***venha a ser*** *condenado*
fins alheios **àqueles**	a que	***se destinem***

Quadro 3.5: Exemplos da construção F^{+} [SN $^{\text{leit. atributiva}}$] + qu- + F^{-} [V$^{\text{conjuntivo do presente}}$] em CPB (12 ocorrências no total)

SN	QU-	VERBO
o local	em que	*se verifiquem…*
a sentença	que	*anule o casamento*
o condenado	que	*inicie..*
a pena	que	*não seja privativa…*
a pena	que	*não seja de multa…*
os crimes	que	*sejam objeto de…*

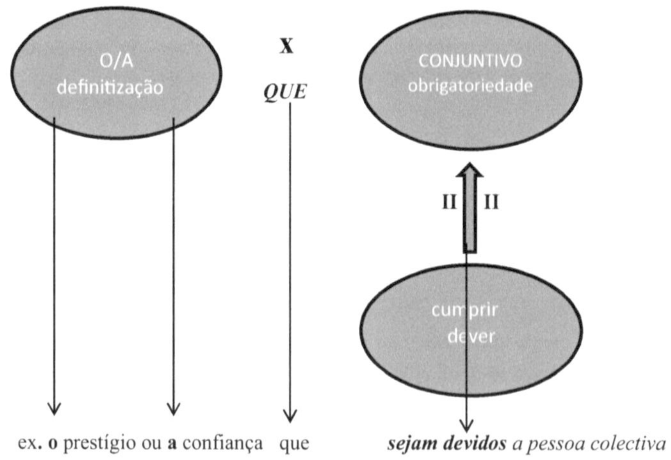

Esquema 3.7: Combinação de SN $^{\text{leit. atributiva}}$ com os Pred. da F $^{\text{-relativa}}$ "dever" e "cumprir"

No entanto, em qualquer caso, surge a questão até que medida, as ditas combinações são, realmente, sujeitas a restrições diatópicas. Pelo número tão baixo não podemos oferecer nenhuma conclusão definitiva, mas, a ocorrência deste tipo de frases, por mais anómalas que possam parecer para um falante nativo e por mais esporadicamente que sejam usadas nos textos estudados, não pode ser, absolutamente, condenada, pelo menos em determinados registos.

Advirta-se que as mesmas construções ocorrem, também, nas frases relativas introduzidas por *quem*, *cujo* e *qual* (em CPB foram encontradas 24 ocorrências no total, e, em CPP, 21). No entanto, nelas, o uso deste tempo parece ser muito aleatório sem manifestar regularidade alguma.

3.5.7. Ocorrência do pretérito do indicativo *versus* pretérito do conjuntivo *versus* futuro composto do conjuntivo

Analogamente às frases relativas livres introduzidas por *quem*, verificamos que, também, nas restritivas introduzidas por *que* existe uma diversidade quando as suas proposições se situam no passado como exemplificam os seguintes casos em que os SN's$^{\text{antec.}}$ têm, entre outros, os núcleos *dia*, *data*, *lugar* e *momento* (ver as frases 73–76):

(73) O facto considera-se praticado no *momento em que o agente actuou* ou, no caso de omissão, deveria ter actuado, independentemente *do momento em que o resultado* típico *se tenha produzido.*

(PORTUGAL, 1982, Art. 3°)

(74) O direito de queixa extingue-se no prazo de 6 meses a contar *da data em que o titular tiver tido* conhecimento do facto e dos seus autores, ou a partir da morte do ofendido, ou *da data em que ele se tiver tornado* incapaz.

(PORTUGAL, 1982, Art. 115º §1)

(75) Salvo disposição expressa em contrário, o ofendido decai do direito de queixa ou de representação se não o exerce dentro do prazo de 6 (seis) meses, contado *do dia em que veio a saber* quem é o autor do crime, ou, no caso do § 3º do art. 100 deste Código, do dia em que se esgota o prazo para oferecimento da denúncia.

(BRASIL, 1940, Art. 103°)

(76) Quando o agente, mediante mais de uma ação ou omissão, pratica dois ou mais crimes, idênticos ou não, aplicam-se cumulativamente *as penas privativas* de liberdade *em que haja incorrido*. [...]

(BRASIL, 1940, Art. 69°)

Com base nos exemplos citados deduzimos que, nos períodos em que a proposição da frase relativa exprime anterioridade em relação com a frase principal, podemos observar três tipos de construções com a representatividade percentual mostrada no Gráfico 3.15:

a) F^{+} [$SN^{\text{leit.atributiva}}$] + *qu-* + F^{-} [$V^{\text{futuro composto do conjuntivo}}$] (frase 74);
b) F^{+} [$SN^{\text{leit.atributiva}}$] + *qu-* + F^{-} [$V^{\text{pretérito perfeito do conjuntivo}}$] (frases 73, 76);
c) F^{+} [$SN^{\text{leit. referencial}}$] + *qu-* + F^{-} [$V^{\text{pretérito perfeito do indicativo}}$] (frases 73,75).

A variabilidade demonstrada poderia ser, parcialmente, explicada pelo comportamento aspetual dos predicados da $F^{\text{-rel.}}$. Por exemplo, os verbos *atuar, ter conhecimento* e *saber*, por serem atélicos, não podem figurar nas formas temporais que implicam o caráter télico dos eventos (i.e. de processos, culminações,

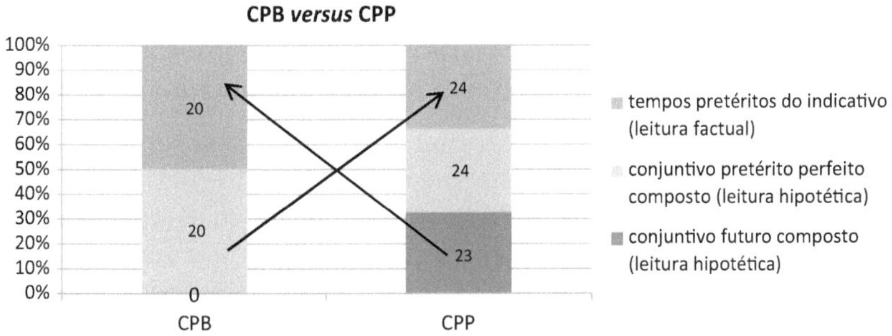

Gráfico 3.15: Distribuição modotemporal nos tempos pretéritos e no futuro em CPB e CPP

processos culminados e pontos). Assim, enquanto numas frases seria possível a substituição da forma temporal por outra forma modotemporal que implicasse a telicidade (p. ex.: *produziu // tenha produzido/tiver produzido o resultado*), noutras, esta equipolência não seria viável (p. ex. *o agente actuou (-) x *tiver/ tenha actuado (-)*.

Quanto à hipótese da substituição das duas formas verbais, Fátima Oliveira (2003, p. 542) afirma que se a leitura da proposição for concluída (pressupondo a telicidade do evento) pode ser o futuro composto do conjuntivo (que ocorre, segundo a mesma autora, tipicamente em orações relativas) usado para marcar não só o intervalo posterior relativamente ao tempo da enunciação, mas também o intervalo anterior relativamente ao mesmo, havendo, neste último caso, a possibilidade da substituição pelo pretérito perfeito simples como mostram as frases 77–78.

(77) As pessoas *que tiverem lido* este livro vão certamente ver a sua adaptação ao cinema.

(78) As pessoas *que leram* este livro vão certamente ver a sua adaptação ao cinema.

(OLIVEIRA 2003, p. 542)

Fátima Oliveira define a diferença existente entre as duas alternativas como sendo modal, remetendo o indicativo para realidades concretas e, o conjuntivo, para as hipotéticas, como, alias, confirma a seguinte citação:

> "A presença do futuro composto assegura, comparativamente com o pretérito perfeito, que a situação tem uma leitura modal de possibilidade ou hipótese; isto é, enquanto o pretérito perfeito tem uma leitura factual em que a leitura do livro aconteceu efetivamente, o futuro composto do conjuntivo estabelece a possibilidade de existir um conjunto de pessoas que tenham lido o livro."
>
> (OLIVEIRA 2013, p. 542–543)

Quanto ao pretérito perfeito composto do conjuntivo, Fátima Oliveira, igualmente, aponta para a sua natureza aspetual perfetiva, "[…] pois perspetiva a situação como estando concluída (em todas as suas fases constitutivas)." (OLIVEIRA 2013, p. 538). Atentas estas circunstâncias, não seria viável a transformação do verbo atélico *actuou* em *tiver/tenha actuado,* mas a transformação dos verbos télicos *produziu o resultado* para *tiver produzido/tenha produzido* e de *tiver sido condenado/ tenha sido condenado (pelo crime)* para *foi condenado (pelo crime),* como mostram os seguintes exemplos, seria aceitável. Nesse caso, os diferentes valores modais poderiam ser percebidos como irrelevantes.

(79) O facto considera-se praticado *no momento em que o agente actuou* ou, no caso de omissão, deveria ter actuado, independentemente *do momento em que o resultado* típico *se produziu.*

(PORTUGAL, 1982, Art. 3°)

⇩

O facto considera-se praticado *no momento em que o agente *tenha actuado* ou, no caso de omissão, deveria ter actuado, independentemente *do momento em que o resultado* típico *se tenha produzido.*

(frase 79 adaptada)

⇩

*O facto considera-se praticado no momento em que o agente **tiver actuado* ou, no caso de omissão, deveria ter actuado, independentemente *do momento em que o resultado* típico *se tiver produzido.*

(frase 79 adaptada)

(80) *O crime* anterior *por que o agente tenha sido condenado* não releva para a reincidência se entre a sua prática e a do crime seguinte tiverem decorrido mais de 5 anos;

(PORTUGAL, 1982, Art. 75° §2)

⇩

O crime anterior *por que o agente foi condenado* não releva para a reincidência se entre a sua prática e a do crime seguinte tiverem decorrido mais de 5 anos;

(frase 80 adaptada)

Nesta fase da pesquisa pretendemos, ao mesmo tempo, verificar a viabilidade da substituição de *actuou* por *tenha(m) a(c)tuado* e *tiver(em) a(c)tuado* nas frases relativas através da procura realizada no *corpus* da Linguateca e, como era de esperar, não foram encontradas nenhumas ocorrências, confirmando-se, assim, a restrição aspetual dos ditos verbos. No entanto, para a nossa surpresa, na Linguateca, nem foram encontradas ocorrências do verbo *produzir* ou *condenar* nas formas *tenha/tiver produzido/condenado* em oração relativa, apesar de se tratar de verbos télicos. Assim surge a questão da frequência real de construções relativas, como as que se encontram nas frases 73, 74 e 76, na linguagem corrente, que, no entanto, já não iremos abordar em mais detalhe nesta secção, deixando a questão em aberto para eventuais pesquisas futuras.

O princípio de substituibilidade, no entanto, é relevante para as nossas reflexões fulcrais sobre a suspensão da dicotomia modal em determinados contextos. Neste outro momento verificou-se que nos dois textos se parte, em princípio, de dois valores modais básicos diferentes mesmo quando as proposições poderiam ser consideradas idênticas porque as propriedades aspetuais dos seus predicados se afiguram, também, equipolentes.

3.6. Frases relativas apositivas

Nesta última secção vamos abordar as orações relativas apositivas, as quais já foram parcialmente tratadas (sendo a nossa intenção manter a coerência estrutural do texto) na secção dedicada às frases relativas introduzidas por *cujo* e *qual* (cf. Cap. 3.5.1.). Como se viu, ao longo da nossa análise deparamo-nos com algumas anomalias no que diz respeito ao uso de pontuação e do modo. Veja-se a frase 81:

(81) O condenado não reincidente, *cuja pena seja superior a 4 (quatro) anos e não exceda a 8 (oito)*, poderá, desde o princípio, cumpri-la (a pena privativa) em regime semiaberto; [...]

(BRASIL, 1940, Art. 33º §2b))

Como já ficou dito, de acordo com as teorias acessíveis, as regras relativas ao uso da pontuação depreendem-se da tipologia das orações relativas. Enquanto as orações relativas restritivas contribuem para a construção do valor referencial da expressão nominal, restringindo o domínio dos possíveis referentes só àquele que condiz ou condisser com as propriedades descritas na frase relativa, as orações apositivas exprimem um comentário do locutor relativo ao seu antecedente e têm um carácter parentético, dado na oralidade por pausas e na escrita por vírgulas. Pelo seu carácter, aproximam-se das orações coordenadas interferentes/hospedeiras, mas diferem delas pela presença do constituinte relativo (*que, o qual, quem*), como mostram os exemplos 82 (frase restritiva) e 83: e (frase apositiva):

(82) A pena será ainda agravada em relação *ao agente que:* I. *promove,* ou *organiza* a cooperação no crime ou dirige a atividade dos demais agentes;

(BRASIL, 1940, Art .62° I)

(83) Quem, com intenção de causar prejuízo a outra pessoa ou Estado:
b) Alterar, qualquer que seja a sua natureza, pesos, medidas, balanças ou *outros instrumentos* de medida, *que estejam sujeito*s legalmente à existência de uma punção; [...]
é punido com pena de prisão até 2 anos ou com pena de multa até 240 dias.

(PORTUGAL, 1982, Art. 270° b))

De acordo com Rui Marques (2013, p. 683), o uso do modo nas frases restritivas é mais livre do que nas apositivas: "Em orações relativas explicativas (também chamadas apositivas[...]) embora os dois modos possam ocorrer, o conjuntivo só se usa se for legitimado por uma expressão como *talvez* e *oxalá*.", como ilustra o seguinte exemplo (p.s.):

(84) Acabou de partir um avião, *que oxalá chegue sem problemas ao destino*, carregado com tendas, cobertores, medicamente e outro material de ajuda humanitária.

Fonte do exemplo 84: (MARQUES 2013, p. 683)

Ao mesmo tempo, estas frases relativas, na escrita, reconhecem-se pela vírgula, a qual sinaliza não só a sua autonomia prosódica como também uma independência semântica. Daí se infere que o uso do indicativo pressupõe, a existência de um contexto transparente e a leitura referencial ou específica do $\text{SN}^{\text{antecedente}}$.

Sendo assim, algumas frases encontradas nos Códigos (83, 85–89) resultam anómalas, por possuírem o conjuntivo independentemente de a leitura do $\text{SN}^{\text{antecedente}}$ ser ou não ser referencial, apesar de haver a pontuação típica das relativas apositivas, como ilustra a seguinte exemplificação:

(85) O juiz pode deixar de aplicar a pena: I quando o ofendido, de forma reprovável, provocou diretamente a injúria; II no caso *de retorsão imediata*, *que consista em outra injúria.*

(BRASIL, 1940, Art. 140° §1 I, II)

(86) Incorre na mesma pena quem: II realiza, em lugar público ou acessível ao público, representação teatral, ou exibição cinematográfica de caráter obsceno, ou *qualquer outro* espetáculo, *que tenha o mesmo caráter*;

(BRASIL, 1940, Art. 234° Parágrafo único, II)

(87) *A* lei posterior, *que de qualquer modo favorecer o agente*, aplica-se aos fatos anteriores, ainda que decididos por sentença condenatória transitada em julgado.

(BRASIL, 1940, Art. 2° Parágrafo único)

(88) Quem, em caso de grave necessidade, nomeadamente provocada por desastre, acidente, calamidade pública ou *situação* de *perigo comum*, *que ponha em perigo* a vida, a integridade física ou a liberdade de outra pessoa, deixar de lhe prestar o auxílio necessário ao afastamento do perigo, seja por acção pessoal, seja promovendo o socorro, é punido com pena de prisão até 1 ano ou com pena de multa até 120 dias.

(PORTUGAL, 1982, Art. 200° §1)

(89) Para o efeito do disposto no presente capítulo considera-se
Moeda: o papel-moeda, compreendendo as notas de banco, e *a moeda* metálica, *que tenham curso* legal em Portugal ou em país estrangeiro.

(PORTUGAL, 1982, Art. 255° d))

Como já avançamos, os SN's de que fazem parte as orações relativas explicativas deveriam ter, obrigatoriamente, a leitura específica ou referencial, o mesmo não acontecendo com os SN's dos quais as orações relativas restritivas fazem parte. Nelas, os antecedentes podem ter ou o valor referencial positivo (e, neste caso têm a leitura específica ou referencial e o predicado da F^{-} encontra-se, tipicamente, no indicativo) ou negativo (neste caso têm a leitura atributiva ou não específica e o predicado da F^{-} encontra-se, tipicamente, no conjuntivo). No que respeita à distribuição do modo em orações apositivas, o conjuntivo fica, portanto, excluído. Como vemos, nos casos citados, a leitura do antecedente é, com efeito, a não específica (85–88) ou atributiva (f. 89), o que sim explica o uso do modo verbal, mas não explica o uso da pontuação que conduz à sua interpretação apositiva.

3.7. Considerações finais

Ora, nesta última parte do capítulo vamos sintetizar os principais resultados das nossas observações. Logo no Enquadramento teórico (cf. Cap. 3.1.) se antecipou que, na formulação das frases relativas dos Códigos, existem tendências de uso diferentes, sobretudo, no que diz respeito aos modos verbais. E, com efeito, esta linha divisória acompanhou-nos ao longo de toda esta fase da pesquisa.

Apesar de ambos os textos seguirem a norma culta, padrão e canónica, cada um optou por usar meios diferentes para formular a mesma realidade extralinguística, a mesma nomologia, a mesma informação nocional, tanto nas orações relativas livres como restritivas. Propomos explicar esta discordância como resultado de diferentes processos cognitivos que se correlacionam, no fundo, com as relações dicotómicas entre o valor modal factual *versus* modal, entre o contexto transparente *versus* opaco e entre os diferentes graus da crença acerca da existência do referente do antecedente. Ao mesmo tempo, no entanto, sugerimos que os ditos valores, no contexto estudado, se neutralizam, aproximando-se das frases com a natureza genérica e caracterizadora, para a qual contribui, igualmente, a capacidade dos determinantes de funcionar como operadores de quantificação genérica.

No caso das frases relativas livres introduzidas por *quem* (cf. também o Cap. 3.4.1.), como o Gráfico 3.4. mostra, registamos um fosso flagrante entre as suas estruturas comparadas, as quais, no entanto, acabaram por nivelar-se tal como fomos sugerindo ao longo de toda esta fase de investigação (cf. também o Cap. 3.4.1., e as frases 16–17, 25–26). Neste tipo de frases enquadram-se dois tipos de formulação:

1. CPP: [Quem + $V^{\text{futuro do conjuntivo}}$] II CPB: [Quem + $V^{\text{presente do indicativo}}$], como mostram as seguintes construções 90 e 91, que colocam a proposição no tempo presente ou futuro;
2. CPP: [Quem + $V^{\text{futuro composto do conjuntivo}}$] II CPB: [Quem + $V^{\text{pretérito perfeito do indicativo}}$], como mostram as construções 92 e 93, que situam a proposição no tempo passado.

(90) *Quem criar, mantiver* ou *utilizar* ficheiro [...] (PORTUGAL, 1982, Art. 193° §1)

(91) É isento de pena *quem* [...] *supõe* situação de fato [...] (BRASIL, 1940, Art. 20° §1)

(92) *Quem tiver praticado* um facto ilícito típico [...]. (PORTUGAL 1982, Art. 91° §1)

(93) [...] imputam-se a *quem os praticou.* (BRASIL, 1940, Art. 13° §1)

Quanto às frases relativas restritivas, estamos perante a mesma situação. Tal como o Gráfico 3.10. indica (cf. também o Cap. 3.5.5.), também nelas ocorre a inclinação para usar o conjuntivo na variedade portuguesa e, o indicativo, na variedade brasileira, independentemente da leitura do $SN^{\text{antec.}}$.

No que tange à indefinitização do $SN^{\text{antec.}}$, porém, chegou-se a uma maior proximidade entre os textos estudados, como mostram as construções 94–95 (cf. também o Cap. 3.5.4. e as frases 59 e 60), porque, em CPB, o conjuntivo, coexiste com o seu concorrente indicativo, ilustrado no exemplo 96 (cf. também o Cap. 3.5.5. e a frase 61), sendo a mesma tendência verificada tanto no tempo presente como no tempo passado.

(94) É punido como reincidente quem [...] cometer *um crime doloso que deva ser punido* [...] (PORTUGAL, 1982, Art. 75° §1)

(95) Equipara-se à coisa móvel a energia elétrica ou *qualquer outra que tenha* valor econômico. (BRASIL, 1940, Art. 155° §3)

(96) Incorre na mesma pena quem usa, guarda, possui ou detém *qualquer* dos papéis falsificados *a que se refere* este artigo; (BRASIL, 1940, Art. 293°§1)

Assim acabamos por identificar, em CPP e CPB, as equivalências tanto convergentes II (1) como divergentes X (2) neste tipo de contexto:

1. CPP: $[SN^{\text{leitura não específica}}]$ +*qu*- + F^{-} $[V^{\text{presente do conjuntivo}}]$
   II
   CPB: $[SN^{\text{leitura não específica}}]$ +*qu*- + F^{-} $[V^{\text{presente do conjuntivo}}]]$ (exemplos 94 e 95)
2. CPP: $[SN^{\text{leitura não específica}}]$ +*qu*- + F^{-} $[V^{\text{presente do conjuntivo}}]$

   X
   CPB: $[SN^{\text{leitura não específica}}]$ +*qu*- + F^{-} $[V^{\text{presente do indicativo}}]$ (exemplos 95 e 96).

Para além do dito, no caso das frases relativas livres de tipo [SN+ *onde* +F^{-}], registou-se, em ambas as variantes do Código, uma ocorrência muito baixa e uma clara tendência para o uso do seu equivalente $[SN_{\text{locativo}}$+*em que* + F^{-}].

Quanto às frases relativas restritivas de tipo [SN + *cujo* +F^{-}] ou [SN +*qual* +F^{-}] e à distribuição das formas modotemporais, estas afiguram-se mais homogéneas em CPB do que em CPP. Em CPB foram verificadas apenas as ocorrências do indicativo no caso de [SN + *qual* +$F^{-}_{\text{indicativo}}$] ou [SN +*cujo* +$F^{-}_{\text{indicativo}}$] ou conjuntivo no caso de [SN +*cujo* +$F^{-}_{\text{presente do conjuntivo}}$]. Em CPP a variabilidade foi mais evidente, ocorrendo vários tipos de conjuntivo em vários tempos: [SN +*qual* +$V^{\text{indicativo}}$], [SN +*qual/cujo* +$V^{\text{presente, pretérito ou futuro do conjuntivo}}$].

Relativamente às combinações das diferentes leituras do $SN^{\text{antec.}}$ com os diferentes modos e tempos verbais do predicado da F^{-}, na nossa perspetiva, as tendências verificadas nos Códigos correspondem às priorizações verificadas a nível da linguagem comum das duas variedades do Português, sobretudo, no texto brasileiro em que se afigurou como sendo mais frequente a combinação da leitura referencial do $SN^{\text{antecedente}}$ com o indicativo na $F\text{-}^{\text{relativa}}$ sendo também verificada, embora raramente, a combinação da leitura atributiva com o presente ou futuro do conjuntivo na $F^{\text{-relativa}}$, a última, típica do texto português. A questão que deixamos em aberto é se estas últimas estruturas são mesmo sentidas como anómalas em PB. Em ambos os textos, foi verificada a combinação da leitura não específica do $SN^{\text{antec.}}$ com o conjuntivo na $F\text{-}^{\text{rel.}}$, sendo no texto brasileiro, porém, frequente, também, a combinação da leitura específica do $SN^{\text{antec.}}$com o predicado da $F\text{-}^{\text{rel}}$ no modo indicativo.

Como pudemos observar, a dicotomia modal tradicional manifestou-se em diferentes eixos temporais. Em todos eles, a linguagem dos Códigos, pelo seu caráter obrigatório e normativo, segundo a nossa interpretação, acaba por suspender a diferenciação semântica entre os valores que até agora temos concebido como primários ou básicos, admitindo a sua neutralização e a aquisição do valor generalizador. No entanto, não negamos o facto de esta generalização ser o resultado de dois diferentes processos cognitivos que consistem na identificação de um primeiro referente prototípico, no qual se baseia a descrição de outros eventuais referentes da mesma índole, ora no passado ou presente (através do modo indicativo) ora no futuro (através do modo conjuntivo). (cf. Cap. 3.4.1.) A validade genérica, à qual se chegou através da transformação semântica explicada, é justificável, por conseguinte, pela existência de casos ou factos precedentes, que formam a "base referencial", um início de uma cadeia anafórica cujos seguintes elementos poderão pertencer ou ao mundo real (isto é, a sua existência pode afirmar-se no presente) como ao mundo de potencialidades abertas (isto é, a sua existência pode ser negada no momento presente, mas pode afirmar-se no futuro).

Há a notar que com uma semelhante assimetria a nível da generalização nas variedades europeia e brasileira do Português deparamos no caso do já referido processo de quantificação universal (cf. também o Cap. 3.5.4.) cujo operador mais típico, em ambas as variedades, é o artigo definido («*O pardal é uma ave.*»). No entanto, para além deste, em PE é típica a aplicação do artigo indefinido («*Um gato gosta de conviver com as pessoas.*»), enquanto em PB, são habituais as construções com o artigo omitido («*Gato gosta de conviver com as pessoas.*») (MIGUEL & RAPOSO 2013, s. 834). Também nestes casos, portanto, as diferenças semânticas entre os determinantes se neutralizam, ganhando um matiz genérico, mas partindo de diferentes processos cognitivos (SVOBODOVÁ, 2019).

E, finalmente, no tocante às frases apositivas (tmb. explicativas), acabamos por suscitar algumas dúvidas acerca da aceitabilidade da sua formulação. Com efeito, verificamos que nos Códigos há, na verdade, construções em que se justapõem, *oximoronicamente*, a componente de hipoteticidade com a apositiva/explicativa. Este tipo de frases tem, nos textos, uma posição antes periférica e o número muito reduzido das suas ocorrências impediu-nos de extrair resultados de validade mais geral. Não podemos prever qual será o motivo da sua inclusão nos textos, se é aleatório ou intencional, mas, de qualquer modo, as construções identificadas não vão ao encontro do consenso estabelecido. Por outro lado, é escusado dizer que o uso de pontuação é, em geral, na língua portuguesa, muito flexível (ao contrário da língua checa, em que tem regras restritamente dadas) e isso pode levar a um uso inconscientemente acidental. No entanto, terá este facto um impacto, também, em texto de alto estilo administrativo? Deixando esta questão não respondida, passemos ao último capítulo sobre as frases adverbiais.

4. FRASES ADVERBIAIS

A subordinação adverbial consiste na relação hipotática entre o predicador da oração subordinante e uma expressão adverbial seja ela um sintagma adverbial seja uma oração subordinada. O leque dos valores circunstanciais que estas unidades adverbiais exprimem, é muito vasto, e, por isso, a sua frequente incidência em qualquer tipo de linguagem não é surpreendente. Menos ainda em textos como os aqui analisados, que, em particular, descrevem e especificam todas as circunstâncias que devem ser consideradas na matéria penal e que formam um conjunto muito complexo. E, com efeito, de acordo com o Gráfico 1.1. (cf. Cap. 1.2.2.), em CPB, identificámos 422 (42%) e, em CPP, 800 (34% do total das) frases adverbiais.

Estas, junto com as frases relativas, pertencem aos períodos em que a relação modal entre a F^{+} e a F^{-} é indireta e, na maior parte das vezes, estabelecida por regras formais. Para exemplificar, recordemos o caso das frases concessivas, que exigem a ocorrência do predicador no modo conjuntivo mesmo que as proposições sejam verídicas e factuais. Ou as frases condicionais e temporais que, como se verá, podem transmitir o mesmo valor nocional independentemente do modo utilizado, embora com algumas nuances semânticas. Sendo assim, abre-se um maior leque de possibilidades, em que existe, por um lado, a regularização formal do uso do modo, mas, por outro lado, também, uma flexibilidade sintático-semântica, que não é muito típica das frases completivas, submetidas às regras da congruência modal mais restritas (salvo algumas exceções verificadas no caso dos antecedentes da dupla seleção do modo, por exemplo).

Do ponto de vista semântico, a tradição gramatical distingue sete tipos de orações adverbiais, i.e.: temporais, causais, finais, condicionais, concessivas, conformativas e proporcionais. Contudo, a sua tipologia é, na realidade, muito mais complexa, repercutindo-se nela uma extensa escala de valores e subvalores circunstanciais, como demonstra a seguinte lista elaborada por Maria Lobo (2013, p. 1982–1986) e adaptada, por nós, no Quadro 4.1.[55]

De entre os tipos de oração mencionados identificámos, nos Códigos, apenas as seguintes: condicionais, temporais, de circunstância negativa, finais,

55 Agradeço à autora o ter-me dado autorização para utilizar o Quadro "Tipos de orações subordinadas adverbiais" na forma modificada.

Quadro 4.1: *Classificação semântica das orações adverbiais.* Fonte: (LOBO, 2013, p. 1982–1986)

tipo de oração adverbial de acordo com a classe semântica	**exemplo**
orações comparativas	*Ele falou tão baixinho que ninguém ouviu nada.*
orações temporais	*Come do bolo antes que se acabe.*
orações causais e explicativas	*O filho está feliz porque recebeu do pai um carrinho.*
orações finais e resultativas	*Abrimos a janela para arejar a sala.*
orações concessivas	*Embora estivesse doente, ajudou-me no trabalho.*
orações condicionais	*Caso te atrases, avisa-me.*
orações de circunstância negativa	*Saí sem que me despedisse.*
orações de modo (relativa livre)	*Preparei tudo como me pediste.*
orações de lugar (relativa livre)	*Fui (a)onde eles foram.*
orações conformativas	*Segundo a polícia avisou, o assaltante foi detido.*
orações de comentário	*Como é sabido, o português é uma língua mundial.*
orações contrastivas	*Enquanto o Martinho é louro, o Tomás é moreno.*
orações contrapositivas	*Ele foi a pé quando podia ter apanhado um táxi.*
orações substitutivas	*Em vez de ele ir para escola, foi ao ZOO.*
orações acrescentativas	*Para além de saber falar português, esta senhora sabe falar chinês.*

comparativas, concessivas, explicativas e conformativas. Para a comparação percentual da sua distribuição nos textos veja-se os seguintes Gráficos 4.1..

Os dados mostram que entre as orações mais frequentes encontram-se as condicionais e as temporais, sendo os outros tipos representados por um número pouco significante. Esta prevalência pode ser explicada, naturalmente, pelo caráter nomológico do texto, como já referimos na parte dedicada à descrição daquelas propriedades textuais dos Códigos (cf. Cap. 1.2.2.), que especificam, sobretudo, as circunstâncias condicionais e temporais em matéria penal.

Nesta fase da pesquisa pretendemos verificar se o comportamento das hipotaxes circunstanciais segue, do ponto de vista contrastivo, a mesma tendência que no capítulo anterior. Organizamos, para o efeito, o capítulo em várias secções: na primeira (cf. Cap. 4.1.) serão abordadas as teorias existentes sobre as orações condicionais e temporais, sendo as outras orações tratadas apenas concisamente, por apresentaram uma reduzida representatividade percentual. Na segunda secção, as diferentes fases do tratamento dos dados adquiridos serão descritas (cf. Cap. 4.2.). Nas outras duas secções, apresentaremos os resultados da análise quantitativo-qualitativa das frases condicionais e temporais (cf.

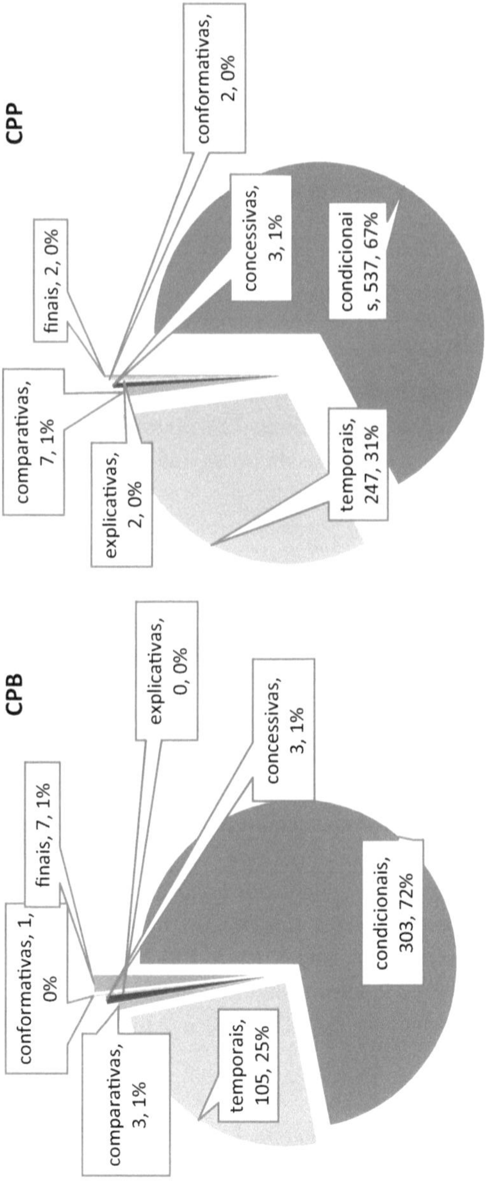

Gráficos 4.1: Distribuição das frases adverbiais em CPB e CPP

Cap. 4.3. e tmb. o Cap. 4.4.). Quanto aos resultados relativos às restantes orações adverbiais e às frases participiais e gerundiais, estes serão incluídos em secções separadas (cf. Cap. 4.5. e tmb. o Cap. 4.6.). As conclusões serão sintetizadas na parte final (cf. Cap. 4.7.)

Quanto às questões técnicas, tal como nos outros dois capítulos anteriores, os gráficos, esquemas e quadros serão marcados, no início, com o número do presente capítulo (4.) e, a seguir, com os algarismos a partir de 1. (p. ex., 4.1., 4.2., 4.3., etc.). Os exemplos seguem a numeração desde 1.

4.1. Enquadramento teórico

4.1.1. Frases condicionais

As orações condicionais demonstram, no conjunto da subordinação circunstancial, uma forte presença, constituindo 72% do total das frases adverbiais em CPB e, 67%, em CPP. Para os efeitos da nossa análise serão tomados em conta os seguintes aspetos:[56]

- a tipologia das frases condicionais;
- o tipo da condição que se encontra em F^-;
- a ocorrência do indicativo e do conjuntivo;
- a natureza modal de todo o período $F^+ + F^-$ e
- a sua influência na seleção dos conetores.

Para já podemos adiantar que será, sobretudo, o segundo e o terceiro pontos em que os Códigos acarretarão os resultados mais interessantes do ponto de vista comparativo. No que se refere aos outros três aspetos, i.e., à tipologia, ao uso dos conetores e às propriedades semânticas relacionadas com o valor modal (epistémico, circunstancial ou pragmático), é de prever uma proximidade mais estreita dada pelas propriedades gerais dos textos.

Para abordar a questão destas orações do modo mais complexo possível, recorreu-se, sobretudo, aos trabalhos de Rui Marques (1995, 2001, 2004, 2014), João Andrade Peres & Telmo Móia & Rui Marques (1999), Óscar Lopes (1972), Ana Cristina Macário Lopes (2009) e Angelica Kratzer (1991), que

56 A parte dedicada às orações condicionais foi publicada, em forma modificada, em SVOBODOVÁ (2018b) "Condicionalidade linguística nos Códigos Penais de Portugal e do Brasil" em *Revista de Estudos Constitucionais, Hermenêutica e Teoria do Direito* (São Leopoldo, 2018, v. 10, n. 2.).

influenciaram, também, a maior parte do trabalho de Maria Lobo (2013). Estes autores vão ser referidos, repetitivamente, ao longo desta fase da pesquisa, principalmente, na parte dedicada à tipologia formal e modal das frases condicionais que pauta, igualmente, a seleção dos diferentes conetores. Como muito valiosa e significante, do ponto de vista da análise comparativa no eixo paradigmático (e.g., entre diferentes gêneros jurídicos), considerámos também a pesquisa de Maria do Rosário da Silva Roxo (2011), que analisa os tipos das frases condicionais registadas na linguagem forense (linguagem oral nas audiências públicas de Niterói), sob a ótica da Linguística Cognitiva de Gilles Fauconnier (1994 e 1997), da Gramática de Construções de Adele Eva Goldberg (1995) e das estruturas semântico-pragmáticas definidas por Eve Sweetser (1990). Descrevem-se, portanto, nas seguintes secções, os principais pilares teoréticos, em que assenta a metodologia aplicada nesta fase de investigação.

As frases condicionais (F^-) constituem, nos períodos compostos, a parte denominada prótase, cuja posição típica é antecedente. Esta é ligada com a oração principal (F^+), denominada apódose (cuja posição típica é a consequente), por um conetor interfrásico, que pode ser a conjunção típica *se*, o conetor condicional *caso* ou as locuções conjuntivas *desde que, a menos que, a não ser que, dado que, contanto que* e *salvo se*. Os termos "antecedente" e "consequente", usados ao longo da pesquisa, nem sempre se referirão à sua posição no período. Eles remetem, igualmente, para as diferentes fases do processo cognitivo: o antecedente implica a condição que resultará ou da qual se deduzirá uma consequência.

Nos capítulos que seguem, vamos prestar atenção aos seguintes fatores: a realização da proposição da frase condicional, a tipologia semântica e a natureza modal da frase condicional e a sua influência na seleção do conetor adequado. Estes critérios todos vão mostrar o verdadeiro grau de proximidade entre os textos analisados.

4.1.1.1. Tipologia das frases condicionais segundo a realização ou a não realização da proposição de F^-

As construções condicionais são, consensualmente, classificadas em condicionais factuais, reais, hipotéticas e contrafactuais, conforme o critério da realização ou da não realização das suas proposições em diferentes intervalos de tempo.

No que se refere às orações condicionais factuais, denominadas tmb. reais, a sua proposição pode realizar-se em diferentes perspetivas temporais como se pode subentender do uso dos diferentes tempos do modo indicativo nas frases subordinada e subordinante (frase 1) sendo que, nessas últimas, nos podemos deparar, igualmente, com o modo imperativo (frase 2):

(1) *Se* o Rui *está (estava)* doente, a mãe *telefona-lhe (telefonava-lhe)* todos os dias.
(2) Se *queres* passar no exame, *estuda*. (factual/real)

As orações condicionais hipotéticas implicam uma condição que, possivelmente, se virá a realizar no futuro, tal como a proposição da frase subordinante. Neste caso, a frase subordinada tem o verbo no futuro do conjuntivo e, a subordinante, no presente do indicativo ou no futuro simples.

(3) *Se* o Rui *estiver* doente, a mãe *telefona-lhe/ vai telefonar-lhe /telefonar-lhe-á* todos os dias. (hipotética)

As orações condicionais contrafactuais implicam uma condição com a interpretação irreal e representam uma situação do passado ou do presente que pertence a um mundo imaginário onde a sua realização possa ser possível. Para serem compreendidas, os interlocutores devem ter o mesmo conhecimento quanto à possibilidade ou não de algo poder acontecer. Os tempos e os modos verbais estruturam-se de tal modo que na oração condicional ocorre sempre o imperfeito ou o pretérito mais-que-perfeito do conjuntivo (*viesses, tivesses vindo*) e, na frase principal, normalmente, ou o futuro do pretérito composto (*terias/tinhas jantado*) ou o imperfeito do indicativo (*jantarias/jantavas*), tal como mostram os seguintes exemplos:

(4) Se *tivesses vindo cedo, tinhas jantado* comigo
(5) Se *tivesses vindo* cedo, *terias jantado* comigo.
(6) Se *viesses* cedo, *jantavas* comigo;
(7) Se *viesses* cedo, *jantarias* comigo.

Há a notar que a variabilidade combinatória dos diferentes modos e tempos verbais se vê influenciada pelo fator diatópico. Por exemplo, de acordo com Giampaolo Salvi & Judit Tapazdi (1998), as construções com as formas imperfetivas do indicativo são consideradas mais típicas do Português Europeu (os autores falam do seu uso até em textos mais sofisticados), enquanto, no Português do Brasil, é mais frequente e, sentido como mais cortês, o uso do condicional, com a exceção de apenas alguns verbos (p. ex. *ir*).

Como poderemos observar, a formulação das apódoses vai criar um fosso flagrante entre os Códigos. A sua análise qualitativa vai, no entanto, provar que nele não se repercutem, na íntegra, diferentes taxonomias semânticas.

Quadro 4.2: Classificação das construções condicionais de acordo com o tipo de condição

monocondicionais			**bicondicionais**	
com marcação da condição suficiente		com marcação da condição necessária	diretas	indireta
de condição suficiente fechada (*frase 8, 9*)	de condição suficiente aberta (ou incondicionais) (*frase 10*)	de condição necessária) (*frase 11*)	(*frase 12*)	(*frase 13*)

4.1.1.2. Tipologia das frases condicionais segundo o tipo de condição suficiente e necessária

Do ponto de vista semântico-formal, as orações condicionais podem ser divididas em monocondicionais e bicondicionais, sendo que, com esta classificação, se prende, igualmente, o uso de diferentes nexos (MARQUES 2014, p. 112 ou LOBO 2013, p. 2022). Veja-se o Quadro 4.2.:

Relativamente às orações monocondicionais, a relação lógica entre as frases F^+ e F^- pode traçar-se em uma direção no sentido de a veracidade do antecedente (da prótase) influenciar a veracidade do consequente (da apódose), isto é, se o antecedente for verdadeiro, o consequente também o é, sendo a condição expressa pela oração subordinada de natureza suficiente. Maria Lobo (2013) dá o seguinte exemplo:

(8) *Se não chegarmos* atrasados, deixam-nos entrar. (Lobo, 2013, p. 2022).

Segundo a mesma autora, do exemplo mencionado infere-se que se chegarmos atrasados, provavelmente, não nos deixarão entrar, sendo, no entanto, possível a versão oposta, isto é, poderemos, ainda assim, ter a sorte de nos deixarem entrar. Consequentemente, *não chegar atrasado* é uma condição suficiente, mas não necessária para a veracidade da frase F^+, oferecendo a prótase, na realidade, uma maior flexibilidade interpretativa como podemos observar no Esquema 4.1. (p.s.)

Neste caso, a dedução decorre apenas num sentido (→), não podendo ser admitida a equivalência de veracidade entre F^+ e F^-, a qual implicaria a situação em que só nos deixariam entrar se não chegássemos atrasados.

Condição da frase subordinada		Proposição da frase principal
condição suficiente (chegar atrasado)	→	1. Poderão, ainda assim, deixar-nos entrar
	→	2. poderão não nos deixar entrar

Cálculo proposicional: [p → q] Fonte: (MARQUES 2014, p. 113)

Esquema 4.1: Orações monocondicionais "monodirecionais"

Conforme Dietmar Zaefferer (1991), as orações monocondicionais de condição suficiente podem ainda ser subdivididas em dois tipos: de condição suficiente fechada (frase 9) e de condição suficiente aberta (as denominadas incondicionais) (frase 10), sendo aplicada a terminologia no português, por exemplo, por R. Marques (2014, p. 113). As orações incondicionais equivalem, tradicionalmente, com as frases concessivas, sendo, no entanto, de acordo com os ditos autores, consideradas também como concessivas condicionais.

(9) a. *Se* a estrada for arranjada, haverá menos acidentes.
b. *Se* um indivíduo é juiz, tem uma licenciatura em Direito.

(10) a. O Paulo sai, *mesmo se* chover / que chova.
b. O Paulo vem, *ainda que* seja de comboio

Fonte dos exemplos 9–10: (MARQUES, 2014, p. 113)

Relativamente às orações monocondicionais de condição necessária, exemplificada pela frase 11, elas representam uma maior restrição semântica. Não só a verdade do antecedente determina a verdade do consequente, mas também a verdade do antecedente é assegurada pela verdade do consequente (¬), sendo a condição expressa pela oração subordinada tanto suficiente como necessária, destacada ainda pelo elemento *só*, que restringe o mundo dos possíveis condicionantes a uma condição explícita na frase subordinada (ver o Esquema 4.2.)

(11) a. *Só te curas*, se deixares de fumar.
b. *Só se deixares de fumar* é que te curas.

(LOBO 2013, p. 2022)

Da frase infere-se que a proposição *curar-se* depende de ser ou não ser cumprida a condição *deixar de fumar*, ou seja, o *x não se cura se não deixa de fumar* e o *x cura-se se deixa de fumar.* Mas não seria válida a interpretação em que a proposição *deixar de fumar* implicasse a proposição *curar-se*, ao contrário da

Condição da frase principal		Proposição da frase subordinada
proposição C	⟶	proposição D
(curar-se)		(deixar de fumar)

Cálculo proposicional: [C→D] equivalente a [¬C→¬D], mas não equivalente a [D→C]

Fonte: (MARQUES 2014, p. 113)

Esquema 4.2: Orações com condição necessária

frase 12 (p.s.), em que tal inversão é possível, como se verá adiante, e que representa o tipo da frase bicondicional.

Maria Lobo adverte para o facto de que entre a interpretação de condição suficiente e necessária, na linguagem corrente e falada, nem sempre é percebida uma diferença nítida e, muitas vezes, as construções condicionais de condição suficiente são interpretadas como condicionais de condição necessária (como por exemplo, podemos observar na frase exemplificada por Lobo (2013, p. 2022, ex. 156 a)): «Os passageiros receberão uma indemnização no caso de o voo ser cancelado.»). A autora explica que os passageiros, de acordo com a interpretação necessária, só receberiam a indemnização se o voo fosse cancelado. De acordo com a interpretação suficiente, no entanto, receberão uma indemnização, igualmente, noutros casos como é o atraso do voo ou a perda e a danificação da bagagem, etc. Num outro exemplo ainda, que a autora deu – «Se tocares no fio, apanhas um choque.» (LOBO 2013, p. 2022, ex. 156 c)) – a interpretação necessária implicaria que apenas no caso de se tocar no fio, apanha-se um choque e, de acordo com a interpretação suficiente, apanha-se um choque não só no caso de ser tocado o fio, como também, eventualmente, em outros casos que possam levar a um choque. Neste tipo das frases, em que a condição é interpretada como necessária, utilizam-se conetores condicionais precedidos de um advérbio de focalização exclusiva como *só, somente* ou *apenas* (LOBO 2013, p. 2023).

Quanto às orações bicondicionais, a relação entre o antecedente e o consequente é bidirecional ou recíproca (↔), o que significa que não só a verdade do antecedente determina a verdade do consequente, mas também a verdade do antecedente é assegurada pela verdade do consequente, sendo a condição expressa pela oração subordinada tanto suficiente como necessária. Isto quer dizer que as proposições de ambas as orações possuem o mesmo valor de verdade: ou ambos são verdadeiros ou ambos são falsos. Maria Lobo (2013) inclui

condição da frase subordinada		proposição da frase principal
proposição D		proposição C
(deixar de fumar)	⟷	(curar-se)
(não deixar de fumar)	⟷	(não se curar)
Cálculo proposicional:	[p ↔ q]	

Fonte: (MARQUES 2014, p. 113)

Esquema 4.3: Orações bicondicionais
Fonte: (MARQUES 2014, p. 113)

entre as conjunções que introduzem as estruturas bicondicionais (de condição dupla, isto é, tanto suficiente como necessária) as seguintes: *desde que, contanto que* e a *não ser que*, como ilustra a seguinte frase 12:

(12) *Desde que* deixarmos de fumar, vamos curar-nos.

em que sabemos que se deixarmos de fumar, vamos curar-nos e, inversamente, se nos curarmos, é porque deixámos de fumar. Isto significa que deixar de fumar é uma condição não só suficiente como também necessária para que nos curemos, como podemos ver no Esquema 4.3..

Segundo Lobo (2013), muitas vezes, no uso corrente da língua, as construções de condição necessária são interpretadas erradamente como as construções bicondicionais. Ao serem comparadas as frases 11 («Só te curas, se deixares de fumar») e 12 («Desde que deixares de fumar, vais curar-te.»), pode ser constatada uma marcante diferença semântica entre elas (LOBO 2013, p. 2024). Na frase 11, *deixar de fumar* constitui uma condição necessária para a cura, mas não é a condição suficiente. A cura pode, por exemplo, necessitar, ao mesmo tempo, outros meios farmacológicos adequados em cuja ausência não teria sucesso. Na frase 12, no entanto, a cura é assegurada apenas pelo facto de se deixar de fumar, o que significa que deixar de fumar é uma condição não só necessária como também suficiente.

Por sua vez, as construções bicondicionais são subdivididas em diretas e indiretas. Nas do primeiro tipo, o operador de bicondicionalidade aplica-se diretamente à proposição que traduz a oração subordinada (frase 12) enquanto, nas bicondicionais indiretas, o operador de bicondicionalidade se aplica à contraditória da proposição que traduz a oração subordinada da língua natural. Veja-se o seguinte exemplo:

(13) Faremos a filmagem amanhã *exceto se* chover.

Quanto à caraterização das frases condicionais nos Códigos Penais, a nossa perspetiva não é absolutamente unânime. Coloquemos duas questões contrastivas. Será que as construções monocondicionais de condição necessária ou bicondicional vão ser priorizadas, precisamente, pela vantagem de as restrições semânticas expostas contribuírem, teoreticamente, para a algemada transparência (con)textual? Ou, perguntemos ao contrário. Será que vão ser evitadas as mesmas construções para o efeito de deixar, em aberto, mais eventualidades interpretativas (como mostra o Esquema 4.1.), e de criar espaço para considerar critérios individuais, entre eles, por exemplo, os agravantes e atenuantes? Esta última alternativa, em nossa opinião, é mais provável, mas só os dados recolhidos é que nos vão dar a resposta definitiva.

4.1.1.3. *Tipologia das frases condicionais segundo o fator do valor modal epistémico e circunstancial*

De acordo com o valor semântico modal veiculado pelas orações condicionais, estas podem ser divididas em dois grupos: em canónicas que "[...] podem ser descritas num quadro estritamente semântico" e não canónicas "[...] cuja caracterização envolve a tomada em consideração do plano pragmático-funcional da significação linguística" (LOPES, 2009, p. 150 e MARQUES 2014, p. 115). Num tipo de texto normativo jurídico, pressupomos não haver ocorrências das orações condicionais não canónicas porque, como se delineia do seguinte Quadro 4.3. (p.s.) e dos exemplos 14–19 (p.s.), trata-se de frases habitualmente usadas na linguagem não formal de natureza interferente ou hospedeira de comentário. Contudo, para além disso, supomos que estão presentes tmb. em textos formais em que se mantém a dita lógica (e.g. textos pertencentes à área da matemática ou semântica que descrevem a lógica formal e a relação de veracidade entre as proposições).

Quadro 4.3: *Classificação das construções condicionais não canónicas (PE).* Fonte: (MARQUES 2014, p. 115)

Construções condicionais não canónicas em português (europeu contemporâneo)					
de enunciação			com outros usos		
ilocutórias ou para atos de fala	de cortesia	metadiscursivas e metalinguísticas	identificativas	pleonásticas	comparativas
(14)	(15)	(16)	(17)	(18)	(19)

(14) a. Se tiveres sede, há cerveja no frigorífico.
b. Se ainda não o fizeste, assina o livro de ponto.

(15) a. Diga-me o seu nome, se faz favor.
b. Se me permite, discordo frontalmente da sua opinião.

(16) Se não estou em erro, a capital da Birmânia é Rankun.
(17) Se alguém teve culpa, foi o Presidente da Câmara.
(18) Se não podes ajudar-me, não podes ajudar-me.
(19) Se o teu filho é irrequieto, o meu é hiperactivo.

As orações condicionais, para além das tipologias mencionadas (i.e. hipotéticas *versus* factuais *versus* contrafactuais; monocondicionais *versus* bicondicionais) podem ainda ser divididas, de acordo com a base modal da oração condicional, em epistémicas, circunstanciais (preditivas ou de conteúdo) e pragmáticas.

A distinção entre as bases modais circunstanciais e epistémicas baseia-se na teoria de Angelica E. Kratzer (1991) quando se considera uma base modal circunstancial (frase 20) aquela que nos dá resposta à questão de controlo "O que é que pode acontecer em certas circunstâncias?"; e uma base modal epistémica aquela que tem em conta a pergunta "O que será verdade no conjunto das possibilidades?", tal como ilustram os exemplos 20 e 21[57].

(20) *Se há* um terramoto, este edifício é o primeiro a cair! / *Se houver* um terramoto, este edifício será o primeiro a cair! (circunstancial)
(21) Se as luzes estão / estiverem acesas, é porque está alguém em casa. (epistémica)

Como já aludimos, pressupomos ser de pouca previsibilidade, nos Códigos, a presença das orações não canónicas, epistémicas e pragmáticas, porque, naturalmente, elas dão resposta à segunda questão de controlo da relação de veracidade entre as duas proposições. No entanto, nos textos analisados são esperadas informações de caráter circunstancial, que nos dão resposta à primeira questão de controlo (cf. tmb. o Esquema 1.3. e 1.4. e o Cap. 1.2.2). De referir ainda que as orações condicionais com a base modal circunstancial são denominadas, às vezes, também, como condicionais causais, porque exprimem a relação de causa-efeito entre a prótase e a apódose.

Uma análise extraordinária na área da semântica das orações condicionais foi realizada por Maria do Rosário da Silva Roxo (2011), quem investigou a tipologia das frases condicionais canónicas e não canónicas no discurso jurídico

57 Agradeço a Rui Marques a disponibilização dos exemplos e a proposta da colocação das perguntas de controlo.

oral, na área do processo penal associada a situações sociais de crimes contra a vida. A autora analisou o material linguístico coletado em sessões do Tribunal de Justiça de Niterói-RJ, observando, precisamente, a ocorrência das estruturas condicionais preditivas, epistêmicas e pragmáticas[58], cuja frequência se depreende, obviamente, dos fatores sociolinguísticos dos participantes e, por conseguinte, do nível da linguagem usada.

A autora provou que, no dito *corpus*, as frases condicionais preditivas, isto é, as canónicas, cuja prevalência pressupomos ser verificada nos Códigos, são usadas só raras vezes (constituem apenas 9 % do total da frases condicionais), resultando como as mais frequentes as frases condicionais epistêmicas (42%) e as condicionais pragmáticas (49%), isto é frases não canónicas, cuja existência, nos textos por nós estudados, é, ao contrário, pouco esperada.

Relativamente às frases condicionais preditivas, a autora verificou que "[..] dentre as construções preditivas instauradas no discurso jurídico, a moldura sintática mais produtiva é a que tem a configuração esquemática seguinte: [Se V. FUT. SUBJ., V. FUT. PERIF. {ir, infinitivo}]." (ROXO, 2011, p. 138) colocando como exemplo a frase 22, em que o promotor comenta a atuação do Ministério Público, com base em conhecimentos relativos à lei penal, exprimindo o "descompasso" entre o delito do fato julgado e a aplicação da norma:

(22) PROMOTOR: senhores EU não venho aqui defender o senhor José Edson EU não venho aqui defender o MEU posicionamento NADA vai mudar na minha vida *se o seu José Edson for condenado ou absolvido* (...).

(ROXO 2011, p. 138)

No que às condicionais epistêmicas diz respeito, elas respondem à segunda questão de controlo (*O que será verdade* no conjunto das possibilidades?). A autora compara-as com a frase adotada de E. Sweetser (: «*Se John foi àquela festa, {então} ele estava tentando enfurecer Miriam.*» (ROXO 2011, p. 139), da qual se infere que a realização da prótase favorece uma conclusão não lógica da proposição que se exprime na apódose, cujo contexto é conhecido pelo interlocutor, não havendo uma causalidade necessária, como a autora, alias, confirma nas seguintes linhas:

> "No caso das condicionais epistêmicas, o conhecimento sobre a validade da proposição expressa na prótase é uma condição suficiente para que se conclua a validade da proposição expressa na apódose. Isso quer dizer que a relação de causalidade não é estabelecida em função da realização dos eventos em si mesmos no mundo biofísico,

58 A autora partiu da teoria sobre a linguística cognitiva (FAUCONNIER, 1994 e 1997) e do paradigma da Gramática de Construções (GOLDBERG, 1995).

mas pressupõe o conhecimento do falante a respeito do evento descrito, sendo a conclusão o resultado desse conhecimento que é motivado pragmaticamente."

(ROXO 2011, p. 135)

M do R. da S. Roxo registou a prevalência das condicionais epistémicas com a moldura seguinte: [SE V. PRES. DO IND., V. PRES. DO IND.], colocando como exemplo a frase 23, em que o promotor interrelaciona os princípios da doutrina jurídica penal aos atos dos indivíduos na sociedade:

(23) PROMOTOR: Como é fundamental o direito à vida que nem o Estado tem o direito de tirá-lo e *se nem o Estado tem legitimidade para tirá-lo ninguém mais tem (+) ninguém tem o direito de antecipar a morte de uma outra pessoa.* (...).

(ROXO 2011, p. 139)

A autora explica o uso desta estrutura pelos fatores pragmático-sociais, que repercutem o raciocínio inferido pelo falante quanto ao facto de um evento da prótase ser a causa provável que favorece a conclusão do evento expresso na apódose, instaurando-se, portanto, "[...] relações semântico-pragmáticas importantes para o estabelecimento de estratégias persuasivas típicas do discurso jurídico oral." (ROXO, 2011, p. 139). A epistêmica, segundo a autora "[...] se presta às situações interativas em que o participante enquadra estados de coisas e condutas, relevantes para o estabelecimento de uma interpretação ou um ponto de vista esperado e aceitável nos tribunais." (ROXO, 2011, p. 141).

O tipo mais frequente das orações condicionais identificado pela autora (49%), denominado como pragmáticas, enquadra-se na moldura sintática [SE V.FUT. SUBJ., V. IMPERATIVO] como exemplificado pela frase 24, em que o juiz relata, publicamente, o depoimento da vítima depois de interrogá-la:

(24) JUIZ: o acusado agrediu a informante deferindo-lhe socos por todo o corpo a ponto tal de deixar-lhe hematomas no rosto Ana Lúcia *se eu estiver equivocado a senhora por favor acuse tá [?].*

(ROXO 2011, p. 140)

A autora caracteriza-o por um elevado grau de assertividade, que

"[...] expõe não apenas a perspectiva do próprio falante em relação ao conteúdo expresso na prótase, mas também é condição para que seja evocado um estado de coisas, ou um evento, a fim de atuar no comportamento do interlocutor, dados os tipos de papéis sociais existentes entre o juiz, os jurados e as testemunhas."

Como se confirmou, a formulação dos períodos compostos por orações condicionais depende, realmente, do caráter do discurso. As orações não canónicas podem ser, portanto, admitidas, para além do discurso informal, em que exercem um papel relevante as componentes socio-pragmáticas, igualmente, naquele tipo de textos que implicam propriedades típicas da semântica formal ou lógica, das quais ambos Códigos estudados carecem. Neste aspeto esperamos, portanto, os textos mostrarem uma afinidade.

Por enquanto, não podemos dizer se esta proximidade se refletirá, também, a nível da formulação finita ou infinitiva destas frases. No entanto, tal como já pudemos notar nos exemplos anteriores e como ainda exemplificam as frases 25–26, os Códigos manifestarão uma diferença análoga à que foi identificada nas orações relativas, entrando em contraposição o futuro do conjuntivo e o presente do indicativo.

(25) O ajuste, a determinação ou instigação e o auxílio, salvo disposição expressa em contrário, não são puníveis, *se o crime não chega*, pelo menos, a ser tentado.
(BRASIL, 1940, Art. 31°)

(26) As penas prescrevem nos prazos seguintes: a) 20 anos, *se forem superiores* a 10 anos de prisão;
(PORTUGAL, 1982, Art. 122° a))

Quanto às formas infinitivas, como poderemos observar, o seu uso vê-se predeterminado por diferentes fatores, entre eles, o tipo do nexo condicional. Neste sentido, Rui Marques (2014) ocupou-se, em detalhe, da tipologia dos operadores *se, no caso de, caso* e *a*, chegando a verificar resultados conducentes, precisamente, à caraterização formal das diferentes orações condicionais. Vejamos, por enquanto, os seguintes exemplos, em que ocorrem as formas finitas e infinitivas:

(27) *Se* a estrada for arranjada, haverá menos acidentes.
(28) *Caso* haja um feriado nacional, a maior parte das lojas está fechada.
(29) *No caso de* ocorrer alguma anomalia, devem contactar imediatamente os serviços.
(30) *A* não ser possível usar papel reciclado, evitar-se-ão textos muito extensos.;
Fonte dos exemplos 27–30: (MARQUES 2014. p. 117)

O mesmo autor descobriu nos exemplos supracitados certas restrições semânticas que, do ponto de vista interpretativo, são mesmo relevantes, pois, implicam circunstâncias diferentes, a serem resumidamente descritos de seguida:

(i) Todos os operadores condicionais, segundo o autor, podem aceitar uma base modal circunstancial; os operadores condicionais *se* (frase 27) e *a* (frases 30 e 32) podem aceitar, também, uma base modal epistémica (com a exceção da frase 31d). Ao contrário, os operadores *no caso de* (29) *e caso* (28) selecionam apenas uma base modal circunstancial e não aceitam a base modal epistémica, tal como provam os exemplos considerados como agramaticais (31 b) c)):

(31) a. *Se* um indivíduo é juiz, tem uma licenciatura em Direito.
b. **Caso* um indivíduo seja juiz, tem uma licenciatura em Direito.
c. **No caso de* um indivíduo ser juiz, tem uma licenciatura em Direito.
d. **A* ser juiz, um indivíduo tem uma licenciatura em Direito

(32) *A julgar* pelo número de telefonemas que tenho recebido, muitas das pessoas que compraram os seus computadores há três ou quatro anos estão a descobrir as limitações do seu equipamento.

Fonte dos exemplos 31–32: (MARQUES 2014. p. 127)

(ii) As orações condicionais introduzidas por *a*, como pudemos ver, apresentam duas situações. Na primeira, veiculam uma base modal epistémica relacionada com a fonte de informação (frase 30), sendo associadas a uma base modal epistémica de tais construções como *a acreditar em…*, *a julgar por…*, *a avaliar por…*, *a ser assim*, *a ser verdade*, *a confirmar-se*, *a não ser possível* (Marques 2014, p. 121, 128), em que claramente

"[…] o estado de coisas descrito pela oração condicional não remete para circunstâncias que permitam a realização do estado de coisas descrito pela oração principal, mas para informação que permite aceitar a verdade da proposição correspondente à oração principal". (MARQUES 2014, p. 128)

Na segunda situação, quando veiculam a base modal circunstancial, a sua ocorrência vê-se condicionada pelo predicado com o "valor de continuidade temporal da situação" (MARQUES 2014), como *manter, continuar, permanecer.* Neste caso, a proposição da oração condicional tem o seu início antes do tempo de enunciação e prolonga-se para o futuro como mostram os exemplos (33) ou (34). Esta restrição não existe com os restantes operadores condicionais considerados:

(33) *A manter-se* este impasse nas negociações, a guerra pode prolongar-se por vários meses.
(34) *A continuar* por tempo indefinido, a greve dos motoristas poderá, por razões óbvias, provocar o caos.

Fonte dos exemplos 33–34: (MARQUES, 2014, p. 121)

iii) Quando a base modal é circunstancial, uma construção condicional com *caso* ou *a* só pode fazer referência a "possibilidades salientes no contexto discursivo" (MARQUES 2014, p. 124)), restrição que o autor não verifica nos operadores condicionais *se* e *no caso de.* Segundo o mesmo autor, uma oração condicional com *caso* só pode ser usada para fazer referência a possibilidades em aberto no contexto de enunciação, salientes no discurso (frase 35), enquanto uma condicional com *no caso de* não tem esta restrição, podendo introduzir tanto uma referência ou possibilidade em aberto (37) como uma hipótese nova (36) (tipicamente veiculada pelo condicional em combinação com o pretérito (imperfeito ou mais que perfeito) do conjuntivo (MARQUES 2014, p. 124–125).

(35) *Caso seja encontrada* uma solução para o problema, *será tomada uma decisão* em conformidade.

(36) *No caso de a Terra ser atingida* por um meteorito de grandes dimensões na próxima hora, *ninguém se salvará*!

(37) *No caso de ela ser alérgica* à penicilina, *teria* exatamente *os sintomas* que apresenta.

Fonte dos exemplos 35–37: (MARQUES 2014, p. 124)

As conclusões relativas às propriedades típicas dos diferentes nexos encontram-se resumidas no Quadro 4.4., no qual o termo *base modal evidencial* se refere a uma base modal em que se tem em conta a fonte de informação (tipo *a julgar…*, *a ser assim…*) em que o enunciador se baseia, enquanto o termo *base modal epistémica simples* se refere a uma base modal epistémica em que não é especificado o tipo de informação em que o enunciador se baseia (tipo *a manter-se, a continuar…*). Com base nestes dados inferimos que a conjunção mais universal do ponto de vista semântico-pragmático é *se*. Nos Códigos, em que esperamos prevalecer a base circunstancial, deveríamos, teoreticamente, pressupor a prevalência dos nexos mais universais, entre os quais se conta, igualmente, o nexo *no caso de*.

Assim, temos dois operadores em jogo de cuja representatividade numérica poderemos deduzir se vão, nos Códigos, predominar as frases finitas ou infinitivas. Neste sentido, no entanto, pressupomos que os resultados vão coincidir com os de Metoděj Polášek (2015), quem comparou a frequência dos conetores condicionais *caso, desde que, no caso de, a, se* em PE (no *corpus* CETEMPúblico) e chegou a revelar que o nexo mais frequente é o conetor *se*, que constitui 72% do total das frases condicionais analisadas (veja-se o Gráfico 4.2., p. s.). Destes dados podemos, portanto, inferir a predominante subordinação finita.

Relativamente aos outros conetores, não podemos deixar de mencionar dois nomes de grande importância na área de linguística românica, i.e., Johannes Kabatek e David Paul Gerards (2018), que analisaram a ocorrência do conetor *caso* em textos jurídicos mais antigos mostrando, para a nossa surpresa, que

Quadro 4.4: *Hipótese de condicionantes ao uso dos operadores monocondicionais de condição fechada do português.* (Fonte: MARQUES 2014, p. 128)

	Base modal				
	Epistémica		Circunstancial		
	Evidencial	Simples	Possibilidades não salientes no discurso	Possibilidades salientes no discurso	
				Início da situação não especificado	Início da situação antes de t^0
se	+	+	+	+	+
no caso de	-	-	+	+	+
caso	-	-	-	+	+
a	+	-	-	-	+

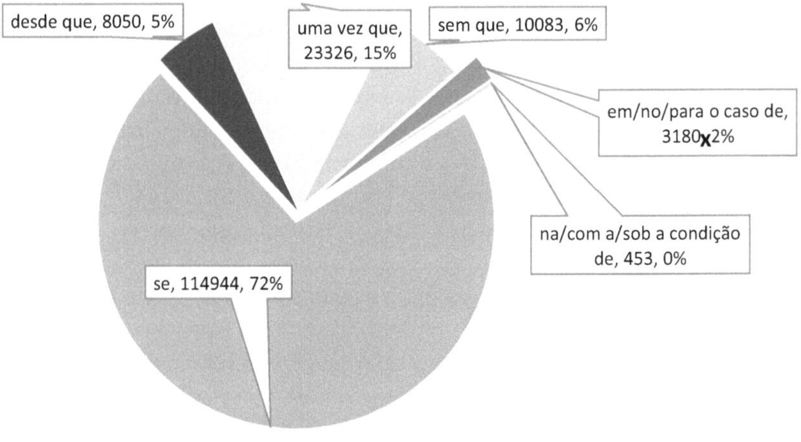

Gráfico 4.2: Distribuição dos nexos condicionais em CETEMPúblico
Fonte: (POLÁŠEK 2015, p. 180, Gráfico 9)

a sua frequência enquanto operador que introduz frases condicionais com o predicado no conjuntivo era mesmo habitual.

Sintetizando as nossas hipóteses relativas à caracterização semântica das frases condicionais com base em todos os critérios detalhadamente descritos, pressupomos que, na formulação de ambos os Códigos vão ser aplicados os mesmos processos de raciocínio, determinados pela caracterização geral, objetiva e vinculativa do texto. Não conseguimos prever se vão prevalecer as construções monocondicionais de condição suficiente ou necessária ou bicondicionais, mas quanto ao valor modal, supomos predominar o circunstancial que responde à questão *O que é pode acontecer em certas circunstâncias?*. Ao mesmo tempo, esperamos as frases serem introduzidas, maioritariamente, pelo conetor *se*, que se evidenciou ser mais frequente (segundo o Gráfico 4.2.) e universal (segundo o quadro 4.4.) segundo Polášek. E isso apesar de o conetor *no caso de*, nas frases de base modal circunstancial, ser o seu concorrente equivalente, e apesar de o conetor *caso* ter sido habitualmente usado na linguagem jurídica no passado, como se referiu no parágrafo anterior. Ao mesmo tempo, a pressuposta prevalência das frases condicionais introduzidas por *se* irá, naturalmente, predeterminar a priorização pelas frases finitas. Nelas, por outro lado, pressupomos diferenças ao nível da distribuição modotemporal, análoga à que se identificou nas orações relativas.

4.1.2. Frases temporais

Quanto às orações temporais[59], estas ocupam o segundo lugar dentro do conjunto das orações adverbiais tanto em CPB (25%) como em CPP (31%). Equivalem à função de adjunto adverbial de tempo podendo exprimir diferentes relações para com a oração subordinante: a de anterioridade, de posterioridade, de sobreposição, incoativa, de repetição, de simultaneidade, de término e de progresso gradual. Quanto à caraterização formal, podem ser finitas ou não finitas, sendo possível a sua redução por infinitivo, gerúndio, particípio e, eventualmente, por outras expressões nominais sem o verbo explícito. Será o nosso objetivo, analisar quantitativa e qualitativamente os conetores temporais (sendo a especial atenção dedicada ao conetor *quando*) e, no caso das frases finitas, também, os modos verbais utilizados. Na análise das frases infinitivas introduzidas por *antes de* e *depois de* incluiremos entre os aspetos considerados, igualmente, a ocorrência das formas simples e composta do infinitivo.

Antecipemos que no que diz respeito às conjunções ou locuções conjuncionais temporais, com a exceção de *quando*, a sua ocorrência, nos textos estudados, foi muito baixa. Às que apresentam um sentido puramente temporal pertencem *antes que, depois que, logo que, até que, enquanto*, exprimindo a

59 A parte dedicada às orações temporais foi publicada, em forma modificada, em SVOBODOVÁ (2017 c), sob o título "Orações temporais com valor condicional na linguagem legal" em *Fórum Linguístico* (Florianópolis, 2017, v. 14. n. 4.), e em SVOBODOVÁ (2018 a), sob o título "Ensino da Língua Portuguesa: Orações temporais introduzidas por „antes de/que" e „depois de/que" (estudo contrastivo)" em *Revista Linguagem e Ensino* (Universidade Católica de Pelotas, 2018, v. 21, n. 1.).

relação temporal de anterioridade, posterioridade, cessativa ou de sobreposição. No que às conjunções *quando* e *sempre que* diz respeito, poderemos observar nelas, em determinadas circunstâncias, a implicação de um valor semântico condicional.

4.1.2.1. Frases temporais introduzidas por "antes de" ou "antes que"

Comecemos por destacar alguns aspetos relacionados com as frases temporais de anterioridade e de posterioridade. Apesar de estas não serem muito frequentes nos Códigos (cf. Cap. 4.4. e o Gráfico 4.10.), porque constituem 18% em CPB e 10% em CPP do total das frases temporais, decidimos incluí-las na nossa pesquisa para eventuais investigações a serem realizadas futuramente.

Estas frases, no Português Europeu, quando introduzidas por *antes* ou *depois*, segundo Polášek (2015), ocorrem mais frequentemente com o predicador na forma infinitiva, como mostram os seguintes Gráficos 4.3. (o segundo deles contém, tmb., dados sobre as locuções conjuncionais logo *que* e *assim que* em PE).

No caso das frases introduzidas por *antes de* e *antes que*, há duas questões a serem colocadas. Interessar-nos-á saber, primeiro, de que fatores depende a preferência pela frase finita ou infinitiva e, segundo, quais são os critérios que decidem sobre o uso do infinitivo simples ou composto?

Apesar de Polášek ter realizado vários estudos quantitativos relativamente à primeira questão, a utilização da forma finita ou infinitiva não se deveria associar à questão de frequência como afirmam Ana Teresa Alves & Rui Marques (2014, p. 333–343), que apontam, antes, para uma série de restrições existentes a nível de interpretação semântica das duas formas.

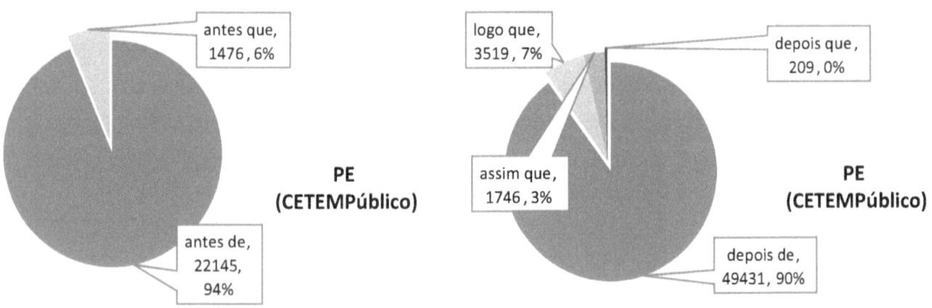

Gráficos 4.3: Distribuição das conjunções "antes de" vs. "antes que"; "depois de " vs. "depois que"; "logo que", "assim que" em CETEMPúblico (PE)

Fonte: (POLÁŠEK 2015, p. 187, 189)

A primeira relaciona-se com o papel temático atribuído ao argumento externo do predicado da frase matriz, da qual depende a frase subordinada introduzida por *antes que*. "A situação descrita pela frase matriz é obrigatoriamente controlável por uma entidade." (ALVES & MARQUES 2014, p. 334), enquanto que, no caso das frases introduzidas por *antes de*, o predicado da frase matriz (F^+) não impõe este tipo de restrição, isto é, "[...] não se atribui, obrigatoriamente, o papel temático de causador ao argumento externo." (ALVES & MARQUES 2014, p. 334) como mostram os seguintes exemplos adaptados graficamente para melhor visualizarmos a relação entre as proposições em questão:

controlável [+]
↓ ↓

(38) a. O ditador suicidou-se *antes que* o capturassem.

b. *O ditador morreu *antes que* o capturassem

↑ ↑
**controlável* [-]

(ALVES & MARQUES 2014, p. 334, frase 7 a, b))

(39) a. *A Ana terminou* o namoro antes que o namorado a pedisse em casamento. (controlável [+])

b. **A Ana teve um AVC* antes que o namorado a pedisse em casamento. (controlável [-])

(ALVES & MARQUES 2014, p. 334, frase 8 a, b)

No que aos papéis temáticos ainda diz respeito, os autores notam mais uma diferença associada ao caráter referencial do sujeito da F^- e da F^+: nas construções com *antes que*, a situação descrita na frase subordinada é obrigatoriamente não controlada pela entidade que controla a situação descrita na frase matriz (F^+), enquanto em construções com *antes de*, segundo os autores, tal não tem de acontecer, como ilustram os exemplos 40–41, que foram, igualmente, graficamente adaptados para uma melhor visualização da relação em questão:

controlável [+]
↓ ↓

(40) a. *Ele* despediu-se da Maria *antes de sair.* /sujeito correferencial/

b. **Ele* despediu-se da Maria *antes que saísse.*

↑ ↑
**controlável* [+] ↑(ALVES & MARQUES 2014, p. 335, frase 9 a, b))\

controlável [-]
↓ ↓

(41) a. *Ele* despediu-se da Maria *antes de ela sair.* /sujeito não correferencial/

b. *Ele* despediu-se da Maria *antes que ela saísse.*

↑ ↑

controlável [-] ↑

(ALVES & MARQUES 2014, p. 335, frase 10 a, b))

(42) a. *Ele* terminou o trabalho *antes de se demitir* (controlável [+], sujeito correferente)
b. **Ele* terminou o trabalho *antes que se demitisse.* (controlável [+], - II - - II -)

(ALVES & MARQUES, 2014, p. 335, frase 11 a, b)

(43) a. *Ele* terminou o trabalho *antes de o demitirem.* (controlável [-], sujeito não correferente)
b. *Ele* terminou o trabalho *antes que o demitissem.* (controlável [-], - II - - II -)

(ALVES & MARQUES 2014, p. 335, frase 12 a, b)

Uma outra diferença refere-se à interpretação dos sintagmas nominais indefinidos. Na frase introduzida por *antes que* ocorre, segundo Alves e Marques, mais naturalmente, uma interpretação virtual na leitura não específica, contrariamente a *antes de*, em que ocorre, com maior naturalidade, a leitura específica, como ilustram as seguintes frases:

SN [leitura não específica-]
↓ ↓

(44) a. Ele escondeu-se numa gruta *antes que um helicóptero* [...] *o avistasse*
b. Ele escondeu-se numa gruta *antes de um helicóptero* [...] *o avistar.*

↑ ↑

↑ *SN* [leitura específica +] ↑

(ALVES & MARQUES 2014, p. 335, frase 13 a, b)

Para além do dito, os autores determinam como um dos aspetos relevantes o de expectabilidade da situação descrita por F^- e o da relação entre as situações descritas por F^+ e por F^-. A proposição introduzida por *antes que* (frase 45 b) implica um estado de coisas que pode acontecer na perspetiva do agente da proposição da F^+. Ao contrário, a proposição introduzida por *antes de* (frase 45 a) descreve um estado de coisas que pode não ser expectável pelo agente da F^+, como provam os seguintes exemplos:

(45) a. A Maria saiu do país *antes de a guerra começar.* (expectabilidade -)
b. A Maria saiu do país *antes que a guerra começasse.* (expectabilidade +)
(ALVES & MARQUES 2014, p. 336, frase 17 a, b)

A última diferença verificada pelos autores consiste numa certa afinidade entre *antes que* e algumas construções finais enquanto a construção *antes de* exprime apenas a ordenação cronológica de situações. (ALVES & MARQUES 2014, p. 336)

(46) a. A Maria engoliu um pacote de açúcar *antes que desmaiasse.*
b. A Maria engoliu um pacote de açúcar *antes de desmaiar.*
(ALVES & MARQUES 2014, p. 336 23 a), 24 a)

Resuma-se as qualidades de *antes de* e *antes que* no seguinte Quadro 4.5.:

Como os exemplos antecipam, as frases infinitivas resultam serem mais universais quanto às restrições do caráter controlador e referencial do sujeito, o que explica a percentagem mais elevada das frases infinitivas, provada por Polášek.

4.1.2.2. Frases temporais introduzidas por "depois de" ou "depois que"

No caso das frases introduzidas por *depois que* e *depois de*, aplicámos o teste de controlabilidade baseado nos mesmos critérios que foram descritos por Alves e Marques na secção anterior, para verificarmos, através da procura no *corpus* da Linguateca, se existe alguma analogia entre as frases de posterioridade e de anterioridade. Uma vez que não encontrarmos referências bibliográficas que analisassem as restrições semânticas das suas variantes finitas e infinitivas, realizámos a nossa própria pesquisa que acrescentamos ao enquadramento teórico por motivos de coerência temática. Excluímos, no entanto, o critério da leitura dos sintagmas nominais indefinidos, porque não conseguimos encontrar, no dito *corpus*, o número de ocorrências suficiente.

Assim, no que se refere à relação de controlabilidade entre o agente e o predicador da frase matriz, no caso das orações de anterioridade, o sujeito da frase F^+ foi, obrigatoriamente, controlador da proposição da frase matriz quando a

Quadro 4.5: *Propriedades das frases finitas e infinitivas introduzidas por "antes".* (Fonte: ALVES & MARQUES 2014, p. 340)

	Sujeito controlável de F+	**Sujeito controlável de F-**	**SN – da F+ (referente concreto)**	**expectabilidade**	**finalidade**
antes que	+	-	-	+	+
antes de	+/-	+/-	+	-	-

frase temporal foi finita. A pesquisa realizada no *corpus* brasileiro, no entanto, traz sinais da existência de ambas as possibilidades no caso das frases tanto finitas (frases 47 e 48) como infinitivas (frases 49 e 50), isto é, o sujeito não tem de ser, necessariamente, o controlador da realização da proposição da F+ nem numa nem noutra frase. Repare-se que a frase matriz do exemplo 48 possui o predicado na frase passiva curta, cujo sujeito desempenha o papel semântico de paciente, sendo subentedida uma entidade controladora (*as regras só serão definidas*). Já na frase 47, o sujeito da frase matriz, *o juiz* é, obviamente, o agente controlador da proposição *decidir.*

controlável [+]
↓ ↓
(47) *O juiz decidiu* que *só dará* a sentença *depois que* o Instituto Médico Legal (IML) *aprontar* laudo químico, solicitado pelo advogado de defesa, Edson Flosi.[60]

controlável [-]
↓ ↓
(48) *As regras* da conversão de preços e salários *só serão definidas depois que* o ajuste fiscal *estiver concluído* e houver uma emenda constitucional criando o novo indexador «com clareza», afirmou...[61]

No caso das frases infinitivas, foram verificados os mesmos resultados como ilustram os exemplos 49–50:

controlável [+]
↓ ↓ ↓
(49) *FHC dará* a última palavra nas várias alternativas em estudo *depois de apresentá-las* ao presidente Itamar Franco, na próxima semana.[62]

controlável [-]
↓ ↓ ↓
(50) O *jornalista* António Trudes da Veiga, 60, *morreu* ontem *depois de sofrer* um acidente no quilômetro 18 da rodovia Fernão Dias, município de Bragança Paulista[63]

Na frase 49, o sujeito *FHC* é a entidade controladora das proposições de F^+ (*dar a última palavra*) e de F^- (*apresentar as alternativas ao presidente*), enquanto o sujeito *jornalista* da frase 50 não pode ser controlador nem da proposição da F^+

60 Linguateca (SANTOS 2016): *par = Cotidiano--94b-2:*
61 Linguateca (SANTOS 2016): *par = Brasil--94b-1:*
62 Linguateca (SANTOS 2016): *par = Brasil--94b-1:*
63 Linguateca (SANTOS 2016): *par = Cotidiano--94b-1:*

(*morrer*) nem da F^- (*sofrer um acidente*). Repare-se, no entanto, que a frase 50 remete para um momento anterior ao da enunciação, ou seja, implica um valor real ou factual, e não o hipotético. Na verdade, as únicas construções em que foi verificada a não controlabilidade entre as duas proposições, encontram-se no momento posterior ao da enunciação com um valor não factual. No *corpus* brasileiro, CETENFolha, em que analisámos os primeiros duzentos casos aleatórios, verificou-se que apenas 5% do total das frases infinitivas com a proposição da F^- não factual (tal como ilustra frase 49) remetem para o momento posterior ao da enunciação, sendo o seu sujeito sempre controlador da proposição da F^-. Na maior parte destas construções resultam mais frequentes as frases finitas com o predicador no modo conjuntivo como se verá adiante.

Relativamente à relação de controlabilidade entre o sujeito da F^+ e a proposição da frase F^-, no caso das orações de anterioridade, quando a frase foi finita, o sujeito da F^+ foi obrigatoriamente não controlador da proposição da F^-. No entanto, nas orações de posterioridade foram identificadas situações em que o sujeito da frase matriz foi uma entidade controlável da proposição da frase subordinada, quando a frase temporal era tanto finita (frases 51 e 52) como infinitiva (frases 49 e 50), havendo, no entanto, nas últimas, a mesma restrição relativa à factualidade das proposições de F^-.

Veja-se, para o efeito, os seguintes exemplos:

controlável [+]

↓ ↓

(51) Mas (*eu*) vou fazer um show grande logo *depois que lançar* meu segundo álbum[64]

controlável [+]

↓ ↓

(52) Segundo Hargreaves, o *presidente* não tem planos de se candidatar *depois que deixar* a Presidência da República[65].

No que à caraterização semântica da frase temporal de posterioridade diz respeito, tal como no caso das orações introduzidas por *antes que*, em que foi verificado o sentido de hipotaxe final, no caso das orações de posterioridade com o predicador no conjuntivo, foi verificado o traço semântico de condicionalidade. Este pode ser justificado pelo facto de que a realização da proposição de F^+, enquanto consequente, é condicionada pela realização da proposição de F^-, enquanto antecedente. Para além desta premissa, há ainda a notar que foi

64 Linguateca (SANTOS 2016): *par = 22279:*

65 Linguateca (SANTOS 2016): *par = Brasil--94a-2:*

verificada uma analogia com as frases adverbiais monocondicionais, sobretudo com as de condição necessária: *(só…, se + F⁻)*, como mostra a frase 53. A favor desta interpretação fala um número alto (192) das frases acompanhadas pelo elemento de restrição *só*, e isso, sobretudo, na variedade brasileira (no *corpus* CETENFolha) e quando a frase era finita. No caso das frases temporais de posterioridade infinitivas, o seu uso mostrou-se apenas esporádico.

(53) O Banco Central *só* deverá conseguir vender BBCs *depois que forem* divulgadas as primeiras prévias das taxas de inflação deste mês.[66]

(54) Futuro presidente diz que empresários *só* investirão *depois de saberem* a situação do clube.[67]

No que se refere à questão de previsibilidade, no caso das frases de anterioridade, a probabilidade da realização ou não realização da proposição parece estar associada à questão de finalidade, isto é, as frases temporais de finalidade implicam a maior *expectabilidade* da sua realização. No caso das frases de posterioridade, ao partirmos da dicotomia do valor factual *versus* hipotético, poderíamos constatar que as suas formas finitas com o predicado no conjuntivo (frases 17, 48, 51, 52, 53) apresentam, naturalmente, um menor grau de previsibilidade da realização da proposição que as suas contrapartes indicativas, mas, curiosamente, as ocorrências destas últimas não conseguimos encontrar nos ditos *corpora*. No caso das frases infinitivas, o grau de previsibilidade decorre, diretamente, da natureza real (frase 50) ou hipotética (frases 49, 54) da proposição da F^+, sendo no primeiro caso positivo e, no segundo, negativo. Em ambas as situações, no entanto, pode ser a proposição da frase temporal de

Quadro 4.6: Propriedades das frases finitas e infinitivas introduzidas por "depois"

	Sujeito controlável de F+	**Sujeito controlável de F-**	**SN da F+ (referente concreto)**	**Condicionalidade**	**Previsibilidade**
depois que /valor hipotético/	+/-	+/-	?	+	-
depois de /valor factual/	+/-	+	?	+	+/-

66 Linguateca (SANTOS 2016): *par = Brasil--94b-1:*

67 Linguateca (SANTOS 2016): *par = Esporte--94b-1:*

posterioridade interpretada como antecedente (prótase), da qual dependerá, obviamente, a realização da proposição do consequente (da apódose).

Comparem-se, portanto, as diferentes propriedades, no Quadro 4.6. (p.a.).

4.1.2.3. Frases temporais infinitivas introduzidas por "antes de" e "depois de"

A segunda questão a ser colocada nesta fase da pesquisa relaciona-se com a frequência da ocorrência das formas simples ou composta do infinitivo. Tal como no caso anterior, apesar de esta parte já conter resultados da nossa própria investigação, incluímo-la no Enquadramento teórico para seguirmos a linha de coesão metodológica. Para o efeito, foi realizada uma análise quantitativa da ocorrência dos infinitivos simples e compostos na Linguateca, através das seguintes fórmulas:

- „antes" „de" @[pos =„V.*" & temcagr =„INF.*" & lema =„ter"] [temcagr =„PCP"] e „depois" „de" @[pos =„V.*" & temcagr =„INF.*" & lema =„ter"] [temcagr =„PCP"] para a procura do infinitivo composto
- „antes" „de" @[pos =„V.*" & temcagr =„INF.*"] [temcagr!=„PCP"] e „depois" „de" @[pos =„V.*" & temcagr =„INF.*"] [temcagr!=„PCP"] para a procura das ocorrências do infinitivo simples nas frases temporais introduzidas por *antes de* e *depois de.*

Os resultados deveriam ser predeterminados pelo caráter semântico do infinitivo simples e composto. Porém, partindo da regra geralmente aceite de que o infinitivo composto exprime, do ponto de vista da sequência temporal, uma proposição anterior ao intervalo da proposição da F^{+} e, o infinitivo simples, ao contrário, uma proposição que se sobrepõe ou é posterior ao momento ou intervalo da F^{+}, devemos constatar uma certa anomalia no uso real, sobretudo, no que diz respeito à ocorrência do infinitivo composto. Na frase temporal de anterioridade, introduzida por *antes de* (frase 56), a proposição da F^{+} encontra-se, no eixo cronológico, à esquerda da proposição da F^{-} com o predicador no infinitivo composto. No entanto, em F^{-} infinitivas completivas (frase 55) ou temporais de posterioridade (frase 57), sucede o contrário: é a F^{-} com o predicador no infinitivo composto que está colocada no momento anterior ao da proposição da frase F^{+} tal como mostram os Esquemas 4.4 e 4.5., que visualizam a ordem sequencial das proposições em questão.

F^-	F^+
O ter aparecido tantas pessoas na manifestação	demonstra o grau de descontentamento dos empregados.
Depois de ter telefonado à Maria,	falou comigo

Esquema 4.4: Eixo temporal (frases substantivas e temporais de posterioridade)

F+	F-
Falou comigo	*antes de ter telefonado à Maria*

Esquema 4.5: Eixo temporal (frases temporais de anterioridade)

(55) *O ter aparecido tantas pessoas na manifestação* demonstra o grau de descontentamento dos empregados.

(BARBOSA, RAPOSO 2013, p. 1925)

(56) *Antes de ter telefonado* à Maria, falou comigo.
(57) *Depois de ter telefonado* à Maria, falou comigo.

Se considerarmos a natureza temporal inerente do infinitivo composto, o seu uso, nas frases introduzidas por *antes de,* resulta, portanto, pouco lógico. Ao considerar *antes de* e a frase infinitiva (com o predicado no infinitivo composto) como duas unidades lexicais isoladas justapostas (em que *x* = *antes de* e o y = i*nfinitivo composto)* e como a sequência de dois elementos com diferente traço semântico, isto é, x [anterioridade +] + y [anterioridade -], dependentes da ordem cronológica das proposições de F^- e F^+, do ponto de vista puramente sintagmático, poderiam ser caraterizadas como oximorónicas, analogamente a tais combinações como são, p.ex. *recuar para frente, descer para cima, subir para baixo, sair dentro* as quais são inadmissíveis na linguagem devido, naturalmente, à sua contradição. No caso das frases infinitivas, porém, a anomalia explicada justifica sua baixíssima ocorrência, verificada em ambas as variedades. Em PB foram encontradas apenas 11 ocorrências, i.e., 0% e, em PE, 357 ocorrências, i.e., 3% do total, como mostram os dados dos Gráficos 4.4., sendo preferenciado, naturalmente, o uso do infinitivo simples.

Ao contrário, no caso das orações temporais de posterioridade, introduzidas por *depois de,* quando usadas com o infinitivo composto, este não apresenta nenhum defeito cronológico e parece ser perfeitamente legítimo e lógico,

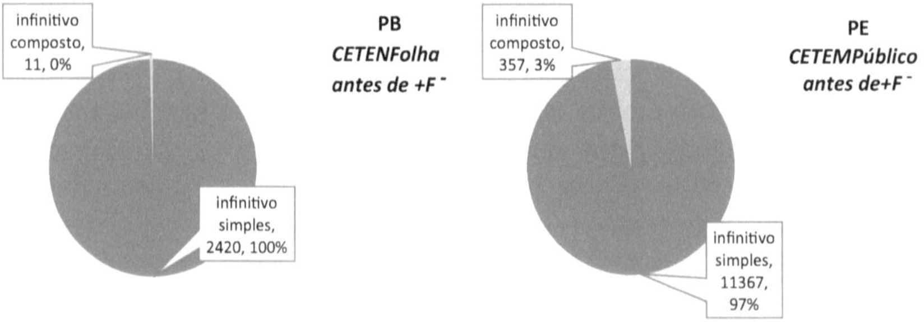

Gráfico 4.4: Distribuição do infinitivo simples e composto nas frases temporais introduzidas por "antes de" em CETENFolha (PB) e CETEMPúblico (PE)

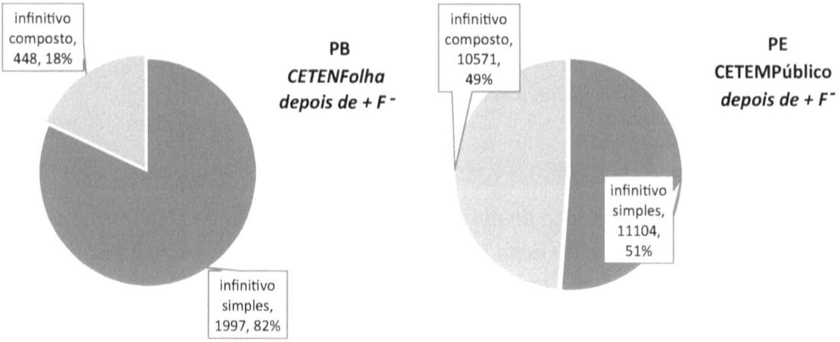

Gráfico 4.5: Distribuição do infinitivo simples e composto nas frases temporais introduzidas por "depois de" em CETENFolha (PB) e CETEMPúblico (PE)

justificando a ordem sequencial de ambas as proposições, tanto de F^- como de F^+. Ao mesmo tempo, porém, devemos admitir que também o uso do infinitivo simples resulta aceitável. A considerar *depois de* e a frase infinitiva (com o predicado no infinitivo simples) como sendo duas unidades lexicais isoladas justapostas (em que *x* = *depois de* e o y = *infinitivo simples)* e como sequência de dois elementos, isto é, x [posterioridade +] + y [posterioridade/simultaneidade+], a sua combinação resulta síncrona, sendo a proposição da F^+ colocada consequentemente depois da F^- como podemos observar no Esquema 4.4.. Como mostram os dados da Linguateca no Gráfico 4.5., é, justamente, a forma simples do infinitivo a mais frequente na linguagem jornalística em PB (82%) e uma forte concorrente com a sua contrapartida composta em PE (51%).

4.1.2.4. Frases temporais introduzidas por "quando"

Relativamente à conjunção típica *quando*, esta pode apresentar dois tipos de proposição do ponto de vista de quantificação,: ou singular (quando a proposição da F⁻ se realiza apenas uma vez) ou plural (quando a proposição tem a natureza quantitativa e um significado habitual ou genérico), aproximando-se não só da conjunção *sempre que* como também da conjunção condicional *se*.

Na primeira das situações descritas, quando as frases introduzidas por *quando* têm um sentido singular, elas podem exprimir uma relação de sobreposição ou de posterioridade. O seu predicado, se utilizado no modo indicativo, transmite, maioritariamente, o valor modal factual (exemplo 58). Ao contrário, quando se encontra no modo conjuntivo, traduz, primariamente, o valor modal hipotético (frase 59) (ver o Quadro 4.7.). A sua ocorrência com o pretérito perfeito do conjuntivo, no entanto, não é aceitável como prova o exemplo 60.

(58) *Quando construíram a nova ponte,* contrataram arquitectos de grande formato.

(59) *Quando* o Rui *melhorar*, a Maria vai visitá-lo.

Lobo (2013, p. 2002)

(60) **Quando* tivesses vindo cedo, terias jantado comigo

No segundo sentido, i.e., no de pluralização da proposição da F⁻, a interpretação de *quando* aproxima-se do nexo condicional, como mostram as seguintes frases (61–65) com natureza repetitiva, gnómica ou habitual. Segundo Flavia Bezerra de Menezes Hirata Vale (2008, p. 1204), nestes casos, *quando* poderia ser substituído por *sempre que, todas as vezes que, cada vez que*, ou seja, conetores, que, igualmente, exprimem a quantificação temporal sobre situações implicando o valor periódico ou genérico. Há a notar que estas proposições podem ser de natureza factual (como mostram os exemplos 61–65, com o predicado no indicativo), ou hipotética (como ilustra a frase 66, com o predicado no modo conjuntivo):

(61) *Se* a água *atinge* a temperatura de 100 °C, começa a ferver.

(62) *Quando* a água *atinge* a temperatura de 100 °C, começa a ferver.

(63) *Quando uma criança não quer comer,* é mau sinal.

(64) *Sempre que vou a Portugal,* visito a minha amiga Cristina.

(65) O Pedro canta a Canção do Mar (de) *cada vez que lhe pedem.*

(66) *Sempre que quiseres,* telefona-me.

Quadro 4.7: Classificação das condições nas orações introduzidas por "quando"

Condição na proposição da oração temporal com valor condicional	
real (frase 58)	hipotética (frase 59)

De acordo com F. B. de M. Hirata Vale (2005, 2008), que parte das teorias de Elizabeth Closs Traugott (1985, 1986), Scott Schwenter (1999) ou Eve Sweetser (1990), ambos os tipos podem implicar a perfeição condicional mas com diferentes graus de certeza.

Quando usado no sentido hipotético, o falante mostra um grau de incerteza e as construções temporais aproximam-se do seu homólogo condicional, porque predizem que a situação na apódose depende do preenchimento da condição na prótase, implicando que pode acontecer um estado de coisas alternativo e inverso daquele que se e encontra definido sob forma de condição. Neste caso correspondem às condicionais preditivas.

No caso das orações temporais factuais, que equivalem, tipicamente, às frases epistémicas, apesar de elas não veicularem um valor hipotético, podem ser analisadas também como condicionais, porque invocam a possibilidade alternativa.

De acordo com a autora, o critério principal de diferenciação entre as construções temporais e as temporais-condicionais não é o modo conjuntivo ou indicativo, mas sim a natureza aspetual do verbo, o que explica a priorização pelos tempos verbais atélicos, entre os quais os seguintes:

- o presente do indicativo (p. ex. «*Quando são questionados a* respeito de soluções, todos dizem, com a maior cara-de-pau, que estão investindo – […].») (HIRATA VALE 2008, p. 1206) e
- o imperfeito do indicativo (p. ex. «*Quando me determinava* a fechar os olhos, os restos de personalidade se atropelavam, fugiam, no fervedouro interno […].») (HIRATA VALE 2008, p. 1209)

como prova a seguinte citação:

> "As construções temporais têm valor condicional quando expressam a habitualidade, que decorre de um valor aspectual, a duração. Os tempos verbais mais usados na interpretação habitual ou habitual-iterativa das construções temporal-condicional são o presente e o imperfeito do indicativo. Esses tempos verbais favorecem o imperfectivo, uma vez que suas constituições temporais internas são ressaltadas."[68]
>
> (HIRATA-VALE, 2008, p. 1210).

68 A autora parte, na sua análise, parte, para além de Traugott (1985), também de Dancygier (1998) [Conditionals and prediction. Time, knowledge, and causation in conditional constructions. Cambridge University Press. Cambridge Studies in Linguistics, v. 87, 1998, 214 p.] e Visconti, J (2003). [From temporal to conditional: Italian *qualora* vs. English *whenever* in: Jaszczolte, K. e Turner, K. (Eds.). Meaning through language contrast. Amsterdam (Pholaelphia: John Benjamins, p. 23–50.)]

Para além destes, a autora descreve mais três situações em que as construções temporais se aproximam das condicionais. Nelas é usado qualquer dos meios gramaticais que impliquem um caráter durativo, atélico, habitual ou gnómico e que mencionamos de seguida:

- o futuro do conjuntivo no sentido atélico, repetitivo, habitual ou gnómico («*Quando* os brasileiros *puderem ser mais informados, quando puderem ser mais críticos* das políticas postas em prática do que do folclore dos fatos diversos da vida cotidiana, *quando puderem pôr mais em perspectiva* os acontecimentos e cobrar mais a coerência da ação do que fazer julgamentos de intenção, mais capacitados vão estar para o exercício da cidadania.» (HIRATA VALE 2008, p. 1206);
- locução conjuncional *sempre que* («*Sempre que* se pensa muito, acaba-se não casando!») (HIRATA VALE 2008, p. 1208);
- pretérito perfeito simples na função de sentido de quantificação («Podem culpá-los *quando*, ao tomar conhecimento de que as coisas ocorreram, *não tomaram* providencias no sentido da busca da responsabilidade.») (HIRATA VALE 2008, p. 1209).

A frequente ocorrência das construções introduzidas por *quando* é um dos traços típicos dos Códigos. Nelas são abordadas, sobretudo, as situações de vigência geral, que implicam, precisamente, a quantificação plural sobre a situação. Por isso sugerimos que a sua interpretação seja, nos ditos textos, também de natureza condicional. Por conseguinte, conforme as classificações tratadas na tipologia das frases condicionais, poderíamos dividir as frases temporais-condicionais de acordo com os mesmos três critérios que relembramos de seguida:

1. O modo verbal em que está o predicador da F^- (que faz distinguir três tipos de condição: real, hipotética ou contrafactual);
2. O fator semântico-formal (segundo o qual as orações condicionais se dividem em monocondicionais e bicondicionais);
3. A base modal de todo o período (segundo a qual as orações condicionais se dividem em canônicas *vs.* não canônicas ou circunstanciais *vs.* epistêmicas).

De acordo com o primeiro aspeto, verificou-se que as orações introduzidas por *quando* podem exprimir apenas dois tipos de condição: a real (que corresponde à realidade descrita na frase 67) e a hipotética (que pertence ao imaginário de situações potencialmente realizáveis no momento futuro como mostra a frase 68). No caso da condição contrafactual (frase 69), o uso de *quando* resulta inaceitável, o que se deve à ausência da quantificação plural sobre a situação.

(67) *Se/Quando* o Rui *está* doente, a mãe visita-o todos os dias.
(68) *Se/Quando* o Rui *estiver* doente, a mãe vai visitá-lo todos os dias.
(69) *Se/*quando não chegássemos* atrasados, deixar-nos-iam entrar.
Fonte do exemplo adaptado: (LOBO 2013, p. 2022)

Relativamente às orações monocondicionais, verificou-se a substituibilidade nos seguintes casos.

Nas orações monocondicionais de condição suficiente (frase 70), como os dados da Linguateca provam (cf. tmb. o Cap. 4.4.1.1.), a ocorrência de *quando* manifesta-se possível, embora seja mais habitual o seu uso com o predicado no modo indicativo (frase 71) do que com o conjuntivo (frase 72).

(70) O Paulo sai, *mesmo se/? mesmo quando* chover.
Fonte do exemplo adaptado: (MARQUES, 2014, p. 113)

(71) Saldanha dizia que as reuniões eram problemáticas porque todos são surdos, e cada tema leva horas para ser discutido, e assim *mesmo quando é* ouvido.[69]

(72) Como a Folha já informou ontem, há no PSDB a intenção de preservar ao máximo a figura de Lula, *mesmo quando for* necessário fazer críticas duras ao PT.[70]

Relativamente às orações de condição necessária, o uso de *quando* parece ser completamente natural, tal como exemplifica, em PE, a frase 73:

(73) Só te vais curar, se/*quando* deixares de fumar.
Fonte do exemplo adaptado: (MARQUES, 2014, p. 113)

No que se refere à tipologia consoante o aspeto semântico-formal, a substituição de se por *quando* resultou possível em todos os tipos.

No que tange à substituibilidade dos conetores *desde que, contanto que* e *a não ser que* por *quando* nas orações bicondicionais, que implicam a dupla condição, naturalmente, tal seria admitida apenas naquelas frases que possuem um caráter generalizador e que transmitem verdades universais prototipicamente apresentadas pela frase «*Quando* a água *atinge* a temperatura de 100 °C, começa a ferver.». Esta contém tanto uma condição necessária, patente em «A água *só* começa a ferver *se/quando atinge* a temperatura de 100 °C», como uma dupla condição, expressa na frase «*A água começa a ferver desde que atinja/ quando atingir* a temperatura de 100 °C». Isto é, o facto de a água começar a ferver se vê condicionado pela temperatura de ebulição, mas ao mesmo tempo,

69 Linguateca (SANTOS 2016): par = 19858:
70 Linguateca (SANTOS 2016): par = Especial--94a-1:

a temperatura de ebulição é condicionada pelo facto de a água começar a ferver. Estamos perante a situação de veracidade recíproca. Repare-se que, no caso da frase mencionada, a natureza dupla da condição parte do conhecimento geral relativo às leis das ciências exatas, denominadas por Roxo como pertencentes ao mundo biofísico (cf. Cap. 4.1.3.). No entanto, em situações fora desta área de conhecimento, no âmbito de um uso corrente da língua, na nossa opinião, o uso de *quando*, para exprimir a condição dupla, resulta muito limitado.

Nas construções bicondicionais indiretas, a ocorrência de *quando*, segundo uma sondagem realizada na Linguateca (SANTOS, 2016), é também possível, embora menos frequente. Encontramos os seguintes exemplos:

(74) Segundo princípio de direito intertemporal, o recurso se rege pela lei vigente à data em que publicada a decisão, *salvo quando se trata* de alteração de ordem constitucional, que tem incidência imediata.[71]

(75) Ninguém negará utilidade aos transplantes, à dissecção, aos testes, mas muitos os consideraram, *salvo quando há* doação esclarecida, eticamente inaceitáveis.[72]

(76) Não será permitida a apreensão de documento em poder do defensor do acusado, *salvo quando constituir* elemento do corpo de delito.[73]

Infira-se do dito que, de acordo com esta tipologia, as orações introduzidas por *quando* apresentam, praticamente, a mesma variabilidade como as tipicamente condicionais, como mostra o seguinte Quadro 4.8..

Quadro 4.8: Proposta de classificação das frases temporais com o valor condicional introduzidas por "quando"

<table>
<tr><th colspan="3">MONOCONDICIONAIS</th><th colspan="2">BICONDICIONAIS</th></tr>
<tr><td colspan="2">COM MARCAÇÃO DA CONDIÇÃO SUFICIENTE</td><td rowspan="2">COM MARCAÇÃO DA CONDIÇÃO NECESSÁRIA (OU DE CONDIÇÃO NECESSÁRIA)
(frase 73)</td><td rowspan="2">DIRETAS</td><td rowspan="2">INDIRETA
(frases 75,76)</td></tr>
<tr><td>DE CONDIÇÃO SUFICIENTE FECHADA
(frase 62)</td><td>DE CONDIÇÃO SUFICIENTE ABERTA (OU INCONDICIONAIS)
(frases 71,72)</td></tr>
</table>

71 Linguateca (SANTOS 2016): par = 86016:

72 Linguateca (SANTOS 2016): par = ext180322-nd-94b-2:

73 Linguateca (SANTOS 2016): par = 90070:

De acordo com a terceira classificação das frases condicionais, baseada no valor de base modal, no caso das orações canónicas, às quais pertencem as frases até aqui abordadas, podemos constatar que *quando* existe em todos os tipos do Quadro 4.2. (cf. Cap. 4.1.1.2.), mas com certas restrições. No que se refere às orações não canônicas, em nossa opinião, a substituição por *quando* resulta pouco natural (mesmo quando o predicado é atélico – por isso, os exemplos citados são marcados com um ponto de interrogação) ou não aceitável (quando o predicado é télico, marcado com asterisco), tal como mostram as seguintes frases adaptadas de Marques (modificadas pela inclusão de *quando*):

a) Com os atos de fala («*Quando*? me permite, discordo frontalmente da sua opinião.»);
b) De cortesia («*Quando*? tiveres sede, há cerveja no frigorífico.»);
c) Metadiscursivas («*Quando** não estou em erro, a capital da Birmânia é Rankun.»);
d) Identificativas («*Quando** alguém teve culpa, foi o Presidente da Câmara.»);
e) Pleonásticas («*Quando** não podes ajudar-me, não podes ajudar-me.»);
f) Comparativas («*Quando*? o teu filho é irrequieto, o meu é hiperactivo.»).

Fonte dos exemplos adaptados: (MARQUES, 2014, p. 113–115)

A nossa hipótese relativa às frases temporais com o valor condicional deveria coincidir com a que estabelecemos no caso das frases condicionais. Não sabemos prever se vão prevalecer as construções monocondicionais de condição suficiente ou necessária ou as construções bicondicionais, mas inclinamo-nos à possibilidade de interpretação mais flexível, patente nas frases condicionais de uma direção. Quanto ao valor modal, supomos que é o valor circunstancial o típico dos textos estudados. Como em ambos os Códigos a ocorrência de *quando* é a mais elevada de todos os conetores temporais, podemos constatar, para já, a prevalência das frases finitas com verbos que têm um significado plural. Ao mesmo tempo, pressupomos haver diferenças a nível da distribuição modotemporal que foram verificadas nas frases 25–26.

4.1.3. Outras frases adverbiais

Quanto às restantes frases adverbiais, estas manifestaram uma representatividade pouco significante. Do total das subordinadas adverbiais, em CPB identificámos apenas 3% e, em CPP, 2% (cf. o Cap. 4 e o Gráfico 4.1.). Como já foi constatado no início deste capítulo, enquadram-se, nelas, as orações de circunstância negativa, finais, comparativas, concessivas, conformativas e explicativas. No nosso estudo, limitámo-nos apenas a observar a variabilidade que existe na sua formulação sem entrar na fase qualitativa.

No que se refere às orações de circunstância negativa introduzidas por *sem*, nos Códigos Penais, elas são usadas com o predicado na forma tanto finita como infinitiva. Muitas vezes, ocorrem, porém, sob forma de sintagma preposicional com um nome deverbativo.

Quanto às orações finais, estas são introduzidas pelo conetor mais típico *para/para que*. Recorde-se que existem também outras expressões interfrásicas equivalentes como *com a vontade / a intenção / o intuito / o pretexto / o fim de*, as quais, na nossa análise, foram elevadas ao nível do antecedente subcategorizante das frases completivas nominais. Estas frases ocorrem, na maior parte das vezes, com o verbo no infinitivo ou sob forma de uma expressão nominal com o verbo omitido.

No que às orações comparativas diz respeito, não foi verificada, no nosso *corpus*, nenhuma relação de superioridade, de inferioridade ou de igualdade. As únicas construções identificadas nos Códigos foram *como se* + F^{-} com o verbo no imperfeito do conjuntivo (por ex., *como se participasse*), que se aproximam das orações relativas livres e que são denominadas, tradicionalmente, como comparativas assimilativas por exprimirem uma afinidade existente entre duas realidades.

Relativamente às orações concessivas, foram registadas algumas frases introduzidas por *mesmo que, ainda que, embora ou quer ...quer,* sempre no sentido de um resultado ou de uma consequência (não quantificada) da proposição da oração principal. O seu uso, tal como no caso das outras frases adverbiais, muitas vezes, ocorre sem o verbo explícito. Quando estas frases ocorrem na forma finita, o verbo encontra-se sempre no modo conjuntivo, sendo o uso das frases infinitivas condicionado pela presença da conjunção *apesar de*.

E, por último, resta mencionar as orações explicativas ou causais, introduzidas por *porque* ou *posto que*, e conformativas, introduzidas por *conforme* ou *consoante* cuja ocorrência foi, realmente, muito baixa.

Em todas as frases adverbiais observaremos dois tipos de predicado, isto é, o finito e o não finito. Às frases não finitas pertencem as frases infinitivas, gerundivas, participiais e, também, incluímos nelas as construções com o verbo não explícito.

As orações gerundivas e participiais serão tratadas separadamente, porque devido à sua natureza polissémica, muitas vezes resulta difícil interpretar univocamente o seu significado semântico e não seria fidedigno associá-las apenas a um tipo de frase adverbial.

4.2. Metodologia

Tal como já tínhamos referido no capítulo anterior (cf. Cap. 4.1.), na análise das orações adverbiais serão focados os seguintes fatores:

a) Nas orações condicionais vai ser observada a natureza semântica das construções tanto monocondicionais como bicondicionais e a sua influência na ocorrência dos diferentes conetores e dos modos verbais;
b) Nas orações temporais será analisada a ocorrência dos conetores puramente temporais e condicionais-temporais e a distribuição modotemporal;
c) No caso das outras orações subordinadas será focada a ocorrência dos conetores e das frases finitas e não finitas.

Em todas as secções observaremos o uso das construções não finitas formadas tanto pelas frases infinitivas, que contêm um predicado, como pelos nomes ou adjetivos de natureza deverbal, que expressam de forma nominal e abstrata o sentido do verbo com o qual estão morfologicamente relacionados.

A pesquisa tem uma parte qualitativa, baseada nas teorias expostas anteriormente (cf. Cap. 4.1.), e quantitativa, em que pretendemos identificar os traços convergentes e divergentes dos Códigos. Nas frases condicionais, o uso dos modos indicativo e conjuntivo foi explorado ainda pela pesquisa realizada na Linguateca.

Relativamente aos dados numéricos das construções não finitas, apenas as infinitivas foram levadas em consideração nas contagens, sendo as orações participiais e gerundivas e as construções nominais deverbativas tratadas à parte.

Os capítulos seguintes serão organizados, portanto, da seguinte maneira: primeiro abordaremos as orações condicionais (secção 4.3.), depois, as orações temporais (secção 4.4.) e, finalmente, as orações circunstância negativa, concessivas, explicativas-causais, conformativas e finais (secção 4.5). Na secção 4.6. e 4.7. serão tratadas as frases não finitas gerundivas e participiais. Os resultados vão ser resumidos no capítulo 4.8.

4.3. Frases condicionais

Como os dados adquiridos mostram (cf. Cap. 4 e o Gráfico 4.1.), as orações condicionais são as mais frequentes nos Códigos, representando, em CPP, 67% e, em CPB, 72% do total das frases adverbiais. Na subsecção 4.3.1. serão analisados os conetores condicionais junto com a natureza semântica das frases condicionais e, na secção 4.3.2., vamos apresentar os resultados que dizem respeito às frases finitas e não finitas (infinitivas e nominais).[74]

4.3.1. Conetores condicionais

Relativamente aos conetores que introduzem as frases condicionais nos Códigos, confirmou-se a nossa hipótese sobre a prevalência do nexo *se* (cf. Cap. 4.1.1.3.). Este, em CPB, atingiu o valor de 94% de todos os conetores condicionais e, em CPP, o de 95%. Os Gráficos 4.6 (p.s.) mostram, igualmente, a presença do conetor *desde que* em ambos os Códigos, embora numa taxa muito reduzida (4% em CPB e 2% em CPP). Os outros nexos *mesmo que, ainda que* ou *embora,* que introduzem as frases incondicionais, fazem parte do capítulo 4.5., em que tratamos as frases adverbiais com uma ocorrência esporádica.

Quanto ao fator de caraterização semântica, consequentemente, a nossa hipótese sobre a prevalência das orações monocondicionais de condição suficiente fechada (introduzidas por *se*) acabou, também, por ser confirmada. No entanto, como os dados mostram, foram identificadas, igualmente, as orações de condição suficiente e necessária (com o elemento restritivo *só/somente/apenas se),* as bicondicionais diretas (introduzidas por *desde que* ou *contanto que*) e as indiretas (introduzidas por *exceto* se ou *salvo se*) embora numa taxa muito reduzida.

O uso marginal das orações de condição suficiente e necessária e das bicondicionais diretas no contexto da legislação em questão poderia ser explicado pelo facto de serem submetidas às restrições semânticas que foram descritas no Enquadramento teórico (cf. Cap. 4.1.1.). E se estão presentes, então veem-se condicionadas a contextos muito prudentes e cautelosos, em que não haja perigo da falta de interpretação, como iremos demonstrar nos seguintes exemplos 77–79:

(77) O consentimento *só é eficaz se for prestado* por quem tiver mais de 16 anos e possuir o discernimento necessário para avaliar o seu sentido e alcance no momento em que o presta.

(PORTUGAL, 1982, Art. 38° §3)

---

74 Este capítulo foi publicado, em forma modificada, sob o título "Condicionalidade linguística nos Códigos Penais de Portugal e do Brasil" em *Revista de Estudos Constitucionais, Hermenêutica e Teoria do Direito.* (São Leopoldo, 2018 v. 10, n. 2.)

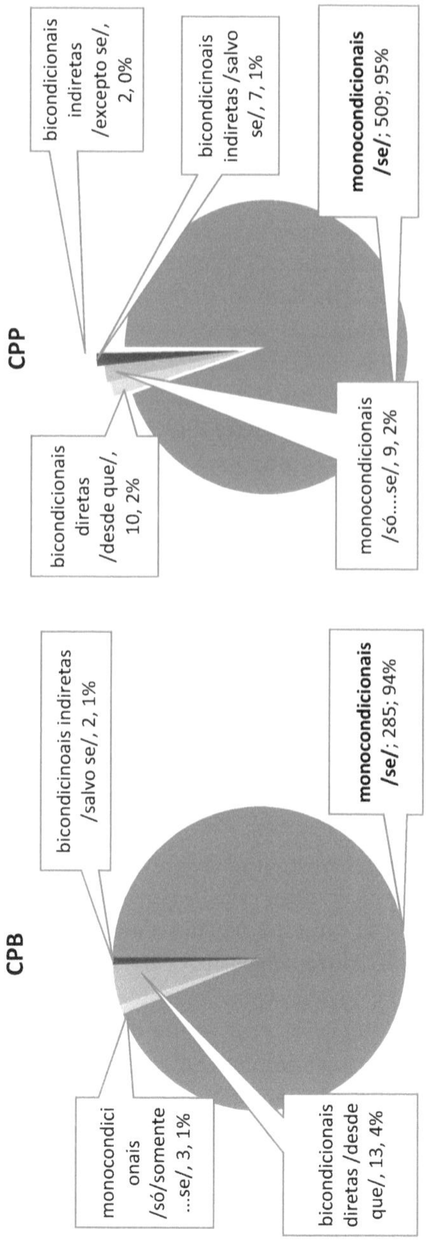

Gráficos 4.6: Distribuição das frases condicionais em CPB e CPP

(78) *Somente se procede* mediante representação, *se o crime previsto* neste título *é cometido* em prejuízo
I - do cônjuge desquitado ou judicialmente separado;
II - de irmão, legítimo ou ilegítimo;
III -de tio ou sobrinho, com quem o agente coabita.

(BRASIL, 1940, Art. 182°)

Se aplicarmos a lógica proposta por Maria Lobo (cf. tmb. o Cap. 4.1.1.2. e a f. 11) com base no exemplo «*Só te curas,* se deixares de fumar.», então, nas frases 77 e 78, seria, também, válido que não só a verdade do antecedente determina a verdade do consequente, mas também a verdade do antecedente é assegurada pela verdade do consequente, sendo a condição expressa pela oração subordinada tanto suficiente como necessária, destacada ainda pelo elemento *só,* que restringe o mundo dos possíveis condicionantes a uma condição explícita na frase subordinada. A partir desta lógica monocondicional (cf. tmb. o Cap. 4.1.1.2 e o Esquema 4.2.), as proposições das apódoses *proceder mediante representação* e *consentimento ser eficaz* deveriam ser, teoreticamente, restringidas aos condicionantes que se encontram explicitados nas prótases, ou seja, nas frases subordinadas condicionais (i.e. *o crime previsto é cometido em prejuízo* ou *ser prestado por quem tiver mais de 14 anos*). Ao mesmo tempo, no entanto, de acordo com a lógica exposta, deveria ser válido que a realização das proposições da prótase não implica a realização das proposições da apódose, ao contrário das frases bicondicionais. Isto é, as proposições *proceder mediante representação* e *consentimento ser eficaz* podem ser restringidas também a outras condições. E, com efeito, como vemos no Código Penal brasileiro, a proposição *proceder mediante representação* vê-se condicionada, também, aos artigos 130, 147, 151, 152, 153, 154, 156, 176, 182. No Código Penal português, a proposição *consentimento ser eficaz* ainda se encontra definida pelo artigo 157.

Por um lado, como já ficou dito, estas frases enquadram-se em contextos precisamente definidos e só um especialista na área da lei penal irá interpretá-las em conexão com as outras disposições legislativas. Por outro lado, tal como adverte Maria Lobo, na linguagem corrente e falada, a diferença entre as condicionais de condição suficiente e necessária nem sempre é nítida, podendo a interpretação pelo público leigo resultar, nalguns casos, ilusiva.

Uma situação diferente verifica-se no caso das frases introduzidas por *desde que,* as quais são consideradas, por Maria Lobo, como bicondicionais, por implicarem a relação da mutualização de veracidade e de realização das duas proposições, tal como ocorre na frase «*Desde que* deixarmos de fumar, vamos curar-nos». (cf. Cap. 4.1.1. e o Esquema 4.3. e f. 12). Observamos nela, portanto, que a lógica se desenvolve em ambas direções. Isto é, a condição da prótase é uma condição não só suficiente como também necessária para que se realize a apódose, e, ao contrário, esta pode ser realizada sob a condição de se realizar a prótase. O comportamento deste tipo de frases nos Códigos vai ser demonstrado no exemplo 79.

(79) O tribunal coloca o condenado a prisão em liberdade condicional quando se encontrarem cumpridos dois terços da pena e no mínimo 6 meses, *desde que* se revele preenchido o requisito constante da alínea a) do número anterior.
(PORTUGAL, 1982, Art. 61° §3)

Observa-se nele uma restrição semântica significativa, dada, para além do descrito, pelo facto de o artigo remeter a outras disposições que fazem parte do Código. Para explicitarmos, o mais exatamente, este fenómeno, adaptámos o artigo citado de modo seguinte:

(79) a. O tribunal coloca o condenado a prisão em liberdade condicional [...] *desde que* se *revele preenchido o requisito constante da alínea a) do número anterior.*
(PORTUGAL, 1982, Art. 61° §3)

Neste caso seria válido que só sob a condição suficiente e necessária de ser preenchido o requisito constante da alínea a), o tribunal colocará o condenado a prisão em liberdade condicional (e, ao contrário, se o condenado for colocado em liberdade condicional, é porque foi preenchido o requisito da alínea a). A interpretação, portanto, seria, segundo a alínea a) do artigo 61° 2 que o tribunal colocará o condenado a prisão em liberdade condicional

"[...] sempre que for fundadamente de esperar, atentas as circunstâncias do caso, a vida anterior do agente, a sua personalidade e a evolução desta durante a execução da pena de prisão, que o condenado, uma vez em liberdade, conduzirá a sua vida de modo socialmente responsável, sem cometer crimes."
(PORTUGAL, 1982, Art. 61º §2 a)).

A proposição da oração condicional suficiente e necessária, expressa pelo conetor *desde que*, vê-se, no entanto, especificada e restringida por mais uma condição expressa pela frase temporal-condicional introduzida por *quando*:

(79) b. O tribunal coloca o condenado a prisão em liberdade condicional *quando se encontrarem cumpridos dois terços da pena e no mínimo 6 meses* [...]
(PORTUGAL, 1982, Art. 61° §3)

e depende ainda de uma série de outras condições associadas, o que, por um lado, garante a interpretação correta, mas, por outro lado, resulta na formulação muitas vezes redundante e pouco compreensível na linguagem da legislação em geral.

Paradoxalmente, o que podemos observar neste tipo de orações, é, ao mesmo tempo, um certo desconfinamento destas restrições, documentado, nas apódoses, por uma série de, diga-se, *meios de atenuação*. Entre elas podemos contar as expressões de caráter habitual, iterativo ou gnómico, muito frequentemente representadas pelos adjetivos terminados em *-vel* (como *ser aplicável, punível*), pelos verbos ou expressões atélicos (*ser facultado a*, ou *ser tomado em conta*) ou pelos verbos modais (*poder*). Da sua presença subentende-se uma mitigação do valor categórico e absoluto do conetor *desde que*, abrindo-se, ao nosso modo de ver, um maior espaço para uma interpretação mais flexível como ilustram os exemplos 80–87:

(80) Salvo tratado ou convenção internacional em contrário, a lei penal portuguesa *é ainda aplicável* a factos cometidos fora do território nacional:
c) Quando constituírem os crimes previstos nos artigos 144.º-A, 154.º-B e 154.º-C, 159.º a 161.º, 171.º, 172.º, 175.º, 176.º e 278.º a 280.º, *desde que* o agente seja encontrado em Portugal e não possa ser extraditado ou entregue em resultado de execução de mandado de detenção europeu ou de outro instrumento de cooperação internacional que vincule o Estado Português; [...] (PORTUGAL, 1982, Art. 5° c))

(81) *É punível* como autor quem executar o facto, por si mesmo ou por intermédio de outrem, ou tomar parte directa na sua execução, por acordo ou juntamente com outro ou outros, e ainda quem, dolosamente, determinar outra pessoa à prática do facto, *desde que* haja execução ou começo de execução.
(PORTUGAL, 1982, Art. 26°)

(82) *É facultado ao juiz* deixar de aplicar a pena ou aplicar somente a de multa se o agente for primário e de bons antecedentes, *desde que*
I – tenha promovido, após o início da ação fiscal e antes de oferecida a denúncia, o pagamento da contribuição social previdenciária, inclusive acessórios; ou
II – o valor das contribuições devidas, inclusive acessórios, *seja* igual ou inferior àquele estabelecido pela previdência social, administrativamente, como sendo o mínimo para o ajuizamento de suas execuções fiscais.

(BRASIL. 1940, Art. 168° §3 I, II)

(83) Se o condenado provar que a razão do não pagamento da multa lhe não é imputável, *pode* a execução da prisão subsidiária ser suspensa, por um período de 1 a 3 anos, *desde que* a suspensão seja subordinada ao cumprimento de deveres ou regras de conduta de conteúdo não económico ou financeiro. [...]
(PORTUGAL, 1982, Art. 49º §3)

(84) *São tomados em conta*, nos termos dos números anteriores, os factos julgados em país estrangeiro que tiverem conduzido à aplicação de prisão efectiva por mais de 2 anos, *desde que* a eles seja aplicável, segundo a lei portuguesa, pena de prisão superior a 2 anos.

(PORTUGAL, 1982, Art. 83º §4)

(85) A execução da pena privativa de liberdade, não superior a 2 (dois) anos, *poderá ser suspensa*, por 2 (dois) a 4 (quatro) anos, *desde que*: I o condenado não seja reincidente em crime doloso;

(BRASIL. 1940, Art. 77º I)

(86) A execução da pena privativa de liberdade, não superior a quatro anos, *poderá ser suspensa*, por quatro a seis anos, *desde que* o condenado seja maior de setenta anos de idade, ou razões de saúde justifiquem a suspensão.

(BRASIL. 1940, Art. 77º §2)

(87) A sentença poderá especificar outras condições a que fica subordinada a suspensão, *desde que* adequadas ao fato e à situação pessoal do condenado.

(BRASIL, 1940, Art. 79º)

Ao serem considerados os critérios acima mencionados, construções que impliquem a condição necessária, significam, por um lado, uma restrição interpretativa, mas, por outro lado, suscitam a necessidade de especificação mais detalhada e precisa para que o contexto legislativo em questão seja transparente, explícito e claro. Por conseguinte, o uso do conetor *desde que* pode parecer, por um lado, compromitente (por implicar a lógica bidirecional), mas, por outro lado, a sua restrição se vê relativizada por meios linguísticos ambíguos (nas apódoses) que podem implicar tanto a realização como a não realização da proposição.

É, provavelmente, este o motivo de ambos os Códigos recorrerem ao uso do conetor *se*, que, enquanto operador semântico da condição suficiente, que decorre numa direção, deixa em aberto mais eventualidades interpretativas quanto à realização da proposição da apódose. Curiosamente, estamos a testemunhar, neste momento, uma lógica contrária à que foi descrita no caso do seu concorrente *desde que,* cuja qualidade inerentemente restringida, ganha, no contexto descrito, uma certa liberdade. Enquanto o conetor *se*, semanticamente mais livre (qualidade monodirecional que pode ser intensificada ainda pelos meios de relativização (frase 88)), passa a ser, no contexto descrito, restringido pelas informações vinculativas através de períodos mais longos (89) ou, eventualmente, também, através de referências diretas a outras disposições ainda (89–90).

(88) *Se a prestação* de trabalho a favor da comunidade *for considerada* satisfatória, *pode* o tribunal declarar extinta a pena não inferior a setenta e duas horas, uma vez cumpridos dois terços da pena.

(PORTUGAL, 1982, Art. 59º §5)

(89) *Se o condenado houver reparado o dano*, salvo impossibilidade de fazê-lo, e *se as circunstâncias do art. 59 deste Código lhe forem inteiramente favoráveis*, o juiz poderá substituir a *exigência do parágrafo anterior* pelas seguintes condições, aplicadas cumulativamente:
a) proibição de freqüentar determinados lugares;
b) proibição de ausentar-se da comarca onde reside, sem autorização do juiz;
c) comparecimento pessoal e obrigatório a juízo, mensalmente, para informar e justificar suas atividades.

(BRASIL, 1940, Art. 78º §2)

(90) É susceptível de revelar a inaptidão referida na alínea b) do número anterior a prática,
de entre outros, de factos que integrem os crimes de:
d) Facto ilícito típico cometido em estado de embriaguez, nos termos do artigo 295º, *se o facto praticado for um dos referidos nas alíneas anteriores.*

(PORTUGAL, 1982, Art. 101º §2 d))

Relativamente às construções bicondicionais indiretas, introduzidas por *salvo se* ou *exceto se*, estas foram encontradas apenas numa medida muito reduzida (2 ocorrências em CPB e 9 ocorrências em CPP), como exemplificam as seguintes frases:

(91) A prescrição, antes de transitar em julgado a sentença final, começa a correr:
V - nos crimes contra a dignidade sexual de crianças e adolescentes, previstos neste Código ou em legislação especial, da data em que a vítima completar 18 (dezoito) anos, *salvo se* a esse tempo *já houver sido proposta* a ação penal.

(BRASIL, 1940, Art. 111.º V)

(92) Se a ilicitude ou o grau de ilicitude do facto dependerem de certas qualidades ou relações especiais do agente, basta, para tornar aplicável a todos os comparticipantes a pena respectiva, que essas qualidades ou relações se verifiquem em qualquer deles, *excepto se* outra for a intenção da norma incriminadora.

(PORTUGAL, 1982, Art. 28º §1)

4.3.2. Caraterização formal

Relativamente à caraterização formal das frases condicionais, a prevalência do conetor *se* implica, naturalmente, o uso das frases finitas. Quanto às orações não finitas introduzidas por *no caso de*, estas, nos Códigos, são usadas apenas raramente. Como mais frequentes evidenciaram-se as construções condicionais nominais ou adjetivais (com os núcleos representados pelos nomes deverbais). Relativamente às orações participiais e gerundivas, que também têm a capacidade de condensação, o seu uso foi, igualmente, elevado (cf. Cap. 4.6. e 4.7.). Procedamos, portanto, à apresentação dos dados adquiridos.

4.3.2.1. Frases finitas

Relativamente às frases condicionais introduzidas pelo conetor *se*, estamos perante a mesma dicotomia modotemporal que se dá no caso das frases relativas como podemos observar nos exemplos 93 e 94 (cf. tmb. o Cap. 4.1.1 e as frases 25 e 26). De acordo com os números ganhos, em CPP, o modo conjuntivo (no tempo futuro) é o único registado (constitui 100% do total das frases finitas condicionais) e, em CPB, prevalece o modo indicativo (92%) mas, também ocorre nele o futuro do conjuntivo (frase 95) (embora em apenas 8%) como provam os Gráficos 4.7. (p.s.).

(93) *Se* o fato *é* cometido sob coação irresistível ou em estrita obediência a ordem, não manifestamente ilegal, de superior hierárquico, só é punível o autor da coação ou da ordem.

(BRASIL, 1940, Art. 22°)

(94) *Se* o erro lhe *for* censurável, o agente é punido com a pena aplicável ao crime doloso respectivo, a qual pode ser especialmente atenuada.

(PORTUGAL, 1982, Art. 17° §2)

(95) *Se* a participação *for* de menor importância, a pena pode ser diminuída de um sexto a um terço.

(BRASIL, 1940, Art. 29 ° §1)

Pretendemos verificar se a mesma divergência, relativa à distribuição modotemporal, se dá nas duas variedades, também, fora do contexto por nós estudado. Usamos as fórmulas [word =„se" & pos =„KS"] [pos!=„V.*"]* @[pos =„V.*"] within s, para realizar a procura na Linguateca de acordo com o critério da distribuição de tempo verbal. A dita fórmula, no entanto, não nos permitiu distinguir as construções introduzidas por *se* na função completiva das frases na função adverbial, pelo que foram analisados e selecionados, manualmente, apenas os primeiros cem casos aleatórios, sendo a nossa atenção focalizada na procura das frases condicionais circunstanciais com o predicado nos dois tempos verbais relevantes para os Códigos, i.e., o presente do indicativo e o futuro

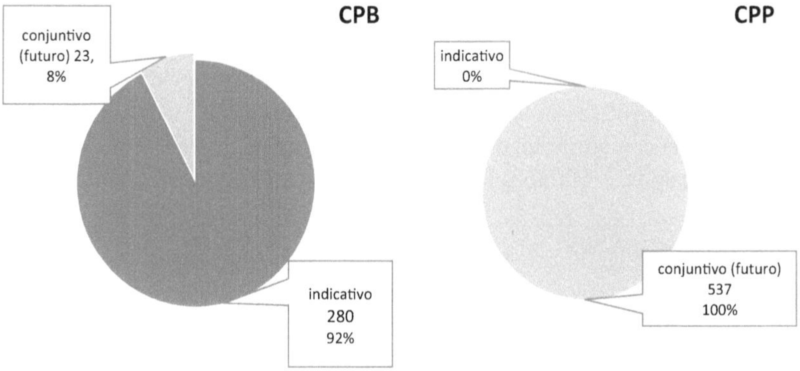

Gráficos 4.7: Distribuição modotemporal nas frases condicionais introduzidas por "se" em CPB e CPP

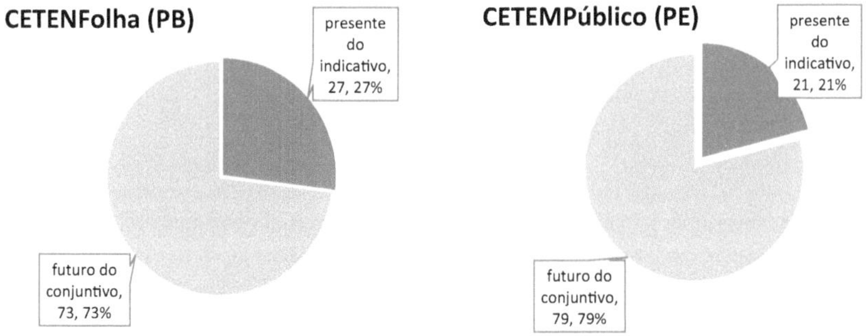

Gráficos 4.8: Distribuição modotemporal nas frases condicionais introduzidas por "se" em CETENFolha (PB) e CETEMPúblico (PE)

do conjuntivo. Para a nossa surpresa, como mostram os Gráficos 4.8. os dados adquiridos são simílimos em ambas as variedades.

Enquanto, em CPP, a única forma verbal usada é o conjuntivo do futuro (100%), no *corpus* CETEMPúblico foi verificada, também, uma significante percentagem do presente do indicativo (21%). Os resultados relativos ao CPB, em que foi usado, dominantemente o presente do indicativo (92%), contrariam os de CETENFolha, cujos dados se aproximam à variedade portuguesa admitindo um uso mais elevado do futuro do conjuntivo (73%).

No caso das frases bicondicionais introduzidas por *desde que*, ambos os Códigos coincidem em respeitar a norma-padrão, que prescreve o uso do predicado no modo conjuntivo (veja os exemplos 79–86 citados no capítulo anterior).

Ao nosso modo de ver, a diferente formulação modal das frases condicionais nos Códigos não afeta a sua interpretação circunstancial (preditiva), porque, do ponto de vista lógico, ambas as frases, respondem, em todas as situações encontradas, à questão de controle de Rui Marques *(O que é que pode acontecer em certas condições?)* (cf. Cap. 4.1.1.3.). Ao mesmo tempo, os valores hipotético e factual das proposições das frases analisadas, em nossa opinião, se neutralizam, adquirindo ambos, nos contextos delimitados pela Lei penal, um valor universal e geral, ao qual se chegou, analogamente às frases relativas, por diferentes processos cognitivos, e isso, partindo, justamente, dos valores primários de hipoteticidade (quando a proposição se baseia na existência das circunstâncias precedentes mas conta-se com a sua realização no futuro) e de factualidade (quando a proposição, também definida com base nos casos precedentes, pode realizar-se no presente ou no futuro). Em ambos os casos, no entanto, a descrição das circunstâncias pertence a um mundo de possibilidades abertas e não fechadas.

4.3.2.2. Frases não finitas

Como já antecipámos, as formas não finitas manifestaram uma maior variabilidade quanto à sua estrutura, concretamente, quanto à presença ou à ausência do verbo. No primeiro caso, as frases condicionais são usadas com o infinitivo, no segundo, ou com nome ou com adjetivo, habitualmente derivados de uma base verbal.

Relativamente às frases infinitivas condicionais canónicas, estas podem ser introduzidas pelos conetores *no caso de* e *a*, mas, como mostram os dados do Quadro 4.9., a sua ocorrência, em ambos os Códigos, é insignificante.

A ausência das frases infinitivas condicionais preditivas (canónicas) introduzidas por *a* tem a ver, provavelmente, com as restrições semânticas, designadamente com a continuidade temporal da situação e com a compatibilidade com apenas determinados verbos como são, por exemplo, *manter, continuar, permanecer* (cf. tmb. o Cap. 4.1.3. e as frases 33–34).

Quadro 4.9: Ocorrência das frases condicionais infinitivas em CPB e CPP

Orações condicionais infinitivas	**CPB**	**CPP**
NO CASO DE	2	5
A	0	0

Quanto às frases introduzidas pelo conetor *no caso de* (veja as frases 96–98) a sua baixa ocorrência foi provada, igualmente, por Metoděj Polášek (2015) (cf. tmb. o Cap. 4.1.1.3. e o Gráfico 4.2.) na variedade europeia, e isso apesar de possuir as mesmas propriedades que o conetor *se* nas orações condicionais de valor circunstancial (cf. tmb. o Cap. 4.1.1.3 e o Quadro 4.2.).

(96) [...] *No caso de ser* também atingida a pessoa que o agente pretendia ofender, aplica-se a regra do art. 70 deste Código.

(BRASIL, 1940, Art. 73°)

(97) *No caso de evadir*-se o condenado ou *de revogar-se o livramento condicional*, a prescrição é regulada pelo tempo que resta da pena.

(BRASIL, 1940, Art.113°)

(98) A amnistia extingue o procedimento criminal e, *no caso de ter havido* condenação, faz cessar a execução tanto da pena e dos seus efeitos como da medida de segurança.

(PORTUGAL, 1982, Art. 128° §2)

No que tange às construções nominais sem o verbo, ao compará-las com as frases condicionais finitas ou infinitivas, verificou-se que o seu uso é mais frequente em CPB (12%) do que em CPP (1%), como mostram os Gráficos 4.9. e o Quadro 4.10. (p.s.). A construção mais frequente em CPP é a nominal: *no caso de + nome* (frase 99). Em CPB ocorrem, com a mesma frequência, tanto as construções nominais *no caso de + nome* (frase 100) como as adjetivais *desde que/se + adjetivo* (frases 101 e 102).

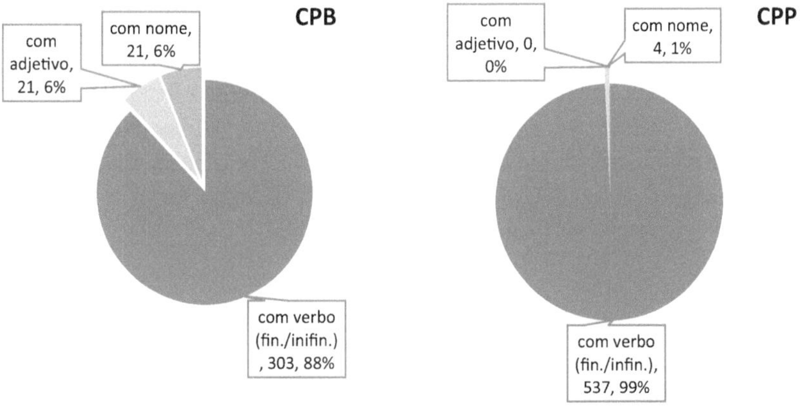

Gráficos 4.9: Distribuição das frases condicionais com e sem verbo em CPB e CPP

Quadro 4.10: Ocorrência das frases condicionais sem verbo em CPB e CPP

Tipos de condicionais com o verbo omitido	**CPB**	**CPP**
total	**42**	**4**
SE + ADJ.	15	0
DESDE QUE + ADJ.	6	0
NO CASO DE + N	21	4

(99) O facto considera-se praticado no momento em que o agente actuou ou, *no caso de omissão*, deveria ter actuado, independentemente do momento em que o resultado típico se tenha produzido.

(PORTUGAL, 1982, Art. 3°)

(100) *No caso de concurso* de crimes, a extinção da punibilidade incidirá sobre a pena de cada um, isoladamente.

(BRASIL, 1940, Art. 119°)

(101) O trabalho será em comum dentro do estabelecimento, na conformidade das aptidões ou ocupações anteriores do condenado, *desde que compatíveis* com a execução da pena.

(BRASIL, 1940, Art. 34 ° §2)

(102) O perdão, no processo ou fora dele, expresso ou tácito I *se concedido* a qualquer dos querelados, a todos aproveita;

(BRASIL, 1940, Art. 106° I)

4.3.3. Conclusões parciais

Resumindo e concluindo, podemos constatar que se verificaram, praticamente, todas as nossas hipóteses estabelecidas no Enquadramento teórico. Quanto à caracterização semântica e formal das frases condicionais, conseguimos confirmar que os ditos Códigos são, nestes aspetos, coincidentes. Quanto à distribuição modotemporal, foi provada, ao contrário, uma tendência divergente.

Em ambos os Códigos, as orações condicionais apresentam o mesmo valor modal canónico e circunstancial. Prevalecem, neles, as orações monocondicionais de condição suficiente fechada, sendo esporádicas as construções que implicam uma condição necessária (tanto as monocondicionais como as bicondicionais).

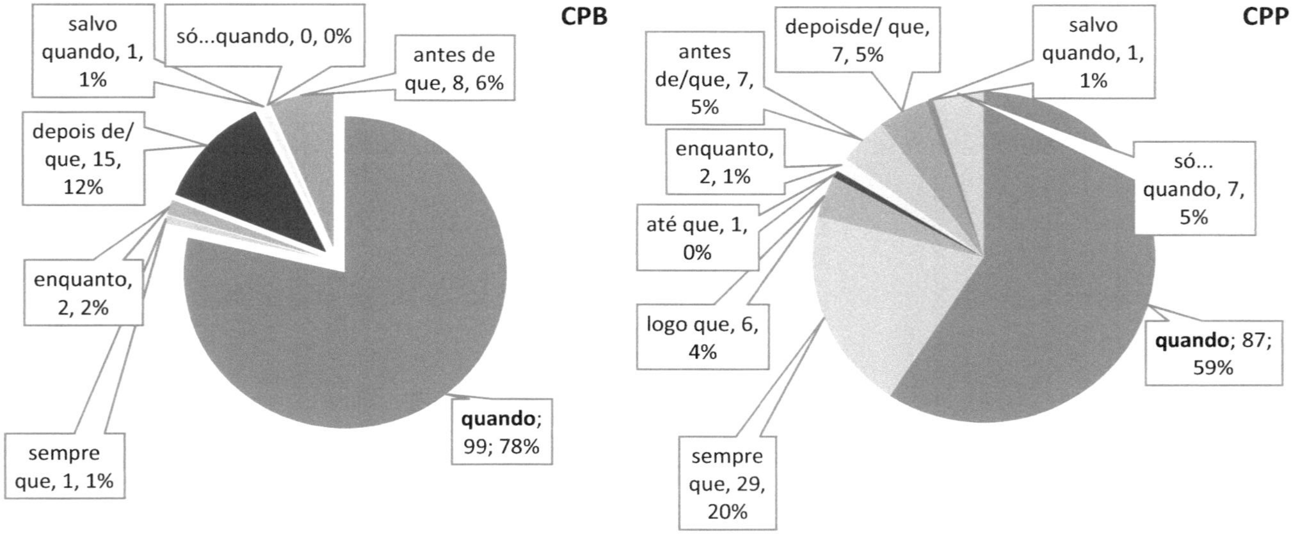

Gráficos 4.10: Distribuição dos conetores temporais em CPB e CPP

Relativamente à formulação da proposição condicional, em ambos os textos, as frases finitas são priorizadas. Nelas, no entanto, os Códigos mostraram diferentes tendências no que diz respeito ao modo verbal. Enquanto em CPP prevalece o conjuntivo, em CPB é o modo indicativo o dominante. No entanto, como sugerimos nas linhas anteriores, estas diferenças são, no contexto estudado, niveladas pelo processo de neutralização, em que ambos os modos descrevem circunstâncias geralmente válidas e pertencentes a um mundo de possibilidades abertas no presente ou no futuro. Do ponto de vista contrastivo-textual podem ser, no entanto, relevantes os resultados extraídos da Linguateca que apontam para um uso simílimo dos modos na linguagem jornalística de ambas as variedades e que sinalizam que o modo indicativo nas prótases, em CPB, poderia ser definido como estilisticamente marcado.

No que se refere às construções não finitas, estas, em ambos os Códigos, são usadas apenas raras vezes. Quanto às construções nominais e adjetivais, a sua ocorrência é muito reduzida em ambos os textos, embora em CPB se tenha verificado um número mais elevado (no total 12%) do que em CPP (1%).

Passemos a apresentar os resultados relacionados com as frases temporais.

4.4. Frases temporais

As orações temporais ocupam, nos Códigos, o segundo lugar, constituindo, em CPB, 25% (105 ocorrências) e, em CPP, 31% (247 ocorrências) do total das frases adverbiais. Conforme o Enquadramento teórico (cf. Cap. 4.1.2.) podem ser divididas em puramente temporais, quando são introduzidas pelos conetores *antes de, depois de, logo que, até que, enquanto* (cf. Cap. 4.4.2.1. e 4.4.2.2) e temporais-condicionais, quando introduzidas pelos conetores *sempre que* e *quando* (cf. o Cap. 4.4.1.). A sua frequência pode ser comparada nos Gráficos 4.10. (p.a.).

4.4.1. Conetores temporais e temporais-condicionais

Como se pode observar, a percentagem de *quando* é marcante em ambos os Códigos constituindo, em CPB, 78 % e, em CPP, 59% do total dos conetores temporais. Ao mesmo tempo, em CPP, é usado, também, o conetor *sempre que* (20%). Como mostrámos no Enquadramento teorético (cf. Cap. 4.1.2.4.), os conetores *quando* e *sempre que* podem ser substituídos pelo conetor *se* ao evidenciarem os mesmos traços ou de hipoteticidade ou de universalidade de natureza habitual e repetitiva (cf. tmb. o Cap. 4.1.2.4. e f. 61–62, 67–68).[75]

De facto, a interpretação dos ditos conetores que remetem para uma quantificação plural sobre a situação tanto factual como hipotética, não é apenas temporal. Para além deste, veiculam, igualmente, um significado condicional e introduzem a F^- com a proposição equivalente à de prótase, de cuja realização, consequentemente, dependerá a realização da proposição da apódose (F^+). Assim, nas frases introduzidas pelo conetor *quando* poderiam ser, teoreticamente, usados quaisquer elementos que exprimissem, igualmente, um significado de pluralização de ação, entre outros, também, os advérbios de habitualidade, como vemos nas versões adaptadas dos exemplos 103 e 104:

(103) A ação pública é promovida pelo Ministério Público, dependendo, *quando* a lei o exige, de representação do ofendido ou de requisição do Ministro da Justiça.
(BRASIL, 1940, Art. 100º §1)
↓
A ação pública é *geralmente/habitualmente/por regra* promovida pelo Ministério Público, dependendo, *se* a lei o exige, de representação do ofendido ou de requisição do Ministro da Justiça.

(104) Considera-se que há razões de condição de sexo feminino *quando* o crime envolve
I violência doméstica e familiar;
II menosprezo ou discriminação à condição de mulher.
(BRASIL, 1940, Art. 121º VII § 2 A)
↓
Geralmente/habitualmente/por regra considera-se que há razões de condição de sexo feminino *se* o crime envolve:
I violência doméstica e familiar;
II menosprezo ou discriminação à condição de mulher.

O significado de temporalidade de *quando*, nestas frases, não se perde em segundo plano. A sua lógica corresponde, naturalmente, com a das frases condicionais, nas quais, a prótase (antecedente – F^-) precede a apódose (o consequente – F^+). Assim, por exemplo, na frase 103 a proposição *a lei o exigir* precede à proposição *a ação ser promovida pelo Ministério*, não tendo sentido a cronologia inversa da mesma frase («*Quando *a ação pública é promovida* pelo

75 Este capítulo foi publicado, em forma modificada, sob o título "Orações temporais com valor condicional na linguagem legal" em *Fórum Linguístico* (Universidade Federal de Santa Catarina, Florianópolis, 2017, v. 14, n. 4.).

Ministério Público, dependendo, a lei o exige».). No caso da frase 104, a lógica é, obviamente, a mesma, resultando defeituosa a sequência inversa (*«Quando *se considera* que há razões de condição de sexo feminino, *o crime envolve* I violência doméstica e familiar; II menosprezo ou discriminação à condição de mulher.»)

Partindo das questões de controle de Rui Marques (cf. tmb. o Cap. 4.1.1.3. e. f. 20–21), a interpretação modal destas frases temporais-condicionais, em que ocorre o indicativo, é, também, a canónica e a circunstancial. E, de acordo com as situações de interpretação temporal-condicional estabelecidas por F. B. de M. Hirata Vale (cf. tmb. o Cap. 4.1.2.4.), poderiam ser incluídas nelas aquelas frases que contêm os predicados no futuro do conjuntivo (no significado repetitivo, habitual ou gnómico) em que seria possível a substituição por *sempre que*, e, consequentemente, também pelo conetor *se*. Veja-se, para o efeito, as frases 105–108 que adaptámos para mostrar uma possível equivalência entre as três alternantes: *quando, sempre que* e *se*.

(105) *Quando* um crime previsto neste capítulo *supuser* a produção de um perigo, a pena é especialmente atenuada se o agente voluntariamente fizer diminuir por forma considerável o perigo produzido pela conduta ou o afastar.

(PORTUGAL, 1982, Art. 345°)

↓

Se/sempre que um crime previsto neste capítulo *supuser* a produção de um perigo, a pena é especialmente atenuada se o agente voluntariamente fizer diminuir por forma considerável o perigo produzido pela conduta ou o afastar.

(106) A imputabilidade não é excluída *quando* a anomalia psíquica *tiver sido provocada* pelo agente com intenção de praticar o facto.

↓

A imputabilidade não é excluída *se/sempre que* a anomalia psíquica *for/foi provocada* pelo agente com intenção de praticar o facto.

(107) *Quando* alguém *tiver praticado* vários crimes antes de transitar em julgado a condenação por qualquer deles é condenado numa única pena.

(PORTUGAL, 1982, Art 77° §1)

↓

Se/Sempre que alguém *praticar/praticou* vários crimes antes de transitar em julgado a condenação por qualquer deles é condenado numa única pena.

(108) O tribunal pode dispensar de pena *quando*:

a) *Tiver havido* lesões recíprocas e se *não tiver provado* qualquer dos contendores agrediu primeiro; ou

b) O agente *tiver* unicamente *exercido* retorsão sobre o agressor.

(PORTUGAL, 1982, Art 143°§3 a) b))

↓

O tribunal pode dispensar de pena *se/sempre que*:

a) *houver/há* lesões recíprocas e se não *provar/prova* qualquer dos contendores agrediu primeiro; ou

b) O agente *exercer/exerceu* unicamente retorsão sobre o agressor.

Estas sincronias poderiam, portanto, explicar o facto de o uso de *sempre que* não ser completamente descartado, pelo menos no que ao Código português diz respeito. Em CPP constitui até 20% do total dos conetores temporais (frase 110), ainda que, em CPB (frase 109), o seu uso seja raro (apenas 1%):

(109) As penas de interdição, previstas nos incisos I e II do art. 47 deste Código, aplicam-se para todo o crime cometido no exercício de profissão, atividade, ofício, cargo ou função, *sempre que houver* violação dos deveres que lhes são inerentes.

(BRASIL, 1940, Art. 56°)

(110) *Sempre que* o titular de cargo público, funcionário público ou agente da Administração, *for condenado* pela prática de crime, o tribunal comunica a condenação à autoridade de que aquele depender.

(PORTUGAL, 1982, Art. 66° §5)

Quanto à nossa hipótese relativa ao critério do valor modal, como os dados dos Gráficos 4.11. vão mostrar, podemos constatar, com efeito, que, nos Códigos, prevalecem as frases temporais-monocondicionais de condição suficiente, sendo registadas, esporadicamente, também as de condição necessária (3% CPP), ilustradas pela frase 111, ou bicondicionais indiretas (1% CPB), exemplificadas pela frase 112:

(111) A aplicação da lei portuguesa a factos praticados fora do território nacional *só tem lugar quando o agente não tiver sido julgado* no país da prática do facto ou se houver subtraído ao cumprimento total ou parcial da condenação.

(PORTUGAL, 1982, Art. 6°)

(112) Nos crimes previstos neste Capítulo *somente se procede* mediante queixa, *salvo quando*, no caso do art. 140, § 2°, da violência resulta lesão corporal.

(BRASIL, 1940, Art. 145°)

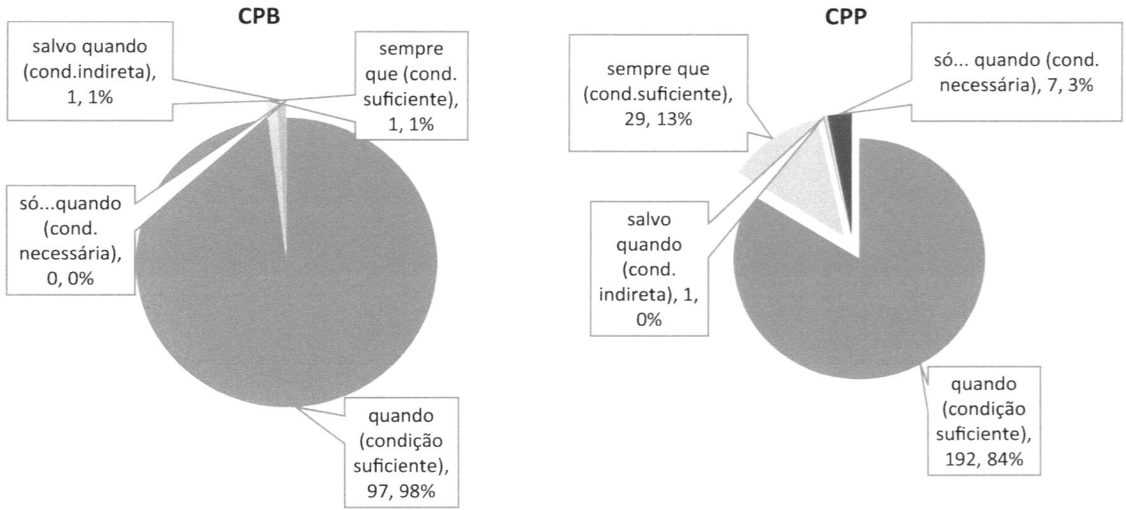

Gráficos 4.11: Distribuição dos conetores segundo o valor modal nas frases temporais-condicionais em CPB e CPP

4.4.2. Caraterização formal

4.4.2.1. Frases finitas

Como já tínhamos constatado, do ponto de vista contrastivo, os Códigos coincidem no que à prevalecente ocorrência de *quando* se refere. No entanto, tal, como se manifestou nas orações adverbiais condicionais e relativas, nota-se aqui, outra vez, uma divergente distribuição modotemporal, sendo, em CPB, prevalente o indicativo (veja-se o Gráfico 4.12. e f. 113–115) e, em CPP, o futuro do conjuntivo (veja-se o Gráfico 4.13. e f. 116).

(113) [...] Não há isenção de pena *quando* o erro *deriva* de culpa e o fato é punível como crime culposo.

(BRASIL, 1940, Art. 20 º §1)

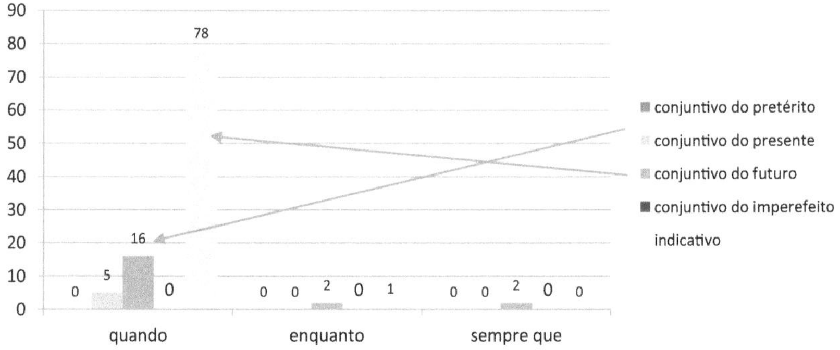

Gráfico 4.12: Distribuição modotemporal nas frases temporais em CPB

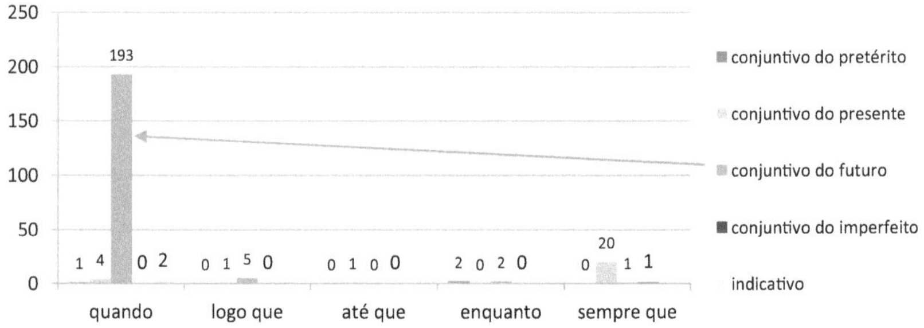

Gráfico 4.13: Distribuição modotemporal nas frases temporais em CPP

(114) São também efeitos da condenação
I -a perda de cargo, função pública ou mandato eletivo:
b) *quando for aplicada* pena privativa de liberdade por tempo superior a 4 (quatro) anos nos demais casos.
(BRASIL, 1940, Art. 92° I b))

(115) Na hipótese deste artigo, *quando* ao agente *tiver sido aplicada* pena privativa de liberdade, não suspensa, por um dos crimes, para os demais será incabível a substituição de que trata o art. 44 deste Código.
(BRASIL, 1940, Art. 69° §1)

(116) *Quando* o agente *não for declarado* inimputável e *for* condenado em prisão, mas *se mostrar* que, por virtude de anomalia psíquica de que sofria já ao tempo do crime, o regime dos estabelecimentos comuns lhe será prejudicial, ou que ele perturbará seriamente esse regime, o tribunal ordena o seu internamento em estabelecimento destinado a inimputáveis pelo tempo correspondente à duração da pena.
(PORTUGAL, 1982, Art. 104°)

E, regressamos, novamente, a refletir sobre a possível neutralização dos diferentes valores modais que chegam a adquirir, através de diferentes processos cognitivos, um significado de universalidade, reforçado e justificado, precisamente, pela substituibilidade pelo conetor *sempre que*. Por um lado, baseiam-se na descrição das circunstâncias precedentes tal como já tinha sido exposto nas orações condicionais, mas, por outro lado, atualizam o seu traço referencial no mundo das possibilidades abertas em duas perspetivas temporais diferentes: ora no presente ora no futuro.

4.4.2.2. Frases não finitas

No que às formas não finitas diz respeito, estas foram divididas, no nosso *corpus*, em infinitivas e nominais/adjetivais. As infinitivas ocupam uma posição mais fraca – em CPB encontram-se apenas 22 e, em CPP, 18 ocorrências. As nominais e adjetivais constituem 31% em CPP e, 20%, em CPB, do total das frases não finitas. Proceda-se à análise das diferentes construções:

4.4.2.2.1. Frases infinitivas

Entre as orações infinitivas identificadas nos Códigos encontram-se as de anterioridade ou de posterioridade.[76]

---

76 Este capítulo foi publicado, em forma modificada, sob o título "Ensino da Língua Portuguesa: Orações temporais introduzidas por "antes de/que" e "depois de/que" (estudo contrastivo)" em *Revista Linguagem & Ensino, Rio Grande do Sul* (Universidade Católica de Pelotas, 2018, vol. 28, n. 1.)

Quanto às frases de anterioridade, como pudemos ver nos Gráficos 4.10. (cf. Cap. 4.4.), a sua ocorrência limitou-se a somenos 6% em CPB e, a 5%, em CPP. A análise semântica de R. Marques e A. T. Alves (2014) mostrou que as frases infinitivas (introduzidas por *antes + de*) e finitas (introduzidas por *antes + que*) são submetidas a diferentes restrições semânticas a nível da relação de controlabilidade entre o agente da F^+ e a proposição da F^+ ea da F^- (cf. tmb. o Cap. 4.1.2.1. e o Quadro 4.5.). M. Polášek, que se ocupou da mesma problemática do ponto de vista quantitativo em PE, levou-nos a estabelecer a hipótese de prevalecerem, pelo menos na variedade portuguesa do Código, as frases infinitivas (cf. Cap. 4.1.2.1. e o Gráfico 4.3.). Como poderemos observar no Quadro 4.11., apesar de ser muito reduzida a sua ocorrência, esta hipótese acabou por ser confirmada. Houve um único caso da frase finita em CPP (f. 117), o qual aproveitamos para demonstrar o contexto semântico em que se insere. Veja-se, portanto, o seguinte exemplo:

(117) A punição pelos artigos 359º, 360º e 361º, alínea a), não tem lugar se *o agente se retractar* voluntariamente, a tempo de a retractação poder ser tomada em conta na decisão e *antes que tenha resultado* do depoimento, relatório, informação ou tradução falsos, prejuízo para terceiro.
(PORTUGAL, 1982, Art. 362° §1)

Nele, a frase condicional (matriz em relação à temporal) contém a proposição *o agente se retractar voluntariamente,* que é primariamente hipotética (o verbo encontra-se no modo conjuntivo), mas, ao mesmo tempo, *o agente* é a entidade controladora do predicado como sinaliza o advérbio *voluntariamente.* No entanto, o sujeito da F^+ não é a entidade controladora da proposição de F^-, isto é, o agente não pode saber nem influir sobre a data da acusação de um *resultado (do depoimento, relatório, informação ou tradução falsos)*, que se apresenta na sua leitura não específica, isto é, sem o referente concreto existente. Ou seja, todas as circunstâncias falam a favor da frase finita com o uso do conjuntivo, embora, quanto à interpretação secundária de finalidade, este resulta, em nossa opinião, discutível.

Nos casos opostos, quando a frase de anterioridade é introduzida pelo conetor *antes de* (repetitivamente utilizado nas frases *antes de transitar em julgado*), o escopo semântico é diferente: o agente na frase 118 (*alguém*) não é, obrigatoriamente, controlador da predicação da frase matriz, nem poderá exercer influência na predicação da frase subordinada. Estas duas restrições são válidas, também, para a frase 119, em que o sujeito a *prescrição* desempenha o papel semântico de paciente. Compare-se os seguintes dois exemplos:

(118) Quando *alguém* tiver praticado vários crimes *antes de transitar em julgado a condenação por qualquer deles* é condenado numa única pena. Na medida da pena são considerados, em conjunto, os factos e a personalidade do agente.
(PORTUGAL, 1982, Art. 77°§1)

(119) A prescrição, *antes de transitar em julgado a sentença final*, salvo o disposto no § 1° do art. 110 deste Código, regula-se se pelo máximo da pena privativa de liberdade cominada ao crime, verificando-se[...]
(BRASIL, 1940, Art. 109° §1)

Relativamente às orações temporais de posterioridade, introduzidas por *depois que / depois de*, nos Gráficos 4.10. (cf. Cap. 4.4.) podemos ver que a sua ocorrência se limitou a apenas 12% em CPB e, a 5%, em CPP. A nossa análise mostrou que a restrição semântica da relação de controlabilidade entre o agente e as proposições de F^+ e de F^- só pode ser observada nas frases infinitivas (cf. Cap. 4.1.2.2. e o Quadro 4.6.), cuja proposição, segundo os dados que conseguimos recolher na Linguateca, era sempre controlável pelo agente da F^+. No que aos restantes critérios diz respeito, pode ser constatado o valor de condicionalidade em ambas as frases, enquanto o grau de previsibilidade muda consoante o modo e a forma verbais. Comparemos, portanto, os seguintes dois exemplos:

(120) Não é admissível *o perdão depois que passa* em julgado a sentença condenatória.
(BRASIL, 1940 106° III §2)

(121) Quem, por meio de violência, ameaça grave, ou *depois de*, para esse fim, *a ter tornado* inconsciente ou posto na impossibilidade de resistir, constranger outra pessoa a sofrer ou a praticar, consigo ou com outrem, acto sexual de relevo é punido com pena de prisão de 1 a 8 anos.
(PORTUGAL, 1982, Art. 163° §1)

Na frase 120, que é finita, vemos que a proposição não é controlável por nenhuma entidade porque o sujeito (*o perdão*) é o paciente da proposição (*ser admissível*) e nem pode influir na proposição de *passar em julgado*. (cf. tmb. o Cap. 4.1.2.2. e as frases 47 e 48). Ao contrário, na frase 121, que é infinitiva, evidencia-se que o agente da F^+ (*quem*) é a entidade controladora da proposição da F^- (*tornar outra pessoa inconsciente ou posta na impossibilidade de resistir, constranger a sofrer ou a praticar ato sexual*). Há a notar que foi verificada apenas uma ocorrência da frase finita (frase 120), esta vez, no Código brasileiro.

Ambas as frases, porém, implicam o valor de condicionalidade [+], deduzível da linha cronológica da realização das proposições. Os graus de previsibilidade, em nossa opinião, em ambos os casos, se neutralizam, sendo que as proposições descrevem situações condicionantes que remetem para um mundo de possibilidades abertas (mesmo que o predicado seja usado no modo indicativo ou na forma infinitiva) e adquirem um valor universal (analogamente às orações temporais condicionais).

Relativamente à ocorrência das formas simples e composta do infinitivo, os resultados, visualizados no Quadro 4.11., manifestam que, em CPB, as orações temporais *antes de+ infinitivo composto* não são de todo empregadas, o que condiz com a tendência verificada a nível do uso mais geral. No *corpus* CETENFolha, as 11 ocorrências do infinitivo composto representam, com efeito, 0% do total das ocorrências encontradas, dominando a sua contrapartida simples (cf. tmb. o Cap. 4.1.2.3. e o Gráfico 4.4.). No entanto, em CPP, duas das seis frases identificadas mostraram ter, imprevisivelmente, o predicado no infinitivo composto, apesar de os dados adquiridos no *corpus* CETEMPúblico mostrarem a sua utilização em somenos 3% do total das frases de anterioridade.

Quanto às frases temporais de posterioridade *depois de + infinitivo*, em CPP foram encontradas 7 ocorrências, todas elas com o predicado no infinitivo composto, enquanto que os dados adquiridos em CETEMPúblico mostraram o seu uso em apenas 49 %. Ao contrário, em CPB, o uso do infinitivo simples é o predominante, sendo verificado apenas um caso do infinitivo composto, quando no *corpus* CETENFolha atingiu até o valor de 18% (cf. tmb. o Cap. 4.1.2.3. e o Gráfico 4.5.)

Nestas frases temporais infinitivas foram também incluídas as introduzidas pelo conetor *até*. A sua ocorrência foi verificada apenas em CPP e, com o predicado no infinitivo simples.

4.4.2.2.2. Formas nominais e adjetivais

No que se refere às construções temporais nominais e adjetivais introduzidas por *antes de, depois de, até a* (este último em CPP), a sua ocorrência poderia ser justificada pela sua natureza preposicional, a qual implica a capacidade de

Quadro 4.11: Ocorrência das frases temporais infinitivas em CPB e CPP

	CPB	**CPP**
TEMPORAIS	**22**	**16**
ANTES QUE	0	1
ANTES DE	7 (inf. simples)	6 (4 inf. simples+2 inf. composto)
DEPOIS QUE	1	0
DEPOIS DE	14 (12 inf. simples +2 inf. composto)	7 (inf. composto)
Até	0	2 (inf. simples)

selecionar um complemento nominal ou adjetival frásico, sem o verbo expresso. Ao mesmo tempo, no entanto, manifestou-se habitual o uso de alguns conetores de natureza interfrásica e não preposicional, ente eles *quando, sempre que, enquanto, até* (este último em CPB).

Quanto às construções temporais nominais ou adjetivais introduzidas por *quando*, como mostra o Quadro 4.12., foi verificada a sua ocorrência tanto não preposicional (frases 122–123) como a preposicional (frase 124). Esta última só foi identificada em CPB. Reparamos em que as construções não preposicionais evidenciam a omissão da primeira predicação *ser* ou *estar* ou de qualquer outro verbo de ligação.

(122) *Quando facultativa* a revogação, o juiz pode, ao invés de decretá-la, prorrogar o período de prova até o máximo, se este não foi o fixado.
(BRASIL, 1940, Art. 81.º III §3)

(123) As penas previstas no artigo anterior são, conforme os casos, aplicáveis a quem utilizar os meios previstos no mesmo artigo para, *quando encontrado em flagrante* delito de furto, conservar ou não restituir as coisas subtraídas.
(PORTUGAL, 1982, Art. 211°)

(124) O valor da multa será atualizado, *quando da execução*, pelos índices de correção monetária.
(BRASIL, 1940, 1982, Art, 49 º §2)

No caso das conjunções de caráter não preposicional, foram encontradas 4 ocorrências de *sempre que* (frase 125) (mas apenas em CPP e em combinação com o adjetivo *possível*) e 2 ocorrências de *enquanto* (frase 126) (somente em CPB) como mostra o Quadro 4.13.

(125) O plano de reinserção social é dado a conhecer ao condenado, obtendo-se, *sempre que possível*, o seu acordo prévio.
(PORTUGAL, 1982, Art. 54° §2)

Quadro 4.12: Ocorrência das frases temporais introduzidas por "quando" sem verbo em CPB e CPP

Quando	CPP	**aplicáveis, possível, encontrado em flagrante delito de furto, falso e falsificados**
	CPB	diversas, idênticas, aplicada, concedida, facultativa, utilizado, possível, inequívoca, exigível, legítimo
		quando da execução

(126) Antes de passar em julgado a sentença final, a prescrição não corre:
I *enquanto não resolvida*, em outro processo, questão de que dependa o reconhecimento da existência do crime;

(BRASIL, 1940, Art. 116° I)

Quanto às conjunções temporais de caráter preposicional *antes de*, *depois de* e *até (a)*, foi registado um maior número das suas ocorrências tanto nominais como adjetivais (frases 127–128). No Quadro 4.14. observamos que as nominais, habitualmente, possuem um substantivo deverbativo, isto é, qualquer nome derivado de um verbo que exprime uma ação ou evento (antes de intervir → *antes de intervenção*, antes de julgar → *antes de julgamento*, antes de declarar → *antes de declaração*) ou que equivale ao argumento do verbo transitivo subentendido (*depois de proferir sentença → depois de sentença, depois de extinguir o prazo → depois do prazo).*

(127) Entrar no exercício de função pública *antes de satisfeitas as exigências legais*, ou continuar a exercê-la, sem autorização, depois de saber oficialmente que foi exonerado, removido, substituído ou suspenso: Pena detenção, de quinze dias a um mês, ou multa.

(BRASIL, 1940, Art. 324°)

Quadro 4.13: Ocorrência das frases temporais introduzidas por "sempre que" e "enquanto" sem verbo em CPB e CPP

sempre que	CPP	possível
enquanto	CPB	não resolvida, aberta

Quadro 4.14: Ocorrência das frases temporais não finitas introduzidas por "antes de", "depois de" e "até a" sem verbo em CPB e CPP

antes de	CPP	decorrido
		pena, intervenção, hostilidades, declaração, prática do facto
	CPB	oferecidas, satisfeitas
		sentença, início, julgamento, decurso,
depois de	CPP	apagadas as inscrições, intimado a retirar-se
		condenação, cada interrupção, advertência da autoridade, prazo, prática do crime, subtracção
	CPB	subtraída a coisa, alterado, transitada em julgado, oferecida a denúncia, improvido seu recurso, passada em julgado
		sentença
até a	CPP	execução, ao termo, à publicação, ao limite, ao montante, ao segundo grau, ao encerramento, ao início, ao momento, à chegada, à declaração, à decisão
	CPB	recebimento, julgamento, término, o dia, terceiro grau

(128) Se os instrumentos, produtos ou vantagens consistirem em inscrições, representações ou registos lavrados em papel, noutro suporte ou meio de expressão audiovisual, pertencentes a terceiro de boa-fé, não tem lugar a perda, procedendo-se à restituição *depois de apagadas as inscrições*, representações ou registos que integrarem o facto ilícito típico. [...]
(PORTUGAL, 1982, Art. 111° §4)

Há ainda a notar que, no caso de *até* foi registada uma diferença de regência, sendo em CPP sempre presente a preposição *a*, opostamente ao CPB, em que este conetor é não preposicional como se pode ver nos seguintes dois exemplos:

(129) Nos crimes cometidos sem violência ou grave ameaça à pessoa, reparado o dano ou restituída a coisa, até *o recebimento* da denúncia ou da queixa, por ato voluntário do agente, a pena será reduzida de um a dois terços.
(BRASIL, 1940, Art. 16°)

(130) O consentimento pode ser expresso por qualquer meio que traduza uma vontade séria, livre e esclarecida do titular do interesse juridicamente protegido, e pode ser livremente revogado *até à execução* do facto.
(PORTUGAL, 1982, Art. 38° §2)

4.4.2.3. Conclusões parciais

Em palavras resumidas, podemos constatar que as orações temporais, em ambos os Códigos, coincidem no que se refere à distribuição percentual das conjunções ou locuções conjuncionais temporais. As orações introduzidas por *quando* e *sempre que* aproximam-se das condicionais por exprimirem uma proposição universal e de quantificação plural sobre a situação. Em ambos os Códigos, estas orações temporais/condicionais apresentam as mesmas propriedades que como as monocondicionais de condição suficiente.

Contudo, as orações introduzidas por *quando* mostram uma assimetria no que diz respeito à caracterização modotemporal dos seus predicados. Do ponto de vista da realização da proposição, as ditas frases poderiam ser caracterizadas em CPP e, parcialmente, também, em CPB, como hipotéticas (sendo o valor de hipoteticidade veiculado pelo futuro do conjuntivo) ou como factuais (sendo este valor traduzido pelo indicativo). Estas últimas só foram registadas em CPB. No entanto, tal como no caso das frases condicionais, também aqui defendemos a opinião de que, seja numa seja noutra variedade, este tipo de construções adquirem um valor universal sendo que, no contexto da lei penal, se neutralizam os seus sentidos, partindo ambos de casos precedentes e atualizando as circunstâncias temporais em diferentes perspetivas. Estas, em CPP, são colocadas, através do conjuntivo do futuro, no mundo de possibilidades

Quadro 4.15: Ocorrência das frases temporais com e sem verbo em CPB e CPP

Total das frases sem o verbo	**CPB 24%**	**CPP 15%**
TEMPORAIS	**33**	**43**
QUANDO	13	6
SEMPRE QUE	0	4
ENQUANTO	2	0
ANTES DE	6	3
DEPOIS DE	7	10
ATÉ A/AO	5	20
TEMPORAIS finitas + infinitivas	**76%**	**85%**

abertas no futuro, enquanto, em CPB, são situadas no mundo de possibilidades abertas maioritariamente no presente, mas também, no futuro (sendo que o presente do indicativo pode, igualmente, remeter para um intervalo posterior ao da enunciação).

Relativamente às orações introduzidas pelas conjunções temporais *antes de* ou *depois de*, verificou-se uma tendência coincidente em ambos os códigos, isto é, a de evitar a forma composta nas frases de anterioridade. No entanto, no que diz respeito às frases temporais de posterioridade, houve uma maior assimetria entre CPP e CPB: enquanto que, no texto brasileiro, a única forma infinitiva registada foi a simples, no texto português, o único infinitivo utilizado foi o composto.

No que tange às construções adjetivais ou nominais, no total, a sua presença nos Códigos é mais ou menos equiparável, embora a sua frequência seja mais elevada em CPB (24%) do que em CPP (15%) como mostra o Quadro 4.15.

4.5. Outras frases adverbiais

Entre as outras orações subordinadas presentes nos Códigos encontram-se as seguintes: as de circunstância negativa, comparativas condicionais, modais, concessivas, explicativas causais e finais. Em todas elas, as formas finitas afiguraram-se muito esporádicas. Assim, nos Códigos, predominam ou as frases infinitivas (no caso das causais e de circunstância negativa) ou as suas equivalências nominais ou adjetivais (nos outros casos).

Quanto às orações de circunstância negativa, registamos apenas 8 frases finitas em CPP (frase 133) e 4 frases finitas em CPB. Quanto às frases infinitivas, estas, em CPB, foram encontradas apenas uma vez. Uma maior ocorrência sua, porém, registou-se em CPP (27% das frases analisadas) (frase 132). À continuação, colocamos alguns exemplos e os Gráficos 4.14., que falam, univocamente, a favor das construções nominais, com o verbo elíptico (frase 133) e isso em ambos os textos (em CPB, 92% e, em CPP, 61% do total das construções de circunstância negativa analisadas).

(131) Aplica-se a lei brasileira, *sem prejuízo* de convenções, tratados e regras de direito internacional, ao crime cometido no território nacional.
(BRASIL, 1940, Art. 5°)

(132) Age com negligência quem, por não proceder com o cuidado a que, segundo as circunstâncias, está obrigado e de que é capaz:
a) Representar como possível a realização de um facto que preenche um tipo de crime mas actuar *sem se conformar* com essa realização; ou [...]
(PORTUGAL 1982, Art. 15° a))

(133) Há tentativa quando o agente praticar actos de execução de um crime que decidiu cometer, *sem que* este *chegue* a consumar-se.
(PORTUGAL, Art. 22° §1)

Em ambos os Códigos dominam aquelas construções nominais, em que se subentende a existência de um predicado, que, na maior parte das vezes, poderia equivaler ao verbo *haver* ou *ter* (p. ex. *sem haver condições de dignidade → sem as condições de dignidade; sem ter consciência → sem a consciência.).* Algumas delas são até consagradas pelo uso tanto na linguagem jurídica como fora dela como podemos ver nos seguintes exemplos de CPP: *sem dúvida, sem prejuízo do disposto, sem prejuízo do artigo, sem prejuízo dos direitos, sem culpa, sem consciência, sem justa causa, sem as condições de dignidade, sem perigosidade, sem queixa, sem defesa, sem consentimento, sem dano, sem autorização,*

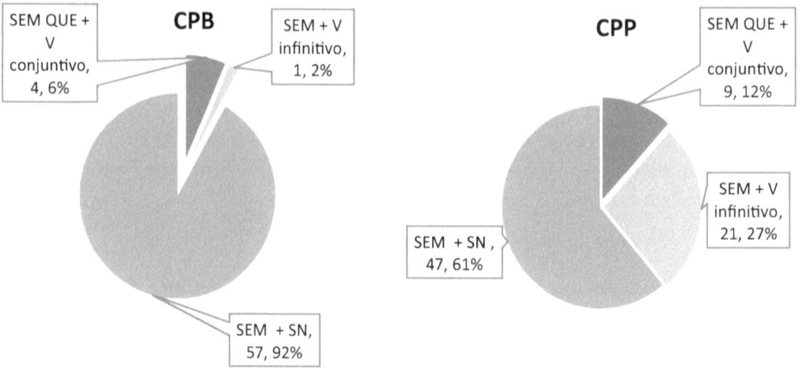

Gráficos 4.14: Distribuição das frases de circunstância negativa introduzidas por "sem que" em CPB e CPP

sem necessidade, sem auxílio, sem intenção, sem motivo, sem a consciência, sem vigilância; ou nos exemplos de CPB: *sem lei, sem prejuízo, sem violência, sem ameaça, sem autorização, sem motivo, sem o consentimento, sem risco pessoal, sem observância de disposição legal, sem justa causa, sem licença, sem suficiente provisão de fundos, sem intuito, sem ordem, sem teor alcoólico, sem registo, sem características de identidade, sem permissão legal, sem solicitação, sem remuneração, sem as formalidades.*

Quanto às orações finais, nelas prevalecem, ao contrário, as formas infinitivas, mas, também as suas equivalências nominais são habituais. As frases finais finitas com o predicado no conjuntivo, em ambos os textos, apresentam somenos 6% em CPB e, 2%, em CPP. Analogamente aos casos anteriores, prevalecem as construções com os nomes deverbativos, ou em que se subentende a existência de um verbo leve ou de um outro predicado (de acordo com o contexto) como, por exemplo, *haver, dar, ter* (p. ex.: para reapreciar → *para reapreciação*, para dar a prova→ *para a prova*). Em CPP, encontramos, por exemplo, as seguintes construções: *para a reapreciação, para a reincidência, para a prova, para a condução, para a utilização, para o uso, para a produção, para a fabricação, para o desenvolvimento, para a aplicação.* Em CPB, registamos as seguintes expressões: *para a celebração, para o ingresso, para a individualização, para a reprovação, para a decretação, para a prática, para o oferecimento, para a prescrição, para a ocupação, para o entendimento, para o ajuizamento, para a revogação*, etc. Como mostram os Gráficos 4.15., em ambos os Códigos, a ocorrência destas frases nominais é, também, significativa, embora numa medida mais reduzida do que nas construções anteriores (32% em CPB e 31% em CPP).

(134) Não é permitido o recurso à analogia *para qualificar* um facto como crime, definir um estado de perigosidade ou determinar a pena ou medida de segurança que lhes corresponde.

(PORTUGAL, 1982, Art. 1° §3)

(135) Se o juiz tiver razões para crer que a reparação do dano está em vias de se verificar, pode adiar a sentença *para reapreciação* do caso dentro de 1 ano, em dia que logo marcará.

(PORTUGAL, 1982, Art. 74° §2)

(136) Induzir ou instigar alguém a suicidar-se ou prestar-lhe auxílio *para que o faça:* Pena - reclusão, de dois a seis anos, se o suicídio se consuma; ou reclusão, de um a três anos, se da tentativa de suicídio resulta lesão corporal de natureza grave.

(BRASIL, 1940, Art. 122°)

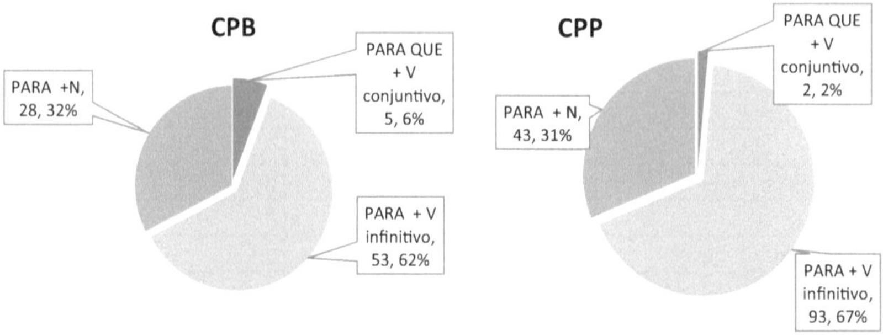

Gráficos 4.15: Distribuição das frases finais introduzidas por "para" em CPB e CPP

As outras frases subordinadas ocupam uma posição insignificante, mas mesmo assim, os seus predicados ocorrem tanto na forma finita como infinitiva. Como se pode observar no Quadro 4.16. (pp.ss.) e nos Gráficos 4.16., em CPB são prevalecentes as construções nominais ou adjetivais, enquanto, em CPP, são-no as finitas.

Como vemos, as construções nominais ocorrem, em ambos os Códigos, sobretudo, nas frases concessivas, sendo um exemplo destas as seguintes frases;

(137) Incorre, também, na pena do parágrafo anterior quem, *embora excluído* o perigo moral ou material, auxilia a efetivação de ato destinado ao envio de menor para o exterior, com o fito de obter lucro.

(BRASIL, 1940, Art. 245º §2)

(138) Considera-se funcionário público estrangeiro, para os efeitos penais, quem, *ainda que transitoriamente ou sem remuneração*, exerce cargo, emprego ou função pública em entidades estatais ou em representações diplomáticas de país estrangeiro.

(BRASIL, 1940, Art. 337° D.)

4.6. Frases gerundiais

Em ambos os Códigos, o uso das formas gerundivas é equiparável do ponto de vista semântico e, também, numérico, sendo verificadas tanto as frases periféricas como as integradas. Como as orações gerundivas não são, geralmente, introduzidas pelos conectores, os seus significados são, muitas vezes, ambivalentes, razão pela qual são tratadas separadamente, sem ser possível determinar, univocamente, se o seu significado é temporal (de anterioridade, simultaneidade, posterioridade), causal, concessivo, condicional ou de modo (LOBO 2013,

Quadro 4.16: Representatividade numérica das outras frases adverbiais

FRASES FINITAS	**CPB (EM TOTAL 6)**	**CPP (EM TOTAL 14)**
comparativas	**1 /total/**	**1 /total/**
como se	1	1
concessivas	**4 /total/**	**8 /total/**
ainda que	1	5
mesmo que	0	2
embora	1	1
+ quer que	2	0
explicativas – causais	**0 /total/**	**2 /total/**
posto que	0	1
porque	0	1
conformativas	**1 /total/**	**3 /total/**
consoante	0	2
conforme	1	1
FRASES INFINITIVAS	**CPB (EM TOTAL 2)**	**CPP (EM TOTAL 10)**
modal	**1 /total/**	**8**
de maneira a	0	1
de modo a	1	1
de forma a	0	6
explicativa causal	**1 /total/**	**2 /total/**
por	1	2
FRASES NOMINAIS OU ADJETIVAIS	**CPB (EM TOTAL 35)**	**CPP (EM TOTAL 9)**
concessivas	**28**	**9**
apesar de	0	1
ainda que	15	5
mesmo que	0	3
embora	13	0
conformativas	**7 /total/**	**0 /total/**
consoante	1	0
conforme	6	0

p. 2045). Ao mesmo tempo, no entanto, para além de possuir o valor adverbial, o gerúndio pode equivaler à frase relativa como podemos observar na frase 139, o que pode resultar mais natural do que a sua interpretação circunstancial (condicional epistémica).

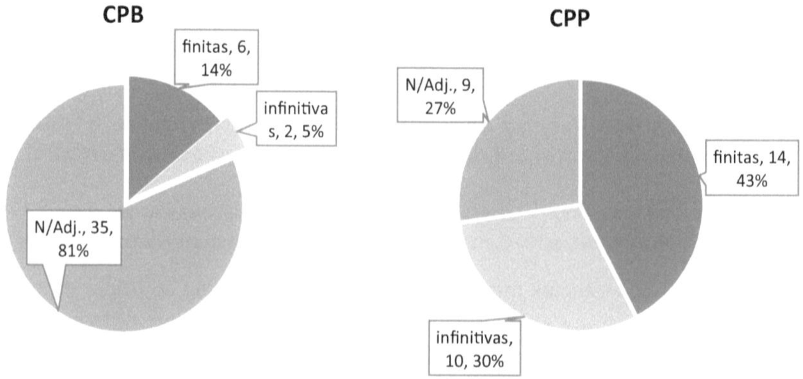

Gráficos 4.16: Distribuição das frases finitas e não finitas nas restantes frases adverbiais em CPB e CPP

(139) A execução da pena de prisão, *servindo* a defesa da sociedade e *prevenindo* a prática de crimes, deve orientar-se no sentido da reintegração social do recluso, *preparando-o* para conduzir a sua vida de modo socialmente responsável, sem cometer crimes.

(PORTUGAL, 1982, Art. 43°)

↓

A execução da pena de prisão, *que serve* a defesa da sociedade e *previne* a prática de crimes, deve orientar-se no sentido da reintegração social do recluso *de modo a que/para que o prepare* para conduzir a sua vida de modo socialmente responsável, sem cometer crimes. (interpretação adjetiva – relativa)

↓

A execução da pena de prisão, *se/como serve* a defesa da sociedade e *se/como previne* a prática de crimes, (então) deve orientar-se no sentido da reintegração social do recluso *de modo a que/para que o prepare* para conduzir a sua vida de modo socialmente responsável, sem cometer crimes. (interpretação adverbial?)

Muitas vezes, a interpretação relativa é defendível quando o verbo na forma de gerúndio é precedido pelo pronome relativo *quem* (frase 140). Este tipo de construção ocorre, sobretudo, em CPP (27 ocorrências), Em CPB foi usada esporadicamente (4 ocorrências).

(140) Age com dolo quem, *representando um facto* que preenche um tipo de crime, actuar com intenção de o realizar.

(PORTUGAL, 1982, Art. 14° §1)

A interpretação neste caso, contudo, pode ser não só relativa (substituível por *aquele que*+ F^{finita}) como também temporal ou condicional mantendo a sua relação hipotática, tal como mostram as seguintes modificações:

> Age com dolo *aquele que representar um facto* que preenche um tipo de crime, e actua com intenção de o realizar. (interpretação adjetiva – relativa)
>
> ↓
>
> Age com dolo quem, *ao representar//quando/se representa um facto* que preenche um tipo de crime, actua com intenção de o realizar. (interpretação adverbial)

Para além das ocorrências mencionadas, cuja interpretação se infere do contexto imediato, devemos ainda mencionar que alguns verbos, em determinados contextos, ocorrem na forma gerundiva com maior regularidade aproximando-se alguns das expressões consagradas pelo uso.

Em CPP são as seguintes expressões (veja-se a frase 141)

- tratar-se de + N *(tratando-se de pena, tratando-se de pena de multa, tratando-se* o *de crime, tratando-se de imputação de factos)*
- ser + N/ Adj. *(sendo português, sendo maior)*
- poder + $V^{infinitivo\ (ultrapassar)}$ *(podendo ultrapassar, podendo exceder, podendo ir além de).*

Em CPB foram identificadas as seguintes frases (ver as f. 142–143):

- prevalecer-se de + N *(prevalecendo-se de a condição, prevalecendo-se do cargo)*
- estar + sendo (não incluído nos gráficos por se tratar de perífrases):

(141) [...] *Tratando-se de crime contra a honra* é também necessário que seja feita participação pelo Governo estrangeiro ou pelo representante da organização internacional.

(PORTUGAL, 1982 Art. 324°)

(142) Se o agente é funcionário público, e comete o crime *prevalecendo-se do cargo*, aumenta-se a pena de sexta parte.

(BRASIL, 1940, Art. 295°)

(143) Se o beneficiário *está sendo processado* por outro crime ou contravenção, considera-se prorrogado o prazo da suspensão até o julgamento definitivo.

(BRASIL, 1940, Art. 81 ° III §2)

Quanto à representatividade percentual dos gerúndios nos dois textos, vemos que os dados numéricos são mais ou menos equiparáveis. Partindo do facto

Quadro 4.17: Ocorrência das frases gerundivas em CPB e CPP

	CPB 139	CPP 158
Tempos simples	**138**	**152**
Tempo composto	1	6

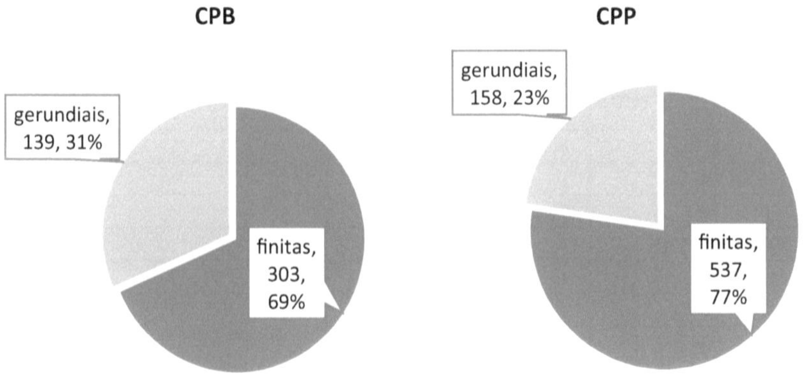

Gráficos 4.17: Distribuição das frases gerundivas em CPB e CPP

de possuírem, primariamente, o valor adverbial (coexistente, em alguns casos, com os adjetivais ou relativos) e ao serem comparados com as suas alternativas finitas, podemos constatar que, a sua posição na formulação de ambos os Códigos é significante, como mostram o Quadro 4.17. e os Gráficos 4.17.:

4.7. Frases participiais

No que à ocorrência do particípio diz respeito, do ponto de vista gramatical, para além de exercer a função do verbo principal nas construções gramaticais perifrásticas temporais ou diatéticas (exprimindo a voz passiva), do ponto de vista lexicológico podem ser considerados como adjetivos verbais, que, em determinadas circunstâncias, podem servir para condensar os períodos compostos, analogamente ao infinitivo e ao gerúndio.

Apesar de o seu valor poder coincidir também com o significado adjetival ou relativo, interessam-nos, neste capítulo, aquelas frases participiais que equivalem às adverbiais, em que se subentende a construção argumental transitiva (p. ex. *quando/se se repara dano* → *reparado o dano, quando/se se observam os critérios* → *observados os critérios)* e que pode ou não ser introduzida pelo

Quadro 4.18: Ocorrência das frases participiais em CPB e CPP

PARTICIPIAIS	CPB 39 [conetor+] 22 [conetor-]	CPP 8 [conetor+] 13 sem conetor [conetor-]
CONDICIONAIS	**5**	**1**
SE	1	1
DESDE QUE	4	0
TEMPORAIS	**17**	**6**
UMA VEZ	0	2
QUANDO	7	2
SEMPRE QUE	0	0
ENQUANTO	2	0
ANTES DE	2	1
DEPOIS DE	6	1
CONCESSIVAS	**17**	**1**
Apesar de	0	0
AINDA QUE	10	1
MESMO QUE	0	0
EMBORA	7	0

conetor. A sua presença contribui, naturalmente, para a interpretação hipotática mais exata e transparente, enquanto a sua ausência abre espaço para uma maior flexibilidade interpretativa. Como mostra o seguinte Quadro 4.18., as orações de particípio ocorrem sobretudo em CPB, e isso, com a maior frequência, no significado temporal ou concessivo. Em CPP, registamos a sua presença, sobretudo, nas construções temporais.

Em CPB identificamos as frases participiais com os seguintes núcleos; computar *(computado o período)*, decorrer *(decorridos dois anos)*, expirar *(expirado o prazo)*, iniciar *(iniciada a execução)*, interromper *(interrompida a prescrição)*, negar *(negada a reabilitação)*, observar *(observados os seguintes critérios, observado o disposto, observados os critérios dos incisos, observadas as regras)*, reparar (*reparado o dano)*, restituir *(restituída a coisa)*, respeitar *(respeitado o saldo mínimo)*, ressalvar *(ressalvadas as hipóteses, ressalvada a legislação)*, reunir *(reunidas as condições)*, revogar *(revogado o livramento) e* transitar *(transitada em julgado)*. Foi registada, igualmente, a ocorrência dos particípios irregulares, como é, por exemplo, o do verbo extinguir (*extinto* e *recibo)*.

Em CPP foram encontradas as seguintes frases participiais com o núcleo representado pelos verbos considerar *(consideradas as circunstâncias)*, decorrer *(decorrido o período)*, incluir *(incluída a suspensão)*, obter *(obtido o*

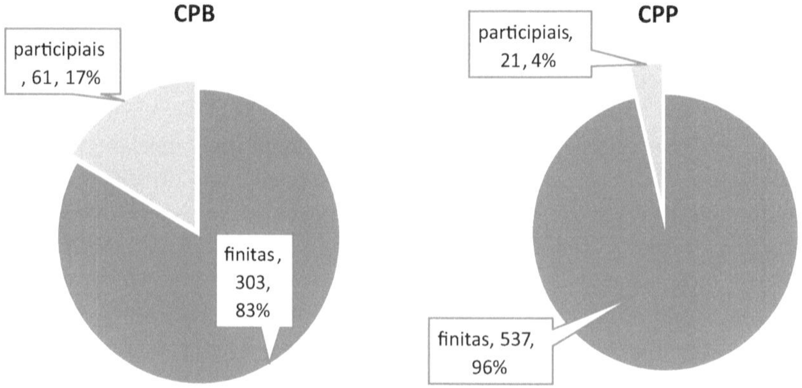

Gráficos 4.18: Distribuição das frases adverbiais de particípio em CPB e CPP

consentimento), prestar *(prestado o trabalho)*, ressalvar *(ressalvado o tempo de suspensão, ressalvados os casos)* ou terminar *(terminado o embarque)*.

A sua análise, do ponto de vista das propriedades ergativas e acusativas já não faz parte da nossa investigação, mas não esperamos chegar a resultados diferentes daqueles que já foram verificados e aceites consensualmente pela linguística portuguesa.

De acordo com os dados quantitativos indicados no Quadro anterior, infere-se que o uso dos particípios na função adverbial é um pouco mais habitual em CPB (17% das frases subordinadas) do que em CPP (apenas 4%), como mostra o Gráfico 4.18.

4.8. Considerações finais

A formulação sintática das frases adverbiais nos Códigos Penais do Brasil e de Portugal apresenta tanto propriedades convergentes como divergentes no que se refere ao uso dos conetores, aos modos verbais utilizados nas frases finitas e à ocorrência das frases não finitas (isto é, infinitivas, gerundivas, participiais e, também, nominais).

No caso das orações condicionais, que, em ambos os Códigos, foram as mais numerosas, verificou-se a predominância do conetor *se*, cujo escopo semântico é, de entre todos os conetores condicionais, o mais aberto. Em ambas as variedades, é evitado o conetor *desde que*, que, por ser semanticamente restringido, apresentou um número muito reduzido de ocorrências, condicionado, ainda por cima, a uma série de circunstâncias precisamente definidas. Em ambos os Códigos prevalecem as orações monocondicionais de condição suficiente, sendo registadas ocorrências muito esporádicas da condição necessária. Relativamente à formulação das frases finitas, deparamo-nos com uma marcante diferença. Em CPP, o único modo registado nas frases introduzidas por *se* foi o conjuntivo enquanto que, em CPB, foi-o o indicativo, nivelando-se, esta assimetria, pelo processo de generalização. Tal como ficou dito, apesar de os modos apresentarem tipos de condição semântica diferente (real e factual), em ambos os textos, o valor da base modal das frases condicionais veiculado é o circunstancial, facto que coloca, nos polos opostos, a linguagem jurídica escrita (Código Penal) e a oral (audiência pública), em que, segundo o estudo realizado por Roxo (2011) prevalece, ao contrário, a modalidade epistémica e pragmática. Relativamente às frases não finitas, em CPB, o uso das frases nominais e adjetivais foi mais frequente (no total 12%) do que em CPP (no total 1% das frases condicionais).

No tocante às orações temporais, que em ambos os Códigos ocupam o segundo lugar entre as orações adverbiais, o conetor mais utilizado foi *quando*. Este mostrou uma proximidade semântica com o conetor *sempre que*, adquirindo, de acordo com F. B. de M. Hirata Vale (2005) um significado condicional. Analogamente às orações condicionais e consoante a proposta de J. A. Peres, T. Móia, R. Marques, relativa à classificação das orações condicionais segundo a base modal e segundo o tipo de condição, sugerimos a divisão destas orações temporais-condicionais em três tipos: 1. monocondicionais de condição suficiente, 2. monocondicionais de condição necessária e 3. bicondicionais indiretas, sendo, nos Códigos, dominantes as do primeiro tipo. Foi provado que a modalidade veiculada por elas é, em todos os casos analisados, a circunstancial. Relativamente às formas finitas, observou-se a mesma analogia como no caso das orações condicionais: em CPP domina o modo conjuntivo e, em CPB, o indicativo (sendo verificada, também, a ocorrência do futuro do conjuntivo). Também aqui propomos a neutralização da dicotomia hipoteticidade *versus* factualidade, e isso pelas mesmas razões que temos exposto até agora. Nas frases infinitivas introduzidas por *antes de* e *depois de*, que foram classificadas como temporais autênticas, nos textos estudados foi verificada uma assimetria relativa ao uso do infinitivo simples e composto, No que diz respeito às frases de posterioridade, em CPB prevalece o infinitivo simples (o que coincide com a tendência que se verificou, tmb., no CETENFolha) e, em CPP, o infinitivo composto (contrariamente aos resultados de CETEMPúblico). Nas frases que exprimem anterioridade, em ambos os textos, registou-se o uso dominante do infinitivo simples (e o mesmo foi verificado, tmb., nos ditos *corpora*). Relativamente às formas nominais sem o verbo explícito, em CPB, o seu uso mostrou uma representatividade mais elevada (24% do total das frases temporais) do que em CPP (nele registamos uma taxa de 15%).

No caso das restantes orações adverbiais, chegámos a comparar todas as frases do ponto de vista formal: as finitas, as infinitivas e as nominais. No que se refere às orações de circunstância negativa, foram as nominais (com e elipse do predicado) as mais frequentes (em CPB constituem até 92% e, em CPP, 61% das frases analisadas). Quanto às orações finais, predominam as infinitivas em ambos os Códigos (62% em CPB e 67% em CPP), sendo o uso das frases nominais proporcionalmente igual em ambos os textos (i.e. aproximadamente 30%). Uma diferença mais significante registou-se nas outras frases adverbiais que foram tratadas todas em conjunto. Os dados mostraram que o CPB prioriza a formulação através das construções nominais (em 81%), sobretudo no caso das frases conformativas e concessivas, enquanto que, em CPP, foram usadas, maioritariamente, as frases finitas (43%), sobretudo, as concessivas e as modais.

No que se refere às orações gerundivas a participiais, os resultados são também mais ou menos equiparáveis no que diz respeito tanto à taxa da ocorrência do gerúndio (em CPB 31% e 23% em CPP) como à percentagem do particípio (3% em CPP e 17% em CPB) embora em CPB a sua presença seja mais acentuada do que em CPP.

5. CONCLUSÃO

Após uma longa corrida chegámos, finalmente, à meta final. Antes de virarmos as últimas páginas, avaliemos, retrospetivamente, os contributos acarretados pelas diferentes fases da nossa pesquisa, cujo objetivo foi, então, comparar a linguagem legislativa em duas variedades da língua portuguesa do ponto de vista sintático e semântico. Neste momento, portanto, vamos resumir, concisamente, as observações principais conducentes à extração das conclusões gerais, podendo a sua descrição detalhada ser consultada nas secções *Conclusões parciais* ou *Considerações finais* dos respetivos capítulos.

Antes disso, voltemos ao início do livro, em que aludimos à diversidade bipolar, caraterística não só da língua portuguesa como também das outras línguas mundiais. Por um lado, existe a norma culta e homogênea, universalmente válida nos países em que as línguas são faladas, por outro lado, assistimos a diferenças muitas vezes flagrantes e isso tanto no eixo horizontal (que envolve toda a extensão geográfica) como a nível vertical, em que se situam os mais diversificados textos sociolinguísticos, estilísticos, pragmáticos e por aí fora. E, como a nossa pesquisa confirmou, esta assimetria pode manifestar-se, igualmente, em textos da mesma índole, até nos que pertencem à linguagem de um alto estilo administrativo.

No *corpus* principal do nosso estudo, que foi constituído pelos Códigos Penais de Portugal e do Brasil, não nos limitamos à procura dos traços divergentes. Pretendemos, igualmente, identificar aquelas propriedades que fazem aproximar os ditos textos, contribuindo para criar uma base sólida de reflexões sobre a questão que preocupa a muitos linguistas. Pertencem as variedades europeia e brasileira da língua portuguesa (por extensão, as variedades das línguas multicêntricas em geral) a um sistema linguístico ou não? Como Johannes Kabatek adverte, não podemos dar a resposta certa a esta pergunta sem termos definido, solidamente, o próprio conceito *sistema,* problema que – confessamos – para poder ser resolvido satisfatoriamente, mereceria uma atenção e um espaço muito maior do que ocupa no nosso livro e que poderá ser desenvolvido, ainda, nas futuras investigações. Para já, limitamo-nos a propor partir da dupla perceção do dito conceito, notoriamente conhecida. Na primeira visão, o *sistema* poderia ser entendido como um conjunto de elementos independentes, individuais e separados que formam um todo. Na segunda conceção holística entende-se o sistema como um todo, que constitui um fenômeno único, mas irredutível, que não pode ser decomposto em partes, Partindo da definição *coseriana* e *sausseriana* (cf. também o Cap. 2.1.1.), por conseguinte, é absolutamente compreensível a visão que o professor Kabatek defende, designadamente que nem a língua portuguesa, nem a língua espanhola podem ser compreendidas como um todo que parte de um único sistema, pois, as suas variedades apresentam, a diferentes níveis da hierarquia, uma série de traços idiossincráticos. A segunda conceção, no entanto, faz-nos inclinar, antes, à direção unificadora. Admitimos que há diferenças marcantes a nível diatópico, mas, ao mesmo tempo, é preciso tomar em conta o facto de que estas existem não só entre as variedades das línguas mundiais como, inclusivamente, entre os dialetos das línguas não mundiais ou, até, entre os falantes individuais das línguas minoritárias. Trata-se de uma propriedade natural de todos os idiomas, que, independentemente da sua extensão geográfica, poderiam ser comparados, por exemplo, com o reino de metazoa, a cujas classes, umas mais e outras menos vastas, pertencem membros com as mais diversificadas propriedades seja prototípicas, definitórias e essenciais seja acidentais e aleatórias (p. ex. não é por não saber nadar que o/a avestruz seja excluído da classe das aves). Estas características, por cima, mudam ao passo que se vai transformando a realidade extralinguística. No entanto, quanto mais subimos na hierarquia taxonómica, tanto mais estreita encontramos a relação entre as diferentes variedades, o que provou a análise contrastiva dos modalizadores proposicionais, cuja influência na seleção das frases infinitivas com ou sem marcas de flexão funciona, nas duas variedades, de mesma maneira admitindo, no entanto, que as formas resultantes sejam divergentes. Ou, como mostram os seguintes dois Gráficos 5.1., até a relação percentual entre as diferentes subordinações aponta, nos dois textos comparados, para uma clara afinidade. As orações completivas, em CPP, constituem 13% e, em CPB, 10% do total das hipotaxes analisadas. As frases relativas e enciclopédicas, juntas (por se encaixarem semanticamente na mesma subordinação como provamos no Cap. 3.3.), apresentam, também, praticamente, a mesma percentagem em ambos os Códigos i.e. 49%. As frases adverbiais, em CPB, atingem a taxa de 28% e, em CPP, a de 31%. As frases gerundivas e participiais perfazem, em conjunto, 13 % em CPB e, 7%, em CPP.

É óbvio que uma relação tão simétrica dificilmente seria comprovada entre as línguas de diferentes origens ou, até, entre as línguas pertencentes às mesmas famílias linguísticas, embora o grau de similitude seja maior sempre dentro da mesma unidade filogenética. Mas, para responder à questão levantada, precisaríamos de realizar mais análises contrastivas de ainda outros gêneros, subgêneros e registos linguísticos. Neste ponto, não temos outro remédio que deixar a questão em aberto e resumir, em breve, os resultados relativos aos diferentes tipos de subordinação.

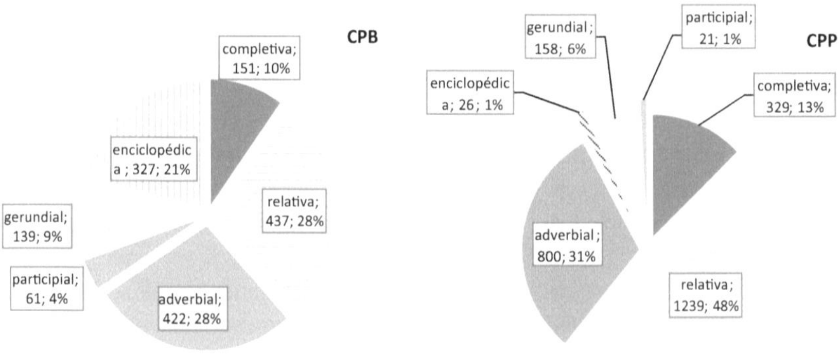

Gráficos 5.1: Distribuição de todas as subordinações em CPB e CPP

Da nossa pesquisa consta uma série de aspetos, dos quais uns são menos significativos (no entanto, ainda assim, podem servir de base para futuras pesquisas contrastivo-textuais a serem realizadas na linguagem legislativa), e outros acarretaram resultados relevantes para a extração das conclusões gerais.

Relativamente às orações completivas, estas afiguram-se, em ambos os Códigos, praticamente idênticas. A distribuição modal dos antecedentes e a subcategorização das frases completivas finitas e infinitivas, vê-se pautada, em ambas as variedades, pelos mesmos critérios, que são os seguintes: o valor lexical e modal do antecedente, a sua valência e, eventualmente também, a regência, e a natureza referencial do sujeito. Em ambos os textos prevalecem os valores modais não epistémicos que, junto com as formas finitas ou infinitivas, estão distribuídos de acordo com a classe lexical do antecedente. Quanto aos antecedentes nominais, o valor modal dominante é o volitivo (dado pela nomologia dos Códigos, que parte, na definição da pena, em grande medida, também, da componente de *vontade*) e, devido ao caráter correferente do sujeito, eles subcategorizam, na maior parte das vezes, as frases infinitivas. No caso da complementação adjetival, é o valor modal de possibilidade interna ao participante o prevalente e, com ele, a seleção das frases infinitivas. No que diz respeito à complementação verbal, como mais frequentes se manifestam os antecedentes com o valor de obrigação forte que, de acordo com a regência e com o caráter do sujeito, ou selecionam a frase finita ou a infinitiva com ou sem marcas de flexão. Curiosamente, em CPB, o uso das frases infinitivas com marcas de flexão selecionadas pelos núcleos verbais não epistémicos é maior que em CPP, o que, admitimos, pode ser causado, até certa medida, pelo dominante caráter trivalente do verbo que tende, em geral, a evitar a seleção das frases finitas. No entanto, em CPB, as frases infinitivas constituem 51% e, as frases finitas, 17% do total das frases completivas verbais. Ao contrário, em CPP, a percentagem verificada foi mais equilibrada: de 34% e de 31%, respetivamente. Estes dados confirmaram, parcialmente, a nossa hipótese sobre a tendência do texto brasileiro para evitar as frases finitas com o predicado no modo conjuntivo que, como veremos nas próximas linhas, se verificou, também, no caso das outras subordinações.

No que se refere às orações relativas, a sua percentagem em CPP resultou significativamente mais elevada do que em CPB, o que foi explicado por uma forte presença das frases infinitivas impessoais no Código brasileiro, que consideramos serem equivalentes das relativas introduzidas por *quem* e que chamámos de *dicionarísticas* ou *enciclopédicas*. Estas, em CPB, constituem até 21% do total das frases subordinadas, chegando a ocupar, assim, o terceiro lugar no dito conjunto. Por ser verificada a sua presença apenas esporádica no texto português, chegámos a estabelecer esta propriedade como uma das principais diferenças existentes entre os Códigos e como um traço estilisticamente marcado, típico do dito contexto da legislação penal brasileira.

Outro traço distintivo ainda, como já foi alegado, consiste na caraterização modotemporal dos predicados das orações não só relativas como também adverbiais (a estas ainda voltaremos mais adiante). Nesse sentido, os Códigos parecem afastar-se consideravelmente: em CPB, prevalece o uso do indicativo, e, em CPP, ao contrário, predomina o modo conjuntivo. Destas observações, porém, não podemos extrair conclusões definitivas, porque a dita discrepância pode ser compreendida apenas como formal e não semântica. Na verdade, em ambas as variantes, os dois modos passam a ganhar, no contexto estudado, um valor igual, i.e. o genérico e universal, colocando um possível referente em diferentes perspetivas temporais: ora no tempo presente, por meio do presente do indicativo, que, igualmente, pode situar o referente num intervalo posterior ao da enunciação (em CPB) ora no futuro, por meio do futuro do conjuntivo (em CPP). Neste ponto, podemos testemunhar a relação de oposição que propomos caraterizar como equipolente. As alternativas que parecem, no primeiro plano, contraditórias, acabam por adquirir o mesmo valor: o de quantificação plural sobre a proposição. Por conseguinte, é compreensível a divergência formal existente a nível diatópico. No entanto, devemos antecipar que, depois de uma breve sondagem, os modos verbais não apresentam a mesma assimetria noutros textos legislativos (p. ex., no Código do Processo Penal dos mesmos dois países), o que, se for cientificamente provado, poderá abrir espaço para futuras reflexões sobre a neutralização dos modos verbais enquanto especificidade caraterística de apenas um determinado tipo de texto tanto a nível discursivo dentro de uma variedade como a nível diatópico, i. e entre mais variedades. Nesse sentido devemos ainda confessar que o uso dos modos verbais não foi confirmado na Linguateca por não dispormos de ferramentas e fórmulas adequadas que nos permitissem articular, na procura das ocorrências, o fator da determinação do antecedente da F^+ com o uso do modo do predicado da F-. Este aspeto ficou, portanto, sem ser aprofundado.

Quanto às orações adverbiais, como pudemos observar no quarto capítulo, também elas manifestam várias convergências e divergências. Por um lado, os Códigos coincidem na representatividade tipológica das frases condicionais e temporais e no uso dos conetores, mas, por outro lado, no que diz respeito aos modos verbais, encontramo-nos perante a mesma situação, em que os valores dicotómicos de hipoteticidade *versus* factualidade, nos contextos estudados da legislação, se veem neutralizados. Assim, nos Códigos, que poderiam parecer, na sua superfície, divergentes, os modos verbais passam a ganhar, novamente, um significado mais genérico, descrevendo as circunstâncias das proposições de F^- geralmente válidas, baseadas em casos precedentes, num referente básico de uma cadeia anafórica imaginária, e colocando-as, igualmente, num mundo das possibilidades abertas, mas em intervalos diferentes (tal como descrito no parágrafo anterior).

Finalmente, portanto, permitimos definir os dois textos de alto estilo administrativo como textos com um acentuado grau de similitude. No que tange ao nível mais geral da linguagem, os Códigos coincidem em possuir praticamente as mesmas propriedades sintáticas e semânticas, mas, divergem na seleção dos meios de expressão que, contudo, acabam por ser perspetivados como sendo equipolentes.

Como o nosso trabalho visou contribuir, também, para os fins translatológicos, chamamos a atenção para aquelas estruturas sintáticas que julgamos ser típicas de cada um dos fenómenos tratados e que poderiam interessar aos tradutores por possuírem alguma peculiaridade, típica dos ditos textos. Assim, ao longo do livro, acompanhamos as nossas reflexões e observações (que, recordemos mais uma vez, são puramente linguísticas e não afetam a interpretação jurídica e legislativa das disposições citadas), por abundantes exemplos de frases finitas e não finitas. Esperemos que sirvam como ponto de referência em momentos de hesitação que todos os tradutores e intérpretes vivenciam durante o trabalho.

Caro leitor, queremos deixar claro, mais uma vez, que estamos conscientes de este nosso trabalho não responder a todas as questões levantadas e de poder gerar polémicas e debates entre os peritos das mais diversas áreas. As nossas hipóteses, respostas e visões podem não ser as únicas. Gostaríamos, por isso, que o nosso livro fosse percebido como base para futuras investigações da mesma índole e como incentivo para colmatar as possíveis lacunas na parte da linguística forense ou legislativa que estuda a relação entre a lei e a linguagem, não só nas variedades europeia e brasileira como também na legislação de outras variedades da língua portuguesa. De qualquer modo, agradeço toda a sua atenção.

REFERÊNCIAS BIBLIOGRÁFICAS

BALLY, Charles ([1932] 1965) *Linguistique générale et linguistique française.* Berna: Éditions Francke.

BALLY, Charles (1942) "Syntaxe de la modalité explicite". *Cahiers de Ferdinand de Saussure*:2: 3–13.

BALLY, Charles (1944) *Linguistique Générale et linguistque françase.* Bern.

BARBOSA, Pilar (2013) "Subordinação argumental finita". *In* Raposo, Eduardo Buzaglo Paiva; Bacelar do Nascimento, Maria Fernanda; Mota, Maria Antónia Coelha da; Segura, Luísa; Mendes, Amália (orgs.). *Gramática do português.* Vol. II. Lisboa: Fundação Calouste Gulbenkian: 1821–1897.

BARBOSA Pilar; Eduardo Buzaglo Paiva RAPOSO (2013) "Subordinação argumental infinitiva". *In* Raposo, Eduardo Buzaglo Paiva; Bacelar do Nascimento, Maria Fernanda; Mota, Maria Antónia Coelha da; Segura, Luísa; Mendes, Amália (orgs.). *Gramática do português.* Vol. II. Lisboa: Fundação Calouste Gulbenkian: 1901–1980.

BECHARA, Evanildo ([1961] 1999) *Moderna Gramática Portuguesa.* Rio de Janeiro: Lucerna. (ed. rev. e ampl.)

BRASIL. *Código Penal do Brasil.* Decreto-lei n.º 2.848, de 7 de dezembro de 1940. Código Penal. Disponível em: http://www.planalto.gov.br/ccivil_03/decreto-lei/Del2848compilado.htm. Data de acesso: 10/Fev/ 2017.

BRITO, Ana Maria; Inês DUARTE (2003) "Orações relativas e construções aparentadas". *In* Mateus, Maria Helena Mira; Brito, Ana Maria; Duarte, Inês; Faria, Isabel Hub; Frota, Sónia; Matos, Gabriela; Oliveira, Fátima; Vigário, Marina. *Gramática da Língua Portuguesa.* Lisboa. Caminho. (5ª ed. rev. e aum.): 653–659.

BUENO, Francisco da Silveira (1968) *Gramática normativa da língua portuguesa. Curso superior com suplemento.* São Paulo. Edições Saraiva.

BYBEE, Joan; Revere PERKINS, William PAGLIUCA (1994) *The evolution of grammar: Tense, aspect and modality in the languages of the world.* Chicago & London: The University of Chicago Press.

BYBEE, Joan L.; Suzanne FLEISCHMAN (orgs.) (1995) *Modality in Grammar and Discourse.* Amsterdam/New York. John Benjamins Publishing Company.

CAMPOS, Maria Henriqueta Costa; Maria Francisca XAVIER (1991) *Sintaxe e Semântica do Português.* Lisboa: Universidade Aberta.

CAMPOS, Maria Henriqueta Costa (2004) "A modalidade apreciativa: uma questão teórica". *In* Oliveira, Fátima; Duarte, Inês (orgs.). *Da língua e do discurso.* Campo das Letras. Porto: 265–281.

CASAGRANDE, Flávia Figueiredo de Paula (2006) *O infinitivo pessoal no Português Brasileiro: Uma Abordagem Diacrônica.* Dissertação de Mestrado. Universidade Estadual de Londrina. Centro de Letras e Ciências Humanas. Programa de Pós-Graduação em Estudos da Linguagem. Disponível em: http://www.bibliotecadigital.uel.br/document/?code=vtls000112515. Data de acesso: 10/Mar/ 2018.

CASTILHO, Ataliba Teixeira; Célia Maria Moraes de CASTILHO (1993) "Advérbios Modalizadores". *In* Ilari, Rodolfo (orgs.) *Gramática do Português Falado:* Vol. II. *Níveis de análise linguística.* Campinas, SP: Editora da UNICAMP: 213–260.

CEGALLA, Domingos Paschoal ([1964] 1991^{34}) *Novíssima Gramática da Língua Portuguesa.* São Paulo, Companhia Editora Nacional.

CULIOLI, Antoine (1968). "La formalisation en linguistique". *Cahiers pour l'Analyse.* 9: 106–117.

CUNHA, Celso; Luís F. Lindley CINTRA ([1984] 1999^{15}) *Nova gramática do português contemporâneo.* Lisboa. Edições João Sá de Costa.

DALTÓE Ágata; Elisabete Cristina Barreto MÜLLER (2016) "Crimes contra a vida: direito comparado entre Portugal e Brasil". *Revista Destaques Acadêmicos.*8(2): 184–203.

DUARTE, Inês (2003) "Subordinação completiva: as orações completivas". *In* Mateus, Maria Helena Mira; Brito, Ana Maria; Duarte, Inês; Faria, Isabel Hub; Frota, Sónia; Matos, Gabriela; Oliveira, Fátima; Vigário, Marina. *Gramática da Língua Portuguesa.* Lisboa. Caminho. (5ª ed. rev. e aum.): 595–651.

FAIRCLOUGH, Norman (1989) *Language and Power.* London: Longman Group UK Limited.

FAUCONNIER, Gilles (1994) *Mental spaces: aspects of meaning construction in natural language.* Cambridge: Cambridge University Press.

FAUCONNIER, Gilles (1997) *Mappings in thought and language.* Cambridge: Cambridge University Press.

FINDRA, Ján (2002) Štylema a paradigmatika štylistiky. *Sborník prací filozoficko-přírodovědné fakulty Slezské Univerzity v Opavě, řada jazykovědná,* (D2). Opava.Universidade de Silésia.

GOLDBERG, Adele Eva (1995) *Constructions: a construction grammar approach to argument structure.* Chicago. University of Chicago Press.

HIRATA VALE, Flávia Bezerra de Menezes (2005) *A expressão da condicionalidade no português escrito do Brasil: continuo semântico-pragmático*. Universidade Estadual Paulista, UNESP, Araraquara (tese de doutorado).

HIRATA VALE, Flávia Bezerra de Menezes (2008) "Temporais-condicionais: construções preditivas". *In* Magalhães, José Sueli de; Travaglia, Luiz Carlos (orgs). *Múltiplas perspetivas em Linguística. XI Simpósio Nacional e I Simpósio Internacional de Letras e Lingüística:* Uberlândia: EDUFU: 1203–1211. Disponível em: http://www.filologia.org.br/ileel/sumario.html.

CHERGOVA, Vesela (2007) "Os Futuros do Indicativo: Valores Modais Complementares". *Actas do Colóquio Internacional Dedicado ao Décimo Quinto Aniversário da Filologia Portuguesa na Universidade de Sófia.Sv. Klíment Óhridski*. Sófia, Universitétsko izdátelstvo. Sv. Klíment Óhridski.

CHERGOVA, Vesela (2009) "Particularidades do sistema verbal português no indicativo". *Étude Romanes de Brno* 30 (1). Brno. Masaryk University: 197–209.

KABATEK, Johannes (2015) "Sobre usos y abusos de la terminología linguística." *Revue de Linguistique Romane* 75. Societé de Linguistique Romane. Strasbourg: 331–359.

KABATEK, Johannes; David Paul GERARDS (2018) "Grammaticalization, distance, immediacy and discourse traditions: The case of Portuguese caso". *In* Bordería, Salvador Pons; Lamas, Óscar Loureda. *Beyond Grammaticalization and Discourse Markers. New Studies in Language Change*. Leiden - Boston: 115–159.

KRATZER, Angelica (1991) "Modality". *In* Stechow, Armin von. (Eds.) et.al. *Semantik/Semantics*. Berlin: de Gruyter: 639–650.

KRIFKA, Manfred; Francis Jeffry PELLETIER; Gregory CARLSON; Alice ter MEULEN; Gennaro CHIERCHIA; Godehard LINK. (1995) "Genericity: an introduction". *In* Carlson, Gregory; Pelletier, Francis Jeffry (orgs.) *The Generic Book*. Chicago: The University of Chicago Press: 1–124.

KURY, Adriano de Gama (2006) *Novas lições da análise sintática*. Ática. São Paulo.

KURY, Adriano de Gama (1972) *A Gramática Fundamental da Língua Portuguesa do Brasil*. São Paulo: Lisa.

LOBO, Maria (2013) "Subordinação adverbial". *In* Raposo, Eduardo Buzaglo Paiva; Bacelar do Nascimento, Maria Fernanda; Mota, Maria Antónia Coelha da; Segura, Luísa; Mendes, Amália (orgs.). *Gramática do português*. Vol. II. Lisboa: Fundação Calouste Gulbenkian:. 1981–2057.

LOPES, Óscar (1972) *Gramática Simbólica do Português*. Instituto Gulbenkian de Ciência, Lisboa.

LOPES, Ana Cristina Macário; RIO-TORTO, Graça (2007) *Semântica*. Ed. Caminho. Lisboa.

LOPES, Ana Cristina Macário (2009). "Contributos para o estudo de construções condicionais não-canónicas em Português europeu contemporâneo". *Diacrítica, Ciências da Linguagem* 23(1): 149–169.

LYONS, John (1977) *Semantics*. Cambridge: Cambridge University Press.

MARQUES, Rui; ALVES, Ana Teresa (2014) "Sobre as variações de modo nas frases subordinadas temporais com *antes*". *XXIX Encontro da Associação Portuguesa de Linguística, Textos Seleccionados*. Porto: Associação Portuguesa de Linguística: 333–343.

MARQUES, Rui (1995). *Sobre o valor dos modos conjuntivo e indicativo em português*. Faculdade de Letras da Universidade de Lisboa (dissertação de mestrado). Disponível em: http://www.clul.ulisboa.pt/files/rui_marques/Sobre_os_valores_dos_modos_conjuntivo_e_indicativo_em_portugus.pdf.

MARQUES, Rui (1996) "Sobre a seleção de modo em orações completivas". *Actas do XII Encontro Nacional da Associação Portuguesa de Linguística*. Vol. I. Lisboa: Associação Portuguesa de Linguística: 191–202. Disponível em: http://www.clul.ul.pt/files/rui_marques/sobre_a_seleccao_de_modo_em_oracoes_compl.pdf

MARQUES, Rui (1999) "Variações de forma e sentido em construções condicionais". *Actas do XIV Encontro Nacional da Associação Portuguesa de Linguística*. Vol. II. Braga: Associação Portuguesa de Linguística: 219–238.

MARQUES, Rui (2000) "O Modo em Condicionais Contrafactuais e Hipotéticas". *Actas do XVI Encontro Nacional da Associação Portuguesa de Linguística*. Lisboa: Associação Portuguesa de Linguística: 349–361.

MARQUES, Rui (2001) "Sobre a Distribuição do Modo em PE e em PB". *Actas do XVI Encontro Nacional da Associação Portuguesa de Linguística*. Lisboa: Associação Portuguesa de Linguística: 699–713.

MARQUES, Rui (2004). "On the system of mood in European and Brazilian Portuguese". *Journal of Portugues Linguistics* 3: 89–109.

MARQUES, Rui (2013) "Modo". *In* Raposo, Eduardo Buzaglo Paiva; Bacelar do Nascimento, Maria Fernanda; Mota, Maria Antónia Coelha da; Segura, Luísa; Mendes, Amália (orgs.). *Gramática do português*. Vol. I. Lisboa: Fundação Calouste Gulbenkian: 673–693.

MARQUES, Rui (2014). "Modalidade e condicionais em português". *ReVEL, Revistas eletrônicas* 8: 106–130.

MARQUES, Rui (2017) "O modo conjuntivo". *In* Martins, Ana Maria; Carrilho, Ernestina (orgs.). *Manual de Linguística Portuguesa*. Vol. 23. De Gruyter Mouton, Berlim: 610–635.

MATEUS, Maria Helena Mira; Ana Maria BRITO; Inês DUARTE; Isabel Hub FARIA; SÓNIA Frota; Gabriela MATOS; Fátima OLIVEIRA; Marina VIGÁRIO (2003) *Gramática da Língua Portuguesa*. Lisboa. Caminho. (5ª ed. rev. e aum.)

MAURER Junior, Theodoro Henrique (1968) *O infinitivo flexionado português: estudo histórico-descritivo*. São Paulo, Cia. Editora Nacional.

McMENAMIN, Gerald R. (2002). *Forensic Linguistics: Advances in Forensic Stylistics*. Boca Raton, Florida: CRC Press.

MIGUEL, Matilde; Eduardo Buzaglo Paiva RAPOSO (2013) "Determinantes". *In* Raposo, Eduardo Buzaglo Paiva; Bacelar do Nascimento, Maria Fernanda; Mota, Maria Antónia Coelha da; Segura, Luísa; Mendes, Amália (orgs.). *Gramática do português*. Vol. II. Lisboa: Fundação Calouste Gulbenkian: 819–879.

MÓIA, Telmo (1992) *A sintaxe das orações relativas sem antecedente expresso do português*. Universidade de Lisboa (dissertação de mestrado).

MONTAGUE, Richard. (1969) "On the Nature of Certain Philosophical Entities". *The Monist* 53: 159–194.

NASCIMENTO, Edmundo Dantes (2007) *Linguagem forense*. São Paulo: Saraiva.

OLIVEIRA, Vivian Meira de. (2006) *O uso do modo subjuntivo em orações relativas e completivas no português afro-brasileiro*. Universidade Federal da Bahia, Salvador (dissertação de mestrado).

OLIVEIRA, Fátima (1988) *Para uma semântica e pragmática de DEVER e PODER*. Universidade do Porto. FLUP (dissertação de doutoramento).

OLIVEIRA, Fátima (1993) "Questões sobre modalidade em português". *Cadernos de Semântica* 15. Faculdade de Letras da Universidade de Lisboa: 1–29.

OLIVEIRA, Fátima; Inês DUARTE (2003) "Referência nominal" *In* Mateus, Maria Helena Mira; Brito, Ana Maria; Duarte, Inês; Faria, Isabel Hub; Frota, Sónia; Matos, Gabriela; Oliveira, Fátima; Vigário, Marina. *Gramática da Língua Portuguesa*. Lisboa. Caminho. (5ª ed. rev. e aum.): 205–242.

OLIVEIRA, Fátima, Inês DUARTE (2003) "Modalidade e modo". *In* Mateus, Maria Helena Mira; Brito, Ana Maria; Duarte, Inês; Faria, Isabel Hub; Frota, Sónia; Matos, Gabriela; Oliveira, Fátima; Vigário, Marina. *Gramática da Língua Portuguesa*. Lisboa. Caminho. (5ª ed. rev. e aum.): 245–274.

OLIVEIRA, Fátima (2013) "Tempo Verbal." *In* Raposo, Eduardo Buzaglo Paiva; Bacelar do Nascimento, Maria Fernanda; Mota, Maria Antónia Coelha da; Segura, Luísa; Mendes, Amália (orgs.). *Gramática do português*. Vol. I. Lisboa: Fundação Calouste Gulbenkian: 509–556.

OLIVEIRA, Fátima; Amália MENDES (2013) "Modalidade". *In* Raposo, Eduardo Buzaglo Paiva; Bacelar do Nascimento, Maria Fernanda; Mota, Maria Antónia Coelha da; Segura, Luísa; Mendes, Amália (orgs.). Gramática do português. Vol. I. Lisboa: Fundação Calouste Gulbenkian: 623–669.

PALMER, Frank Robert (1986) *Mood and Modality.* Cambridge: Cambridge University Press/Textbooks in Linguistics.

PERES, João Andrade; Telmo MÓIA; Rui MARQUES (1999) "Sobre a Forma e o Sentido das Orações Condicionais em Português". *In* Faria, Isabel Hub (orgs.). *Lindley Cintra, Homenagem ao Homem, ao Mestre e ao Cidadão.* Lisboa: Edições Cosmos / Faculdade de Letras da Universidade de Lisboa: 627–653.

POLÁŠEK, Metoděj (2015). *Vedlejši infinitivní věty v portugalštině. Non-Finite Embedded Clauses in Portuguese.* Faculdade de Letras, Universidade de Masaryk, Brno (dissertação de doutorado).

PORTUGAL. *Código Penal de Portugal.* Decreto-Lei nº 400/82, de 23 de setembro. Disponível em: <www.codigopenal.pt>.

RAMOS, Joaquim José de Sousa Coelho (2017) *Ocorrência e interpretação dos verbos modais 'dever' e 'poder' em contexto jurídico: contributos para uma análise juslinguística.* Universidade Carolina. Praga (dissertação de doutorado).

RAPOSO, Eduardo Buzaglo Paiva; Maria Fernanda BACELAR DO NASCIMENTO; Maria Antónia Coelha da MOTA; Luísa SEGURA; Amália MENDES (orgs.) (2013) *Gramática do português.* Vol. I. Lisboa: Fundação Calouste Gulbenkian.

RAPOSO, Eduardo Buzaglo Paiva; Maria Fernanda BACELAR DO NASCIMENTO; Maria Antónia Coelha da MOTA; Luísa SEGURA; Amália MENDES (orgs.) (2013) *Gramática do português.* Vol. II. Lisboa: Fundação Calouste Gulbenkian.

ROCHA LIMA, Carlos Henrique ([1957] 2011[49]) *Gramática Normativa da Língua Portuguesa.* Rio de Janeiro. José Olympio Editora.

ROXO, Maria do Rosário (2011) "Condutas sociais em construções condicionais preditivas, epistêmicas e pragmáticas no discurso jurídico oral". *Estudos Linguísticos* 40 (1): 133–142.

SAID ALI, Manuel ([1908] 1957[5]) "O infinitivo pessoal no português". *In* Said Ali, Manuel. *Dificuldades da língua portuguesa.* Rio de Janeiro. Livraria Acadêmica: 55–76.

SAID ALI, Manuel ([1923] 1964[6]). *Gramática secundária da Língua Portuguesa.* São Paulo, Melhoramentos.

SALVI, Giampaolo; Judit TAPAZDI (1998) "A Oração Condicional no Português Falado em Portugal e no Brasil". *DELTA: Documentação de Estudos em Lingüística Teórica e Aplicada* 14. São Paulo. Disponível em: http://dx.doi.org/10.1590/S0102-44501998000300017.

SANTOS, Maria Joana de Almeida Vieira dos. (2003) *Os Usos do Conjuntivo em Língua Portuguesa. Uma proposta de análise sintáctica e semântico-pragmática*. Lisboa: Fundação Calouste Gulbenkian.

SANTOS, Diana (2016) "Português internacional". *In* Teixeira, José (ed.). *O Português como Língua num Mundo Global: problemas e potencialidades*. Centro de Estudos Lusíadas da Universidade do Minho: 51–68.

SCHWENTER, Scott (1999) *The pragmatics of the conditional marking. Implicature, scalarity and exclusivity*. New York/London: Garland Publishing.

SIMÕES VEIGA, Alice Margarida (2014) *Aquisição do modo em orações completivas do português europeu: o papel dos traços de epistemicidade e veridicidade*. Faculdade de Letras da Universidade Nova de Lisboa (dissertação de mestrado).

SIMPSON, Paul (1990) "Modality in Literary-Critical Discourse". *In* Nash, Walter (orgs.). *The Writing Scholar: Studies in Academic Discourse*. Sage: 63–94.

SIMPSON, Paul (1993). *Language Ideology and Point of View*. London: Routledge.

SOUSA-SILVA, Rui; Malcolm COULTHARD (2016) *Linguagem & Direito: os eixos temáticos* 3(1). Ed. Faculdade de Letras da Universidade do Porto.

SOUSA-SILVA, Rui (2017) "Detecção do plágio intencional: uma abordagem da linguística forense". *In* Colares, Virgínia (orgs.). *Linguagem & direito: caminhos para linguística forense: uma homenagem a Malcolm Coulthard*. São Paulo. Cortez editora: 49–74.

SOUSA-SILVA, Rui; Joana GUIMARÃES; Maria da Purificação SILVANO, João VELOSO. (2018). *A linguística em diálogo: volume comemorativo dos 40 anos do Centro de Linguística da Universidade do Porto*. Universidade do Porto. Centro de Linguística.

SOUSA-SILVA, Rui; Dayane Celestino ALMEIDA; Malcolm COULTHARD, M. (2020). *Perspectivas em linguística forense*. Unicamp. Campinas.

SVARTVIK, Jan (1968) *The Evans Statements – A Case for Forensic Linguistics*. Goteborg: Goteborg University.

SVOBODOVÁ, Iva (2014) *Sintaxe da Língua Portuguesa*. Brno. Universidade de Masaryk.

SVOBODOVÁ, Iva (2017) (a) "Modalidade não epistémica na linguagem jurídica (um estudo contrastivo)". *Caligrama. Revista de Estudos Românicos* 22 (2): 103–133.

SVOBODOVÁ, Iva (2017) (b) "Frases completivas infinitivas no português europeu e brasileiro (um estudo contrastivo)" *Web Linguagem, Educação e Memória* 13 (2): 31–54. Disponível em: https://periodicosonline.uems.br/index.php/WRLEM/article/view/2235

SVOBODOVÁ, Iva (2017) (c) "Orações temporais com valor condicional na linguagem legal". *Fórum Linguístico* 14(4): 2572–2586. Disponível em: https://periodicos.ufsc.br/index.php/forum/article/view/1984-8412.2017v14n4p2572/35777

SVOBODOVÁ, Iva (2018) (a). "Ensino da Língua Portuguesa: Orações temporais introduzidas por "antes de/que" e "depois de/que" (estudo contrastivo)". *Revista Linguagem & Ensino* 28 (1): 35–68. Disponível em: https://periodicos.ufsc.br/index.php/forum/article/view/1984-8412.2017v14n4p2572.

SVOBODOVÁ, Iva (2018) (b) "Condicionalidade linguística nos Códigos Penais de Portugal e do Brasil". *Revista de Estudos Constitucionais, Hermenêutica e Teoria do Direito* 10 (2): 116–127. Disponível em: http://revistas.unisinos.br/index.php/RECHTD/issue/view/708

SWEETSER, Eve (1990) *From Etymology to Pragmatics, Metaphorical and cultural aspects of semantic structure.* Cambridge University Press, Cambridge.

TRAUGOTT, Elizabeth Closs (1985) "Conditional markers" *In* Haiman, John (orgs.). *Iconicity in syntax. Proceedings of a Symposium on Iconicity in Syntax.* Amsterdam. John Benjamins Publishing Company: 289–307.

TRAUGOTT, Elizabeth Closs (orgs.) (1986) *On conditionals.* Cambridge: Cambridge University Press.

Van der AUWERA, Johan, Vladimir PLUNGIAN (1998) "Modality Map". *Linguistic Typology.* 2(1): 79–124.

VELOSO, Rita (2013) "Subordinação Relativa". *In* Raposo, Eduardo Buzaglo Paiva; Bacelar do Nascimento, Maria Fernanda; Mota, Maria Antónia Coelha da; Segura, Luísa; Mendes, Amália (orgs.). *Gramática do português.* Vol. II. Lisboa: Fundação Calouste Gulbenkian: 2061–2134.

VELOSO, Rita (2015) "Futuro do conjuntivo e presente do conjuntivo em oração relativa". *In* Ciberdúvidas da Língua Portuguesa, https://ciberduvidas.iscte-iul.pt/consultorio/perguntas/futuro-do-conjuntivo-e-presente-do-conjuntivo-em-oracao-relativa/33264

XAVIER, Ronaldo Caldeira (2003). *Português no Direito: linguagem forense.* Rio de Janeiro: Forense (15ª edição revisada e atual).

ZAEFFERER, Dietmar (1991) "Conditionals and unconditionals: Cross-linguistic and logical aspects". *In* Zaefferer, Dietmar *Semantic universals and universal semantics.* Berlim: Dietmar Zaefferer: 210–236.

ZAVADIL Bohumil; Petr ČERMÁK (2010) *Mluvnice současné španělštiny.* Praga. Charles University in Prague.

Corpora linguísticos:

www.linguateca.pt
www.ciberduvidas.pt

Códigos Penais em linha:

www.planalto.gov.br
www.codigopenal.pt
https://dre.pt/

Dicionários:

www.priberam.pt
www.aulete.com.br

The Forensic Linguistics Institute.

http://www.thetext.co.uk/
http://www.iafl.org/
http://www.aston.ac.uk/lss/staff-directory/coulthardm/

Lista dos Gráficos, Quadros e Esquemas

I. LISTA DOS GRÁFICOS:

CAPÍTULO 1 (CONSIDERAÇÕES INICIAIS)

CAPÍTULO 2 (FRASES COMPLETIVAS)

CAPÍTULO 3 (FRASES RELATIVAS)

CAPÍTULO 4 (FRASES ADVERBIAIS)

II. LISTA DOS QUADROS:

CAPÍTULO 3 (FRASES RELATIVAS)

CAPÍTULO 4 (FRASES ADVERBIAIS)

III. LISTA DOS ESQUEMAS:

CAPÍTULO 1 (CONSIDERAÇÕES INICIAIS)

CAPÍTULO 2 (FRASES COMPLETIVAS)

CAPÍTULO 3 (FRASES RELATIVAS)

POSFÁCIO

A prestação de provas para progressão na carreira é um acto normal no decorrer da vida de qualquer profissional. No caso da carreira de investigação científica e, particularmente da carreira do professor universitário, as provas de doutoramento e agregação constituem momentos necessários para aceder a níveis mais avançados de qualificação profissional. Com frequência tenho advogado a ideia de que tais momentos, sendo necessários mas não suficientes para atingir um estatuto superior, devem ser vistos numa perspectiva de formação ao longo da vida como prescreve o provérbio "*aprender até morrer*".

Este trabalho de investigação não é excepção, mas a autora teve arte e o engenho de usar uma linguagem acessível sem deixar de ser rigorosa. Essa capacidade de comunicação, característica dos bons comunicadores qualquer que seja a área de intervenção em que exercem a sua profissão, é bem notória na estruturação desta monografia. Outra coisa não seria de esperar!!! Logo no primeiro contacto, em 2018, a Doutora Iva Svobodová deixou bem patente a sua paixão pela língua de Camões. As suas qualidades profissionais, quer na área da tradução quer como linguista e, sobretudo como professora, são um orgulho para Associação Internacional de Paremiologia / International Association of Paremiology (AIP-IAP). O entusiasmo com que apresentou a comunicação "*Os nomes dos dias da semana nos provérbios portugueses*", no 12º Colóquio Interdisciplinar sobre Provérbios (ICP18), contagiou uma plateia recheada de especialistas na temática paremiológica. Lá diz o provérbio chinês: "*Sem o fogo do entusiasmo, não há o calor da vitória*".

O grande envolvimento científico e cultural com a língua portuguesa voltou a sentir-se, no ICP19, quando a Doutora Iva Svobodová nos brindou com mais uma excelente comunicação intitulada "*Animais nos provérbios portugueses*". Mais uma vez se verificou o interesse pela origem das expressões proverbiais utilizadas. Em ambas, a qualidade científica vem ao de cima e a preocupação pela interdisciplinaridade mostra como a circulação dos provérbios no mundo globalizado é uma garantia da sua vitalidade. Ao longo dos séculos o estudo científico dos provérbios tem ocupado investigadores de todo o mundo, independentemente da sua cultura de origem. Um dos assuntos mais debatidos e que ainda hoje não reúne consenso entre os especialistas – sejam eles antropólogos, folcloristas, historiadores, linguistas, sociólogos, … e até mesmo matemáticos – é a definição de provérbio que continua a ser uma das mais importantes áreas de pesquisa. Como matemático, dedicado à paremiologia desde o início da jubilação, direi que o provérbio é um axioma, verdade consensualmente aceite que serve como ponto inicial para dedução de outras verdades. A monografia "*LINGUAGEM E LEGISLAÇÃO: Análise sintático-semântica dos Códigos Penais de Portugal e do Brasil*" constitui um exemplo de abertura a outras áreas de estudo no que à vida do quotidiano dizem respeito. Para o tradutor, o domínio das linguagens de origem e de destino bem como o conhecimento cultural específico da área de intervenção são aspectos fundamentais para um bom desempenho profissional. "*Para cada pé o seu chinelo*".

Encontrando-se os fundamentos de muitas legislações modernas, incluindo a portuguesa, no direito romano, a abordagem feita pela autora desta monografia contribui para aprofundar a sua própria proficiência na língua portuguesa e alargar conhecimentos na área específica do direito. Ao comparar e contrastar termos usados por ambas as variantes da língua portuguesa, a utilidade desta investigação serve de estímulo para uma melhor compreensão das linguagens legislativa e forense. O predomínio da oralidade nos actos forenses confere grande importância ao uso da linguagem paremiológica como forma de explicação simples de conceitos jurídicos fundamentais aplicados na argumentação jurídica. A dissertação de mestrado "*LEGISPERITAGEM DA PAREMIOLOGIA: A fundamentação no Direito popular de princípios jurídicos utilizados na jurisprudência e nas leis*", de Filipe Vasques do Nascimento Neto Lopes, defendida na Faculdade de Direito da Universidade de Lisboa, inclui exemplos de utilização de provérbios em Acórdãos do Tribunal da Relação de Coimbra e do Supremo Tribunal de Justiça. Afinal, "*Para cada situação tenha um provérbio sempre à mão*".

Prudentemente, e como docente apaixonada pela ideia de formação interdisciplinar e intercultural no que respeita à divulgação e utilização correcta da língua portuguesa, a Doutora Iva Svobodová adopta uma estratégia de aproximação ao leitor fornecendo-lhe, em cada capítulo da monografia, o respectivo enquadramento teórico – base essencial para quem queira aproveitar os ensinamentos que esta peça documental transmite. Começa, desde logo, por incluir uma explicação das abreviaturas, siglas, símbolos e convenções usadas ao longo da monografia e os enquadramentos teóricos no início dos capítulos cumprem a função a que se destinam. Como falante dei atenção à explicação quanto à ocorrência do tempo verbal conjuntivo; como matemático, foi interessante seguir a tipologia das frases condicionais e a análise da semântica das orações condicionais de Maria do Rosário da Silva Roxo quanto à sua utilização no discurso jurídico oral.

Com o brocardo jurídico "*Facta sunt potentiora verbis*" termino estas breves palavras de apreciação da obra da Doutora Iva Svobodová, autêntica embaixadora da língua portuguesa.

Rui JB Soares, *Presidente da AIP-IAP*
(Doutor em Ciências da Educação, Especialidade em Relações Interculturais)

www.ingramcontent.com/pod-product-compliance
Ingram Content Group UK Ltd.
Pitfield, Milton Keynes, MK11 3LW, UK
UKHW041826290926
8980IPUK00002B/86

9 783631 840412